Vorwort

In der Geschichte des Kleidernähens haben wir eine entscheidende Schwelle überschritten, die mit der Erfindung der Nähmaschine begann und mit der Entwicklung elektronischer Nähmaschinen einen vorläufigen Höhepunkt gefunden hat. Es ist an uns, die wunderbare Erfindung der Elektronik auf diesem Gebiet zu nutzen.

Die modernen Nähmaschinen ermöglichen uns, unsere Kleidung mit Phantasie und Kreativität zu gestalten. Dies erfolgt nicht in mühevoller Handarbeit, sondern mit der Maschine, was leichter geht, aber nicht weniger reizvoll sein muß. Welche Möglichkeiten sich öffnen, müssen wir noch herausfinden; wir sind an einem neuen Anfang. Und an diesem Anfang sollten möglichst viele mitarbeiten. Manche Ideen werden verworfen, um andere größer werden zu lassen. Solange es vor allem die Ideen sind, die uns leiten, wird das Ergebnis gut. Wir kommen dann zu Kleidern, die phantasievoller sind, als die Konfektion sie produzieren kann.

Dieses Buch ist als Wegweiser von den Nähanfängen bis hin zur individuell gestalteten Kleidung konzipiert. Es soll Ihnen bei der Planung helfen und Entscheidungen erleichtern, bevor Sie mit dem Nähen beginnen. Denn Pläne sind genauso wichtig wie der Nähvorgang selber.

Wie bei jedem Handwerk ist eine Grundausrüstung Voraussetzung für den Start. Im Kapitel „Was brauche ich zum Nähen" werden die benötigten Materialien besprochen und eine ausführliche Einkaufsliste erstellt.

Der Nähanfänger sollte mit einem Modell aus dem Kapitel „Einfache Modelle" beginnen. Der Einkaufsliste entnehmen Sie die Materialien, die für das Modell benötigt werden. Dem Arbeitsablauf können Sie auf einem Blick entnehmen, welche Arbeitsschritte notwendig sind, um das Modell zu fertigen. Da jedes Modell ausführlich von der Schnittauflage bis zum letzten Nadelstich erläutert wird, läßt sich alles problemlos nachnähen. In zahlreichen Schritt-für-Schritt-Zeichnungen werden die Nähschritte dargestellt und in der Beschreibung zusätzlich erklärt. Die in diesem Kapitel gezeigten Grundtechniken benötigen Sie für alle Folgemodelle.

Der Fortgeschrittene wählt zwischen den klassischen und den kreativen Modellen. Die verwendeten Schnittmuster finden Sie in der Schnittmustertasche im Anhang. Das Kapitel „Kreative Modelle" soll Sie inspirieren zu Stoffkombinationen, Applikationen, Stickereien und zum künstlerischen Entwurf für Ihr individuelles Modell.

Wollen Sie mit einem anderen Schnitt arbeiten und nur einzelne Arbeitsschritte nachlesen, so schlagen Sie im Technikteil unter dem entsprechenden Stichwort nach. Schritt für Schritt werden auch hier die schwierigsten Kniffe erläutert.

Und nun viel Spaß beim Fertigen Ihrer eigenen Kleidung.

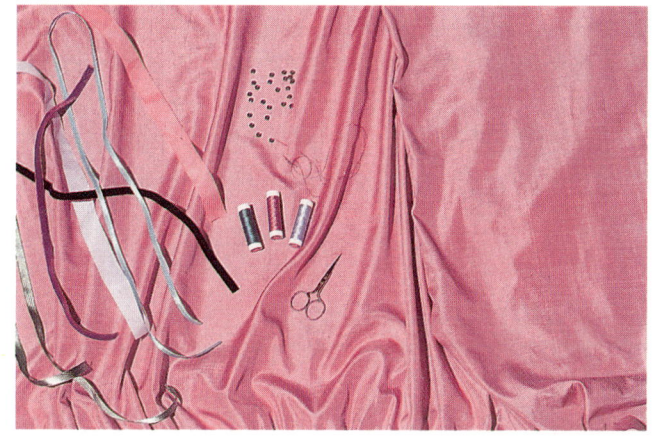

Technik

Nähmaschine

Noch weit bis ins 19. Jahrhundert wurden die einfachen Nähte Stich für Stich von Hand gearbeitet. Zwar wurden schon Mitte des 18. Jahrhunderts maschinelle Vorrichtungen zum Zusammennähen von Stoffen und dünnem Leder entwickelt, doch erst um 1850 konstruierten Howes, Singer und Wilson den Vorläufer der heutigen Nähmaschinen. Noch heute befindet sich in jeder Maschine ein Ober- und Unterfaden und die Nadel, deren Öhr in der Spitze liegt. Stetig verbessert wurden die Stoffverschiebungsmechanismen und die Schlingfängersysteme.

Die modernen Nähmaschinen haben den Zickzackstich, eine Automatik für Knopflöcher, verschiedene Nutzstiche oder sogar eine eingebaute Elektronik mit Zierstichprogrammen und programmierbaren Mustern. Hinzu kommen auswechselbare Füßchen, so daß die Nähmaschine viele Arbeiten übernimmt, die die Näherin früher von Hand machen mußte.

Eine Nähmaschine soll Ihnen viele Jahre Freude und gute Nähergebnisse garantieren. Wählen Sie deshalb beim Kauf eine Maschine mit Zickzack-, Nutz- und Zierstichen oder die elektronisch gesteuerte, programmierbare Nähmaschine. Vergessen Sie nicht, daß Sie mit Ihren Nähkenntnissen auch Fortschritte machen. Es wird Sie dann reizen, eine Kante zu besticken oder kleine Teile über dem Freiarm zu arbeiten.

Die Maschine soll einfach zu bedienen und aus stabilem Material sein. Die Koffermaschine hat sich in den letzten Jahren durchgesetzt. Sie kann auf jeden Tisch gestellt oder in ein Nähmobil eingebaut werden. Dadurch ist die Nähhöhe sehr bequem und der Freiarm gut zugänglich. Verschiedene Nähfüße gibt es zu allen Modellen.

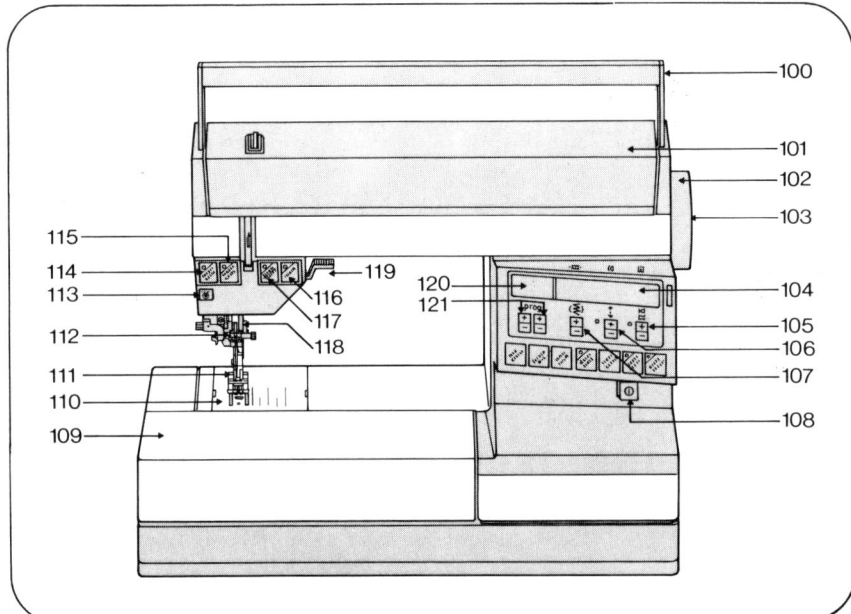

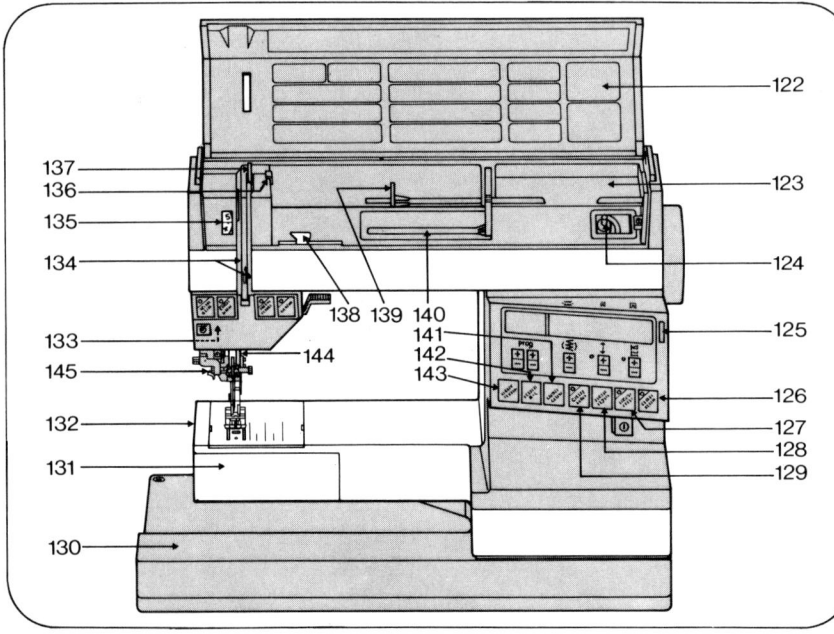

Teile der Nähmaschine

100/101 Tragegriff und Klappdeckel
102 Handrad
103 Auslösescheibe
104 Anzeigefeld
105 Balance- und Musterlängentaste
106 Stich- und Musterlängentaste
107 Stichbreitentaste
108 Hauptschalter
109 Nähfläche mit Zubehörkästchen
110 Stichplatte
111 Nähfußhalter mit Nähfuß
112 Nadelhalter mit Halteschraube
113 Unterfaden-Kontrollanzeige
114 Taste „nadel unten"
115 Taste „langsam nähen"
116 Taste „rückwärts"
117 Taste „vernähen / knopfloch"
118/119 Stoffdrückerstange und -hebel
120 Programmanzeige
121 2 Programmtasten
122 Programmtabelle
123 Fach für Stichbreitenschieber
124 Spuler
125 Taste für Programmablauf
126 Taste „musterumkehr"
127 Taste „einzelmuster"
128 Taste „musteranfang"
129 Taste „doppelnadel"
130 Bodenplatte
131 Verschlußklappe, dahinter Greifer
132 Freiarm
133 Nählicht
134 Einfädelschlitze
135 Oberfadenspannung
136 Spulerfadenführung
137 Fadenhebel
138 Spulerfadenführung
139 Garnrollenhalter mit Ablaufscheibe
140 Zweiter Garnrollenhalter
141 Taste „wiederholung"
142 Taste „korrektur"
143 Taste „programmeingabe"
144 Doppelter Stofftransport
145 Einfädler

Nähmaschinenfüße

Zu jeder Nähmaschine werden in einem kleinen Kästchen verschiedene Zubehörteile geliefert. So erhalten Sie eine kleine Werkzeugauswahl (mindestens einen sehr kleinen und einen größeren Schraubenzieher), ein Ölfläschchen und einige Spulen sowie einen Pfeiltrenner.
Die wichtigsten Zubehörteile sind die verschiedenen Nähfüße und das Führungslineal.

Soll der Saum kaum sichtbar angenäht werden, verwenden Sie den **Blindstichfuß**. Die versäuberte Kante läuft an der Anschlagkante des Blindstichfußes entlang.

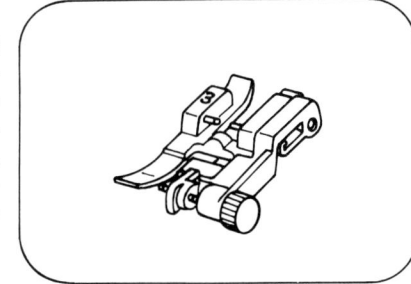

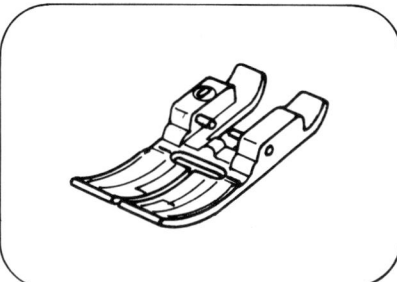

Mit dem **Normalfuß** werden alle einfachen Nähte, Zickzackversäuberungen und Abstepparbeiten (Stepparbeiten) ausgeführt.

Zum Fertigen von Knopflöchern eignet sich die **Knopflochsohle** oder **-fuß**. Sie ermöglicht ein gleichmäßiges Arbeiten des Knopfloches und das Einlegen eines Einlauffadens.

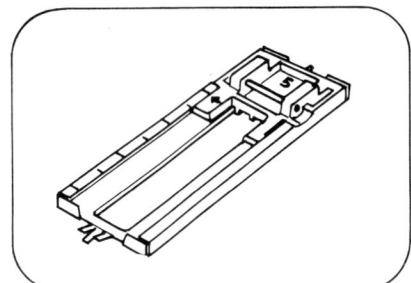

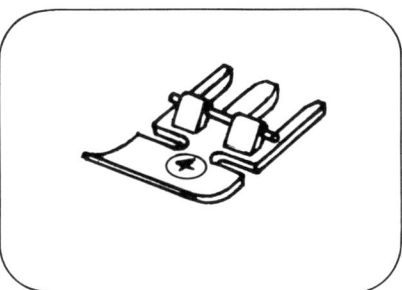

Der **Reißverschlußfuß,** mit dem Sie links oder rechts knapp an den Zähnen des Reißverschlusses entlang nähen können.

Zum Stopfen und Sticken von Monogrammen verwenden Sie den **Stopffuß**.

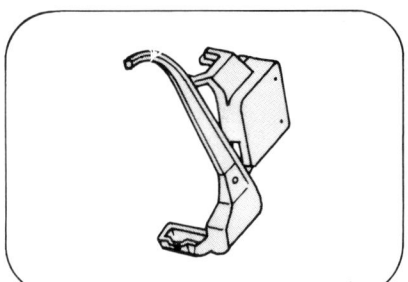

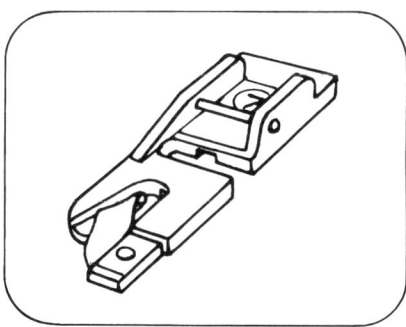

Durch das Säumen mit dem **Saumfuß** (Säumer) werden die Stoffkanten gegen Ausfransen gesichert, und es entsteht ein sauberer, haltbarer Kantenabschluß.

Ein **Führungslineal** hilft, die Naht in gleichmäßigem Abstand zur Kante zu nähen.

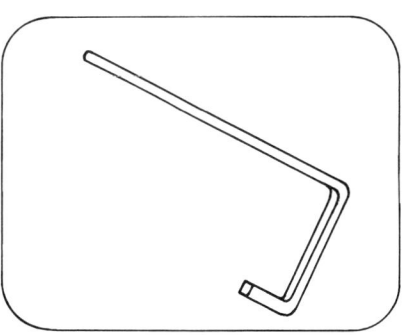

Die Fadenspannung

Beim Kauf einer Nähmaschine erhalten Sie eine ausführliche Bedienungsanleitung, die speziell auf die Maschine abgestimmt ist.

Bei jeder Maschine ist die ordentliche Stichbildung wichtig, deshalb wird auf die Wechselwirkung zwischen Nähfuß, Nadel und Transporteur eingegangen werden.

Sie nähen immer mit zwei Fäden: dem Oberfaden auf einer Garnrolle und dem Unterfaden, den Sie auf eine Spule aufspulen.

Wenn Sie gespult haben, legen Sie die Spule so in die Spulenkapsel, daß der Faden nach hinten liegt. Den Faden in den Schlitz unter die Feder ziehen. Die Spule muß sich im Uhrzeigersinn drehen.

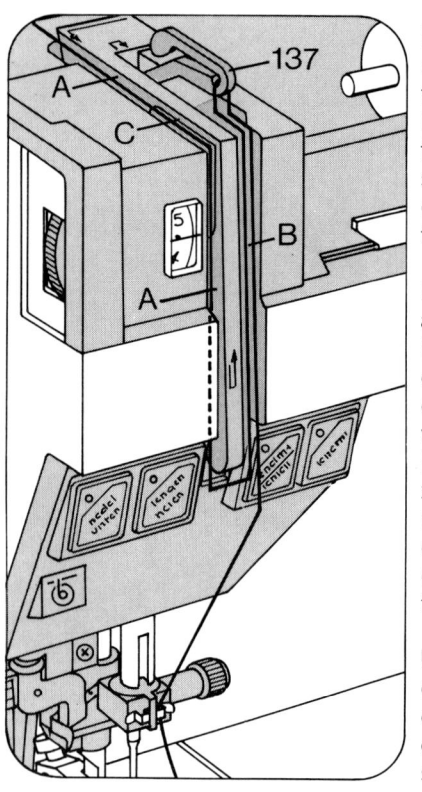

Bei den verschiedenen Maschinentypen variiert das Einfädeln des Oberfadens. Jeder Maschine liegt daher eine Betriebsanleitung bei.

Die Garnrolle wird auf den Garnrollenhalter gesteckt. Von da aus den Faden durch die Fadenvorspannung, die Fadenführungsöse, zu den Fadenspannungsscheiben, dann durch den Fadengeber zur Nadel führen.

Um den Oberfaden einzufädeln, muß die Nadel in der obersten Stellung stehen.

Wenn Sie den Oberfaden eingefädelt haben, nähen Sie einen Stich und holen mit dem Oberfaden den Unterfaden nach oben.

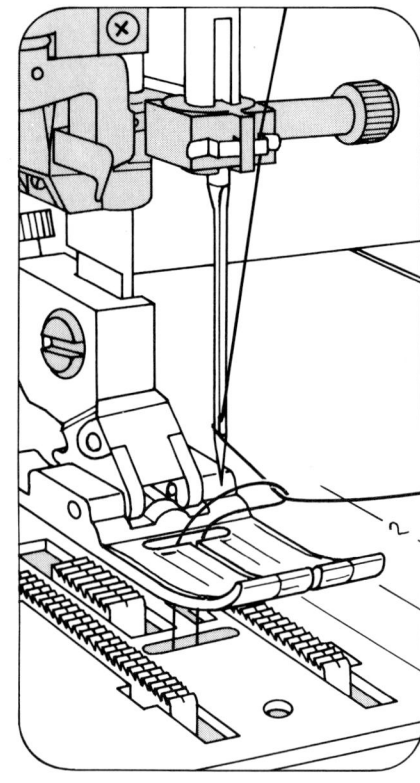

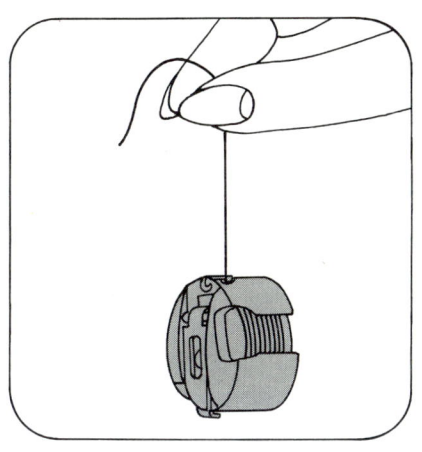

Zum Überprüfen der Unterfadenspannung lassen Sie die Kapsel nach unten hängen (siehe Zeichnung). Die Kapsel muß stufenweise sinken. An der Justierschraube können Sie die Spannung ändern.

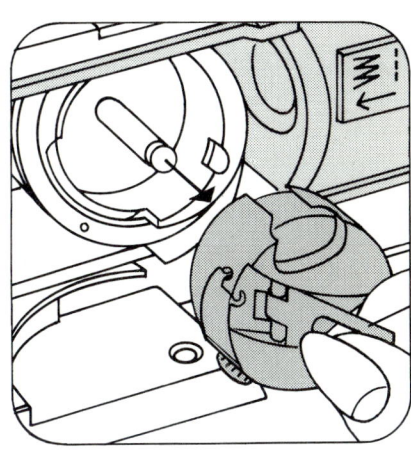

Die Spulenkapsel fassen Sie an der kleinen Klappe und schieben sie bis zum Anschlag in das Spulengehäuse.

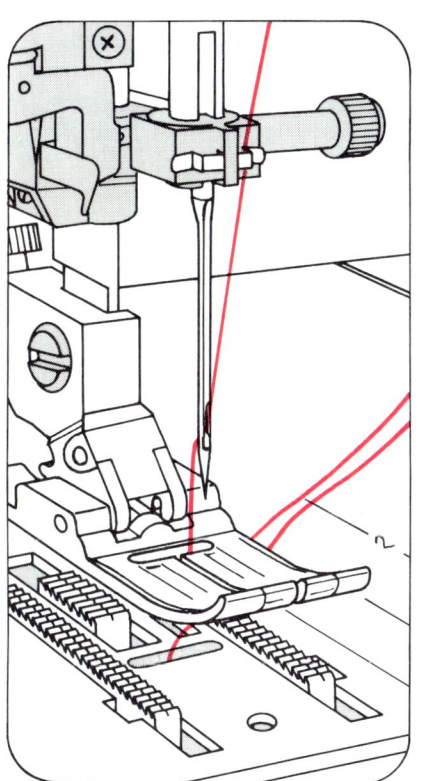

Sie ziehen beide Fadenenden unter dem Steppfuß nach hinten.

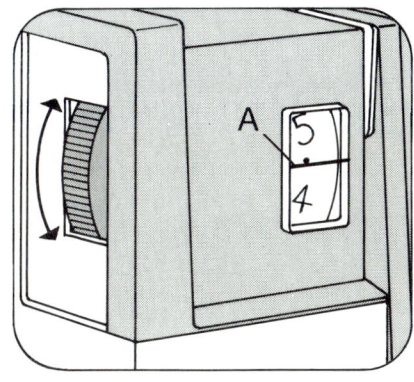

Nun prüfen Sie die Fadenspannung. Die normale Einstellung liegt zwischen 3 und 5. Je höher die Zahl, je fester die Spannung. Für das Maschinensticken und das Fertigen von Knopflöchern lockern Sie die Oberfadenspannung auf 2 bis 3.

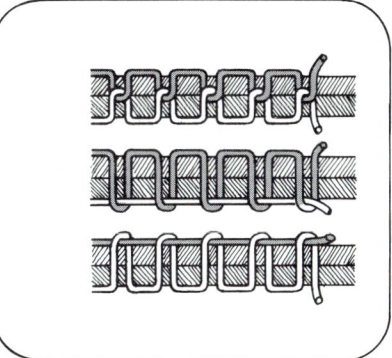

Die Fadenspannung ist richtig, wenn sich Ober- und Unterfaden zwischen den Stofflagen verschlingen (die obere Abb. ist richtig).

Maschinennadeln

Sehr wichtig für einen sauberen Stich ist eine einwandfreie Nadel. Die Nadeln unterscheiden sich in Spitze, Stärke, Kolbenform und der Größe der Hohlkehle. Die Maschinennadelstärken reichen von sehr fein (60) bis stark (110). Je gröber der Stoff, desto stärker sollte die Nadel sein.

Stoffqualität **leicht**	Stoffqualität **mittel**	Stoffqualität **schwer**
Nadel	Nadel	Nadel
60 70 75	**80 90**	**100 110**

Wechseln Sie die Nadel nach 5 genähten Modellen oder wenn Sie beim Nähen eine Stecknadel getroffen haben. Eine verletzte Maschinennadel beschädigt den Stoff.

Die am häufigsten verwendeten *Maschinennadeln* haben eine scharfe Spitze. Man nimmt sie für alle gewebten Stoffarten.

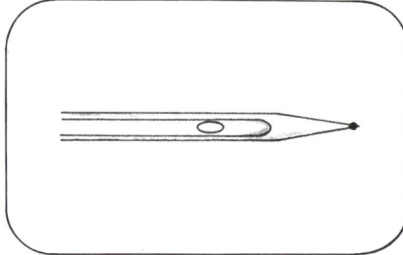

Jerseynadeln mit Kugel- oder Ballspitze sind für Strickstoffe. Sie sind vorne abgerundet, damit sie die Maschen nicht verletzen.

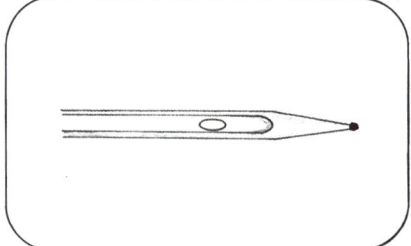

Nadeln mit zugeschliffener Dreikantspitze gibt es *für Leder oder Kunstleder.*

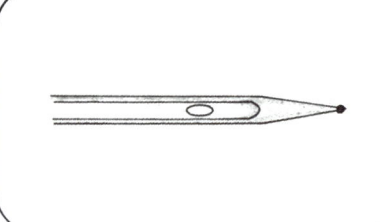

Zwillings- und Drillingsnadeln nähen mit zwei bzw. drei Oberfäden Ziernähte. Für diese Ziernähte muß die Zickzackbreite schmaler eingestellt werden.

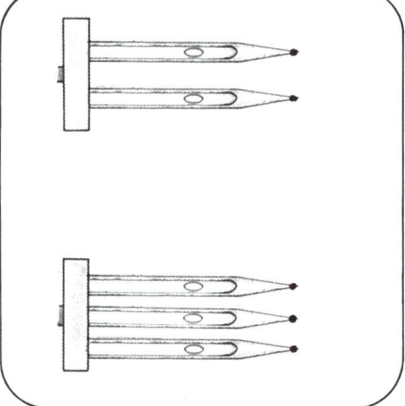

Pannenhilfe

Die Naht ist nicht gleichmäßig
- Die Fadenspannung stimmt nicht.
- Die Ober- und Unterfadenstärke ist unterschiedlich.
- Der Unterfaden ist ungleich aufgespult.
- Die Nadel kann verbogen sein.
- Die Nadel hat nicht die richtige Stärke für Oberstoff und Garn.
- Unter der Stichplatte sind Flusen.
- Der Nähfuß ist lose.
- Die Stichlänge ist zu groß. Große Stichlänge nur bei schweren Stoffen. Bei sehr dünnen Stoffen legen Sie Seidenpapier unter den Stoff, das nach dem Nähen herausgezogen wird.

Die Naht kräuselt sich
- Der Faden ist für den Stoff zu dick.
- Die Nadel ist für den Stoff zu stark.
- Die Fadenspannung stimmt nicht.
- Die Stichlänge ist zu klein.
- Die Spule ist ungleich aufgewickelt.

Der Oberfaden reißt
- Die Nadel ist verkehrt eingesetzt oder der Faden falsch eingefädelt.
- Die Nadel sitzt nicht bis zum Anschlag in der Fassung.
- Die Nadel ist stumpf oder verletzt. Setzen Sie eine neue ein.
- Die Nadel ist für das Garn zu fein.
- Der Oberfaden wurde falsch eingefädelt.
- Das Garn läuft nicht locker von der Rolle.
- Im Faden war ein Knoten.
- Faden ist im Spulenbereich eingeklemmt oder hat sich um die Spule gewickelt.

Der Unterfaden reißt
- Die Spule sitzt nicht richtig in der Spulenkapsel.
- Die Spulenkapsel ist verschmutzt.
- Die Stichplatte sitzt nicht richtig oder ihr Stichloch ist verletzt.
- Der Unterfaden ist ungleichmäßig aufgespult.

Die Maschine transportiert nicht oder nur unregelmäßig
- Zwischen den Transporteur-Zahnreihen hat sich Nähstaub festgesetzt.
- Transporteur ist versenkt. Versenkschieber einschalten.

Die Maschine geht schwer
- Fadenreste befinden sich in der Greiferbahn.

Die Maschine näht das eigegebene Programm nicht
- Maschine ausschalten und nach etwa 30 Sekunden wieder einschalten. Gewünschtes Programm erneut eingeben.

Das Nählicht leuchtet und die Maschine läuft nicht
- Sicherung ist defekt.

Wichtige Hinweise
- Auf der eingefädelten Maschine nicht ohne Stoff nähen.
- Beim Verlassen der Maschine, auch kurzfristig, den Hauptschalter ausschalten. Dies ist wichtig, wenn Kinder in der Nähe sind.
- Zum Reinigen des Spulengehäuses die Stichplatte herausnehmen und mit dem Pinsel den Transporteur und den Greifraum reinigen.
- Nie die Maschine zu sehr ölen. Nur ab und zu einen Tropfen Öl, wie die Zeichnung zeigt, in die Greiferbahn geben.

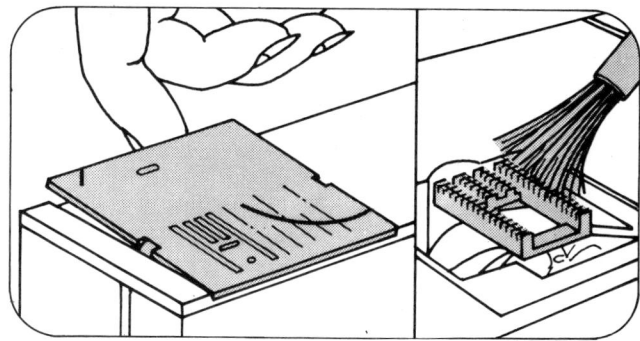

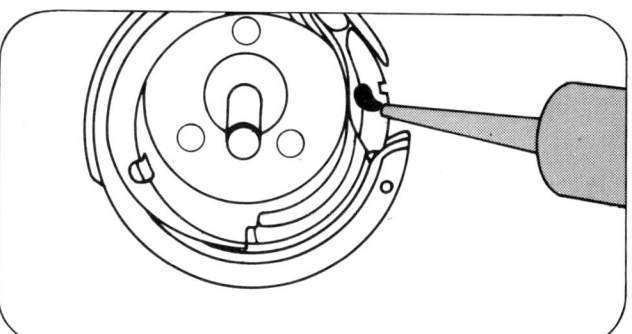

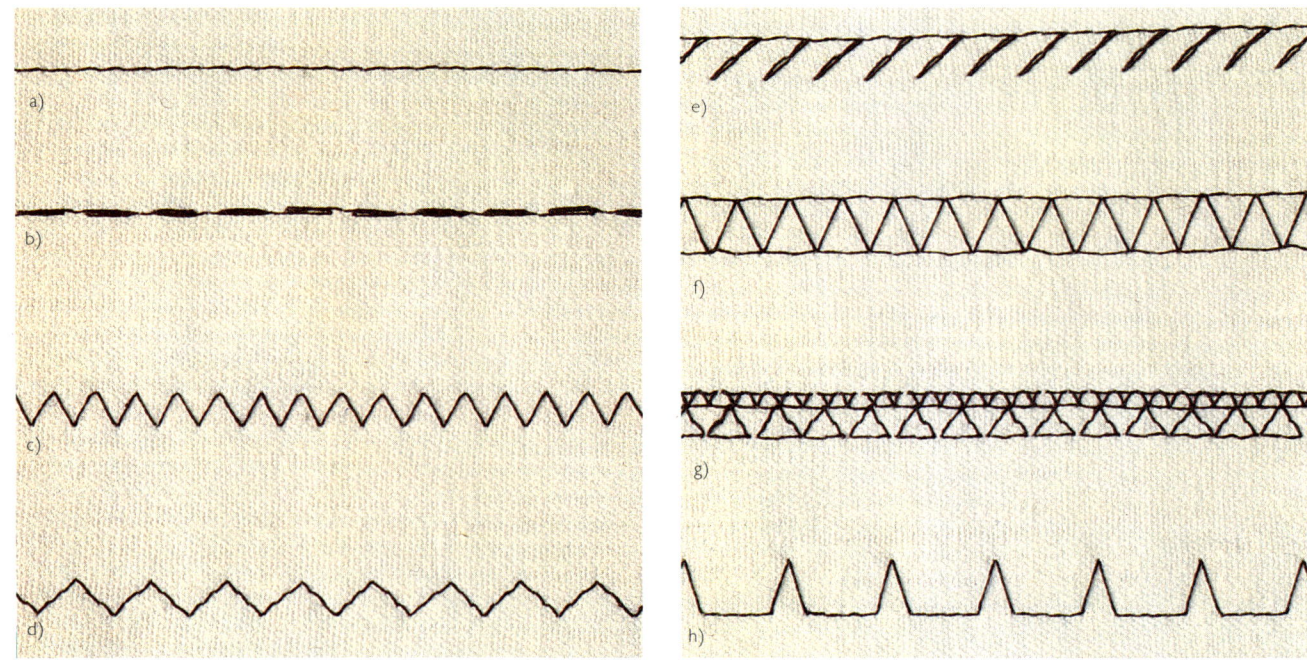

Nähmaschinenstiche

Normale Stoffe nähen Sie mit dem *Geradstich.* Je nach Stoffqualität stellen Sie verschiedene Stichlängen ein. Zum Beispiel für leichte Stoffe kürzere Stiche (2–3 mm) und für schwere Stoffe längere Stiche (3–5 mm). (a)

Der *Stretch-3fach-Geradstich* wird für Schrittnähte und alle sehr beanspruchten Nähte verwendet. Wenn Sie diesen Stich nicht an der Maschine haben sollten, stellen Sie einen schmalen Zickzackstich ein und nähen Sie die Naht 2mal. (b)

Mit dem *Zickzackstich* versäubert man die Kanten. (c)

Der *Elastikstich* besteht aus Geradstichen in Zickzackform. Er ist besonders für Strickwaren und breite Gummibänder geeignet. (d)

Overlockstiche nähen und versäubern gleichzeitig. Dazu gehört der Überwendlingsstich (e), der eine elastische Spezialnaht für locker gewirkte und gewebte Materialien ergibt.

Der *geschlossene Overlockstich* versäubert Schnittkanten und schließt Nähte in einem Arbeitsgang. Er wird für Maschenwaren genommen. (f)

Der *Kantenoverlockstich* (g) übernäht Schnittkanten mit feinen Stichen.

Mit dem *Blind- oder Saumstich* ist z. B. ein Rock in kürzester Zeit fast unsichtbar gesäumt. (h)

Die modernen Nähmaschinen weisen noch zahlreiche weitere Nutz- und Zierstiche auf. Eine weitere Auswahl finden Sie auf den einzelnen Detailfotos im Kapitel „Kreative Modelle".

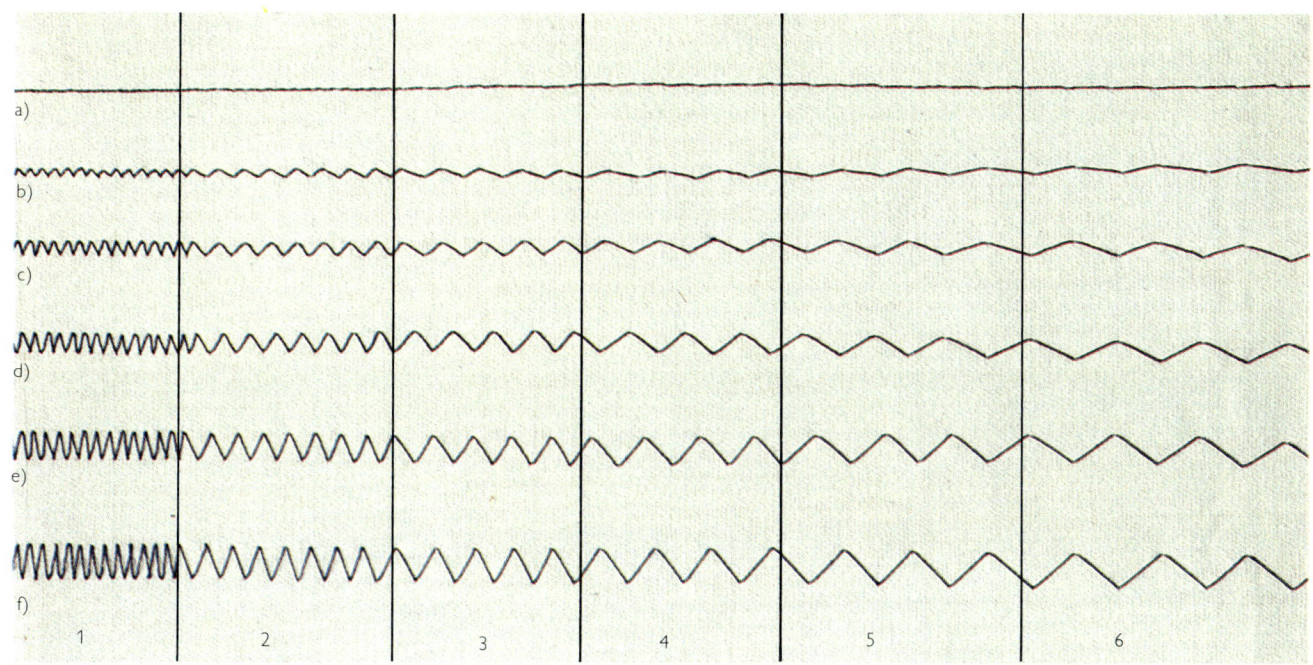

a)

b)

c)

d)

e)

f)

1   2   3   4   5   6

Das Foto zeigt den Geradstich (a) in verschiedenen Stichlängen. Die Stichlänge kann von 0–6 mit dem Stichlängen-Einsteller variiert werden, wobei die Zahlen der Stichlänge in mm entsprechen.

Deutlich wird die Vielfalt des Zickzackstiches durch die Veränderung der Stichlänge (waagerecht 1-5) und der Stichbreite (b-f).

Die Stichlänge und Stichbreite muß abgestimmt auf das Material eingestellt werden. Es gilt: je dicker der Stoff, desto größer die Stichlänge.

Ehe Sie anfangen zu nähen, überprüfen Sie auf einem Probeläppchen die Stichgröße und die Fadenspannung. Sie haben alles richtig eingestellt, wenn die bei jedem Stich entstandene Fadenverschlingung genau zwischen den Stofflagen liegt.

Werkzeug

Neben der Nähmaschine gibt es noch andere Hilfsmittel, die Sie zum Nähen und Schneidern benötigen. Ein kleiner Tip: mit richtigem Handwerkszeug erleichtern Sie sich das Arbeiten, es bereitet Ihnen mehr Freude und das Nähergebnis wird verbessert.
Hier die Grundausstattung, die um einige Spezialwerkzeuge erweitert wurde.

Ein flexibles *Kunststoffmaßband* (Zentimetermaß) mit der Länge von 1,50 m ist unentbehrlich. Ein *Taillenmaßband* hat auf der Skala von 50–125 Ösen, in die der Anfang des Maßbandes eingehakt wird. Wird die Taille so markiert, erleichtert es das Messen der anderen Körpermaße. Auch ein *Lineal* sollte zum Einzeichnen gerader Linien immer bereitliegen.

Stecknadeln werden häufig nur in einer Größe angeboten. Im Fachgeschäft erhalten Sie aber auch sehr feine Nadeln für zarte Gewebe. Für Strickwaren und dicke Stoffe gibt es die sogenannten Schwester-Nadeln.

Nähnadeln brauchen Sie in mehreren Stärken und Längen, dazu einen *Fingerhut.*

Ihren Schnitt erhalten Sie zum einen von *Fertigschnitten,* oder Sie arbeiten mit einem Schnittmusterbogen. Zum Kopieren des Schnittes wird häufig *Schneiderkopierpapier* und ein *Kopierräd-chen* (mit scharfen Zähnen) verwendet. Das Einzeichnen von Markierungspunkten kann mit einem Filzstift erfolgen. Weniger bekannt, jedoch zum Kopieren bestens geeignet sind sogenannte *Kopiersets* (Klarsichtfolie und wischfester Filzschreiber).

Zum Übertragen des Schnittes auf den Stoff ist *Schneiderkreide* zu empfehlen. Diese gibt es in verschiedenen Farben zu kaufen. Das Doppelkopierrädchen erleichtert die Arbeit beim Übertragen der Schnitteile auf den Stoff. Es markiert gleichzeitig die Naht- oder Saumlinie und die Schnittlinie.

Ihre Ausstattung vervollständigt ein *Rockabrunder.* Der Abrunder läßt sich auf jede gewünschte Rocklänge einstellen.

Eine spezielle *Schneiderschere* ist das wichtigste, um Stoffe zuzuschneiden. Die gebräuchlichsten Scheren sind 18 oder 20 cm lang. Auch für Linkshänder gibt es Stoffscheren. Achten Sie darauf, daß mit dieser Schere kein Papier geschnitten wird.

Eine 15 cm lange *Nähschere,* die zum Zurückschneiden der Nahtzugabe und der Säume benutzt wird, ist sehr praktisch. Die Stickschere (10 oder 12 cm lang) brauchen Sie, um Ecken genau abzuschrägen und Einschnitte zu machen. Das Versäubern einer Naht in Futterstoffen, Leder und anderen nur wenig ausfransenden Stoffen kann mit einer *Zackenschere* erfolgen. Bei Applikationen werden damit sogar zusätzliche Effekte erzielt.

Mit einer *Papierschere,* die nur für Papier genommen wird, schneiden Sie die Schnittmuster aus.

Der *Pfeil-* oder *Nahttrenner* ist ein unentbehrliches Hilfsmittel, um Knopflöcher aufzuschneiden. Bei Änderungsarbeiten erleichtert er das Auftrennen von Nähten.

Das Bügeln ist zwischen den Nähvorgängen sehr, sehr wichtig. Es macht den guten Sitz und das perfekte Aussehen des Kleidungsstücks aus. Vorteilhaft sind *Dampfbügeleisen.* Je nach Bedarf kann mit oder ohne Dampf gebügelt werden.

Ein *Bügeltuch* leistet wertvolle Hilfe bei glänzenden und empfindlichen Stoffen oder wenn Sie auf der rechten Stoffseite bügeln müssen (z. B. Bügelfalten).

Das Ausbügeln von Nähten an Ärmeln, Hosenbeinen und Kindersachen sollte auf einem *Ärmelbrett* erfolgen, ansonsten können Sie ein normales, klappbares Bügelbrett verwenden.

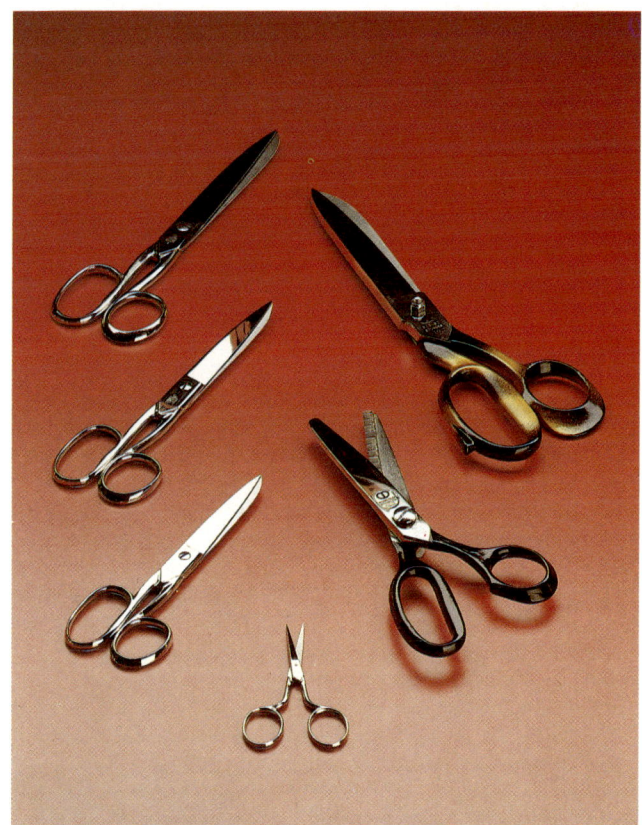

Verschiedene Scherentypen: Stickschere (unten), Nähscheren in verschiedenen Längen (Reihe links), Zickzackschere (unten rechts), Zuschneideschere (oben rechts).

Nähgarne

Das Nähgarn soll dem Stoff in Stärke, Farbe und Material angepaßt sein. Zusätzlich sollten Sie bei der Nähmaschine beachten, daß das Garn für Ober- und Unterfaden immer gleich ist. Hier die wichtigsten Garnsorten und ihre Verwendung.

Mehrzweckgarn wird in verschiedenen Stärken angeboten. Es handelt sich meist um Mischfasergarne, die sowohl für das Nähen mit der Hand wie auch mit der Maschine geeignet sind. Sie sind pflegeleicht und bis zu 200°C hitzebeständig. Garn aus *Polyester* ist durch seine hohe Elastizität ein „Allesnäher" und besonders geeignet für Jerseystoffe. *Reines Baumwollgarn* nehmen Sie für Stoffe aus reinen Naturmaterialien (Baumwolle und Leinen). *Knopflochgarn* eignet sich für Ziernähte, Stick- und Stopfgarn, ist besonders fein und ideal für die Stickerei mit der Nähmaschine und das Arbeiten von Knopflöchern. Eine Rolle *Heftgarn* ist unentbehrlich zum Handheften, insbesondere bei komplizierten Modellen.

Einlagenstoffe

Einlagenstoffe bilden das Innenleben von Kragen, Manschetten, Taschen, Knopfleisten mit Knopflöchern und Bundabschlüssen. Sie geben den Schnitteilen Stabilität.

Einlagenstoffe gibt es in verschiedenen Qualitäten und Stärken. Wählen Sie den Einlagenstoff nach der Qualität des Oberstoffes. Einlagenstoffe erhalten Sie als Gewebe und als Vliesstoffe. Sollen die Schnitteile mit gewebten Einlagenstoffen verstärkt werden, so müssen die Teile entsprechend dem Fadenlauf des Oberstoffes zugeschnitten werden. Vliesstoffe können ohne Richtung zugeschnitten werden.

Heute werden fast nur noch *aufbügelbare Einlagen* angeboten. Diese werden durch Bügeln mit der linken Seite des Oberstoffes verbunden. Aber nicht für alle Stoffe kann die aufbügelbare Einlage verwendet werden, da das Gewebe durch das Aufbügeln seine Elastizität verliert. Verwenden Sie für Strickstoffe die spezielle Jerseyeinlage. Für Taillenbünde und Manschetten werden *spezielle Einlagen* mit vorgestanzten Schlitzen angeboten. Beidseitig klebende Vlieseinlagen sind für Säume oder Applikationen geeignet.

Verschlüsse

Das Angebot an Verschlüssen ist so umfangreich, daß hier nur auf die gebräuchlichsten eingegangen werden kann. Über das Angebot an Spezialverschlüssen informiert Sie der Fachhandel oder die Fachabteilungen der Warenhäuser.

Reißverschlüsse sind Verschlußbänder, die in 4 verschiedenen Ausführungen angeboten werden:

- Standardreißverschluß mit Metall- oder Plastikzähnen,
- Standardreißverschluß mit Kunststoffspirale,
- Hosenreißverschluß mit Spezialschieber,
- teilbarer Reißverschluß.

Alle Typen gibt es in verschiedenen Stärken, Längen und Farben. Da sich die einzelnen Reißverschlüsse in ihrer Haltbarkeit kaum unterscheiden, richtet sich die Wahl danach, in welches Kleidungsstück der Reißverschluß eingesetzt wird. So sind z. B. die weichen Spiralreißverschlüsse für Kleider und Röcke geeignet. Sichtbar eingenähte Metallreißverschlüsse findet man oft in Sport- oder Jeanskleidung.

Das Angebot an *Knöpfen* ist sehr groß und wechselt mit der Mode. Für welchen Knopf Sie sich entscheiden, unterliegt Ihrem persönlichen Geschmack. Kaufen Sie aber immer einen Knopf mehr, denn es ist ärgerlich, wenn ein Knopf verlorengeht und kein Ersatzknopf zur Verfügung steht.

Eine besonders interessante Verschlußart sind *Knöpfe zum Selbstbeziehen.* Diese Knöpfe werden mit dem gleichen Stoff bezogen, aus dem auch das Kleidungsstück gefertigt ist. Sie werden in verschiedenen Größen mit dem entsprechenden Werkzeug angeboten.

Zwei *Druckknopftypen* werden angeboten:

- Annäh-Druckknöpfe aus Metall oder Kunststoff,
- Nähfrei-Druckknöpfe, die auch als Nietendruckknöpfe bekannt sind.

Wählen Sie zwischen diesen, je nachdem, ob der Druckknopf sichtbar oder unsichtbar getragen werden soll. Beide Arten sind in verschiedenen Größen, Nähfrei-Druckknöpfe auch in verschiedenen Lackfarben erhältlich.

Eine alte, aber immer noch aktuelle Verschlußtechnik besteht aus *Haken und Ösen.* Das Angebot ist sehr groß, und die Form wird vom Verwendungszweck bestimmt.

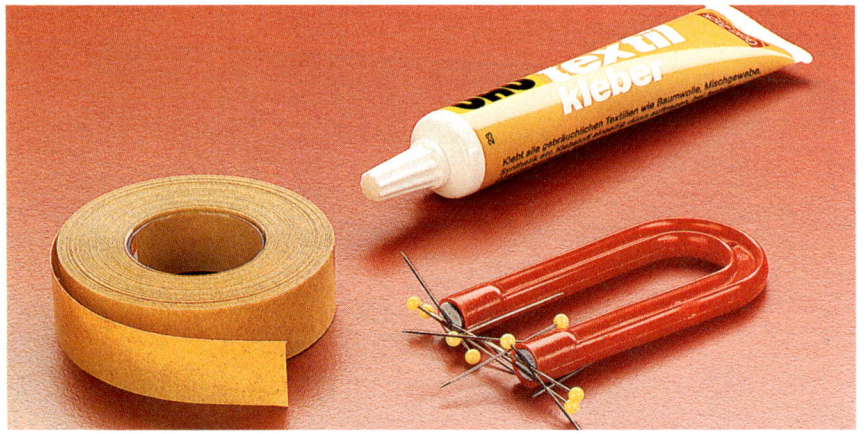

Einkaufsliste
Stoff
Futterstoff
Nähgarn
Verschlüsse
Gummiband, Borten
. . .

Spezielle Hilfen

Der *Textil-Spezialkleber* ersetzt das Stecken oder Heften. Dies ist vor allem bei Leder oder Lederimitaten wichtig, damit außerhalb der Stepplinie keine zusätzlichen Löcher entstehen. Der Spezialkleber erleichtert auch das Aufsetzen von Taschen und das Einsetzen von Reißverschlüssen. Beachten Sie, daß der Kleber nur bis zur ersten Reinigung hält, also nicht für das Befestigen von Säumen geeignet ist.

Doppelseitiges Klebeband ist ebenfalls als Stecknadelersatz ideal. So können Nähte, in denen Streifen oder Karos sehr genau aufeinanderliegen müssen, vor dem Nähen exakt fixiert werden. Damit sich das Klebeband nach dem Nähen leicht entfernen läßt, nie über das Klebeband nähen.

Da beim Nähen häufig Stecknadeln auf den Fußboden fallen, und das Einsammeln sehr mühevoll ist, empfiehlt es sich, einen *Magneten* zur Hand zu haben. Blitzschnell können Sie mit dem Magneten alle Nadeln aufheben. Hilfreich ist auch ein magnetischer Nadelhalter, der an der Nähmaschine befestigt wird. Er nimmt alle Nadeln auf, die während des Nähens auf der Maschine aus dem Stoff entfernt werden.

Einkaufsliste

Bevor Sie mit dem Nähen eines Modells beginnen, legen Sie sich eine Einkaufsliste an. In den nachfolgenden Kapiteln wurde zu jedem Modell eine Einkaufsliste oder Materialliste (Kreativteil) erstellt. So können Sie auf einen Blick ersehen, welche Materialien Sie bereits haben und welche noch dazugekauft werden müssen.

Den Stoff wählen Sie nach Ihren Vorstellungen aus. Die benötigte Stoffmenge ist in jedem Schnittmuster, entsprechend den einzelnen Größen, angegeben. Beachten Sie, daß es verschiedene Stoffbreiten gibt. Für Modelle aus gemusterten Stoffen oder Stoffen mit Rapporten benötigen Sie immer etwas mehr Stoff. Lassen Sie sich deshalb im Fachhandel beraten.

Zum Stoff passend kaufen Sie den Futterstoff. Er sollte einen Ton dunkler als der Oberstoff sein. Die Menge ist ebenfalls im Schnittmuster angegeben.

Für das Nähgarn gilt: die Farbe eher dunkler als heller (im Vergleich zum Oberstoff) wählen. Das Material und die Stärke müssen auf den Oberstoff abgestimmt sein.

Einlagenstoffe brauchen Sie zur Verstärkung von Manschetten, Knopfleisten, Kragen und Belegen. Es gibt sie als lose Einlage oder aufbügelbare Vlieseline zu kaufen. Zur Verstärkung des Rock- oder Hosenbundes ist Bundfix ideal. Dies ist eine starke, aufbügelbare Vlieseline, in der die Nählinien vorgestanzt sind. Benötigen Sie einen Reißverschluß oder andere Verschlüsse? Wollen Sie Gummiband, Borten, Tressen und Stickgarn verwenden, kaufen Sie alles gegebenenfalls gleich mit ein.

Stoffkunde

Wenn Sie sich einen Stoff kaufen, so sollte er in den Farben, im Muster und in der Qualität Ihren Vorstellungen entsprechen.
Über die Qualität gibt das Etikett am Stoffballen Auskunft. Es muß die Faserzusammensetzung ausweisen, ebenso ein evtl. Einlaufen des Stoffes von mehr als 1%.
Da die Vielzahl der handelsüblichen Faser- und Bindungsarten recht verwirrend ist, erfolgt eine kleine Übersicht (ohne Anspruch auf Vollständigkeit) über die wichtigsten Stoffarten.
Bei der Pflege der Kleidungsstücke müssen Sie die Eigenschaften der Fasern, aus denen der Stoff hergestellt wurde, mitberücksichtigen. Da Stoffe meist als Mischgewebe angeboten werden und nur noch selten aus einem Grundstoff bestehen, richtet sich die Pflege immer nach der „empfindlichsten" Faser.

Naturfasern	pflanzlich	Baumwolle Leinen	Stoffe aus diesen Fasern sind: sehr saugfähig, hautsympathisch, wasch- und kochfest. Baumwolle, die nicht behandelt wurde, läuft beim Waschen ein. Beachten Sie die Pflegehinweise.
	tierisch	Wolle	Wollstoffe sind elastisch, wärmend und formbeständig. Stoffe aus Schurwolle werden mit dem Gütesiegel ausgezeichnet. Die Stoffe nur reinigen lassen.
		Seide	Seide ist die kostbarste Naturfaser. Der Griff, die Farbbrillianz und der Fall von Seidenstoffen ist unübertroffen. Von Hand waschen, besser reinigen lassen.
		haarige Fasern	Haarige Fasern sind sehr seltene textile Rohstoffe und werden daher nur mit Wolle oder Chemiefasern verarbeitet. Reinigen lassen.

Chemiefasern	Zellulosefasern	Viskose (Cupro) Acetat (Rhodia)	Zellulosefasern werden durch Veredlungsverfahren knitterfrei und einlaufbeständig gemacht. Sie werden vor allem für Futterstoffe, aber auch für Oberstoffe, die durch natürlichen Glanz bestechen, verwendet.
(Die Namen der synthetischen Fasern in den Klammern sind eingetragene Markennamen.)	Synthetische Fasern	Polyacryl (Dralon, Orlon) Polyamid (Nyltest, Perlon) Polyester (Trevira, Diolen) Triacetat (Arnel)	Synthetische Fasern können dem Aussehen von Seide, Wolle und Baumwolle entsprechen. Die Stoffe sind strapazierfähig, einlauffest, pflegeleicht. Polyester wird meist in Mischungen mit Naturfasern angeboten. Polyacryl ist der Wolle sehr ähnlich und wird hauptsächlich für Strickwaren verwendet. Bei allen Stoffen aus synthetischen Fasern sind unbedingt die Pflegesymbole zu beachten.

Warenkunde

Nicht nur durch das verwendete Fasermaterial unterscheiden sich die Stoffe. Wichtig für die weitere Verarbeitung ist die Unterscheidung in Web-, Maschen- und Vliesware.
Es werden hier exemplarisch die bekanntesten Stofftypen vorgestellt, da das Angebot zu groß ist, um alle zu beschreiben. Das Weben ist wohl die bekannteste flächenbildende Technik. Die Webstoffe unterscheiden sich durch die verschiedenen Bindungen, d. h. nach der Art und Weise, wie sich die Kett- und Schußfäden in einem Gewebe verkreuzen.
Wie bei den Webstoffen wird auch die Maschenware nach den verschiedenen Herstellungsverfahren unterschieden.

Von Bedeutung ist die Kulierware und die Kettenwirkware. Die Kulierware beruht auf der alten Handstricktechnik, die Kettenwirkware wird mit mehreren Fadensystemen hergestellt, bei dem parallel die zahlreichen Maschenbildungen und Zickzackverknüpfungen erfolgen.
Bei einer dritten Art der Stoffherstellung entstehen Faservliese aus Fasern, die gelegt und mechanisch oder physikalisch-chemisch gefestigt werden.

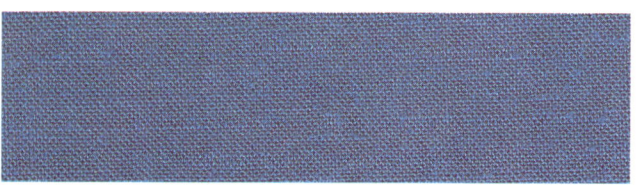

Bei der Leinwandbindung, auch Kattun-, Taft- oder Tuchbindung genannt, haben Kett- und Schußfaden die gleiche Stärke; beide Warenseiten sehen gleich aus. Der Schußfaden liegt abwechselnd über und unter den einzelnen Kettfäden. Beispiele: Nessel, Popelin, Batist.

Eine Variation der Leinwandbindung ist die Panamabindung, bei der die Fäden immer paarweise im Rhythmus der Leinwandbindung gekreuzt werden. Da die Panamabindung etwas lockerer als die Leinwandbindung ist, fühlt sich der Stoff weicher an. Beispiele: Natté, Aida.

Bei der Köper- oder Twillbindung geht der Schußfaden jeweils über zwei bis vier Kettfäden. In der folgenden Reihe beginnt der Schußfaden um einen Kettfaden versetzt mit dem Verkreuzen. Dadurch entsteht ein diagonal laufendes Bindungsmuster. Beispiele: Twill, Denim (= Jeansstoff), Gabardine.

Eine Variation der Köperbindung ist die Fischgrat- oder Chevronbindung. Die besondere Gewebemusterung wird durch die wechselnde Gratrichtung und die Verwendung von verschiedenfarbigem Garn erzielt.

Bei der Satin- oder Atlasbindung zeigen rechte und linke Stoffseite nie das gleiche Warenbild. Die rechte Seite wirkt glatt und glänzend. Beispiele: Duchesse, Satin.

Jacquardstoffe werden auf einem Spezialwebstuhl hergestellt. Die Jacquardmuster sind Bindungsmuster mit sehr großem oder gar keinem Rapport. Beispiele: Damast-, Brokatstoffe.

Auf der Strickmaschine werden mit einem Faden in waagerechter Richtung Maschen geformt. Die Maschen sind den handgestrickten ähnlich. Maschenstoffe dehnen sich, wobei hier zwischen einfachen und doppeltgestrickten Stoffen zu unterscheiden ist. Beispiel: Jersey.

Maschenstoff (Wirkfrottier) mit zusätzlichem Musterfaden z. B. als Stretch-Spannbettuch.

Mit verschiedenen Legevorrichtungen werden viele Fasern von den Krempelbändern abgezogen und übereinandergelegt, bis die gewünschte Flächendichte erreicht ist.
Um eine hohe Festigkeit des Vlieses nach allen Richtungen zu erreichen, werden quer zur Laufrichtung des vorherigen Faservlieses die weiteren Fasern gelegt. Gefestigt werden die Vliesstoffe mit verschiedenen Verfahren. Das bekannteste ist das Filzen.
Zu den durch Verschmelzen gefestigten Faservliesstoffen gehören vor allem die Einlagenstoffe. Beispiel: Vlieseline.

Pflege

Beachten Sie die Pflegeanleitungen Ihres Stoffes, damit Sie lange Freude an Ihrem selbstgeschneiderten Modell haben.

Da es nur in wenigen Geschäften einnähbare Pflegehinweisschildchen, wie sie die Konfektion verwendet, gibt, sollten Sie sich ein kleines Notizbüchlein anlegen. Hier kleben Sie ein Stückchen Stoff des neuen Modells ein und notieren sich die auf dem Etikett angegebenen Pflegehinweise. So können Sie im Zweifelsfalle immer nachschlagen.

Haben Sie beim Stoffkauf keinen Hinweis auf die Pflege erhalten, so prüfen Sie auf einer kleinen Ecke die Bügeltemperatur. Waschen Sie auch erst einmal ein Stoffstückchen auf Probe. Stark einlaufende Stoffe sollten vor dem Nähen gewaschen und gebügelt werden.

Es wurde bereits erwähnt, daß beim Stoffkauf auf die Kriterien Waschen, Bügeln und Reinigen geachtet werden muß. Auf den Etiketten wird hierüber in Symbolen Auskunft erteilt.

Die Zahlen in den Bottichen geben die maximale Waschtemperatur an. Soll der Schonwaschgang eingestellt werden, so ist dies durch den Balken angegeben. Bei besonders edlen Stoffen wird meist angegeben, daß sie nur von Hand gewaschen werden sollten. Der durchgestrichene Bottich besagt: nicht waschen.

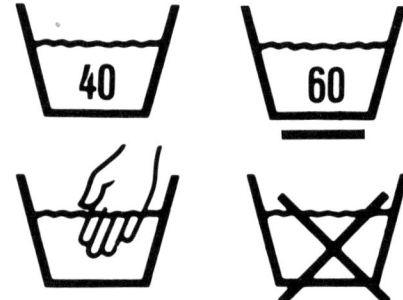

Heute hat das Chlor-Dreieck nur noch wenig Bedeutung, da Bleichlauge selten verwendet wird.

Die Temperaturwerte für das Bügeln sind international durch Punkte festgelegt:

- ●   nicht heiß bügeln   (max. 115° C)
- ●●   mäßig heiß bügeln   (max. 150° C)
- ●●●   heiß bügeln   (über 150° C)

Auch hier besagt das durchgestrichene Bügeleisen: nicht bügeln.

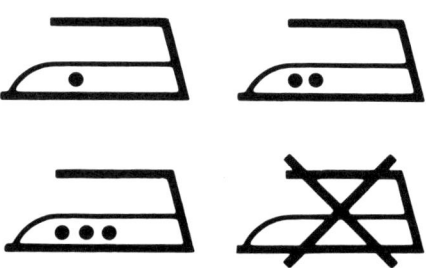

Für die chemische Reinigung ist das Kreissymbol aussagekräftig. Die Buchstaben bezeichnen die unterschiedlichen Reinigungsmittel.

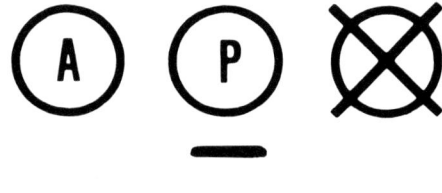

Stoffausrüstungen

Stoffe werden vor, während und nach der Fertigstellung durch Spezialverfahren ausgerüstet. Das heißt, der Stoff wird mit bestimmten Eigenschaften versehen, die seinen Gebrauchswert oder seine Wirkung erhöhen. Man spricht auch von Textilveredlungen. Die neuen Eigenschaften können durch sogenannte zweckmäßige oder dekorative Ausrüstungen erreicht werden. *Zweckmäßige Ausrüstungen* machen einen Stoff für einen oder mehrere Spezialzwecke verwendbar. So weisen Stoffe, die durch eine wasserabweisende Ausrüstung veredelt wurden, gleichzeitig den Schmutz ab.

Weitere zweckmäßige Ausrüstungen:
Antibakteriell oder fungizide Ausrüstung; die Stoffe werden gegen Mikroorganismen aller Art geschützt.

Imprägnierung und fleckenabweisende Ausrüstungen werden vor allem bei Mantel- und Jackenstoffen vorgenommen. Ferner gibt es das Spezialverfahren „Waterproof", das den Stoff absolut wasserdicht macht.

Besondere Ausrüstungsverfahren, speziell für Stoffe aus Naturfasern, sind Merzerisieren, Krumpfen, Mottenechtheit und Knitterarmut.

Für die Hausschneiderei weniger von Bedeutung sind Stoffe, die feuerbeständig oder schwer entflammbar ausgerüstet wurden; die Stoffe entflammen unter starkem Hitzeeinfluß nur schwer. Absolute Feuerfestigkeit kann nicht erreicht werden.

Dekorative Ausrüstungen verleihen dem Stoff ein besseres Aussehen. Die Verfahren können in zwei Hauptgruppen gegliedert werden: Farb- und Oberflächenveränderungen.

Farbliche Veränderungen lassen sich z. B. durch Faser, Garn- oder Stückfärbung erreichen. Durch diese Verfahren werden keine Musterungen, sondern nur unifarbige Stoffe erzielt.

Farbveränderungen, die auf der Stoffoberfläche vorgenommen werden, werden meist durch Druckverfahren erzielt. Dabei gibt es die verschiedensten Methoden, um die Muster auf den Stoff zu bringen, z. B. Walzendruck oder Reservedruck.

Die interessantesten dekorativen Ausrüstungen erfolgen durch Strukturveränderungsverfahren. So ist z. B. das Rauhen der Fasern an der Stoffoberfläche seit vielen Jahren bekannt und wird heute hauptsächlich bei Loden- und Flanellstoffen angewendet. Genau das Gegenteil wird durch das Kalandern erreicht. Starker Druck und starke Hitze glätten die Stoffe und lassen sie glänzend erscheinen.

Kleine Tips zum Stoffkauf

Schon vor dem Kauf des Stoffes sollten Sie sich über seine Qualität erkundigen. Einen wichtigen Hinweis über die Faserzusammensetzung und die Pflege gibt das Etikett (siehe Seite 28). Ob der Stoff zur erstklassigen oder minderwertigen Ware gehört, läßt sich nicht immer gleich feststellen. Jedoch kann auch der Nähanfänger einige wesentliche Qualitätsmerkmale erkennen:

[1] Der Stoff sollte gleichmäßig gewebt oder gewirkt sein. Halten Sie den Stoff gegen das Licht, so lassen sich evtl. dünne Stellen erkennen. Achten Sie auf Webfehler. Das Gewebe muß in sich fest sein, und die einzelnen Gewebefäden dürfen sich nicht zu leicht verschieben lassen.

[2] Farbige Stoffe müssen gleichmäßig eingefärbt oder bedruckt sein. Achten Sie besonders auf den Stoffbruch. Auch hier darf keine Farbe ausgerieben oder verblichen sein.

[3] Der Stoff darf nicht verzogen sein, das heißt, der Schußfaden muß im rechten Winkel zur Webkante liegen.

[4] Nach dem Zusammendrücken oder einem leichten Wringen glätten sich bei einem guten Stoff die entstandenen Kniffe wieder.

[5] Maschenware muß auf ihre Dehnbarkeit überprüft werden. Dazu sollten Sie wissen, daß die mittlere Dehnungsfähigkeit eines Strickstoffes von 10 cm Breite ca. 2,5 cm beträgt. Nach der Überprüfung der Dehnbarkeit muß sich der Stoff wieder auf seine ursprüngliche Breite zusammenziehen.

Wieviel Stoff Sie benötigen, können Sie der Einkaufsliste bei jedem Modell entnehmen. Beachten Sie dabei die unterschiedlichen Stoffbreiten.

Etwas mehr Stoff benötigen Sie vor allem bei Karo- und Streifenmustern. Aber auch bei Musterrapporten und einseitig ausgerichtetem Dessin oder Stoffen mit Strich (Samt, Cord) empfiehlt es sich, vorher mit der Fachverkäuferin die Stoffauflage zu besprechen. Allgemein gilt: im Zweifelsfalle lieber etwas mehr Stoff kaufen.

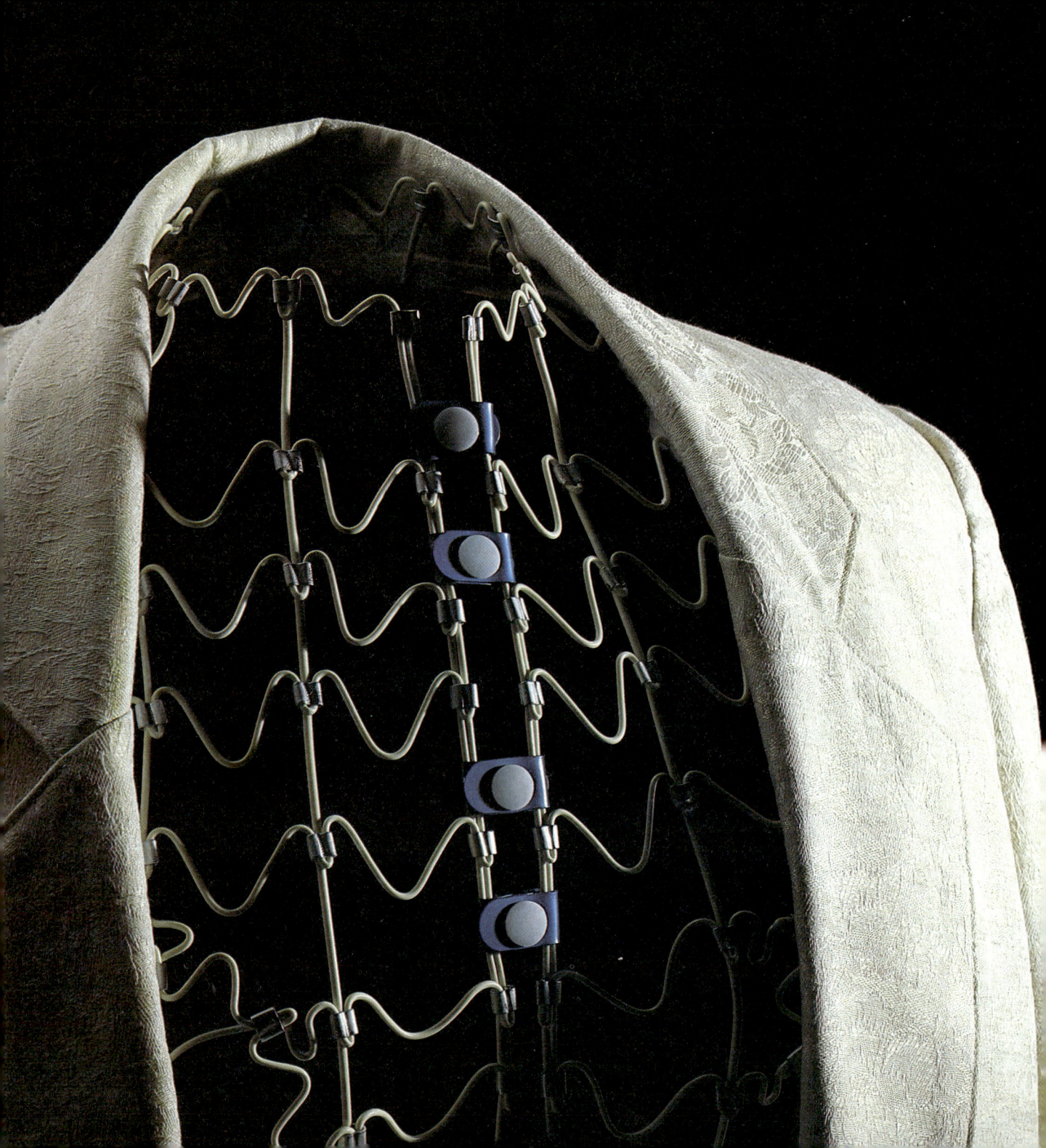

NÄHKURS

Wenn Sie sich zum ersten Mal ein Kleidungsstück selbst nähen wollen, sollten Sie ein einfaches Modell auswählen. Die folgenden Modelle wurden speziell für den Nähanfänger entwickelt. Sie sind schlicht und einfach. Mit frischem Mut und etwas Geduld schaffen Sie es bestimmt, denn die Arbeitsschritte werden sehr genau beschrieben.

Die Grundausstattung, die Sie auch als Nähanfängerin für das Nähen benötigen: Nähmaschine, Stoffschere, kleine Schere, Maßband, Bügeleisen und Bügelbrett, Schneiderkreide, Filzstift und Schnittmusterkopierpapier, Stecknadeln, Nähnadeln und Pfeiltrenner. Legen Sie sich diese Dinge griffbereit an Ihrem Arbeitsplatz zurecht. Der Einkaufsliste können Sie entnehmen, was Sie für das gewählte Modell bereitlegen.

Ihre Maße sollten Sie vorher im Kapitel „Maßnehmen" (siehe Seite 204) überprüfen. Die einfachen Modelle werden in den Größen 38, 40 oder 42 angegeben. Werden Schnitte benötigt, so finden Sie diese auf dem Schnittmusterbogen im Anhang des Buches.

EINFACHE MODELLE

DER WEITE ROCK

Dieser weite Rock besteht aus einer Stoffbahn. Er ist ganz gerade zugeschnitten. In der Taille wird er durch einen Gummizug gehalten. Die fertige Rocklänge beträgt bei diesem Modell 76 cm. Als Stoffqualität eignet sich ein leichter Sommerbaumwollstoff.

Einkaufsliste
- 2 m Stoff (90 cm breit)
- ca. 70 cm Gummiband (2 cm breit)
- 1 Rolle Nähgarn

Arbeitsablauf
- 1 Maße vergleichen
- 2 Schnittkanten auf dem Stoff markieren
- 3 Zuschneiden
- 4 Versäubern
- 5 Zusammennähen
- 6 Taillentunnel nähen
- 7 Säumen
- 8 Gummiband einziehen

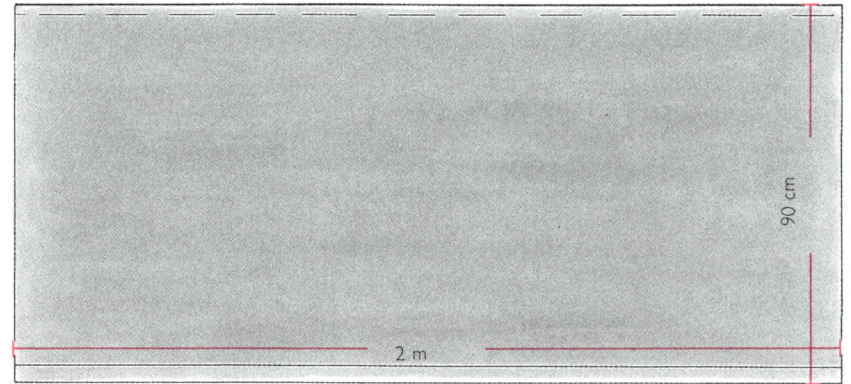

90 cm

2 m

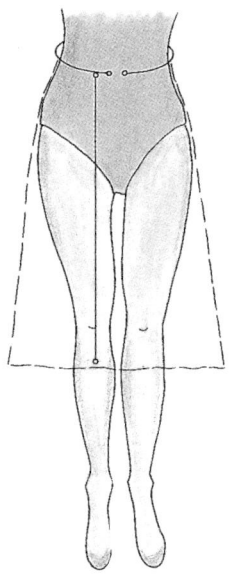

1 Messen Sie zuerst Ihre Taillenweite. Legen Sie dazu ein Zentimetermaß um Ihre Taille. Es darf nicht zu stramm sein. Zur Bestimmung der Rocklänge halten sie ein zweites Maßband, das bis 76 cm entrollt ist, an die Taille. Lassen Sie das Ende fallen. Das Ende des Maßbandes zeigt Ihnen die fertige Rocklänge.

Achtung: Nicht jedes Stoffmuster eignet sich für den angegebenen Zuschnitt. Zum Beispiel müssen bei Längsstreifen im Stoff zwei Rockbahnen an den Schnittkanten zusammengesetzt werden, wenn die Streifen später nicht quer laufen sollen.

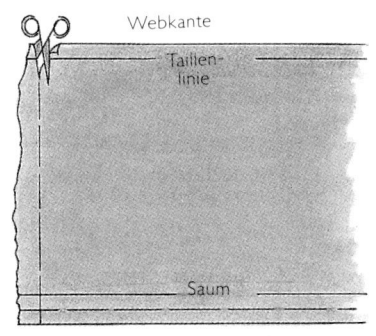

2 Legen Sie den Stoff glatt auf den Tisch. Prüfen Sie, ob die Schnittkante fadengerade ist. Wenn nicht, muß sie nachgeschnitten werden. Jetzt messen Sie von der oberen Webkante 4 cm für den Taillentunnel, 76 cm für die Rocklänge und 5 cm für den Saum ab. Die Meßpunkte markieren und parallel zur Webkante einen Strich ziehen.

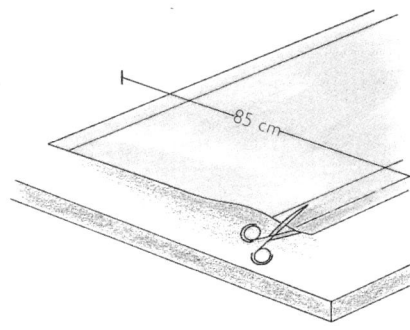

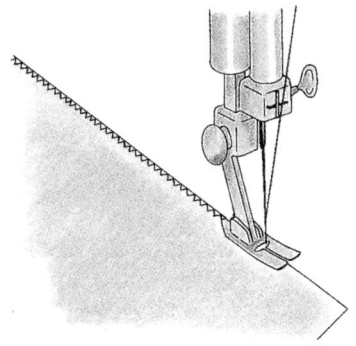

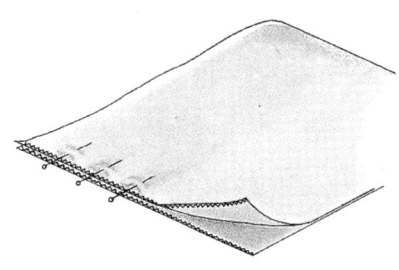

3 Schneiden Sie nun den Stoff mit einer scharfen Schneideschere an der markierten Schnittlinie (untere Saumlinie). Die Schere muß dabei auf der Unterlage aufliegen.

4 Versäubern Sie die beiden seitlichen Schnittkanten des Stoffes mit einem mittleren Zickzackstich (Stichlänge 2,5 mm, Stichbreite 3 mm).

5a Die versäuberten Kanten so aufeinanderlegen, daß die rechte Stoffseite innen liegt.
Die zwei Stofflagen stecken Sie mit Stecknadeln, die quer zur Kante gesteckt werden, aufeinander. Zeichnen Sie mit Schneiderkreide im Abstand von 1,5 cm zur Kante die Nahtlinie ein.

5b Bevor Sie die Naht steppen, sichern Sie den Faden mit wenigen Vor- und Rückstichen. Nun vorwärts die Naht (parallel zur Webkante) im Abstand Ihrer Nahtzugabe (1,5 cm) mit dem Geradstich steppen. Am Nahtende drücken Sie die Taste „Vernähen" oder Sie vernähen mit dem Vor- und Rückstich. Erst dann den Stoff nach hinten aus der Maschine nehmen und die Fäden abschneiden.

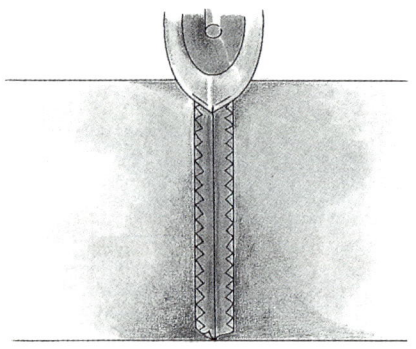

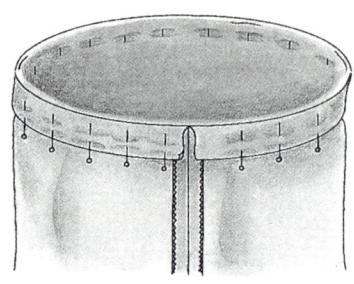

5c Die Naht bügeln Sie von der linken Stoffseite aus, d. h., jede Nahtzugabe wird zur Seite gebügelt.

6a Legen Sie die Webkante an der markierten Bruchlinie für den Taillentunnel um.
Stecken Sie die Kante anschließend mit Stecknadeln fest. Bei sehr dünnen oder glatten Stoffen sollten Sie den Taillentunnel vor dem Steppen festheften.

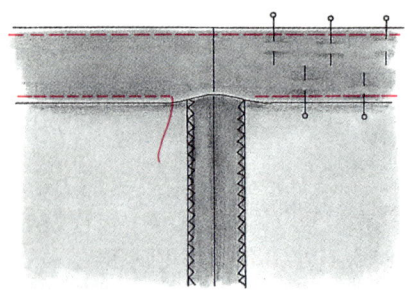

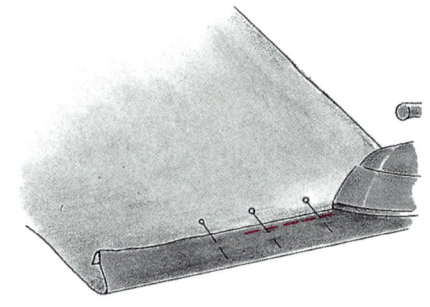

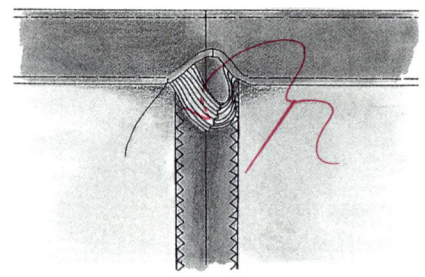

6b Steppen Sie füßchenbreit vom äußeren Rand entfernt die obere Kante 1mal durch. Für den Taillentunnel steppen Sie nun ein zweites Mal im Abstand von 3 cm zur oberen Kante. Ein Einzugschlitz von 3 cm Länge berücksichtigen, damit Sie später noch das Gummiband einziehen können.

7 Schlagen Sie die untere Saumkante in der Markierungslinie nach innen um, und bügeln Sie einmal kurz über die Bruchkante. Von diesem Saum schlagen Sie nochmals 1 cm ein. Stecken Sie die Kante mit Stecknadeln fest, evtl. heften. Jetzt steppen Sie den Saum rundherum knappkantig an. Die Fäden vernähen.

8 Das Gummiband sollte in der Länge Ihrer Taillenweite minus 2 cm entsprechen. Mit einer Sicherheitsnadel ziehen Sie das Gummiband in den Taillentunnel ein. Die Gummibandenden flach aufeinanderlegen und zusammennähen. Anschließend mit kleinen Handstichen den Einzugschlitz schließen.

DER ENGE ROCK

Dieser enge Rock ist aus einem festen Baumwollstoff. Er hat einen langen Schlitz in der hinteren Rockmitte und wird mit einem Gummizug in der Taille gehalten.
Die Maße sind für Größe 38 angegeben.

Einkaufsliste
- 90 cm Stoff (1,40 m breit)
- 70 cm Gummiband (2 cm breit)
- Nähgarn

Arbeitsablauf
- 1 Maße vergleichen
- 2 Schnittkanten auf dem Stoff markieren
- 3 Zuschneiden
- 4 Versäubern
- 5 Säumen
- 6 Zusammennähen
- 7 Taillentunnel nähen
- 8 Gummiband einziehen

Sie benötigen für den engen Rock einen Stoff, der 102 cm breit (94 cm Hüftweite + 2mal Nahtzugabe von je 1,5 cm) und 90 cm (80 cm Länge + 4 cm Taillenbundeinschlag + 6 cm Saum) lang ist.

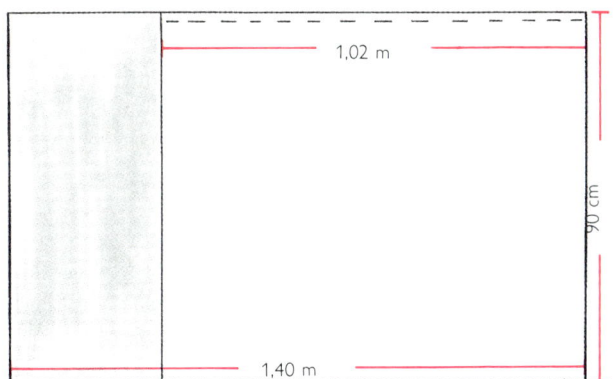

1,02 m

90 cm

1,40 m

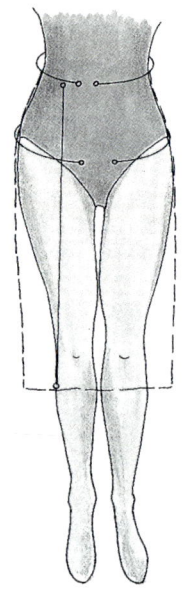

1 2 Legen Sie ein Maßband um Ihre Taille, anschließend um Ihre Hüfte, und messen Sie Ihre Weiten. Für Größe 38 beträgt die – im Schnitt berücksichtigte – Taillenweite 70 cm, die Hüftweite 94 cm. Vom Maßband in der Taille lassen Sie anschließend ein zweites Maßband herunterhängen. Das Ende zeigt die fertige Rocklänge.

Nun den Stoff glatt auf den Tisch legen und die Schnittkanten überprüfen. Sind sie fadengerade? Wenn nicht, müssen sie nachgeschnitten werden. Kleiner Tip: Bevor Sie die Kanten nachschneiden, recken Sie den Stoff erst einmal. Von Webkante zu Webkante messen Sie 102 cm ab. Die Messung 4mal wiederholen und die Punkte mit einem Lineal und Schneiderkreide verbinden.

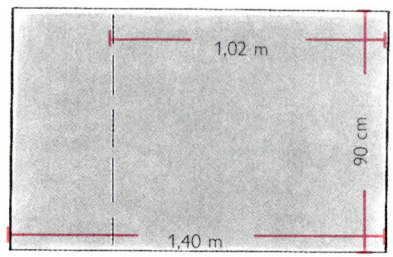

Diese Linie entspricht der späteren Schnittlinie. Markieren Sie die Umbruchlinie für den Taillentunnel (4 cm von der oberen Schnittkante entfernt). Die Saumlinie im Abstand von 6 cm zur unteren Schnittkante mit einem Lineal einzeichnen.

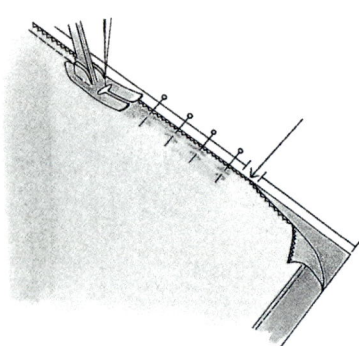

6a Legen Sie die Web- und die versäuberte Seitenkante so aufeinander, daß die rechte Stoffseite innen liegt. Beide Stofflagen zusammenstecken. Nun messen Sie von der Taillenumbruchlinie 55 cm in Richtung Saum und markieren Sie diesen Punkt auf der Nahtseite.

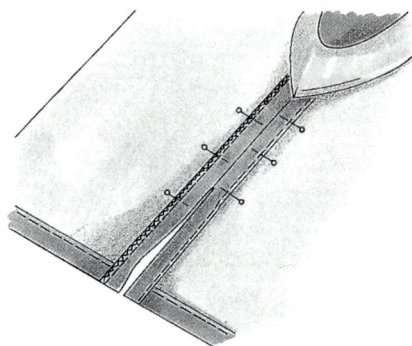

6b Nähen Sie die Seitennaht im Abstand der Nahtzugabe bis zum markierten Punkt. Bügeln Sie die Naht aus, indem Sie die Nahtzugabe (über den Schlitz hinaus bis zum Saum) zu beiden Seiten umbügeln. Die Nahtzugabe feststecken, anschließend über die ganze Länge feststeppen.

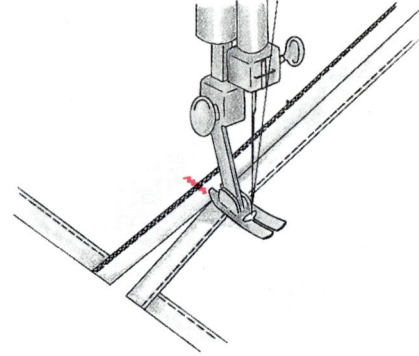

6c Sichern Sie das Nahtende (Schlitzanfang) von der Stoffoberseite mit einem engen Zickzackstich (Stichlänge 0,5 mm, Stichbreite 1,5 mm). Der Schlitz reißt so nicht ein.

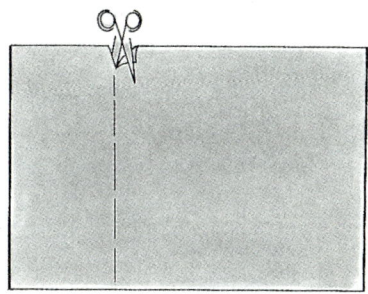

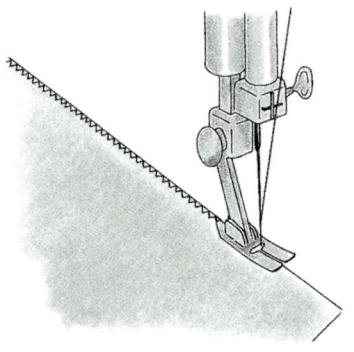

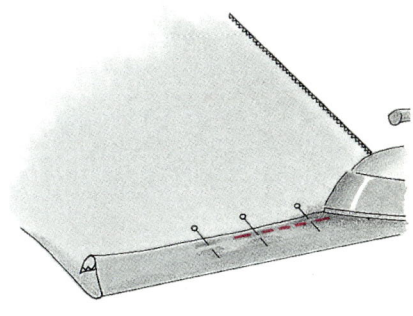

3 An der markierten Schnittlinie (parallel zur Webkante) schneiden Sie nun den Stoff durch.

4 Ihr Stoffteil hat eine Webkante, die Sie nicht zu versäubern brauchen. Die Schnittkanten versäubern Sie mit einem Zickzackstich. Die Stichbreite sollte 2,5 mm und die Stichlänge 2 mm betragen.

5 Bügeln Sie die untere, versäuberte Schnittkante an der Saumlinie nach links um. Der Saumeinschlag beträgt 6 cm, davon schlagen Sie 1 cm ein und stecken den Saum (Stecknadeln quer zur Kante) fest. Nähen Sie den Saum mit einem mittleren Geradstich fest.

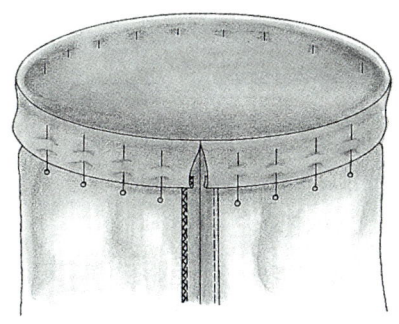

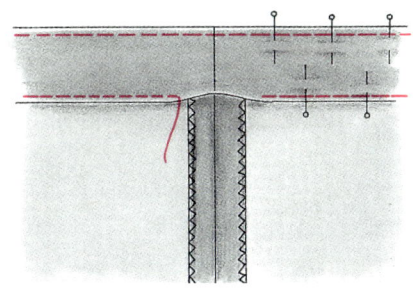

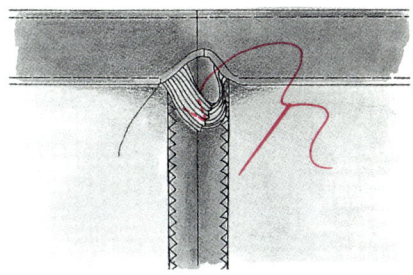

7a Bügeln Sie nun die obere Schnittkante für den Taillenbund an der markierten Linie (Umbruch) um. Schlagen Sie den Umbruch noch einmal 1 cm ein, und stecken Sie diesen Saum fest.

7b Nun steppen Sie mit einem mittleren Geradstich füßchenbreit vom Rand entfernt die obere Kante einmal ab. Steppen Sie noch ein zweites Mal, im Abstand von 3 cm zum Umbruch, herum. Lassen Sie einen 3 cm langen Schlitz offen, durch den Sie das Gummiband ziehen können.

8 Mit einer Einzug- oder Sicherheitsnadel ziehen Sie das Taillengummi durch den Taillentunnel. Die Gummilänge entspricht Ihrer Taillenweite minus 2 cm. Die Gummibandenden nähen Sie mit dem Elastikstich (oder Zickzackstich) aneinander. Schließen Sie den Einzugschlitz mit ein paar Handstichen.

TOP

Dieses Top sitzt sehr locker und gibt viel Bewegungsfreiraum. Leichter Baumwollstoff, der gut waschbar ist, eignet sich für ein Sommertop. Der Schnitt ist in Größe 38 angegeben. Für Größe 40 geben Sie an den Seiten jeweils 2 cm und in der Länge 1 cm zu. Für kleinere Größen nehmen Sie seitlich jeweils 2 cm und 1 cm in der Länge ab.

Den Schnitt finden Sie auf dem Schnittmusterbogen.

Einkaufsliste
- 50 cm Stoff
  (1,10 m bis 1,40 m breit)
  oder
- 1 m Stoff
  (80 cm oder 90 cm breit)
- Nähgarn
- Schnittmusterkopierpapier

Arbeitsablauf
- 1 Maße vergleichen
- 2 Schnitt kopieren und auflegen
- 3 Zuschneiden
- 4 Versäubern
- 5 Zusammennähen
- 6 Säumen

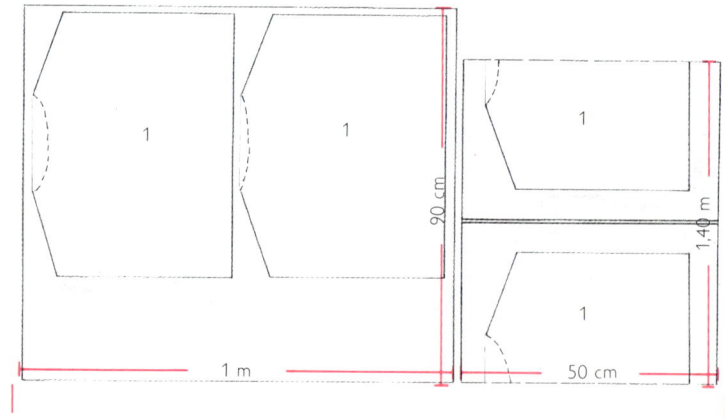

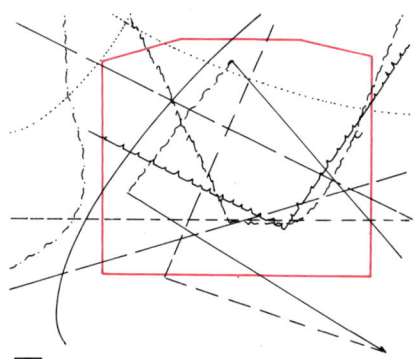

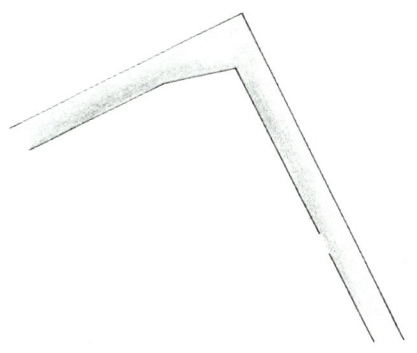

1 Messen Sie Ihre Oberweite und berechnen Sie noch zusätzlich 16 cm, damit das Top nicht zu eng sitzt. Für Größe 38 heißt dies: 88 cm + 16 cm ergibt eine Gesamtweite von 104 cm.
Die fertige Länge des Tops beträgt 45 cm von der Schulter bis zur Taille.

2 Den Schnitt finden Sie auf dem Schnittmusterbogen unter der Nummer 1 mit dem Zeichn o - o - o grün. Ziehen Sie die Konturen mit einem Filzstift nach. Legen Sie das Kopierpapier auf den Schnittmusterbogen und pausen Sie alle Linien und Markierungen durch. Schneiden Sie den Papierschnitt aus.

3a Legen Sie den Papierschnitt entsprechend dem Zuschneideplan auf den Stoff. Beachten Sie, daß 0,90 m breiter Stoff einfach und 1,40 m breiter Stoff doppelt liegt. Den Papierschnitt mit einem Abstand von 3 cm zur Webkante feststecken. Die seitliche Blusenkante muß parallel zur Webkante verlaufen.

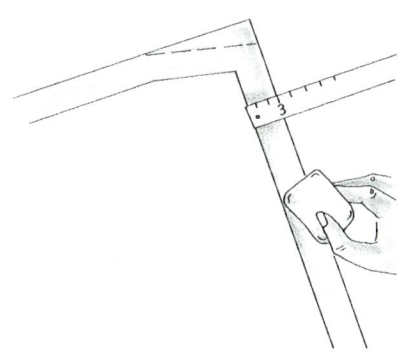

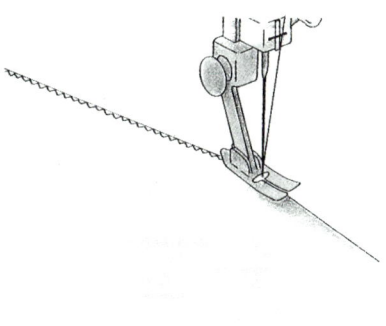

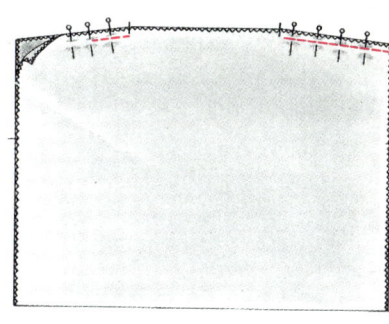

3b Die Nahtzugabe beträgt hier an allen Schnittkanten 3 cm. Markieren Sie sich sowohl die Nahtlinie (Kontur des Papierschnitts) wie auch die Schnittlinie mit Schneiderkreide. Deutlich kennzeichnen sollten Sie das Ende des Arm- und des Halsausschnitts. Das Top zuschneiden.

4 Es ist ratsam, nach dem Zuschnitt die Schnittkanten zu versäubern. Das Versäubern der glatten, einzelnen Teile ist viel leichter als das Versäubern der Nahtzugaben am fertig genähten Kleidungsstück. Stellen Sie einen mittleren Zickzackstich (Stichbreite 2 mm, Stichlänge 2,5 mm) ein.

5a Das Zusammennähen beginnen Sie an den Schulternähten. Legen Sie das Vorder- und Rückenteil mit den rechten Stoffseiten aufeinander. Stecken Sie die Schulterkanten zusammen. Mit dem Geradstich im Abstand der Nahtzugabe bis zu den Markierungspunkten für den Halsausschnitt die Nähte schließen.

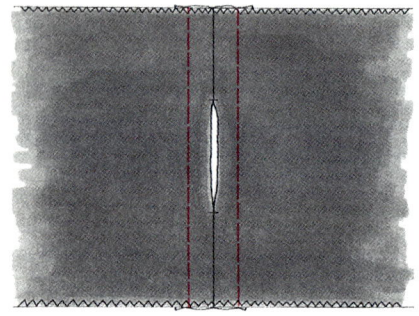

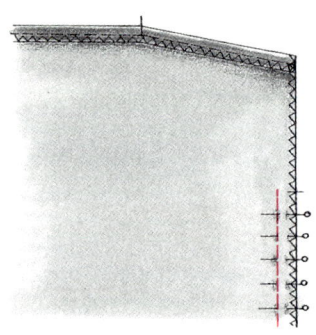

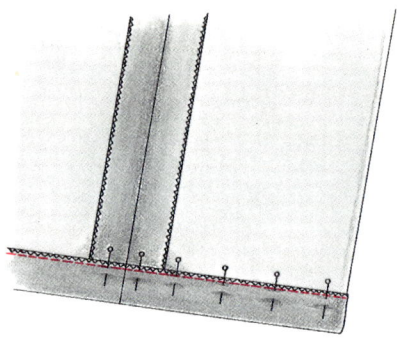

5b Bügeln Sie die Nähte aus, dabei die Nahtzugabe über den Halsausschnitt hinweg nach beiden Seiten umlegen und mit Stecknadeln feststecken. Steppen Sie die Nahtzugabe von der rechten Seite am Oberstoff im Abstand von 2 cm zur Naht bzw. Umbruchlinie am Halsausschnitt fest.

5c Schließen Sie die Seitennaht nach dem gleichen Schema: die Teile rechts auf rechts zusammenstecken, die Naht im Abstand von 3 cm zur Schnittkante steppen. Anschließend die Naht ausbügeln und die Nahtzugabe am Oberstoff ansteppen. Die zweite Seitennaht schließt das Top. Dadurch ist das Absteppen der Nahtzugabe etwas schwieriger.

6 Schlagen Sie die Saumkante im Abstand der Nahtzugabe nach innen. Bügeln Sie den Einschlag und stecken Sie ihn fest. Jetzt nähen Sie den unteren Saum im Abstand von 2,5 mm zur Kante mit einem mittleren Geradstich. Sichern Sie die Nahtenden.

TOP-VARIATION

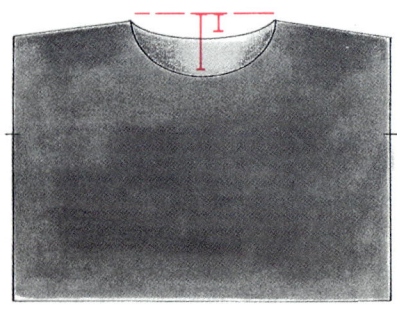

Mit etwas Geschick können Sie das Top nach dem gleichen Grundschnitt auch mit einem runden Halsausschnitt arbeiten. Der Halsausschnitt ist vorne 5 cm (b) und hinten 2 cm (a) tiefer als im Grundschnitt.
Auch hier zuerst die Maße vergleichen. Dann kopieren Sie den Schnitt vom Schnittmusterbogen Nr. 1, Zeichen o - o - o grün und übertragen ihn auf den Stoff. Denken Sie an den Belegstreifen. Schnittteile mit Nahtzugabe zuschneiden, Schnittkanten versäubern.
Das Zusammennähen beginnen Sie an den Schulternähten. Die Nähte bis zur Markierung schließen und gut ausbügeln. Nun auch die Nähte im Belegstreifen schließen, ebenfalls bügeln. Den Belegstreifen oder das Schrägband rechts auf

rechts um den Halsausschnitt legen. Es ist zu empfehlen, den Belegstreifen nicht nur aufzustecken, sondern zusätzlich mit langen Heftstichen zu fixieren. Im Abstand von 0,5 cm zu den Schnittkanten den Belegstreifen ansteppen. Die Nahtzugabe hin und wieder knapp bis an die Stepplinie einschneidern.
Den Belegstreifen nach innen umschlagen, und die Naht in die Kante legen. Heften Sie nun einmal im Abstand von 0,5 cm zur Naht von der Stoffoberseite durch die Kante. Anschließend den Halsausschnitt gut bügeln. Um einen besseren Sitz zu erzielen oder auch nur zur Dekoration können Sie den Halsausschnitt mit einem größeren Geradstich (4 mm) absteppen. Nun die Seitennähte schließen und das Top säumen.

BLUSE

Diese Bluse fällt sehr locker; sie hat einen halsfernen Kragen. Der Grundschnitt entspricht dem Top, nur daß zusätzlich eine Knopfleiste gearbeitet wird. Ärmel und Kragen werden angesetzt. Wählen Sie einen leichten Baumwollstoff. Den Schnitt für Größe 38/40 finden Sie auf dem Schnittmusterbogen.

Einkaufsliste
- 1,20 m Stoff (1,40 m breit) oder
- 2,50 m Stoff (90 cm breit)
- 15 cm Vlieseline
- 6 Knöpfe (⌀ 1 cm)
- Nähgarn

Arbeitsablauf
- 1 Maße vergleichen
- 2 Schnitt kopieren und auflegen
- 3 Zuschneiden
- 4 Versäubern
- 5 Zusammennähen
   - Schulternähte
   - Ärmel einsetzen
   - Seiten-/Ärmelnaht
- 6 Knopfleiste fertigen
- 7 Kragen ansetzen
- 8 Säumen
- 9 Knopflöcher und Knöpfe

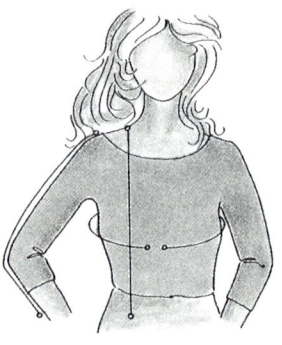

1 Der Blusenschnitt ist für Größe 38 (Oberweite 88 cm). Die Schnittweite beträgt 116 cm, da die Bluse sehr locker getragen werden soll. Die Blusenlänge beträgt 65 cm, die Ärmellänge 48 cm.

2 Der Schnitt besteht aus 4 Schnittteilen. Sie finden sie auf dem Schnittmusterbogen unter Zeichen →→→ grün:
Nr. 2 Vorderteil
Nr. 3 Rückenteil
Nr. 4 Ärmel
Nr. 5 Kragen
Ziehen Sie die Linien auf dem Schnittmusterbogen mit einem Filzstift nach, damit sie auch durch das Kopierpapier gut erkennbar sind.
Nun pausen Sie die vorher markierten Linien auf das Schnittmusterkopierpapier durch. Der Fadenlauf ist besonders wichtig! Schneiden Sie dann mit einer Papierschere Ihren Schnitt aus. Bevor Sie zuschneiden, sollten Sie den Papierschnitt schon einmal „anprobieren". Halten Sie die Schnitteile an Ihren Körper und vergleichen Sie die Größe.

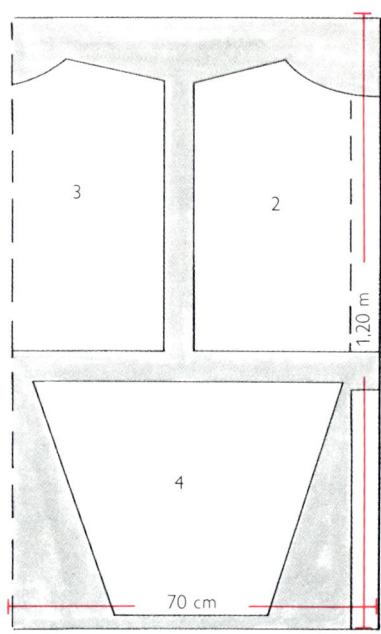

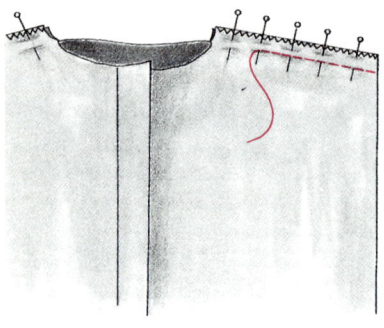

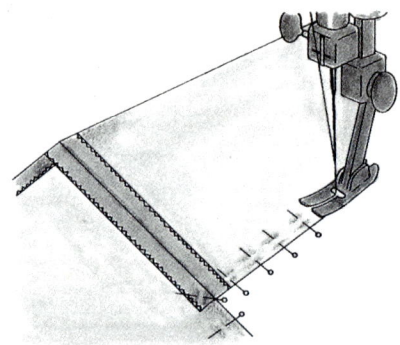

5a Legen Sie die Vorderteile rechts auf rechts auf das Rückenteil. Die Schultern glatt aufeinanderlegen und mit Stecknadeln feststecken. Schließen Sie die Schulternaht mit einem mittleren Geradstich. Vernähen Sie Anfang und Ende der Naht gut, und bügeln Sie die Nahtzugabe nach beiden Seiten um.

5b Wenn Sie nun den Ärmel rechts auf rechts auf das Vorderteil legen, achten Sie darauf, daß die Ärmelmitte genau auf der Schulternaht liegt. Stecken Sie den Ärmel fest (Nadeln quer zur Naht), und steppen Sie im Abstand der Nahtzugabe die Ansatznaht. Bügeln Sie die Naht aus.

5c Legen Sie jeweils die Ärmelschnittkanten und anschließend auch die Seitennähte so aufeinander, daß die linke Stoffseite nach außen zeigt. Die Kanten feststecken. Schließen Sie nun in einem Arbeitsgang die Seiten- und Ärmelnähte (Anfang und Ende gut vernähen). Bügeln Sie die Nähte gut aus.

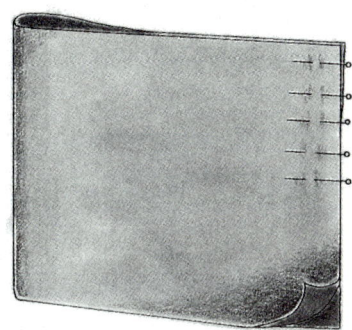

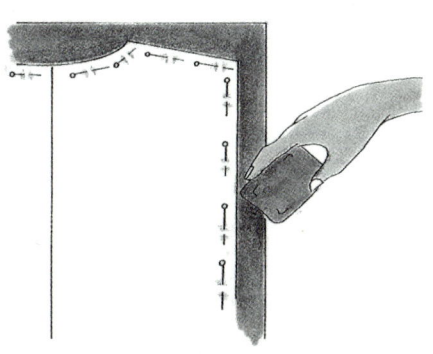

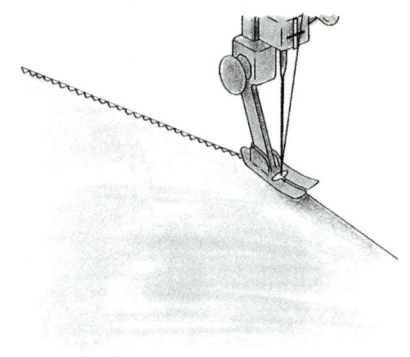

3a Bei 1,40 m Stoffbreite falten Sie den Stoff so zusammen, daß die rechte Seite innen liegt. Die Webkanten liegen aufeinander und werden mit Stecknadeln festgesteckt. Bei schlecht zu unterscheidenden Stoffseiten markieren Sie die linke Stoffseite mit Schneiderkreide. Den Schnitt nach Plan auflegen.

3b Bei 90 cm Stoffbreite legen Sie den Stoff glatt mit der rechten Seite auf den Tisch. Die Schnitteile auflegen, die Nahtlinie einzeichnen. Achten Sie darauf, daß der Schnitt des Vorderteils beim zweiten Zuschnitt gespiegelt aufgelegt werden muß. Schneiden Sie die Teile mit 1 cm Nahtzugabe zu.

4 Mit einem mittelgroßen Zickzackstich (Stichbreite 2 mm, Stichlänge 2,5 mm) versäubern Sie die Schnittkanten an Vorder- und Rückenteil und den Ärmeln.

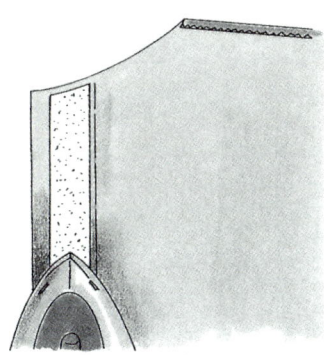

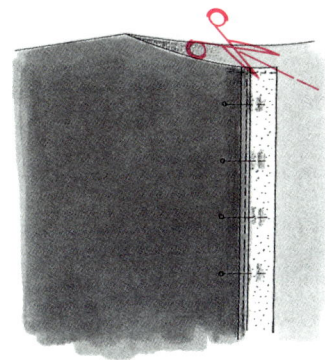

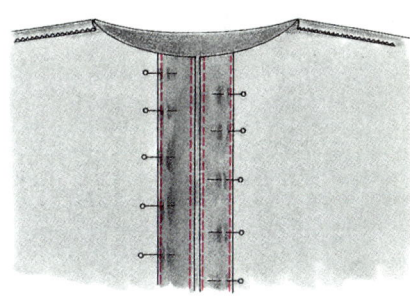

6a Zur Verstärkung der Knopflochleiste bügeln Sie entlang der eingezeichneten Bruchlinie je einen 2 cm breiten Streifen Vlieseline auf die linke Stoffseite auf. Die Schnittkante 1 cm einschlagen und feststecken. Steppen Sie den Umschlag knappkantig fest.

6b Die angeschnittene Knopflochleiste (Beleg) auf die rechte Seite umschlagen, feststecken. Achten Sie darauf, daß die eingezeichnete Bruchlinie exakt in der vorderen Kante liegt. Nähen Sie den Beleg mit kleinen Stichen am Halsausschnitt entlang der Nahtlinie fest. Anschließend die Ecken leicht abschrägen.

6c Wenden Sie nun den Beleg auf die Innenseite und streichen Sie die vordere Bruchkante gut aus; bügeln. Entlang der inneren und äußeren Belegkante nochmals absteppen.

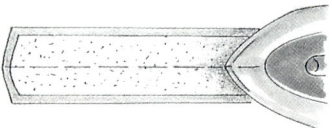

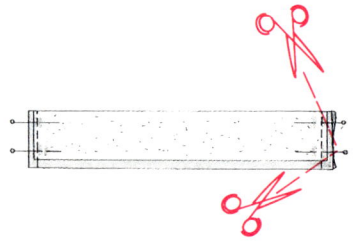

Tip:
Sollte sich Ihr Stoff am Halsausschnitt dehnen, so steppen Sie ihn im Abstand von knapp 1 cm zur Schnittkante ab. Ziehen Sie den Nähfaden dieser Stütznaht auf die entsprechende Kragenlänge ein. Jetzt läßt sich der Kragen mühelos anstecken.

7a Schneiden Sie für beide Kragenhälften Einlagenstoff ohne Nahtzugabe zu, und bügeln Sie diese auf die linke Stoffseite der Kragenteile.

7b Schlagen Sie die beiden Kragenteile in der Bruchkante um, so daß die rechte Stoffseite innen liegt. Nähen Sie mit kleinen Stichen die Schmalseiten ab. Die Nahtzugabe auf 0,5 cm zurückschneiden; die Ecken abschrägen. Wenden Sie die Kragenteile auf die rechte Seite und bügeln Sie die Kanten.

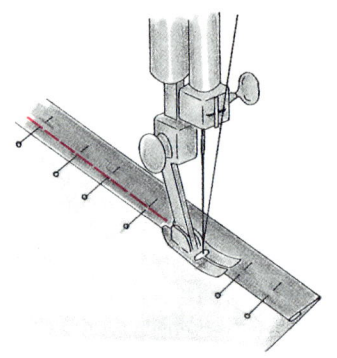

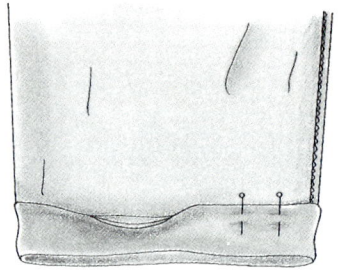

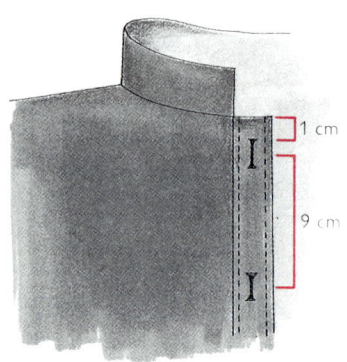

8a Schlagen Sie die untere Saumkante der Bluse 3 cm nach innen um, bügeln, nochmals 1 cm einschlagen. Die Kante mit Stecknadeln feststecken. Steppen Sie den Saum knappkantig mit einem mittleren Geradstich fest. Mit Nadelstellung links haben Sie eine sehr genaue Führung.

8b Die Ärmel säumen Sie in gleicher Weise: 3 cm umschlagen, bügeln, 1 cm einschlagen, feststecken und knappkantig absteppen. Das abschließende Bügeln nicht vergessen.

9a Die Knopflöcher fertigen Sie am rechten Blusenvorderteil. Das erste Knopfloch liegt ca. 1 cm unterhalb der Kragenkante. Der Abstand von einer Knopflochmitte zur anderen beträgt 9 cm. Die Knopflöcher laufen senkrecht, exakt in der Mitte der Knopflochleiste.

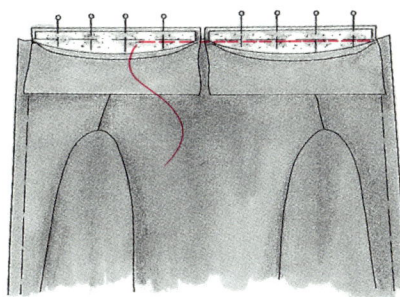
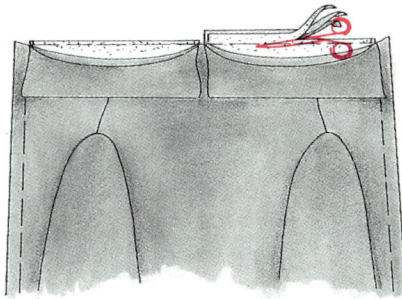
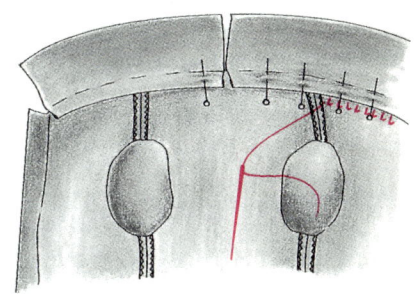

7c Die Kragenteile werden von der Rückenmitte aus zur Knopflochleiste (rechts auf rechts) an die Bluse gesteckt. Die Kragenhälften sollten genau aneinanderstoßen. Bevor Sie den Kragen an der Bluse feststeppen, sollten Sie ihn zusätzlich mit einigen Heftstichen fixieren. Nahtanfang und -ende vernähen.

7d Nun schneiden Sie die Nahtzugabe auf 0,5 cm zurück. In der Rückenmitte vorsichtig senkrecht bis zur Naht einschneiden.

7e Schlagen Sie die Nahtzugaben nach innen in den Kragen hinein. Dabei auch die Nahtzugabe der offenen Ansatzkante des Oberkragens einschlagen. Den Oberkragen entlang der Halslinie feststecken und die Naht mit kleinen Handstichen schließen.

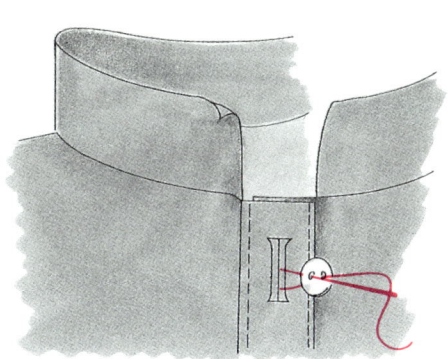

9b Wie ein Knopfloch gearbeitet wird, ist im Technikteil, Seite 257 ausführlich beschrieben. Bitte schlagen Sie dort nach.
An die Knopfleiste des linken Vorderteils nähen Sie, genau auf Knopflochmitte, die Knöpfe.

JACKE

Eine Jacke aus einem festen Baumwoll-
oder Cordstoff ist für zu Hause ebenso
schick wie für den Urlaub.
Der einfache Grundschnitt der Bluse
wurde auch bei diesem Modell verwendet. Der Jackenschnitt ist in Größe 40
auf dem Schnittmusterbogen zu finden.

Einkaufsliste
- 1,55 m Baumwollstoff
  (1,50 m breit)
- 20 cm Vlieseline zum Aufbügeln
- Nähgarn

Arbeitsablauf
- 1 Maße vergleichen
- 2 Schnitt kopieren und auf-
    legen
- 3 Zuschneiden der Jacke
-   Zuschneiden der Vlieseline
- 4 Versäubern der Kanten
- 5 Zusammennähen
    – Schulternähte
    – Ärmel einsetzen
    – Ärmel-/Seitennaht
- 6 Säumen
- 7 Reverseinschlag feststeppen
- 8 Kragen annähen
- 9 Gürtel und Schlaufen nähen

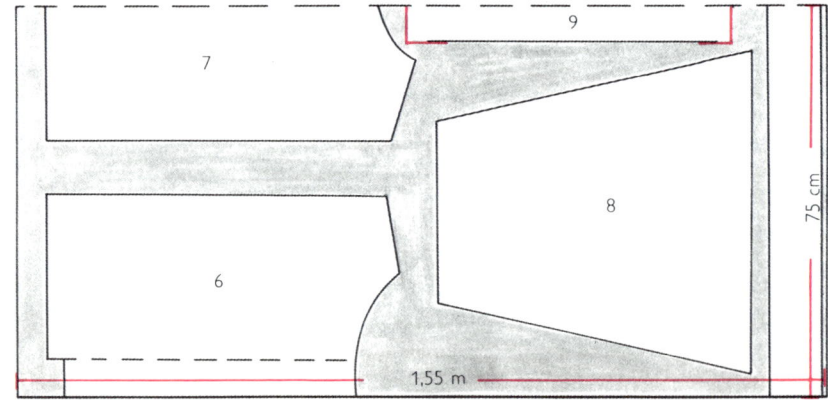

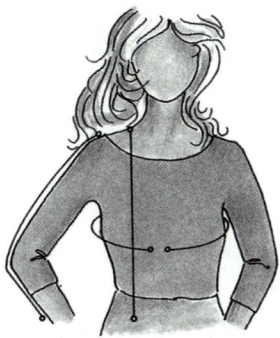

1 Der Jackenschnitt ist für Größe 40 (Oberweite 92 cm) angegeben. Der Schnitt hat einen Bewegungsspielraum von 18 cm. Die fertige Länge beträgt ab der Schulternaht vorne 68 cm, die Ärmellänge 58 cm, wobei der Ärmel locker über die Schulter fällt und gekrempelt getragen werden sollte.

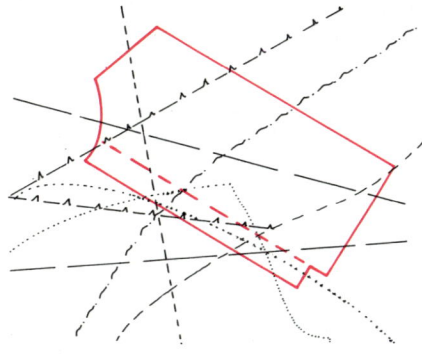

2a Den Jackenschnitt finden Sie auf dem Schnittmusterbogen unter dem Zeichen x - x - x grün.
Er besteht aus 4 Teilen:
Nr. 6 Vorderteil
Nr. 7 Rückenteil
Nr. 8 Ärmel
Nr. 9 Kragen

2b Ziehen Sie die Linien auf dem Schnittmusterbogen mit einem Filzstift nach, damit sie auch durch das Kopierpapier gut erkennbar sind.
Legen Sie dann das Schnittmusterkopierpapier auf den Schnittmusterbogen und pausen Sie alle markierten Linien und Zeichen durch. Der Fadenlauf ist besonders wichtig!
Schneiden Sie dann Ihre Kopie mit einer Papierschere aus. Kopieren Sie so alle 4 Schnitteile.
Bevor Sie mit dem Zuschneiden beginnen, sollten Sie den Papierschnitt schon einmal „anprobieren". Stecken Sie die einzelnen Schnitteile zusammen, und ziehen Sie die Papierjacke über. Noch können Sie die Länge und die Weite entsprechend korrigieren.

2c Legen Sie Ihren im Stoffbruch liegenden Stoff glatt auf den Tisch. Die Webkanten müssen genau übereinanderliegen. Evtl. den Stoff einmal „recken" und die Schnittkanten nachschneiden.
Legen Sie nun die Schnitteile nach dem Zuschneideplan auf den Stoff. Der Fadenlauf des Stoffes muß mit dem im Papierschnitt eingezeichneten übereinstimmen.
Wenn Sie Ihre Jacke aus Cordstoff nähen wollen, achten Sie beim Auflegen des Schnittes darauf, daß die Teile alle in einer Richtung liegen. Cordstoff wird zwar im Fadenlauf, aber gegen den Strich zugeschnitten.

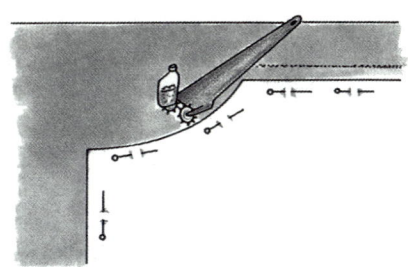

3a Markieren Sie sich, evtl. mit dem Doppelkopierrädchen, die Naht- und die Schnittlinie. Die Nahtzugabe beträgt 2 cm. Nach dem Zuschnitt übertragen Sie alle Markierungspunkte des Papierschnitts auf den Stoff (siehe Technikteil, Seite 221).

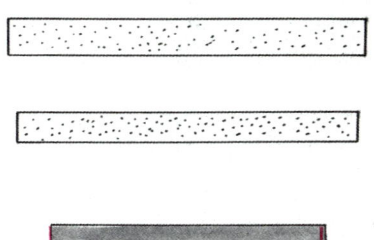

3b Zur Verstärkung des Revers und des unteren Saumes benötigen Sie Vlieseline. Schneiden Sie einen Streifen 107 cm x 8 cm zu. Da die Vlieseline nur 80 cm breit ist, können Sie auch zwei kürzere, 8 cm breite Streifen zuschneiden. Die Krageneinlage nach Schnitt (ohne Nahtzugabe) zuschneiden.

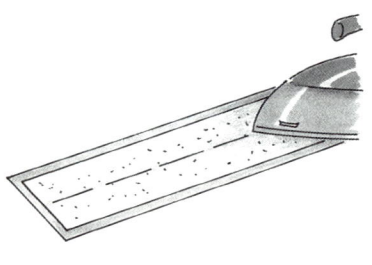

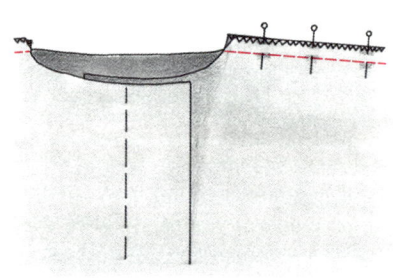

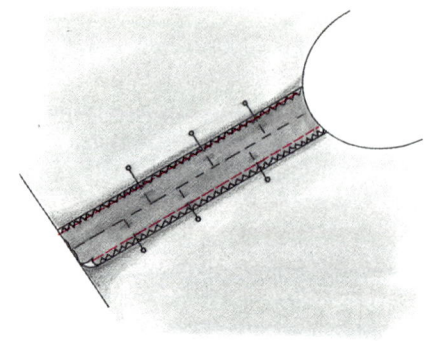

4 Bügeln Sie die Krageneinlage auf das Kragenteil von links auf. Versäubern Sie die Schnittkanten der Ärmel, der Vorderteile und des Rückenteils mit einem mittleren Zickzackstich.

5a Legen Sie die Vorderteile rechts auf rechts auf das Rückenteil. Die Schulterkanten sollten dabei glatt aufeinandergelegt und mit Stecknadeln festgesteckt werden. Schließen Sie die Schulternähte mit einem mittleren Geradstich im Abstand der Nahtzugabe. Das Vernähen des Fadens nicht vergessen.

5b Es ist nun sehr wichtig, daß Sie die Naht ausbügeln und die Nahtzugabe feststecken. Jetzt steppen Sie die Nahtzugaben exakt mit füßchenbreitem Abstand zur Naht auf beiden Seiten. Dadurch liegt die Nahtzugabe an und rollt sich später beim Tragen der Jacke nicht zusammen.

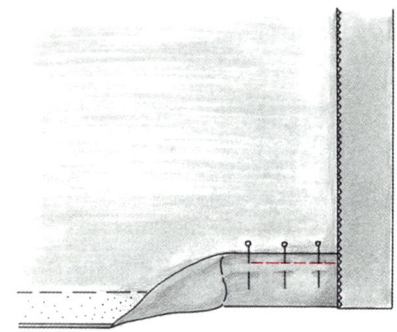

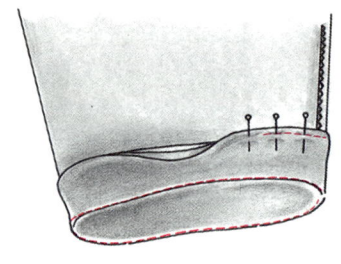

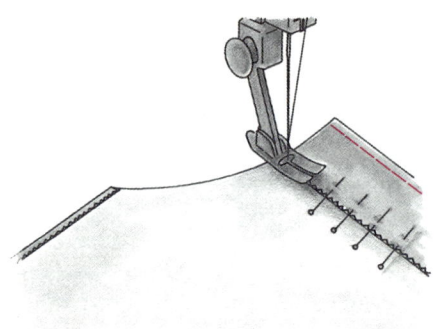

6b Die 8 cm breiten Vlieselinestreifen bügeln Sie nun entlang der unteren Saumlinie von links auf. Arbeiten Sie den Saum, indem Sie 10 cm umschlagen und nochmals 1 cm einschlagen. Den Saum feststecken (Nadeln quer zur Kante) und knappkantig absteppen.

6c Säumen Sie anschließend die Ärmel, indem Sie die Schnittkante nach innen 6 cm umschlagen und nochmals 1 cm einschlagen. Den Saum feststecken und sowohl die untere wie auch obere Kante heften. Beide Umbruchkanten füßchenbreit absteppen.

7 Bügeln Sie den Reversbeleg an der Bruchkante sorgfältig nach innen, und stecken Sie die Schnittkante fest. Steppen Sie mit einem mittleren Geradstich sowohl die äußere Bruchkante wie auch die Schnittkante füßchenbreit fest.

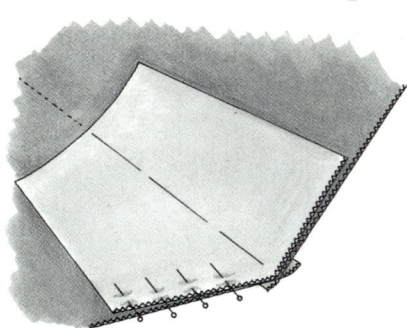

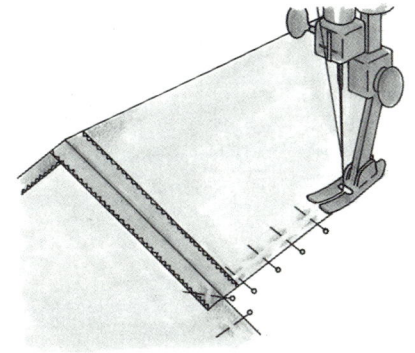

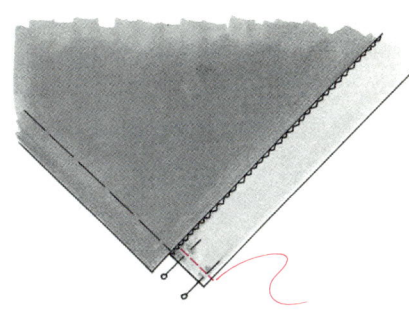

5c Wie bei der Bluse die Ärmel rechts auf rechts auf das Vorder- und Rückenteil legen. Die Mittellinie der Ärmel muß dabei genau auf der Schulternaht liegen. Stecken Sie die Teile zusammen, und steppen Sie die Naht. Anschließend die Naht ausbügeln.

5d Jetzt die Ärmel- und Seitennähte wie abgebildet aufeinanderstecken; die linke Stoffseite zeigt nach außen. Schließen Sie in einem Arbeitsgang die Ärmel- und Seitennähte, und bügeln Sie die Nähte anschließend aus.

6a Schlagen Sie den Reversbeleg entlang der Bruchkante auf die rechte Seite; feststecken. Die untere Quernaht schließen. Bügeln Sie den Vlieselinestreifen auf den Beleg, und schlagen Sie ihn nach innen. Die Ecken vorsichtig herausziehen und die Naht ausstreichen; anschließend bügeln.

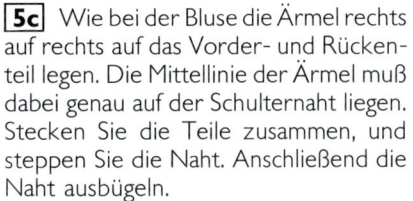

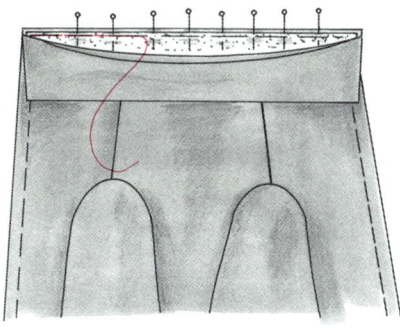

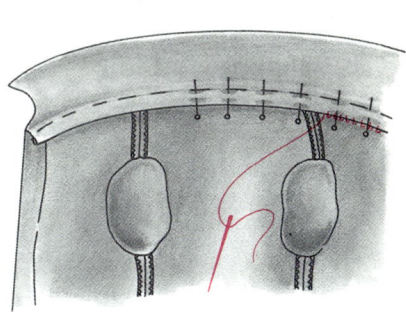

8a Falten Sie den Kragen entlang der Bruchlinie, so daß die rechte Stoffseite innen liegt. Nun die Kragenteile exakt zusammenstecken und die Kragenenden mit 0,5 cm Nahtzugabe absteppen. Die Ecken abschrägen, die Nahtzugabe zurückschneiden und den Kragen auf rechts wenden.

8b Es ist sehr wichtig, daß Sie die Bruchkante gut ausstreichen. Dem Anfänger ist zu empfehlen, mit großen Stichen durch die Kante zu heften. Den Unterkragen rechts auf rechts an den Halsausschnitt der Jacke nähen. Die Kragenenden müssen genau mit den Reversecken abschließen.

8c Im Abstand von ca. 5 cm die Nahtzugabe etwas einschneiden, damit sie sich dehnen kann. Die offene Ansatzkante des Oberkragens 1 cm nach innen schlagen und an der Innenseite der Jacke feststecken. Mit kleinen Handstichen den Oberkragen an der Jacke annähen.

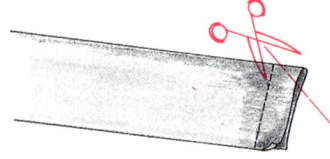

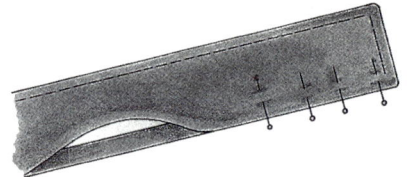

9a Legen Sie den Gürtel in den Stoffbruch, die rechte Stoffseite nach innen. Stecken Sie die Enden mit Stecknadeln zusammen und steppen Sie sie. Die Ecken schrägen Sie leicht ab und wenden den Gürtel auf die rechte Stoffseite.

9b Wichtig ist nun, daß Sie die Ecken vorsichtig mit einer Nadel oder Schere herausziehen und den Bruch bügeln. Schlagen Sie jetzt die Schnittkanten 1 cm nach innen und stecken Sie sie zusammen (evtl. heften). In einem Arbeitsgang den Gürtel schließen und alle Kanten füßchenbreit absteppen.

9c Aus den Stoffresten arbeiten Sie die Gürtelschlaufen. Schneiden Sie entlang der Webkante einen Streifen von 48 cm Länge und 4 cm Breite ab. Die Schnittkante an der Längsseite 1 cm einschlagen, die Webkante dagegenstecken und knappkantig (Nadelstellung links) absteppen.

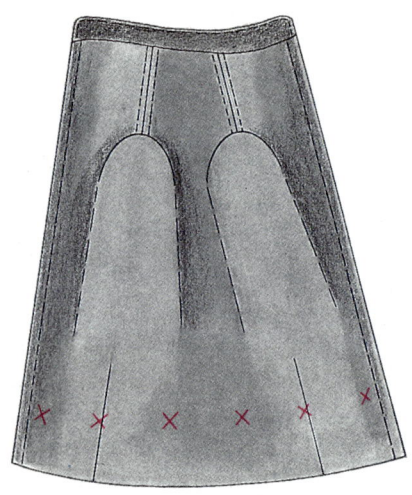

9d Von diesem Schlauch schneiden Sie 6 Stücke à 8 cm Länge für die Gürtelschlaufen. Schlagen Sie diese 1 cm ein, und stecken Sie sie der Zeichnung entsprechend mit 18 cm Abstand von der Saumkante an der Jacke fest.

9e Nähen Sie die Schlaufen mit einem engen Zickzackstich (Länge 0,5 mm, Breite 1,5 mm) füßchenbreit fest. Mit dem doppelten Stofftransport wird der Stoff problemlos transportiert. Besitzen Sie eine ältere Maschine, so können Sie die Schlaufen aber auch mit der Hand annähen.

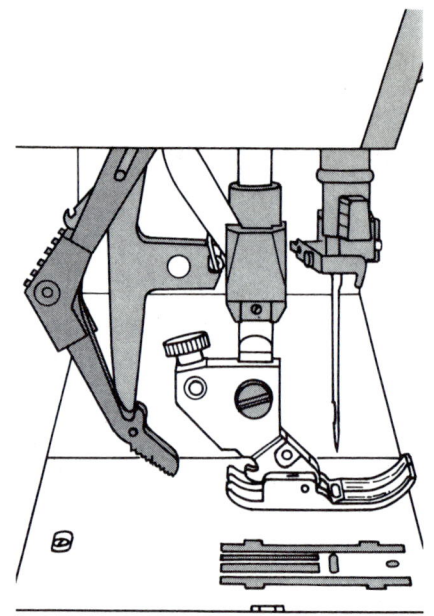

JOGGING-HOSE

Eine schicke Jogginghose zu nähen gelingt Ihnen bestimmt. Der einfache Schnitt ist in Größe 40 angegeben. Der Bund und die Beinabschlüsse werden mit einem Gummiband zusammengezogen. Trikotstoff aus Baumwolle mit Synthetik eignet sich besonders. Er ist in vielen Farben zu haben.

Einkaufsliste
- 1,20 m Trikotstoff (1,40 m breit)
- Nähgarn (Synthetik)
- 50 cm Gummiband (2 cm breit)
- 70 cm Gummiband (3 cm breit)
- Jerseynadel

Arbeitsablauf
- Wissenswertes
- 1 Maße vergleichen
- 2 Schnitt kopieren
- 3 Schnitt auflegen
- 4 Zuschneiden
- 5 Zusammennähen
- 6 Bund und Beinabschluß säumen
- 7 Gummibänder einziehen

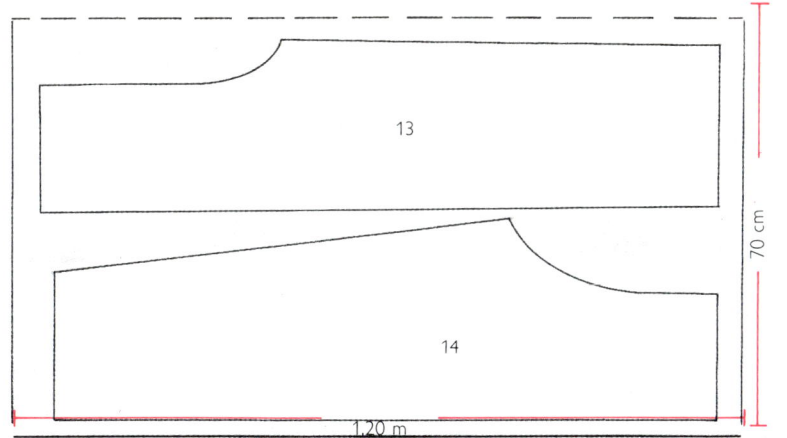

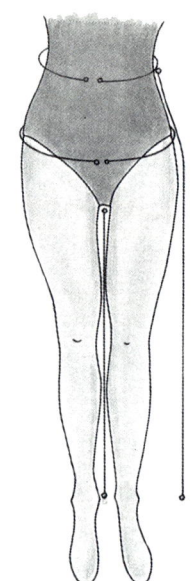

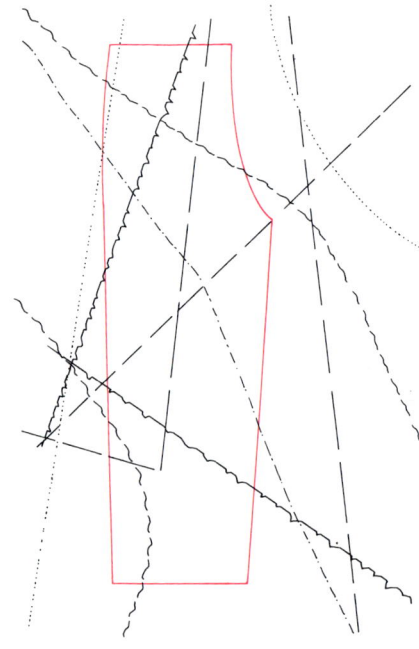

Wissenswertes

Setzen Sie eine Jerseynadel in die Näh-maschine ein. Die Jerseynadel hat eine runde Spitze und verletzt die Maschen des Trikotstoffes nicht.

Die Nähte werden mit der Overlock-stich genäht. Für Maschinen, mit denen kein Overlockstich möglich ist, der Hin-weis, daß der Stoff mit einem schmalen Zickzackstich (Breite 1 mm, Stichlänge 2 mm) genäht werden muß, um die Dehnfähigkeit des Materials zu erhalten. Die Nahtzugabe muß in diesem Fall mit einem Zickzackstich versäubert wer-den.

Das Foto oben zeigt die verschiedenen Overlockstiche:
- *Überwendlingsstich (oben)*
- *geschlossener Overlockstich (Mitte)*
- *Kantenoverlockstich (unten)*

1 Der Schnitt der Jogginghose ist in Größe 40 (Taillenweite 72 cm, Hüft-weite 98 cm) angegeben. Die Seiten-länge beträgt 104 cm, die Schritthöhe 36 cm.

Falls Sie eine andere Größe haben, se-hen Sie im Kapitel „Maßnehmen" nach, wie Sie den Schnitt leicht auf Ihre Maße abändern können.

2 Sie finden den Schnitt für die Jog-ginghose auf dem Schnittmusterbogen im Anhang. Er besteht aus 2 Schnitteilen (Zeichen - · - · - · - grün).

Nr. 13 vorderes Hosenteil
Nr. 14 hinteres Hosenteil

Ziehen Sie die Linien mit einem Filzstift genau nach, damit sie gut erkennbar sind.

Das Schnittmusterkopierpapier auf den Schnittmusterbogen legen und die vor-her mit Filzstift markierten Linien durch-pausen. Schneiden Sie dann mit einer Pa-pierschere die Schnitteile aus. Bevor Sie mit dem Zuschnitt beginnen, überprü-fen Sie die Schnitteile an Ihrem Körper. Stimmt die Länge? Paßt die Weite?

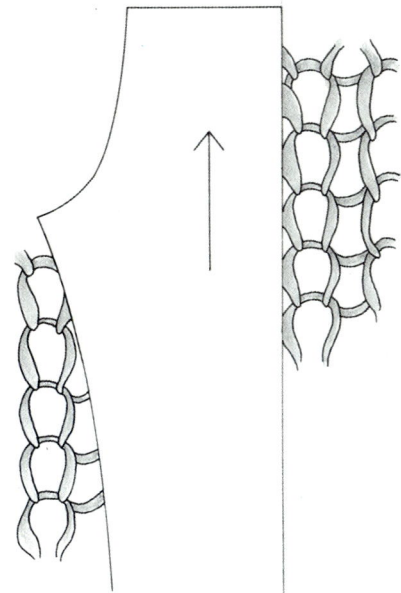

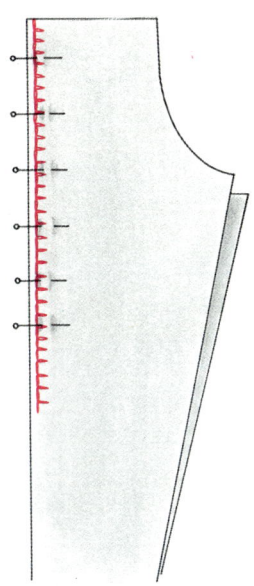

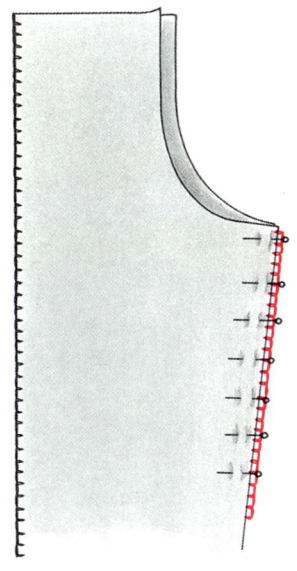

3 4 Legen Sie Ihren Stoff doppelt und glatt auf einen Tisch. Die Stoffkanten müssen genau übereinanderliegen, die rechte Stoffseite liegt innen.

Jetzt legen Sie den Schnitt dem Zuschneideplan entsprechend auf den Stoff. Achten Sie darauf, daß der Fadenlauf genau mit der Maschenrichtung übereinstimmt. Ein Fehler rächt sich mit einem Hosenbein, das sich später dreht. Stecken Sie die Schnitteile auf dem Stoff fest. Die Stecknadeln dürfen dabei nicht über den Papierschnitt hinausragen.

Im Abstand von 0,5 cm mit der Stoffschere um den Schnitt herumschneiden. Dabei durch beide Stofflagen schneiden. Für das Zusammennähen mit der Zickzacknaht benötigen Sie eine Nahtzugabe von 1,5 cm.

5a Legen Sie ein hinteres Hosenteil und ein vorderes Hosenteil mit den rechten Stoffseiten so aufeinander, daß sich die geraden Schnittkanten decken. Stecken Sie die beiden Stoffteile zusammen (Nadeln quer zur Naht).

Nun nähen Sie die Naht mit dem Overlockstich, der hier nur angedeutet wurde. Sehr gut eignet sich auch der geschlossene Overlockstich. Die Kante wird dabei gleich versäubert.

Für das Zusammennähen mit dem Zickzackstich nähen Sie im Abstand der Nahtzugabe (1,5 cm) mit einem Zickzackstich.

5b Die Hosenteile für das zweite Hosenbein legen Sie in gleicher Weise aufeinander, stecken sie zusammen und schließen die Seitennaht.

Die rechts auf rechts liegenden Hosenteile so aufeinanderlegen, daß jeweils die inneren Hosenbeinkanten genau aufeinanderliegen. Stecken Sie die Teile zusammen und schließen Sie die innere Hosenbeinnaht mit dem Overlockstich oder mit dem Zickzackstich im Abstand der Nahtzugabe.

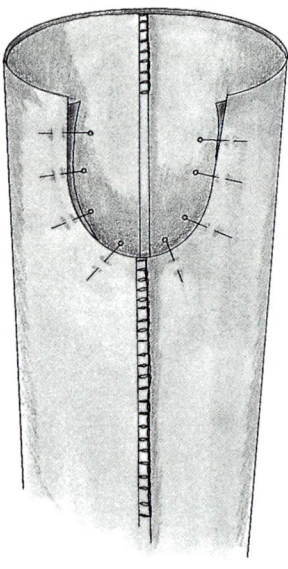

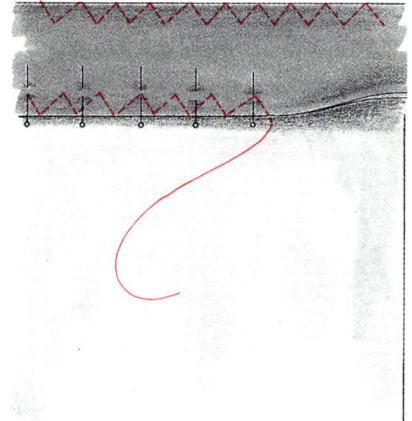

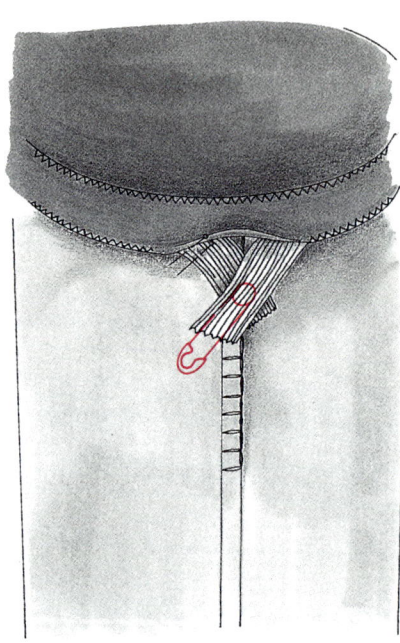

5c Um diese zwei Hosenbeine aneinandernähen zu können, wenden Sie ein Hosenbein auf die rechte Stoffseite. Stecken Sie nun ein Bein in das andere. Sie können so problemlos die zwei Hosenbeine mit Stecknadeln zusammenstecken. Bei einer Freiarmmaschine läßt sich während des Nähens die Schrittnaht sehr leicht unter dem Nähfuß führen. Nähen Sie die Naht mit dem 3fach-Geradstich oder mit dem Overlockstich. Sie beginnen am Bund des vorderen Hosenteils und nähen über die Kreuznaht bis zum Bund des hinteren Hosenteils. Anschließend mit einem mittleren Zickzackstich die Naht versäubern.

6 Schlagen Sie den Bund 4 cm nach innen und stecken Sie ihn fest. Steppen Sie die obere Bundkante mit dem Elastikstich füßchenbreit ab. Dann die untere Bundkante ebenfalls mit dem Elastikstich absteppen, dabei aber einen 5 cm langen Schlitz lassen, um das Gummiband einzuziehen.
Arbeiten Sie die Saumkante der Beinabschlüsse genauso wie den Bund. Steppen Sie je einmal die obere und die untere Saumkante mit dem Elastikstich füßchenbreit ab. Denken Sie auch hier an einen Einzugsschlitz.
Anstelle des Elastikstiches können Sie auch einen breiten, mitteldichten Zickzackstich einstellen.

7 In den Taillenbund ziehen Sie ein 65 cm langes Gummiband (Taillenweite 67 cm − 2 cm = 65 cm) ein und nähen die Gummibandenden mit dem Elastikstich aufeinander. In die Beinbündchen ziehen Sie je ein 30 cm langes Gummiband ein. Die Einzugsschlitze von Hand schließen.

Eine leichte Sommerhose für den Urlaub ist schnell genäht. Wählen Sie einen Baumwollstoff, der leicht und schnell zu waschen ist. Der vorgestellte Schnitt ist sehr einfach. Er ist weit; die Hose wird in der Taille durch einen breiten Gummizug gehalten.

Den Schnitt finden Sie auf dem Schnittmusterbogen im Anhang in Größe 38 (Hüftweite 94 cm).

Einkaufsliste
- 1,30 m Stoff (1,40 m breit)
- Nähgarn
- 70 cm Gummiband (2,5 cm breit)

Arbeitsablauf
- 1 Maße vergleichen
- 2 Schnitt kopieren
- 3 Schnitt auflegen
- 4 Zuschneiden
- 5 Versäubern
- 6 Taschen aufnähen
- 7 Zusammennähen
    - Seitennähte
    - Schrittnaht
- 8 Säumen
- 9 Gummiband einziehen

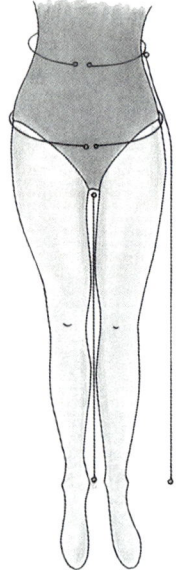
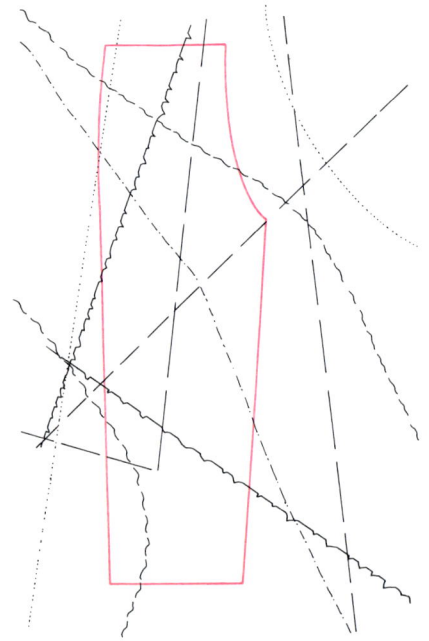
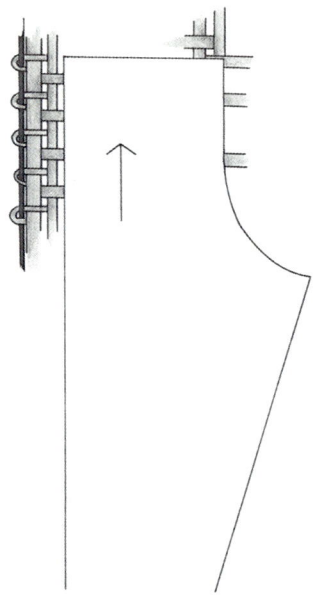

1 Der Hosenschnitt ist in Größe 38 (Hüftweite 94 cm eng gemessen). Die seitliche Hosenlänge beträgt 95 cm. Falls Sie eine andere Konfektionsgröße haben sollten, finden Sie im Kapitel „Maßnehmen" die Anleitung, den Schnitt zu ändern.

2 Der Schnitt besteht aus den folgenden 3 Schnitteilen (Zeichen -ııı-ııı-ııı grün).
Nr. 10 vorderes Hosenteil
Nr. 11 hinteres Hosenteil
Nr. 12 Tasche
Ziehen Sie die Linien auf dem Schnittmusterbogen mit einem Filzstift nach, damit sie gut erkennbar sind.
Legen Sie nun das Schnittmusterkopierpapier auf den Schnittmusterbogen und pausen Sie alle vorher markierten Linien, Zeichen und Striche durch. Der Fadenlauf ist besonders wichtig! Anschließend schneiden Sie mit einer Papierschere Ihren Papierschnitt aus. Auf diese Weise kopieren Sie alle 3 Schnitteile.
Vergleichen Sie die Größe der Schnittteile vor dem Zuschnitt noch einmal mit Ihren Körpermaßen.

3 - **5** Legen Sie Ihren Stoff im Stoffbruch glatt auf einen Tisch. Die Webkanten müssen genau übereinanderliegen, die rechte Stoffseite liegt innen. Jetzt ordnen Sie die Schnitteile dem Zuschneideplan entsprechend auf dem Stoff. Achten Sie darauf, daß der Fadenlauf genau parallel zur Webkante verläuft! Prüfen Sie dies vorsichtshalber noch einmal, denn ein Fehler rächt sich später mit einem drehenden Hosenbein. Stecken Sie die Schnitteile fest.
Die Schnitteile werden im Abstand von 1,5 cm ausgeschnitten. Dieser Abstand entspricht der Nahtzugabe.
Versäubern Sie die Teile bis auf die Schnittnaht rundum mit einem mittleren Zickzackstich (Breite 3 mm, Stichlänge 2,5 mm).

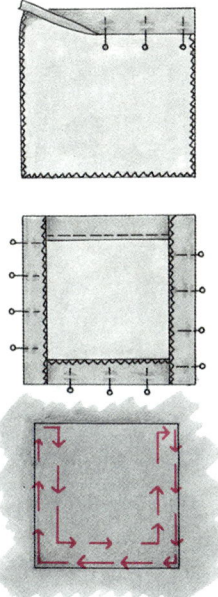

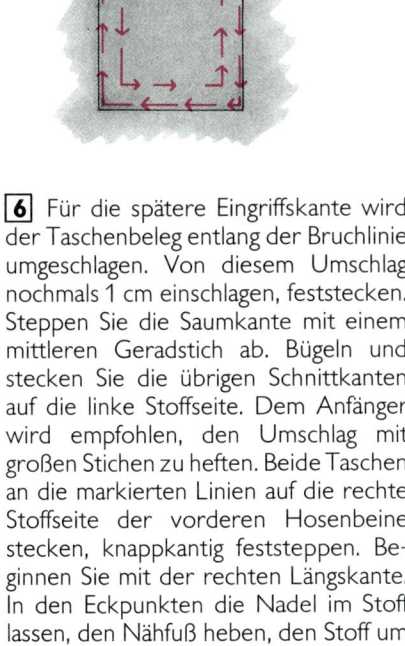

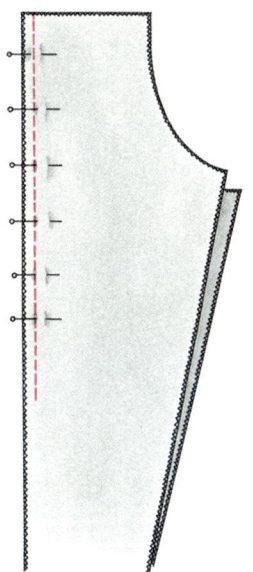

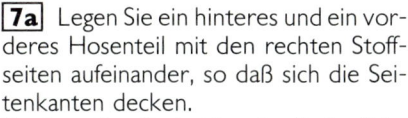

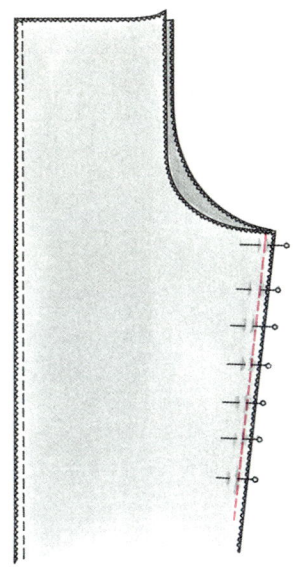

6 Für die spätere Eingriffskante wird der Taschenbeleg entlang der Bruchlinie umgeschlagen. Von diesem Umschlag nochmals 1 cm einschlagen, feststecken. Steppen Sie die Saumkante mit einem mittleren Geradstich ab. Bügeln und stecken Sie die übrigen Schnittkanten auf die linke Stoffseite. Dem Anfänger wird empfohlen, den Umschlag mit großen Stichen zu heften. Beide Taschen an die markierten Linien auf die rechte Stoffseite der vorderen Hosenbeine stecken, knappkantig feststeppen. Beginnen Sie mit der rechten Längskante. In den Eckpunkten die Nadel im Stoff lassen, den Nähfuß heben, den Stoff um 90° drehen und den Fuß wieder senken. Am Ende des Taschenbelegs angelangt, steppen Sie 1 cm quer zur Eingriffskante. In füßchenbreitem Abstand zur Außennaht die Tasche nochmals absteppen.

7a Legen Sie ein hinteres und ein vorderes Hosenteil mit den rechten Stoffseiten aufeinander, so daß sich die Seitenkanten decken.
Stecken Sie die beiden Stoffteile (Nadeln quer zur Naht) zusammen. Nun nähen Sie mit einem mittleren Geradstich im Abstand Ihrer Nahtzugabe an der Außenkante entlang. Vernähen Sie Anfang und Ende der Naht.
Das vordere und hintere Hosenteil für das zweite Bein legen Sie in gleicher Weise zusammen, stecken es und schließen die Seitennaht.
Bügeln Sie die Nähte von der linken Stoffseite aus. Zur Betonung der Seitennaht können Sie diese nochmals absteppen. Stecken Sie dazu die Nahtzugaben fest und steppen Sie nochmals parallel zur Naht.

7b Jetzt legen Sie je ein Hosenteil rechts auf rechts zusammen, so daß die inneren Hosenbeinkanten genau aufeinanderliegen. Stecken Sie die Teile mit Stecknadeln zusammen. Schließen Sie die inneren Hosenbeinnähte und bügeln Sie die Nähte aus.

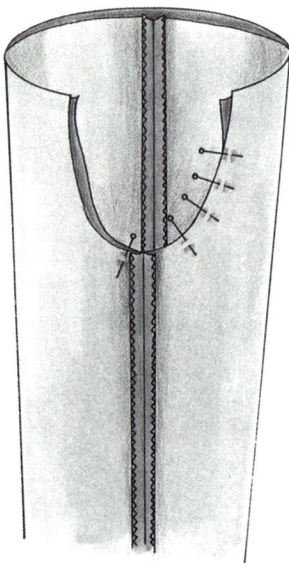
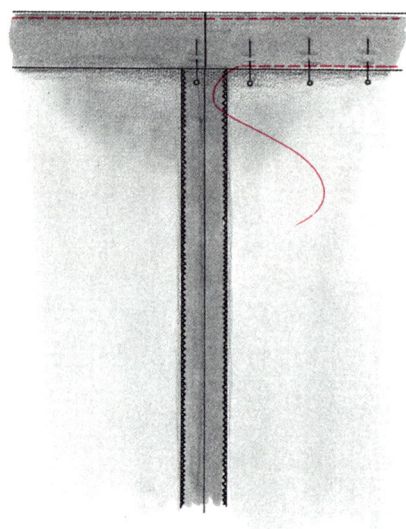
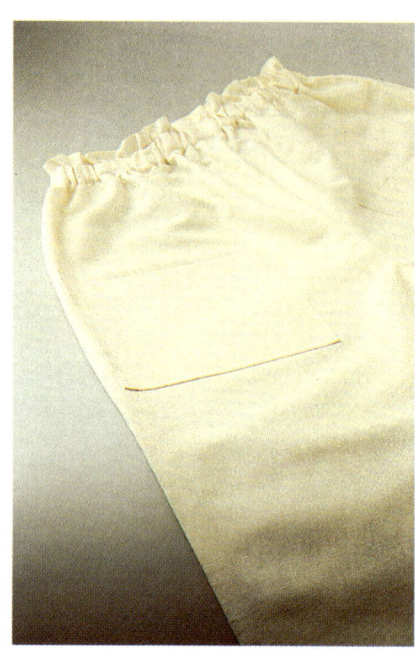

7c Um die zwei Hosenbeine problemlos aneinandernähen zu können, wenden Sie ein Hosenbein auf die rechte Stoffseite und schieben es in das andere, dessen linke Stoffseite nach außen zeigt. Die Schrittnaht kann nun geschlossen werden. Für die Schrittnaht nehmen Sie den 3fach-Geradstich oder steppen die Naht zweimal direkt nebeneinander, damit sie strapazierbar ist. Die Nahtzugabe schneiden Sie in den Rundungen auf 0,5–1 cm zurück, versäubern Sie dann die Nahtzugabe.

8 9 Für den Taillentunnel bügeln Sie die Schnittkante entlang der Bruchlinie nach innen und schlagen nochmals 1 cm ein; die Saumkante feststecken (Nadeln quer zur Kante). Nähen Sie jetzt den Taillentunnel (Nadelstellung links) knappkantig fest. Einen ca. 5 cm langen Einzugsschlitz für das Gummiband lassen. Die obere Bruchkante steppen Sie füßchenbreit einmal rundum ab.
Die Hosenbeine säumen Sie ebenso: Schnittkante umbügeln, 1 cm einschlagen und feststecken, knappkantig absteppen. Vor dem Säumen die Nahtzugaben der Seitennähte glatt zu beiden Seiten umlegen; evtl. fixieren.
Ziehen Sie zum Schluß mit einer Sicherheitsnadel das Gummiband durch den Taillentunnel. Die Gummibandenden nähen Sie mit dem Elastikstich oder einem mittleren Zickzackstich aneinander. Schließen Sie den Einzugsschlitz.

Das Foto zeigt die aufgesetzte Tasche. Deutlich auch zu erkennen die obere und untere Steppnaht für den Taillentunnel.

Klassische Modelle

Im Kapitel klassische Modelle finden Sie die zeitlosen, immer gern getragenen Grundmodelle der Modellschneiderei. Trotz wechselnder Modetrends blieben diese Grundschnitte erhalten, denn schon durch leichte Abwandlungen werden sie wieder topaktuell.

Beherrschen Sie die Grundbegriffe der Nähtechnik, so können Sie ohne große Schwierigkeit einen klassischen Rock, ein Kleid oder eine Hose aus diesem Kapitel fertigen. Schwierige Arbeitsschritte, wie Manschetten oder Reißverschluß einnähen, werden auch hier ausführlich in Schritt-für-Schritt-Bildfolgen erläutert.

Die Grundausstattung der Nähutensilien besitzen Sie ja bereits. Eine sinnvolle Ergänzung an Werkzeugen wären: Doppelkopierrädchen, Rockabrunder und Zickzackschere. Wichtig ist aber die Erweiterung der Nähfüße, denn wenn Sie einen Reißverschluß einsetzen möchten, so benötigen Sie unbedingt den richtigen Nähfuß. Gleiches gilt für das Säumen der Röcke. Der Blindstichfuß erleichtert das Arbeiten.

Ihre Maße vergleichen Sie vor dem Nähen mit der Tabelle „Körpermaße" im Technikteil Seite 207. Die Schnitte finden Sie auf dem Schnittmusterbogen.

WEITER ROCK MIT BUND

Einen geraden weiten Rock mit festem Bund können Sie, mit einer Bluse oder einem Pullover kombiniert, zu jeder Gelegenheit tragen.

Der Schnitt ist in Größe 38 (Taillenweite 70 cm) angegeben. Die fertige Rocklänge beträgt 75 cm.

Einkaufsliste

- 2,20 m Stoff (90 cm breit)
  oder
- 1,70 m Stoff (1,40 m breit)
- 75 cm Bundeinlage
  (2,5 cm breit)
- Nähgarn
- 1 Knopf (∅ 1,5 cm)

Arbeitsablauf

- 1 Maße vergleichen
- 2 Schnitt ausmessen und aufzeichnen
- 3 Zuschneiden
- 4 Versäubern
- 5 Zusammennähen
- 6 Kräuseln
- 7 Bund annähen
- 8 Säumen
- 9 Knopf und Knopfloch

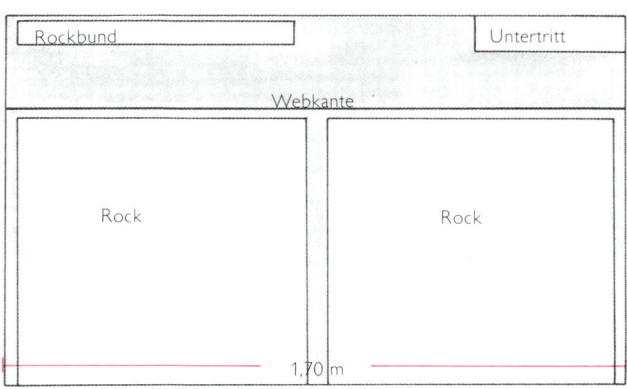

1 – **4** Überprüfen Sie Ihre Taillen-weite und die Rocklänge.

Vor dem Ausmessen des Schnittes müssen Sie prüfen, ob der Stoff fadengerade abgeschnitten wurde. Legen Sie nun den Stoff über eine Breite von 55 cm doppelt. An der Webkante entlang den einfach liegenden Stoff abschneiden. Die Rockbahnen werden bestimmt, indem Sie von einer Schnittkante aus 83 cm (2 cm Nahtzugabe + 75 + 6 cm Saumzugabe) abmessen. So erhalten Sie die vordere Rockbahn. Die hintere Rockbahn messen Sie in gleicher Weise ab. Schneiden Sie beide Rockteile zu.

Auf den einfach liegenden Stoff bügeln Sie die Bundeinlage (72 cm × 8 cm) und schneiden den Bund aus. Den Untertritt (12 cm × 25 cm) mit jeweils 1,5 cm Nahtzugabe zuschneiden. Nach dem Zuschnitt die Schnittkante versäubern.

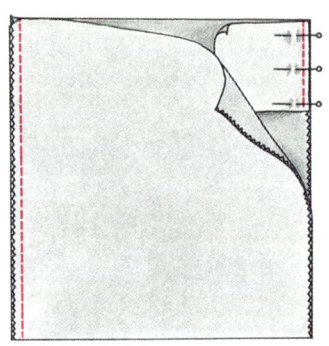

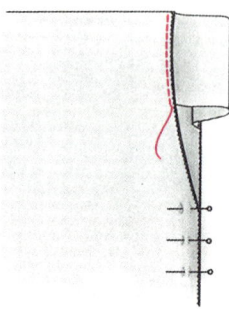

5a Schließen Sie eine Seitennaht (die Rockbahnen rechts auf rechts legen, zusammenstecken, im Abstand der Nahtzugabe steppen) und bügeln Sie diese aus. Befestigen Sie den Untertritt, indem Sie ihn rechts auf rechts entlang der Seitennaht auf das vordere Rockteil stecken und die Naht absteppen.

5b Die gegenüberliegende Schnittkante des Untertritts ebenfalls rechts auf rechts auf das hintere Rockteil legen, feststecken und mit Nahtzugabe feststeppen. Bevor die Seitennaht geschlossen wird, den Untertritt seitlich herausziehen.

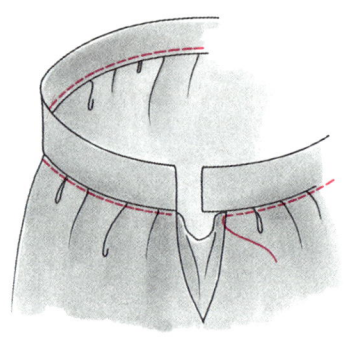

Hinweis zu den Punkten 7b und 7c: Für die Fertigung des Bundes gibt es verschiedene Arbeitsweisen. So kann die Bundinnenkante auch erst nach dem Wenden eingeschlagen werden. Wichtig ist dabei, daß Sie beim Schließen der Enden nur bis an die zweite Stanzlinie steppen, nicht darüber hinaus. Je nach Näherfahrung kann die Bundinnenseite auch mit Handstichen an die Nahtlinie genäht werden.

7b Entlang der Bruchkante den Bund so umfalten, daß die Stoffseiten rechts auf rechts liegen. Gleichzeitig die zweite Schnittkante einschlagen. Anschließend die Enden zusammenstecken und mit 0,5 cm Nahtzugabe steppen.

7c Schrägen Sie die Ecken leicht ab, und wenden Sie den Bund auf die rechte Seite. Die offene Kante im Rockinneren so feststecken, daß die Kante wenige Millimeter über der Nahtlinie liegt. Heften Sie von links die innere Bundseite fest. Nun von der rechten Seite genau in der Nahtlinie den Bund feststeppen.

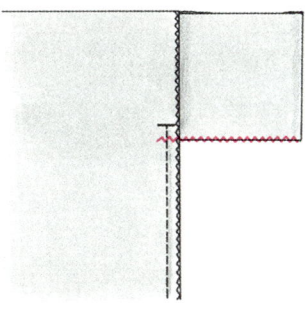

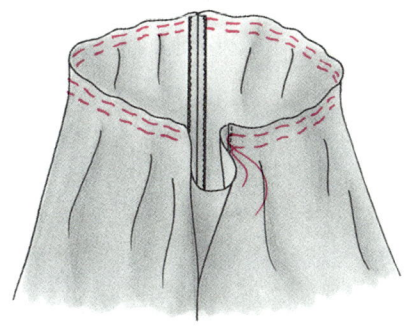

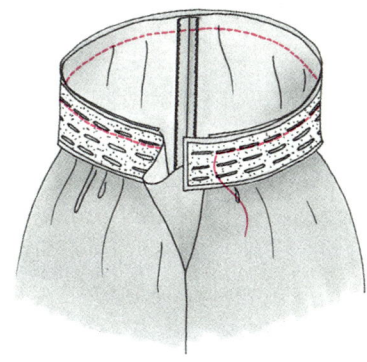

5c Die Seitennaht vom markierten Punkt bis hin zum Saum entlang der Nahtlinie steppen; ausbügeln. Die offene Schnittkante des Untertritts mit Zickzackstichen versäubern. Zu Beginn der Seitennaht durch Vor- und Rückstiche einen Riegel arbeiten. Dieser verhindert ein Einreißen der Naht.

6 Entlang der Taillenkante mit einem mittelgroßen Geradstich steppen. Diesen Vorgang in füßchenbreitem Abstand wiederholen. Anschließend ziehen Sie vorsichtig den Unterfaden und kräuseln die Rockbahnen auf Taillenweite ein. Die Weite gleichmäßig verteilen, evtl. durch eine Anprobe kontrollieren.

7a Stecken Sie den Taillenbund rechts auf rechts an den Rock. Auf der Nahtlinie, in der Stanzlinie der Einlage, steppen Sie den Bund fest. Bügeln Sie die Nahtzugaben in den Bund.

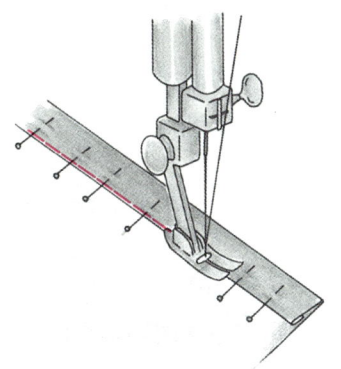

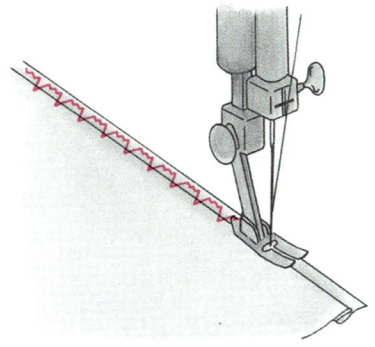

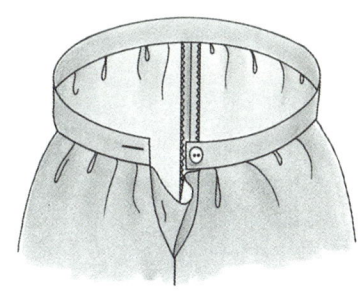

8a Die Saumzugabe 5 cm nach innen umbügeln, entlang der Unterkante heften. Nochmals 1 cm einschlagen, feststecken. Den Einschlag mit einem mittleren Geradstich knappkantig ansteppen.

8b Bei einer Nähmaschine, die den Saumstich hat, legen Sie den Saum wie gezeigt unter den Nähfuß. Schlagen Sie den Rockstoff zurück und steppen Sie entlang der Saumkante mit dem Blindstich. Schlagen Sie den Saum zurück und bügeln Sie ihn.

9 In den Übertritt des Rockbundes schlagen Sie ein Knopfloch (siehe Technikteil Seite 257). An den Untertritt nähen Sie den Knopf.

AUS-GESTELLTER 4-BAHNEN-ROCK

Immer elegant ist ein 4-Bahnen-Rock. Für dieses Modell wurde die normale Rocklänge verlängert. Der lange Rock ist aus Moirée gearbeitet und im Schnittmusterbogen für Größe 40 angegeben.

Einkaufsliste
- 2,40 m Stoff (1,40 m breit)
- 20 cm aufbügelbare Vlieseline
- Nähgarn
- 1 Reißverschluß (20 cm lang)
- 1 Knopf

Arbeitsablauf
- 1 Maße vergleichen
- 2 Schnitt kopieren ,auflegen
- 3 Zuschneiden
- 4 Kanten versäubern
- 5 Zusammennähen der Seitennähte
- 6 Reißverschluß einnähen
- 7 Taille einkräuseln
- 8 Bund
- 9 Säumen
- 10 Knopfloch und Knopf

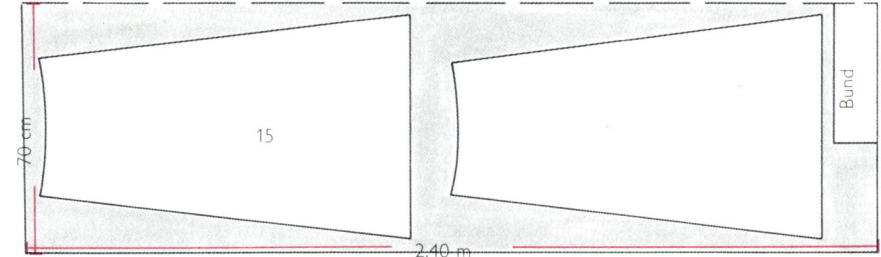

1 – **4** Der Rockschnitt ist für Größe 40 (Taillenweite 74 cm) angegeben. Die Länge ohne Bund beträgt 103 cm, die untere Rockweite 2,44 m.
Den Rockschnitt finden Sie auf dem Schnittmusterbogen im Anhang (Nr. 15, Zeichen – , – , – , schwarz).
Kopieren Sie den Schnitt und übertragen Sie alle Markierungspunkte, vor allem den Fadenlauf.
Legen Sie die Schnitteile nach dem Zuschneideplan auf den doppelten Stoff, und schneiden Sie die Rockteile mit Nahtzugabe (2 cm) zu.
Den Bund – ohne Schnitt (20 x 83 cm) – zuschneiden.
Schrägen Sie die Saumzugabe leicht ab. Die seitlichen Schnittkanten des Rockes versäubern Sie mit einem mittleren Zickzackstich.

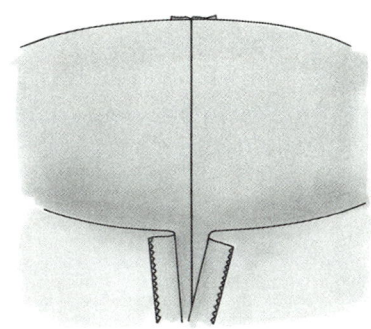

5 **6** Legen Sie die Rockbahnen rechts auf rechts, die Schnittkanten aufeinanderstecken. Seitennähte und Mittelnähte schließen. In der hinteren Mittelnaht unterhalb des Bundes einen 22 cm langen Schlitz für den Reißverschluß lassen. Den Reißverschluß einnähen (siehe Technikteil Seite 266).

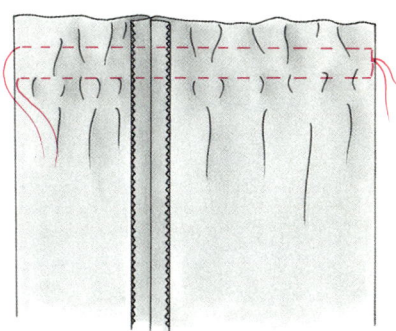

7 Mit einem großen Geradstich nähen Sie im Abstand von 1,5 cm 2mal an der Taillenkante entlang. Ziehen Sie die Unterfäden vorsichtig an, und kräuseln Sie den Rock auf Taillenweite ein.

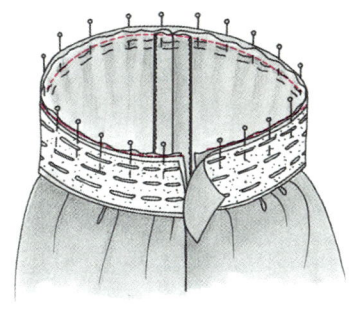

8a Bügeln Sie die Bundeinlage auf die linke Seite des Stoffbundes. Stecken Sie den Bund rechts auf rechts an die Taillenlinie. Der Untertritt für den Knopf steht 3 cm über. Den Bund mit 2 cm Nahtzugabe anst eppen.

8b Nun schließen Sie die Bundenden. Die Nahtzugabe zurückschneiden, die Ecken abschrägen. Wenden Sie den Bund auf die rechte Stoffseite. Die Ecken dabei exakt herausarbeiten.
Die Innenkante des Rockbundes 1,5 cm breit einschlagen und feststecken. Da diese Kante etwas länger als die vordere Bundseite ist, können Sie sie nach dem Heften von der rechten Stoffseite feststeppen. Bei dickeren Stoffen empfiehlt es sich, den doppelten Stofftransport einzuschalten, da der Stoff hier in vier Lagen übereinander liegt.

9 **10** Schlagen Sie den Rocksaum ein und bügeln Sie die untere Saumkante. In den Saum müssen Sie kleine Fältchen legen, da er weiter ist als die Rockbahnen. Schlagen Sie die Schnittkante 1 cm ein, steppen Sie den Saum ab. Bei sehr dünnen Stoffen verwenden Sie den Blindstich oder nähen den Saum mit der Hand an.
In den Übertritt am Rockbund fertigen Sie ein Knopfloch (siehe Technikteil Seite 257), an den Untertritt nähen Sie einen Knopf.

EINFACHER FALTENROCK

Die Rockweite läßt sich nicht nur einkräuseln, sondern auch in offene Falten
legen. Sehr dekorativ sind die seitlichen
Taschen, die an Bändern aufgehängt in
den Rockbund mit eingenäht werden.

Einkaufsliste
- 2,35 m Stoff (90 cm breit)
- 75 cm Bundeinlage
- Nähgarn
- 1 Reißverschluß (20 cm lang)
- 1 Knopf

Arbeitsablauf
- 1 Maße vergleichen
- 2 Schnitt ausmessen und aufzeichnen
- 3 Zuschneiden
- 4 Versäubern
- 5 Zusammennähen
- 6 Reißverschluß einnähen
- 7 Falten einlegen
- 8 Taschen und Bänder nähen
- 9 Bund annähen
- 10 Säumen
- 11 Knopfloch und Knopf

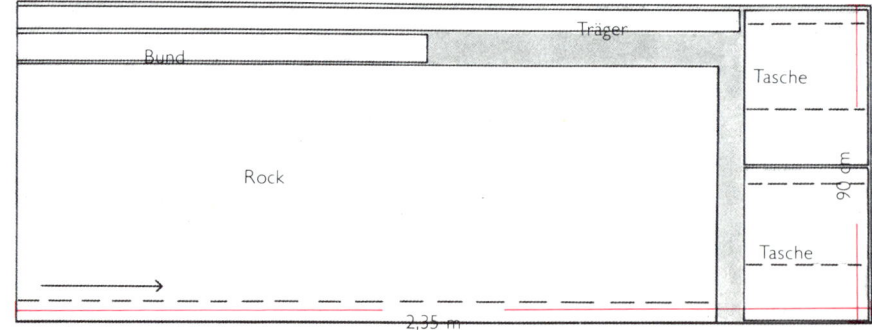

1 – **4** Die Taillenweite dieses Rockes beträgt 72 cm; die fertige Rocklänge 70 cm. Überprüfen Sie Ihre Maße und ändern Sie bei Bedarf den Schnitt ab. Entsprechend dem Zuschneideplan werden die Rocklänge (75 cm) und die Rockweite (2,15 m) markiert. Den Taillenbund (20 x 84 cm) und die Taschen (20 x 40 cm) zeichnen Sie nach Schnittplan ein.
Schneiden Sie im Abstand der Nahtzugabe (2 cm) die markierten Flächen aus. Versäubern Sie alle Schnittkanten mit einem mittleren Zickzackstich.

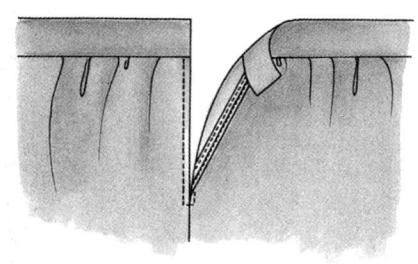

5 **6** Schließen Sie die rückwärtige Naht. Lassen Sie einen 22 cm langen Schlitz für den Reißverschluß. Anschließend die Naht ausbügeln und den Reißverschluß verdeckt einsetzen (siehe Technikteil Seite 266).

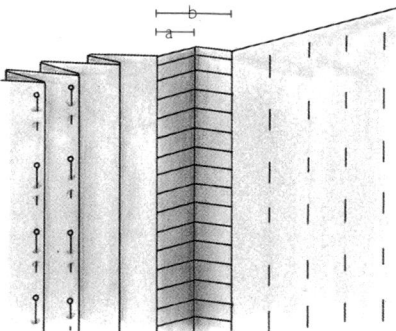

7 Legen und stecken Sie die obere Rockkante in gleichmäßige Falten. Die Faltenbreite **a** beträgt 3 cm, die Faltentiefe **b** 6 cm, so daß bei einer Taillenweite von 72 cm insgesamt 24 Falten gelegt werden müssen. Entlang der Taillenkante (im Abstand von 1,5 cm) die Falten mit einem großen Geradstich ansteppen.

9 – **11** Bügeln Sie die Bundeinlage auf den zugeschnittenen Bund und stecken ihn rechts auf rechts an die obere Rockkante. Kontrollieren Sie noch einmal den Fall der Falten. Steppen Sie den Bund in der Stanzlinie der Einlage an den Rock und verstürzen Sie ihn. Von der rechten Stoffseite aus können Sie jetzt entlang der Nahtlinie steppen, um die Innenkante zu befestigen. Der Rock wird schmal gesäumt, die Saumkanten 2mal absteppen. In den Obertritt des Bündchens fertigen Sie noch ein Knopfloch, an den Untertritt nähen Sie den Knopf.

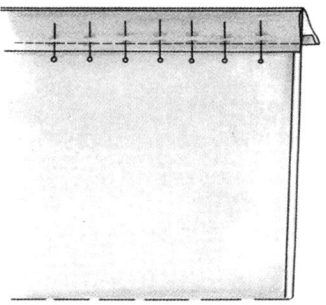

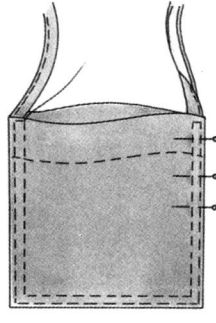

8a Säumen Sie die späteren Eingriffskanten der Taschenbeutel. Die Tasche im Stoffbruch rechts auf rechts legen, Seitennähte schließen. Die Kanten mit einem Zickzackstich versäubern. Die Taschen wenden, die Naht in die Kante schieben; absteppen.

8b Die Bänder längs zusammenfalten, die Schnittkanten einschlagen, knappkantig steppen. Die fertige Bandbreite beträgt 1 cm, die Länge 20 cm. Bänder in die Tasche schieben, die Bänder und Seiten der Tasche in einem Arbeitsgang absteppen. Die oberen Bandenden werden im Bund festgesteckt.

GLOCKEN-ROCK

Ein Glockenrock ist zeitlos modern und herrlich jung. In den 50er Jahren trug man ihn besonders gern mit Petticoats, die gar nicht weit genug abstehen konnten. Je nach Stoffbreite brauchen Sie 2 oder 4 Bahnen, die sich zu einem Kreis ergänzen.

Einkaufsliste
- 3,80 m Stoff (90 cm breit) oder
- 3,10 m Stoff (1,40 m breit)
- 80 cm Bundeinlage
- Nähgarn
- 1 Reißverschluß (20 cm lang)
- 1 Knopf oder Druckknopf

Arbeitsablauf
- 1 Maße vergleichen
- 2 Schnitt kopieren
- 3 Zuschneiden
- 4 Versäubern
- 5 Zusammennähen der Seitennähte
- 6 Reißverschluß einnähen
- 7 Bund einnähen
- 8 Säumen
- 9 Knopfloch arbeiten

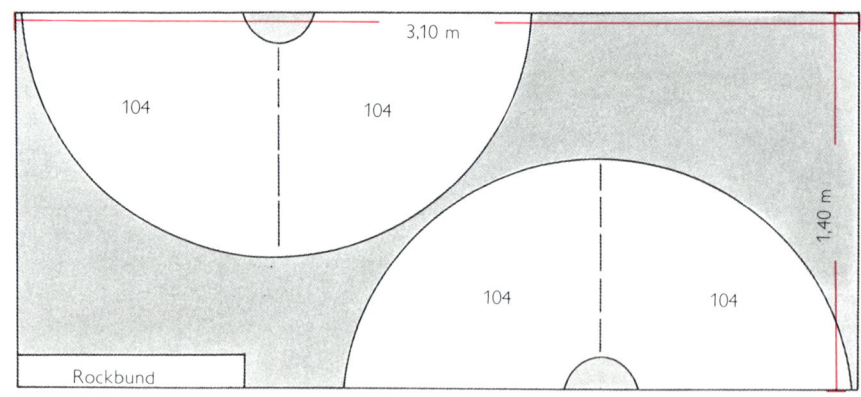

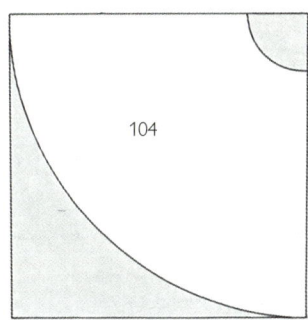

104

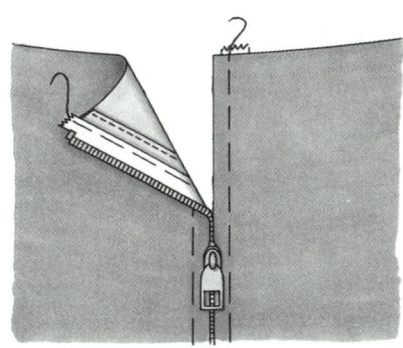

1 2 Vergleichen Sie zuerst die Maße, die im Schnitt angegeben sind, mit Ihren persönlichen Maßen. Nun zeichnen Sie den Schnitt, der einem Viertelkreis entspricht, auf Schnittmusterpapier und schneiden den Schnitt aus. Der Glockenrock ist in Größe 40 angegeben. Sie finden den Schnitt auf dem beiliegenden Schnittmusterbogen unter Nr. 104, Zeichen x x x x schwarz.

7 Auf den zugeschnittenen Bund bügeln Sie von links Bundeinlage und stecken ihn rechts auf rechts an die obere Rockkante. Dabei den Untertritt für den Knopf an der hinteren Rockbahn überstehen lassen. Den Bund in der Stanzlinie feststeppen, dann rechts auf rechts falten und die Schmalseiten absteppen. Schneiden Sie die Nahtzugabe zurück und die Ecken schräg. Jetzt den Bund nach rechts wenden, die Ecken dabei mit einer Nadel vorsichtig herausziehen. Die Innenkante einschlagen, feststecken. Bei dicken und auch bei sehr glatten Stoffen eventuell heften. Von der rechten Seite können Sie die Bundkante feststeppen.

3 4 Bei 90 cm Stoffbreite legen Sie den Rockschnitt 4mal auf den einfach liegenden Stoff, bei 1,40 m Stoffbreite 2mal auf den doppelt liegenden Stoff. Beachten Sie den Fadenlauf. Damit der Rock später nicht schattiert, müssen alle Teile mit dem gleichen Strich zugeschnitten werden. Als Nahtzugabe berücksichtigen Sie in der Taille 1 cm, für die Seitennähte und den Saum jeweils 1,5 cm. Mit einer scharfen Schere den unteren Rockbogen exakt zuschneiden, damit der Rock später nicht zipfelt. Versäubern Sie die Schnittkanten der Rockbahnen mit einem mittleren Zickzackstich.

5 6 Die Rockbahnen jeweils rechts auf rechts legen und die Nähte schließen. In der linken Seitennaht einen 20 cm langen Schlitz für den Reißverschluß lassen. Die Nähte ausbügeln und den Reißverschluß verdeckt einsetzen (siehe Technikteil Seite 266).

8 9 Bevor Sie den Rock säumen, sollten Sie die Länge kontrollieren. Den versäuberten Saumrand nach innen umbügeln und feststecken. Im Abstand von 1 cm zur Kante absteppen.
In das vordere Bundende (Übertritt) arbeiten Sie ein Knopfloch, auf den Untertritt nähen Sie den Knopf.
Anstelle des Knopfes und Knopflochs können Sie auch einen Druckknopf einschlagen.
Tip: Eine gleichmäßie Rocklänge erhalten Sie mit einem Rockabrunder. Ziehen Sie den Rock mit den Schuhen an, die Sie später dazu tragen wollen. Stellen Sie die gewünschte Rocklänge plus 1 cm ein. Markieren Sie den Saum, und schlagen Sie ihn so weit ein, daß die markierte Linie ca. 1 cm innen liegt.

ENGER ROCK

Der klassische enge Rock mit Kellerfalte wird wahrscheinlich nie aus der Mode kommen. Er sollte aus einem festen Stoff wie Leinen, Wollstoff oder Popelin sein.

Einkaufsliste
- 0,90 m Stoff (1,40 m breit)
- 0,80 m Futterstoff
- 0,80 m Bundeinlage
- Nähgarn
- 1 Reißverschluß (20 cm lang)
- 1 Knopf ⌀ 1 cm

Arbeitsablauf
- 1 Maße vergleichen
- 2 Schnitt kopieren
- 3 Zuschneiden
- 4 Versäubern
- 5 Zusammennähen
- 6 Reißverschluß einnähen
- 7 Bund
- 8 Säumen
- 9 Futter einarbeiten
- 10 Knopfloch und Knopf

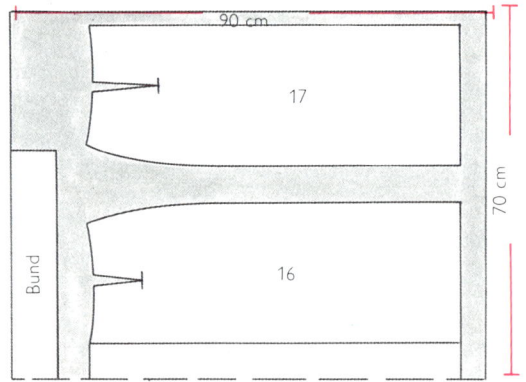

1 – **4** Der Rockschnitt ist für Größe 42 (Taillenweite 76 cm, Hüfttiefe 20 cm, Hüftweite 102 cm, Rocklänge 78 cm) auf dem Schnittmusterbogen unter Zeichen o-o-o- schwarz angegeben. Der Schnitt besteht aus 2 Teilen:
Nr. 16 Vorderteil; Nr. 17 Rückenteil
Kopieren Sie die Schnitteile und übertragen Sie alle Zeichen und den Fadenlauf. Legen Sie die Schnitteile nach dem Zuschneideplan auf den doppelt liegenden Stoff. (Die rechte Stoffseite liegt innen.) Die seitliche Nahtzugabe beträgt 1,5 cm, die Saumzugabe 3 cm; am Taillenrand berücksichtigen Sie 1 cm Nahtzugabe. Schneiden Sie die Teile zu, und übertragen Sie alle Markierungspunkte. Wichtig ist in der vorderen Mitte das Ende der Stepplinie (Faltenaufsprung). Versäubern Sie alle Schnittkanten mit einem mittleren Zickzackstich.

6 – **8** Legen, stecken, steppen Sie den Rockbund mit aufgebügelter Bundeinlage an den Rock. Der Untertritt (3 cm) für den Knopf wird am rechten, hinteren Rockteil berücksichtigt.
Die zuvor versäuberte Saumkante wird 5 cm eingeschlagen und gebügelt. Nähen Sie den Saum mit dem Blindstich oder mit hohlen Handsaumstichen möglichst unsichtbar fest.

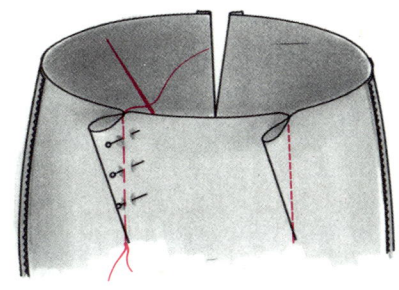

5a Heften Sie die Abnäher, Seitennähte, vordere Mitte und die rückwärtige Naht bis zum Reißverschluß. Vor dem Absteppen der Nähte empfiehlt es sich, den Rock anzuprobieren und eventuelle Änderungen vorzunehmen. Beachten Sie, daß die vordere Mitte nur bis zum markierten Punkt gesteppt wird.

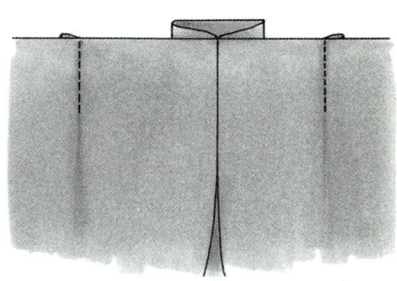

5b Abnäher und Nähte gut ausbügeln. Für die Kellerfalte die Faltentiefe auseinanderziehen, flach auf die Mittelnaht legen. Die Falte stecken, auf der ganzen Länge die äußeren Faltenbrüche heften; bügeln. Beim klassischen Faltenrock werden die inneren Faltenbrüche durch zusätzliches Absteppen fixiert.

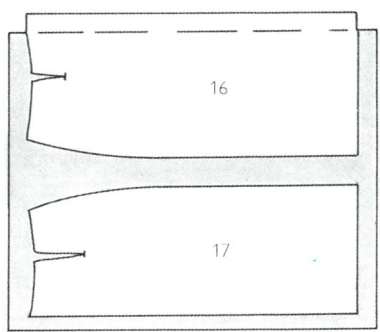

9a Schnitt für die Rockteile auf doppelt gelegten Futterstoff stecken. Das Vorderteil liegt mit der vorderen Mitte im Stoffbruch, das Rückenteil mit 1,5 cm Nahtzugabe an der Webkante. Ohne Saumzugabe zuschneiden. Nähte schließen, seitliche Gehschlitz und Reißverschlußschlitz offenlassen, Abnäher steppen.

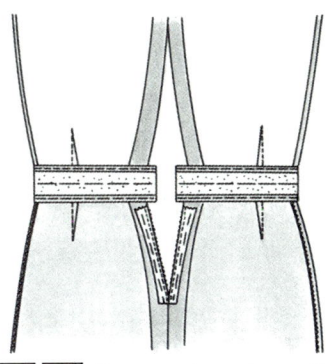

9b **10** Futterrock rechts auf rechts an die innere Bundkante arbeiten. Bügeln Sie die Nahtzugabe des Oberrockes in den Bund, die des Futterrockes zum Rock hin. Futterrock nach innen verstürzen, von rechts in der Nahtlinie durchnähen. Futterrock säumen; Knopfloch und Knopf an den Bund arbeiten.

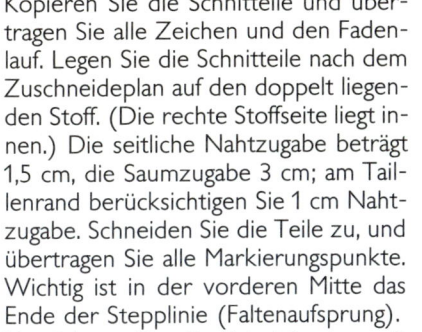

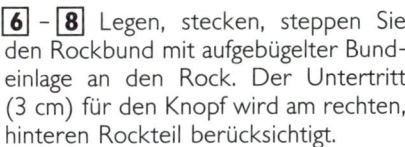

FALTENROCK

Der klassische Faltenrock sollte in keinem Kleiderschrank fehlen. Er ist zeitlos, äußerst bequem und mit dem entsprechenden Accessoire wirkt er mal sportlich, mal elegant.
Für einen klassischen Faltenrock eignen sich uni Wollstoffe oder Schottenstoffe.

Einkaufsliste
- 2,40 m Stoff (1,40 m breit)
- 85 cm Bundeinlage
  (3 cm breit)
- Nähgarn
- Reißverschluß (20 cm lang)

Arbeitsablauf
- 1 Maße vergleichen
- 2 Schnittkanten auf dem Stoff
  markieren
- 3 Zuschneiden
- 4 Zusammennähen
- 5 Säumen
- 6 Falten einlegen, heften,
  bügeln
- 7 Obere Faltenkante steppen
  – rückwärtige Naht
  schließen
- 8 Reißverschluß einnähen
- 9 Taillenbund nähen

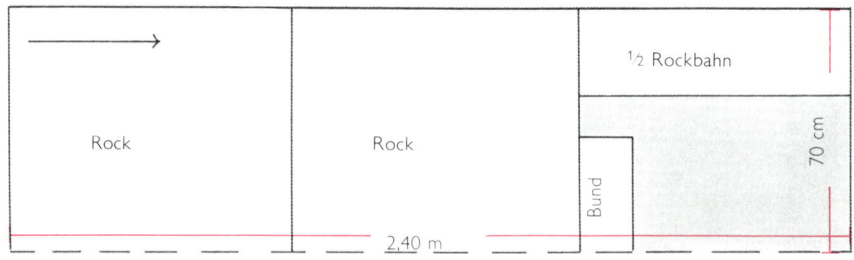

Größe	Hüftweite und Bewegungsspielraum	Falten-breite	Anzahl der Falten	benötigte Stoffweite
36	(96 + 5) cm	5	19	285 cm
38	(94 + 5) cm	5	≈ 20	300 cm
40	(99 + 5) cm	5	≈ 21	315 cm
42	(102 + 5) cm	5	≈ 22	330 cm

1 Für die fertige Rocklänge wurde im Zuschneideplan eine Länge von 75 cm zugrundegelegt. Messen Sie Ihre Hüftweite. Die Tabelle gibt Ihnen Auskunft, wieviel Stoff Sie für die gesamte Weite plus Falten berechnen müssen.
Beispiel: Für Größe 42 gibt die Konfektion eine Hüftweite von 102 cm an. Addieren Sie 5 cm. Dieses Maß teilen durch die gewünschte Faltenbreite; das Ergebnis ist die Anzahl der Falten (= 22). Da die Faltentiefe doppelt so breit wie die Faltenbreite ist, benötigen Sie für den Zuschnitt 22 x (5 cm x 3) = 330 cm Stoffweite. Diese Weite müssen Sie aus drei Bahnen zusammensetzen.

2 – **5** Beim Zuschnitt müssen Sie pro Naht 1,5 cm Nahtzugabe berücksichtigen. Messen Sie nach dem Zuschneideplan die Schnitteile auf Ihrem Stoff ab, markieren Sie die Linien, auf denen Sie zuschneiden. Für den Bund (Taillenweite 78 cm) benötigen Sie mit Übertritt 86 x 6 cm Stoff.
Alle Teile fadengerade zuschneiden. Die drei Rockbahnen aneinandernähen, jedoch den Rock nicht schließen, die Nähte ausbügeln. Versäubern Sie die Saumschnittkante und arbeiten Sie, entsprechend der Bedienungsanleitung Ihrer Nähmaschine, den Saum mit dem Blindstich oder säumen Sie die untere Kante von Hand.

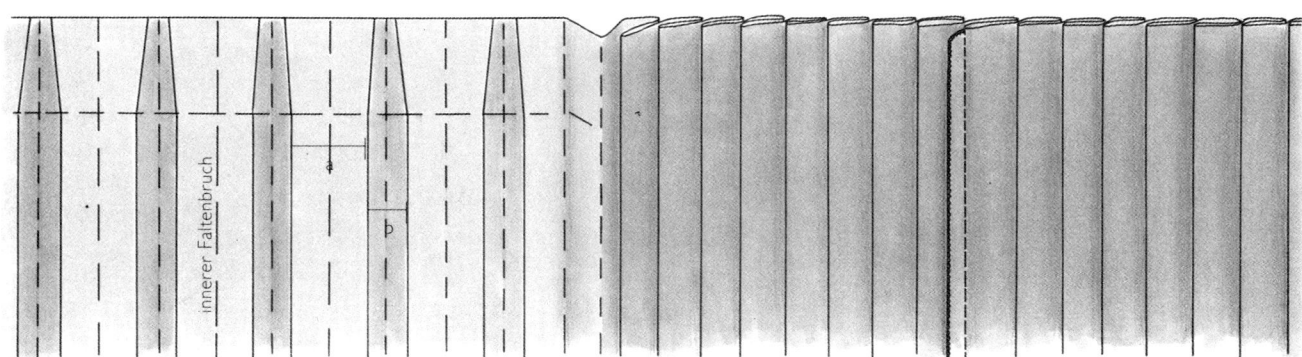

6 Nach dem Säumen erfolgt das Einlegen der Falten. Vom oberen Rand aus markieren Sie mit Schneiderkreide die Hüftlinie. Auf dieser zeichnen Sie die Falten ein. Beginnen Sie mit 1,5 cm Nahtzugabe plus der halben Faltentiefe (5 cm). Messen Sie nacheinander die Faltenbreite *b* (5 cm) und die Faltentiefe *a* (10 cm) ab. Diesen Vorgang wiederholen, bis 22 Falten eingezeichnet sind.

Achten Sie darauf, daß die Nähte jeweils tief in der Falte liegen. Gegebenenfalls aus den seitlich angrenzenden Falten die Faltenbreite mitteln. Da die Taillenweite nur 78 cm beträgt und die Anzahl der Falten gleich bleibt, ändert sich die Faltenbreite zwischen Hüftlinie und Taillenbund (78 : 22 = 3,5). Die Faltentiefe beträgt in der Taille dadurch 11,5 cm. Entlang der Taillenkante die schmaleren

Falten markieren. Der Verlauf des inneren Faltenbruchs darf trotz vergrößerter Faltentiefe nicht verändert werden. Nun die Falten einlegen (Faltlinie auf Anstoßlinie), feststecken. Heften Sie die Falten mit großen Stichen und dämpfen Sie die Kanten (Bügeltuch!) ein. Sollen die Falten erst ab der Hüftlinie aufspringen, so steppen Sie die Kanten zusätzlich bis zur Hüftlinie ab.

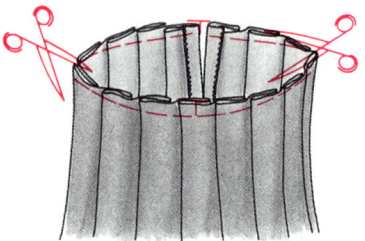

9 Auf den zugeschnittenen Bund bügeln Sie von links die Bundeinlage. Den Bund stecken Sie so an den Rock, daß der Untertritt am Faltenuntertritt des rechten Rockteils zugegeben wird. Der Übertritt schließt mit der Faltenkante ab. Nun den Bund an den Rock steppen, dann rechts auf rechts falten und die Schmalseiten absteppen. Schneiden Sie die Nahtzugabe zurück und die Ecken schräg. Jetzt den Bund nach rechts wenden, die Ecken dabei mit einer Nadel vorsichtig herausziehen. Die Innenkante einschlagen, feststecken. Bei dicken und auch bei sehr glatten Stoffen eventuell heften. Von der rechten Seite können Sie die Bundkante feststeppen. In den Übertritt des Bundes arbeiten Sie ein Knopfloch, den Knopf auf den Untertritt nähen.

7 Die rückwärtige Naht bis auf Reißverschlußlänge schließen und die vordere Mitte markieren. Damit der Rock schön fällt, kürzen Sie den Taillenrand in der vorderen und rückwärtigen Mitte um 1,5 cm (nach den Seiten hin auslaufend). Die Falten am Taillenrand mit einem Zickzackstich befestigen.

8 Jetzt nähen Sie den Reißverschluß einseitig verdeckt ein (siehe Technikteil Seite 266). Beachten Sie die Faltenstoßlinie auf dem rechten Rockteil.

Faltvariationen in einem Karostoff

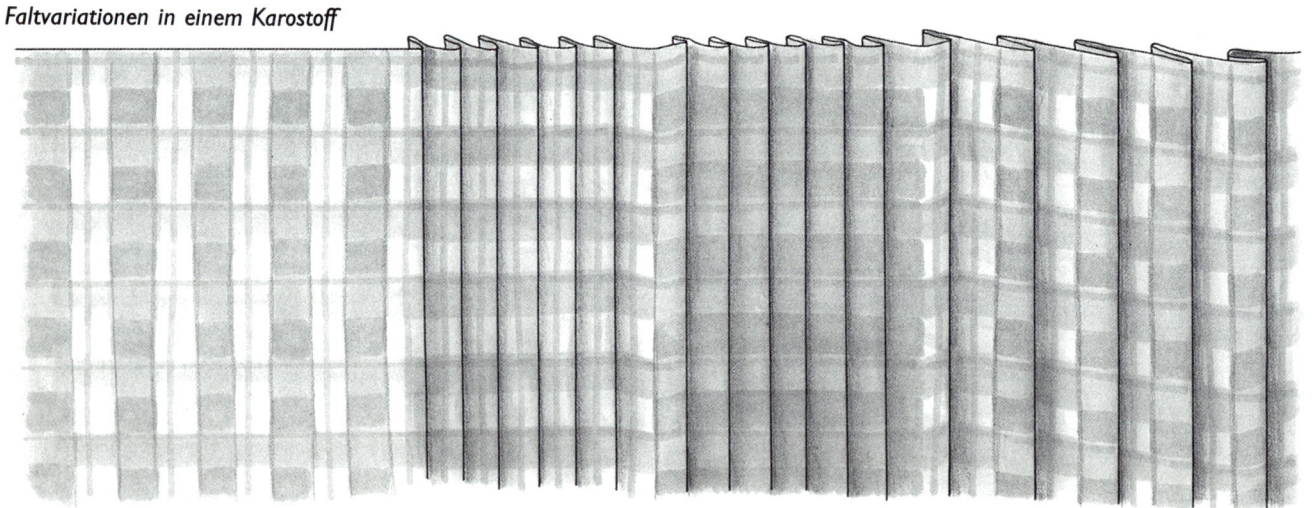

HEMDBLUSE

Die klassische, immer moderne Hemdbluse ist gar nicht so schwer zu nähen.
Die Bluse sitzt locker, der Ärmel ist weit
und wird glatt eingesetzt. Die Bluse kann
auch zu einer Hose getragen werden.

Einkaufsliste
- 1,85 m Stoff (1,40 m breit)
- 0,30 m Einlagenstoff
- Nähgarn
- 9 Knöpfe

Arbeitsablauf
- 1 Maße vergleichen
- 2 Schnitt kopieren und auflegen
- 3 Zuschneiden
- 4 Versäubern
- 5 Zusammennähen
    - Schulterpasse
    - Ärmel
    - Seitennaht
- 6 Säumen
- 7 Knopfleiste
- 8 Kragen
- 9 Manschetten
- 10 Taschen
- 11 Knopflöcher und Knöpfe

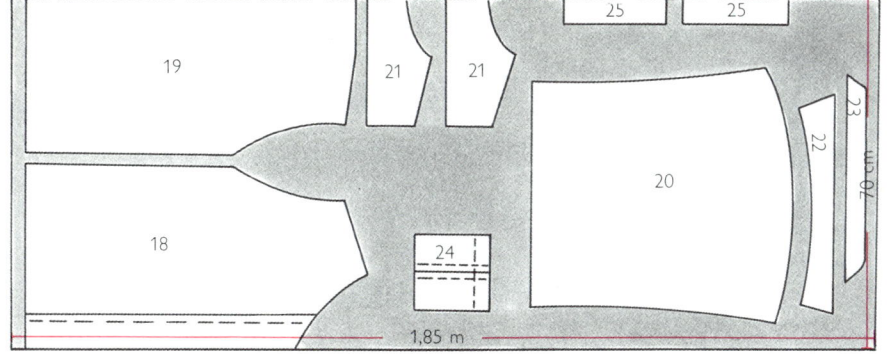

1 – **3** Der Hemdblusenschnitt ist für Größe 38/40 (Oberweite 92 cm).
Kopieren Sie den Hemdblusenschnitt vom Schnittmusterbogen im Anhang auf Schnittmusterkopierpapier. Denken Sie daran, alle Linien und Punkte ebenfalls zu übertragen. Der Schnitt besteht aus 8 Teilen (Zeichen → → → schwarz).
Nr. 18 Vorderteil
Nr. 19 Rückenteil
Nr. 20 Ärmel
Nr. 21 Schulterpasse
Nr. 22 Kragen
Nr. 23 Kragensteg
Nr. 24 Tasche
Nr. 25 Manschette
Den Stoff legen Sie zum Zuschneiden doppelt rechts auf rechts, so daß beide Webkanten aufeinanderliegen.
Alle Schnitteile nach Plan auflegen. An den Nähten und Ansatzkanten geben Sie 1,5 cm Nahtzugabe zu, am Blusensaum und dem seitlichen Schlitz 2 cm.

3b **4** Kragen, Kragensteg und Ärmelbündchen werden zusätzlich aus Einlagenstoff zugeschnitten. Bügeln Sie die Einlageteile auf die linke Stoffseite der entsprechenden Schnitteile. Für die Knopf- und Knopflochleiste schneiden Sie zwei Streifen à 3,5 x 56 cm zu. Versäubern Sie anschließend alle Schnittkanten des Vorder- und Rückenteils sowie der Ärmel mit einem mittleren Zickzackstich.
Die Falten am Rückenteil legen Sie von x auf o und stecken sie fest; mit wenigen Heftstichen fixieren.

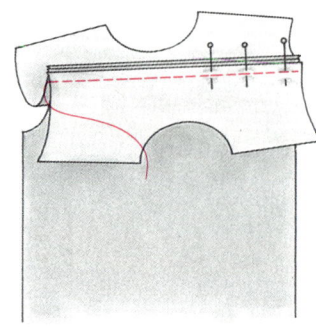

5a Die Teile der Schulterpasse einmal rechts auf rechts, das zweite Mal rechts auf links auf das Rückenteil legen. Stecken Sie die Stofflagen zusammen (heften), durch alle drei mit 1 cm Nahtzugabe nähen. Diese zurückschneiden und nach oben bügeln. Die Ansatzkante von der rechten Seite absteppen.

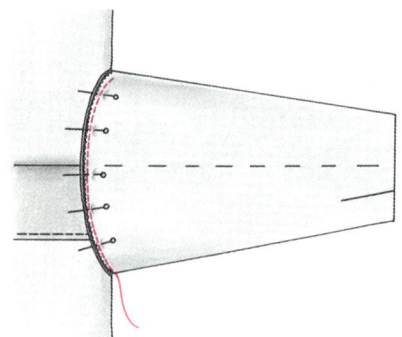

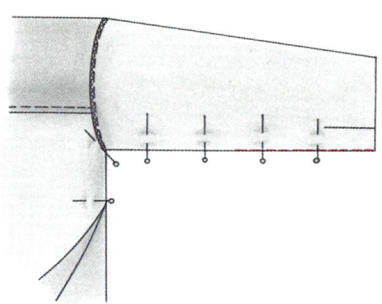

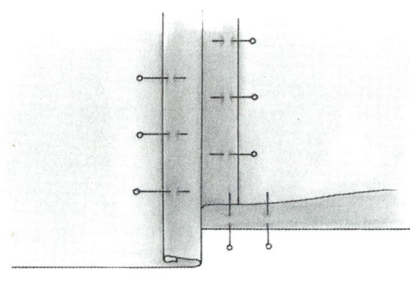

5e Die Ärmel stecken Sie nun rechts auf rechts auf das Blusenteil. Achten Sie darauf, daß Sie auch den rechten Ärmel an die rechte Schulter stecken. Die Naht steppen. Die Nahtzugabe zum Ärmel hin bügeln, evtl. heften und von der rechten Seite, parallel zur Naht, knappkantig feststeppen.

5f Die Seiten- und Ärmelnaht schließen Sie in einem Arbeitsgang. Achten Sie darauf, daß die vordere Ärmelansatznaht genau auf der hinteren liegt! Die Seitennaht nur bis zur Markierung für den seitlichen Schlitz steppen.

6 Die Naht und den Saum 1,5 cm umschlagen. Von diesem Umschlag jeweils noch einmal 0,5 cm einschlagen, die Kante bügeln, heften und knappkantig steppen.
Achten Sie darauf, daß beide Vorderteile auch genau gleich lang sind!

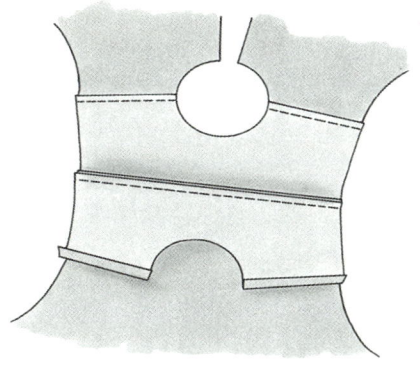

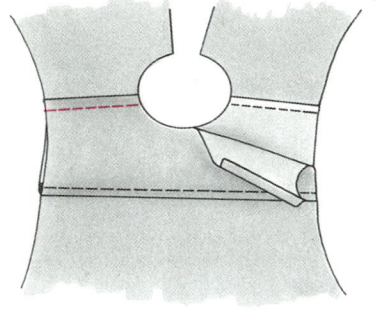

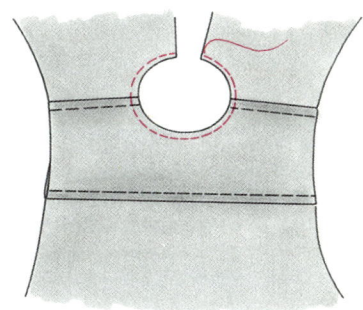

5b Die innere Schulterpasse rechts auf links an die Vorderteile nähen. Die Nahtzugabe liegt auf der rechten Seite und wird nach oben, d. h. in die Passe gebügelt.

5c Diese Naht nun mit der oberen Schulterpasse verdecken. Dazu die Nahtzugabe dieser Passe einbügeln und auf die Vorderseite entlang der Nahtlinie stecken. Obere Schulterpasse knappkantig steppen.

5d Den Halsausschnitt der doppelten Schulterpasse stecken Sie jetzt zusammen und steppen ihn schmalkantig ab. Dieser Arbeitsschritt erleichtert das Ansetzen des Hemdblusenkragens.

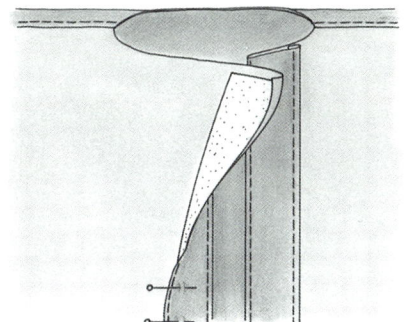

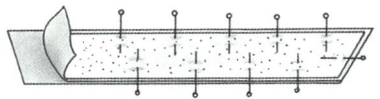

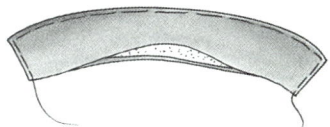

7 Bügeln Sie die Belege entlang den eingezeichneten Linien nach innen. Die Kante einschlagen und feststecken. Steppen Sie die eingeschlagene Blendenkante und die Bruchkante der vorderen Mitte knappkantig ab (Nadelstellung nach links).

8a Der Hemdblusenkragen setzt sich aus Kragensteg und Kragen zusammen. Er wird in 4 Schritten gefertigt. Zuerst den Unterkragen auf der linken Seite mit der Einlage verstärken, dann rechts auf rechts auf den Oberkragen stecken. Bis auf die Kragenansatzkante ringsherum zusammensteppen.

8b Die Nahtzugabe wird zurückgeschnitten und flachgebügelt. Die Ecken leicht abschrägen. Die Außenkante muß bei festeren Stoffen alle 3 cm eingeschnitten werden, damit sie sich genügend dehnt. Den Kragen wenden, die Ecken herausziehen und die Naht exakt in die Kante legen, heften.

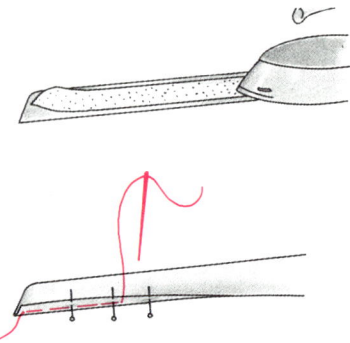

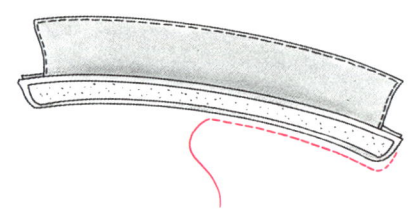

Diese Kante zurückschneiden, den Steg und Beleg auf rechts stülpen. Bügeln Sie noch einmal drüber, damit der Kragen auch schön glatt liegt. Überprüfen Sie noch einmal, ob die hinteren Mittellinien von Kragen und Steg übereinstimmen; der Steg muß an beiden Kragenseiten gleichmäßig überstehen.

Hinweis: Versuchen Sie nie, die Nähte schmaler abzusteppen, um sie dann nicht mehr zurückzuschneiden. Sie können nicht so genau nähen, und der Kragen wird unsauber.

8c Die Kante des Kragenstegbelegs bügeln Sie nahtbreit entlang der Halsnahtlinie um und stecken sie fest. Verstärken Sie nun den Steg mit aufbügelbarer Vlieseline.

8d Stecken Sie den Steg rechts auf rechts an den Unterkragen und den Beleg ebenfalls rechts auf rechts an den Oberkragen. Sicherheitshalber heften Sie die vier Stofflagen zusammen. Die Kragenansatzkante steppen Sie nahtbreit ab und bügeln die Naht aus.

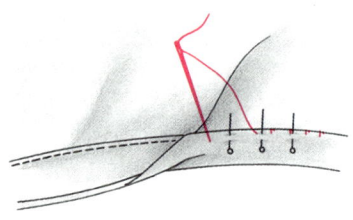

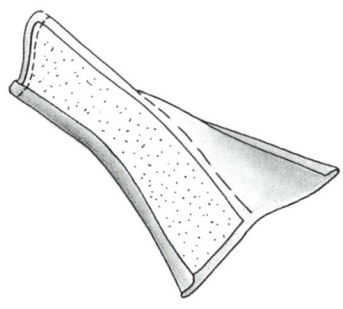

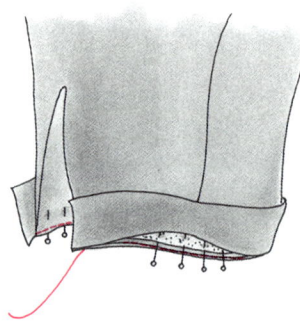

9c Bügeln Sie die Naht von der rechten Seite, dabei den Stoffstreifen zum Schlitz hin bügeln. Stecken Sie die umgeschlagene Streifenkante an der Schlitzinnenkante fest; heften. Steppen Sie jetzt diese Kante. Nochmals über die Schlitzkante bügeln.

9d Die Manschette versteifen Sie auf der Innenseite bis zum Bruch mit Vlieseline. Die Nahtzugabe der Innenkante bügeln Sie um. Legen Sie die Manschette jetzt entlang der Bruchlinie rechts auf rechts, steppen Sie die beiden Seitennähte. Die Nähte ausbügeln, die Nahtzugabe zurückschneiden.

9e Wenden Sie die Manschette auf die rechte Seite, Ecken mit einer Nadel herausziehen. Bruchkante sorgfältig bügeln. Manschette rechts auf rechts auf die zuvor gekräuselte Ärmelkante arbeiten. Der Untertritt für den Knopf muß an der hinteren Schlitzkante 1 cm überstehen.

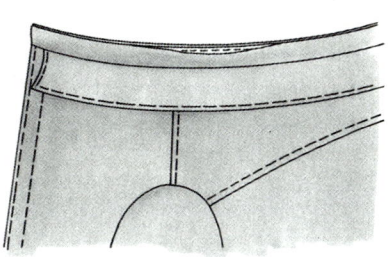

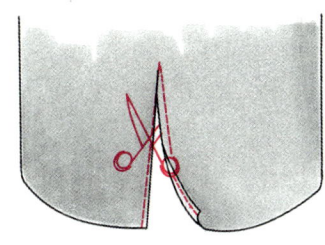

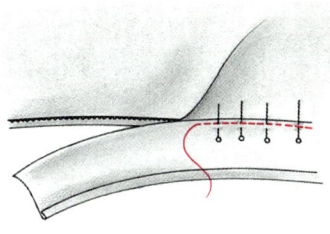

8e Den Steg rechts auf rechts an die Hemdbluse stecken und ansteppen. Die Naht wiederum flachbügeln (in Richtung Kragen), die Nahtzugabe zurückschneiden. Die umgeschlagene Belegkante an der Halsnahtlinie feststecken, heften und mit kleinen Handstichen annähen oder die Kante ansteppen.

9a Zum Einfassen des Ärmelschlitzes einen 3 cm breiten Stoffstreifen in der doppelten Länge des markierten Schlitzes zuschneiden, 5 mm einer Längsseite nach links umbügeln. Am Ärmel steppen Sie mit einem engen Stich einen Keil bis zum Schlitzpunkt. Schlitz vorsichtig bis zur Spitze einschneiden.

9b Ziehen Sie den Schlitz vorsichtig auseinander, so daß die nicht gebügelte Kante des Stoffstreifens glatt, rechts auf rechts, an die Schlitzkante angelegt werden kann. Steppen Sie nun füßchenbreit (5 mm) an der Kante entlang. Die Stütznaht muß zwischen Kante und Nahtlinie liegen.

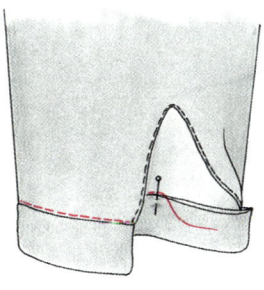

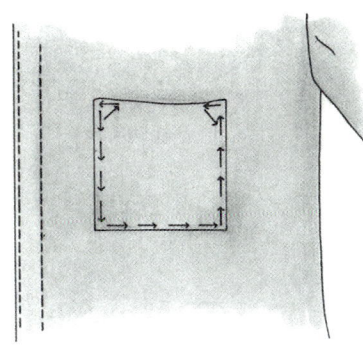

9f Nun stülpen Sie die Manschette nach innen und bügeln die Naht in die Manschette. Die umgebügelte Belegkante stecken Sie auf der Ärmelinnenseite fest und nähen oder steppen die Kante an. Bügeln Sie die fertige Manschette noch einmal.

10 Säumen Sie die späteren Tascheneingriffe.
Die übrigen Kanten versäubern und nahtbreit umbügeln. Die Taschen auf die Vorderteile stecken und heften. Steppen Sie jetzt die Taschen wie in der Zeichnung vorgegeben fest. Das kleine Dreieck verstärkt den Tascheneingriff.

11 Jetzt nähen Sie die Knopflöcher in das rechte Vorderteil und in die Manschetten.
Mit den modernen Nähmaschinen können Sie sehr schöne Knopflöcher fertigen. Verwenden Sie ein Maschinenstickgarn oder ein dünnes Nähgarn und lassen Sie einen Einlauffaden mitlaufen. Die Knöpfe werden auf der vorderen Mitte auf das linke Vorderteil angenäht.
Eine andere Möglichkeit, die Bluse zu schließen, wäre die Verwendung von Druckknöpfen. Die einschlagbaren Druckknöpfe gibt es in verschiedenen Größen und Farben.

HEMD-BLUSENKLEID

Arbeitsablauf
- 1 Maße vergleichen
- 2 Schnitt um 60 cm verlängern
- 3 Zuschneiden (Vorderteil im Stoffbruch auflegen)
- 4 Versäubern
- 5 Zusammennähen
    - Schulterpasse
    - Ärmel
    - Seitennaht (mit Schlitz)
- 6 Säumen
- 7 Vorderen Schlitzbesatz mit Knopfleiste arbeiten
- 8 Kragen
- 9 Manschetten
- 10 Taschen
- 11 Knopf und Knopflöcher
    Der Arbeitsablauf der Hemdbluse ändert sich für das Hemdblusenkleid in den Punkten 2, 3, 7.

Eine Variation der Hemdbluse zeigt den Schnitt verlängert zum Kleid. Das Hemdblusenkleid ist ein unkompliziertes Kleidungsstück, elegant wie sportlich zu tragen. Bei diesem Modell wurde ein sehr großes Karomuster genommen. Achten Sie bei solchen Stoffen auf den erhöhten Stoffbedarf, denn das Muster soll ja in den Seitennähten und in der vorderen Mitte übereinstimmen.

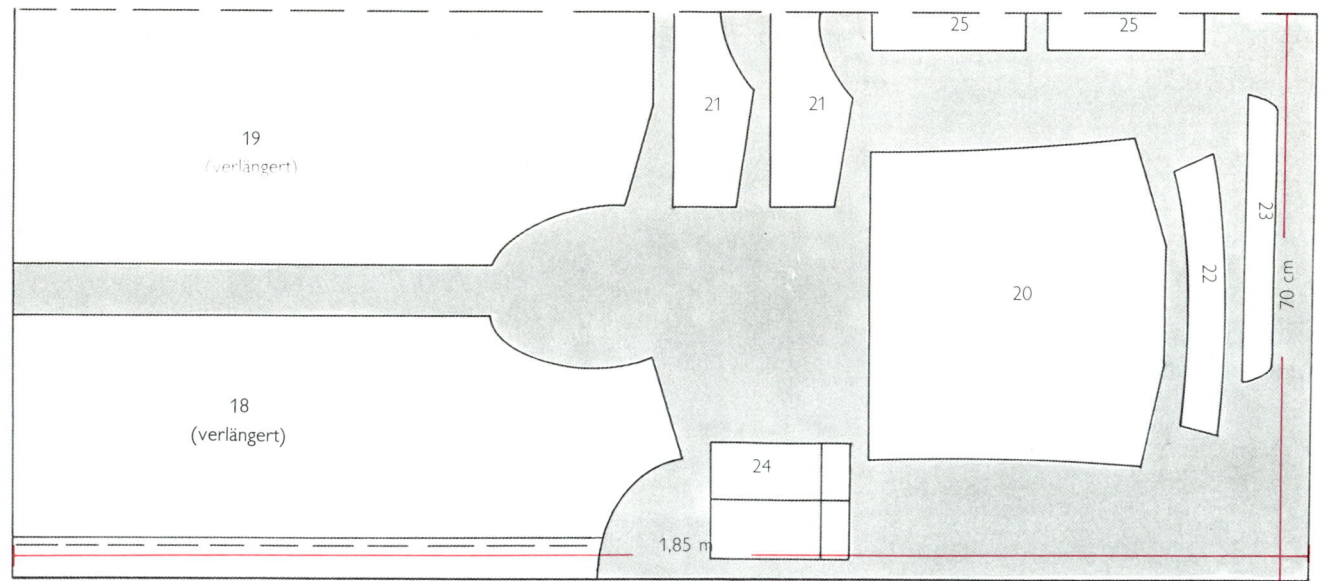

1 Der Blusenschnitt wird um ca. 60 cm verlängert. Das ergibt eine Gesamtlänge von 1,40 m. Das Kleid soll sehr blusig mit einem Gürtel getragen werden.
2 Kopieren Sie alle Teile und Markierungen des Hemdblusenschnitts. Verlängern Sie Vorder- und Rückenteil ab der Saumkante um ca. 60 cm. Der Schlitz in den Seitennähten beginnt 30 cm über der Saumkante. Die Saumbreite beträgt beim Kleid 4 cm.

3 **4** Falten Sie den 1,40 m breiten Stoff so, daß die Webkanten in der Stoffmitte aneinanderstoßen, die rechte Stoffseite liegt innen. Legen Sie jetzt die Schnitteile von Vorder- und Rückenteil mit der vorderen bzw. hinteren Mitte an den jeweiligen Stoffbruch. Der Ärmelschnitt liegt ebenfalls im Stoffbruch.
Sie brauchen zusätzlich zwei Stoffstreifen (7 cm breit, 45 cm lang) für die Knopfleiste.
Schneiden Sie die Schnitteile mit 1,5 cm Nahtzugabe zu, und versäubern Sie alle Teile mit einem mittleren Zickzackstich. Für den Kragen und die Manschetten die Vlieseline zuschneiden.
5 Arbeiten Sie nun, wie bei der Hemdbluse beschrieben, die Schulterpasse, und setzen Sie den Ärmel ein. Beim Schließen der Seitennaht muß der Gehschlitz berücksichtigt werden. Er beginnt 30 cm vor der Saumkante.

6 Anschließend das Kleid säumen. Der Kleidersaum beträgt 4 cm (3 cm Umschlag, 1 cm Einschlag).
7 Das Arbeiten des vorderen Schlitzbeleg mit Knopfleiste wird im Technikteil (Seite 254) ausführlich beschrieben.
8 – **11** Kragen und Manschetten werden wie bei der Hemdbluse (Seite 79–81) gearbeitet. Setzen Sie abschließend die Taschen auf, und arbeiten Sie die Knopflöcher. Nun noch die Knöpfe annähen.

BLAZER

Der klassische Blazer mit Revers wird locker getragen und mit einem Knopf geschlossen. Er sollte aus Leinen oder leichtem Wollstoff, Popelin, Gabardine oder festem Baumwollstoff sein. Der Schnitt ist in Größe 40 (Oberweite 92 cm) angegeben.

Einkaufsliste
- 1,55 m Stoff (1,40 m breit)
- 1,40 m Futterstoff (1,40 m breit)
- 1,10 m Vlieseline
- Nähgarn
- 1 Paar Schulterpolster
- 1 Knopf (⌀ 20 mm)
- 4 Knöpfe (⌀ 15 mm)

Arbeitsablauf
- 1 Maße vergleichen
- 2 Schnitt kopieren
- 3 Zuschneiden
  - Blazer, Einlage, Futter
- 4 Versäubern
- 5 Zusammennähen
- 6 Taschen aufnähen
- 7 Säumen
- 8 Ärmel
- 9 Futter
- 10 Knopfloch und Knopf

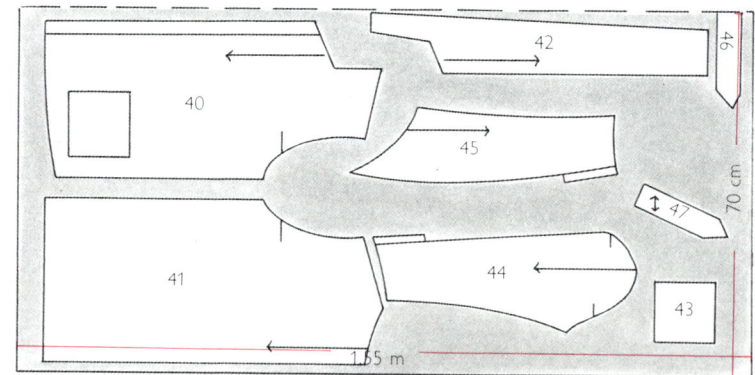

1 – **4** Vergleichen Sie Ihre Maße mit den angegebenen. Der Schnitt ist für Größe 40 (Oberweite 92 cm, Ärmellänge 60 cm, rückwärtige Länge 73 cm) auf dem Schnittmusterbogen eingezeichnet. Wie Sie die Schnittmaße gegebenenfalls ändern können, finden Sie im Technikteil Seite 212–216.
Kopieren Sie alle Schnittmusterteile, die wie folgt gekennzeichnet sind (Zeichen - III - III - III schwarz):
Nr. 40 Vorderteil
Nr. 41 Rücken
Nr. 42 Beleg
Nr. 43 Taschenbeutel
Nr. 44 Oberärmel
Nr. 45 Unterärmel
Nr. 46 Oberkragen
Nr. 47 Unterkragen

Legen Sie nun die Schnitteile nach dem Zuschneideplan auf den Stoff. Die Nahtzugabe beträgt 2 cm, die Saumzugabe an Vorder- und Rückenteil und an den Ärmeln 5 cm. Schneiden Sie die Teile zu. Markieren Sie die Nahtlinie, und übertragen Sie alle Markierungspunkte.
Anschließend den Beleg (Nr. 42) und den Oberkragen (Nr. 40) aus Einlagenstoff zuschneiden. Die Einlage auf die Stoffteile aufbügeln. Legen Sie die Schnitteile 40, 41, 43, 44, 45 auf den doppelt gelegten Futterstoff. In der hinteren Mitte eine Bewegungsfalte von ca. 2 cm zugeben. Diese Teile mit Nahtzugabe, ohne Saumzugabe zuschneiden. Beim Zuschnitt der Vorderteile die Belegbreite abrechnen. Die Schnitteile des Oberstoffs versäubern.

5a Schließen Sie die rückwärtige Mittelnaht; diese bügeln. Legen Sie dann die Vorderteile rechts auf rechts auf das Rückenteil und heften Sie die Schulter- und Seitennähte zusammen. Nach der Anprobe die Nähte mit dem Geradstich schließen und ausbügeln.
In der weiteren Anleitung werden die Arbeitsschritte Legen, Stecken, Heften nicht immer angegeben; sie sind aber Voraussetzung für ein exaktes Arbeiten. Den Ober- und Unterkragen rechts auf rechts legen und bis auf die Halsansatznaht zusammensteppen, die Nahtzugabe zurückschneiden, den Kragen wenden.

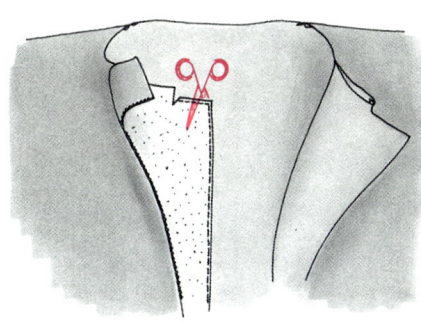

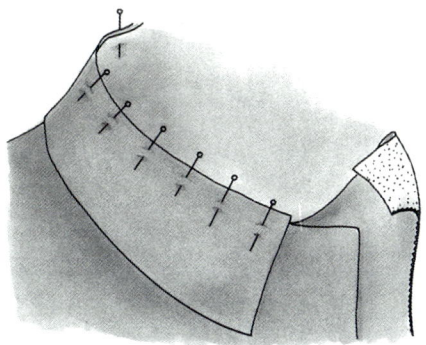

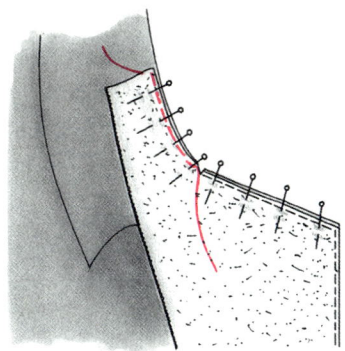

5b Nun den Beleg rechts auf rechts auf das Vorderteil legen und die Naht bis zum Markierungspunkt schließen. Die Nahtzugabe zurückschneiden. Evtl. am Markierungspunkt vorsichtig bis zur Naht einschneiden.

5c Nun beide Kragenteile entlang der Halsansatzlinie zusammenheften und den Unterkragen von der hinteren Mitte aus an den Halsausschnitt stecken. Achten Sie darauf, daß die vordere Kragenkante exakt bis an den Beleg (Markierungspunkt) gearbeitet wird.

5d Den Beleg rechts auf rechts auf den Kragen legen und ebenfalls entlang der Halsansatzlinie festheften. (Der Kragen liegt zwischen Vorderteil und Beleg.) Nun können in einem Arbeitsgang der Kragen und der Beleg fest an die Halslinie gesteppt werden.

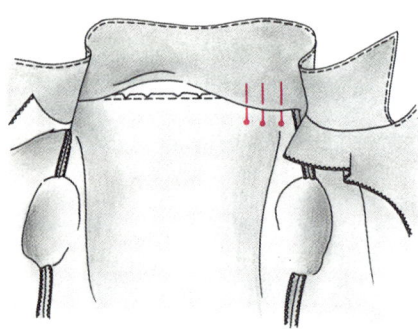

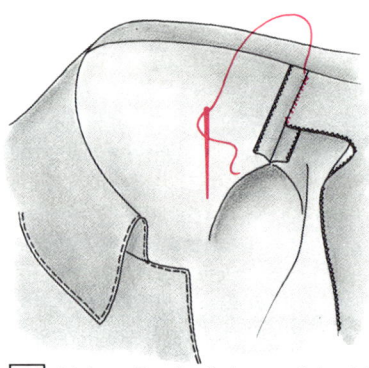

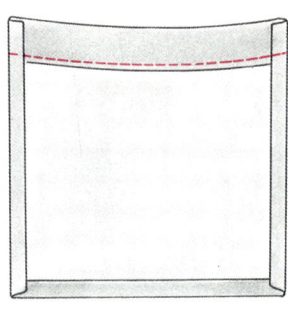

5e Den Beleg nach innen schlagen und die Naht des Revers in die Kante legen. Sowohl durch die Kante des Revers wie auch des Kragens mit langen Stichen heften. Die Nahtzugabe des Oberkragens an die Halsansatznaht stecken und gegennähen.

5f Nähen Sie die Belege auf der Nahtzugabe der Schulternähte mit wenigen Handstichen fest. Evtl. die Revers- und Kragenkante mit einer Ziernaht (Absteppnaht) versehen.

6 Bevor Sie den Blazer säumen und das Futter einnähen, müssen die Taschen aufgesetzt werden. Deren Nahtzugaben versäubern, einschlagen; Eingriffskante säumen. Entsprechend den Markierungspunkten die Taschen aufsteppen.

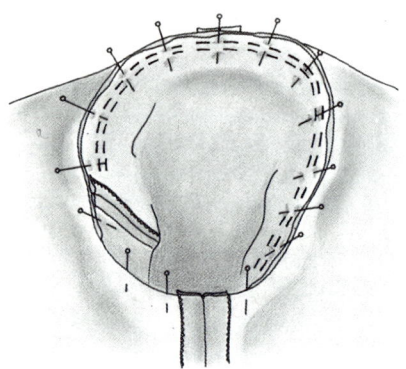

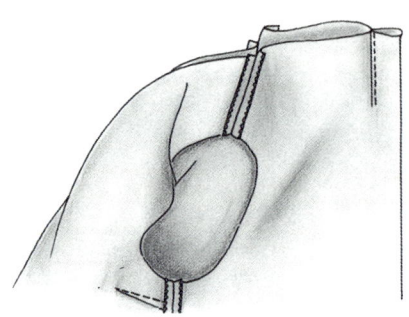

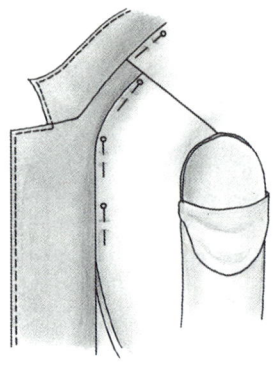

8c Armkugel leicht einkräuseln. Ärmel rechts auf rechts in den Armausschnitt stecken. Dabei das Futter des Ärmels nicht mitfassen. Ärmel einheften und den Sitz durch eine Anprobe kontrollieren. Die Naht mit einem 3fach-Geradstich steppen. Anschließend die Schulterpolster einsetzen.

9a Damit das Futter nicht spannt, arbeiten Sie eine Bewegungsfalte von ca. 2 cm Tiefe. Diese von der Halslinie und auch von der Saumlinie an 3 cm zusammensteppen. Die Falte nach einer Seite umbügeln.

9b Schließen Sie die Schulter- und Seitennähte des Futters. Stecken Sie das Futter links auf links in den Blazer, so daß die Nähte aufeinanderliegen. Schlagen Sie die Schnittkanten ein. Das Futter an den Belegen und am Kragen feststecken, nach der Anprobe mit Staffierstichen festnähen.

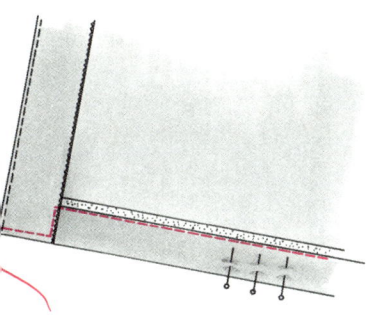

7 Bügeln Sie in die Saumkante einen 6 cm breiten Vlieselinestreifen. Bügeln Sie die Saumkante um und schlagen Sie diese nochmals nach innen ein. Nähen Sie den Saum und die Belege mit kleinen Handstichen unsichtbar fest.

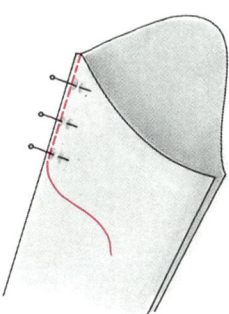

8a Die rückwärtige Naht der Oberärmel dehnen Sie leicht mit dem Bügeleisen. Stecken Sie dann die Unterärmel rechts auf rechts auf die Oberärmel und schließen Sie die Nähte. Anschließend die Nähte ausbügeln und den Ärmel auf rechts wenden.

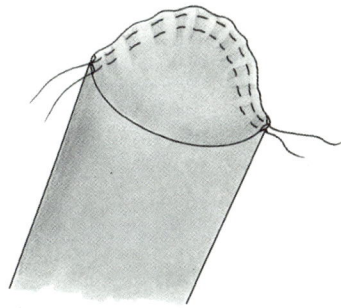

8b Zum Einhalten der Armkugel steppen Sie mit großen Stichen zwischen den Markierungszeichen. Heften Sie den Ärmelsaum. Ziehen Sie den zusammengenähten Futterärmel links auf links in den Stoffärmel, so daß die Nähte aufeinandertreffen. Den Futtersaum umschlagen, gegen den Ärmelsaum heften.

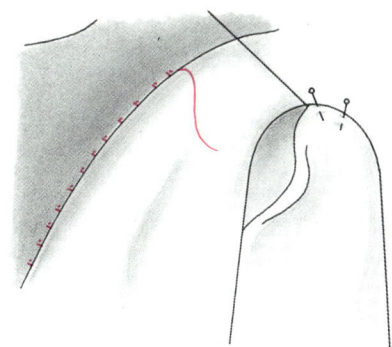

9c An den Ärmeleinsatznähten das Futter ebenfalls fixieren. Das Futter des Ärmels einschlagen, entlang der Armeinsatznaht feststecken und einnähen. Nach der Anprobe evtl. die Ärmellänge korrigieren und anschließend den Saum festnähen.

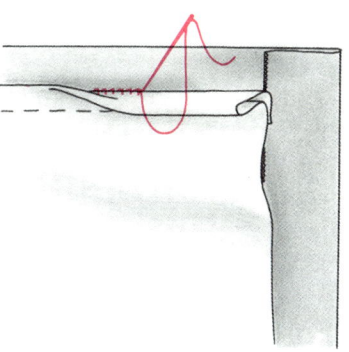

9d Den Futtersaum nach innen umbügeln. Die untere Bewegungsfalte erhalten Sie, wenn Sie den Bruch des Futtersaumes 3 cm hochschieben und an der Saumzugabe befestigen.

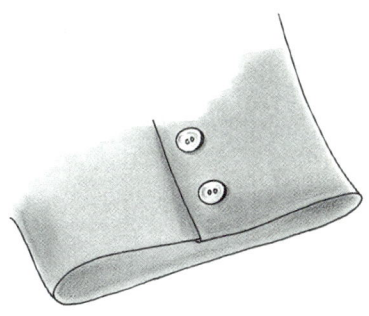

10 In das rechte Vorderteil arbeiten Sie an der markierten Stelle ein Augenknopfloch. In entsprechender Höhe wird der Knopf an das linke Vorderteil genäht. Je 2 Knöpfe nähen Sie an die untere Ärmelnaht in Saumhöhe.

JUGEND-LICHES KLEID

Sehr einfach, aber dennoch wirkungsvoll ist dieser Kleiderschnitt. Er ist gerade bei jungen Mädchen beliebt, da das Kleid sehr viel Bewegungsfreiheit bietet. Der Schnitt besteht aus einem glatten Vorder- und Rückenteil. Der dekorative Ärmel ist an der Schulter stark eingekraust und verjüngt sich zum Handgelenk. Der eingekrauste, gerade Rock sollte recht lang getragen werden. Trotzdem darf der Unterrock „blitzen" – das unterstreicht den jugendlichen Charakter des Kleides.

Einkaufsliste
- 3,70 m Stoff (1,20 m breit)
- Nähgarn
- 1 Reißverschluß (60 cm lang)
- 2 Knöpfe (ø 12 mm)

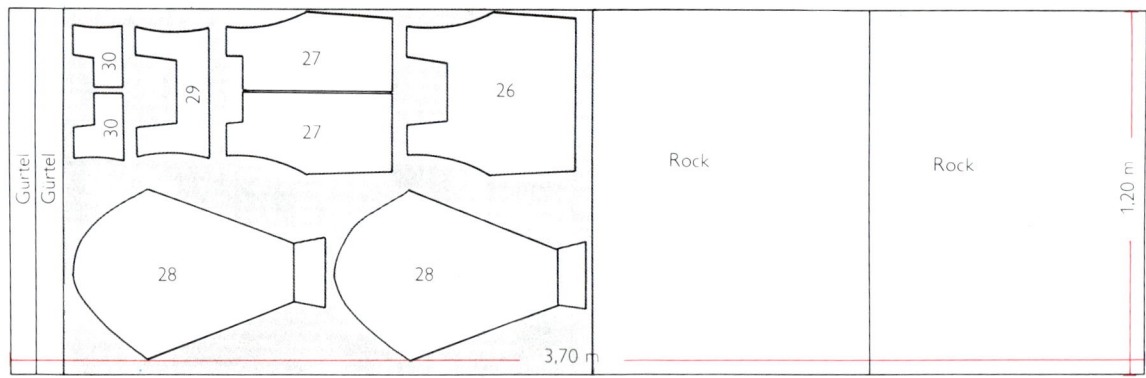

Arbeitsablauf
- ○— 1 Maße vergleichen
- ○— 2 Schnitt kopieren
- ○— 3 Zuschneiden
- ○— 4 Versäubern
- ○— 5 Zusammennähen
    - – Oberteil
    - – Beleg einsetzen
- ○— 6 Ärmel einsetzen
- ○— 7 Rock annähen
- ○— 8 Säumen
- ○— 9 Knöpfe annähen
- ○— 10 Gürtel nähen

1 - **4** Der Schnitt ist in Größe 40 (Oberweite 92 cm) angegeben. Die Taille ist weit, kann aber durch einen Gürtel enger gezogen werden. Die Rocklänge beträgt 83 cm, die gesamte Länge von der Schulter bis zum Rocksaum 128 cm. Den Schnitt finden Sie im Anhang auf dem Schnittmusterbogen (Zeichen x-x-x- schwarz).
Er besteht aus 5 Schnitteilen.
Nr. 26 Vorderteil
Nr. 27 Rückenteil
Nr. 28 Ärmel
Nr. 29 vorderer Beleg
Nr. 30 rückwärtiger Beleg

Kopieren Sie den Schnitt und alle Markierungen. Der Rock kann ohne Schnittvorlage zugeschnitten werden. Er hat eine Weite von 240 cm und eine Länge von 83 + 5 cm. Markieren Sie die Linien mit Schneiderkreide auf dem Stoff. Schneiden Sie alle Schnitteile mit 1,5 cm Nahtzugabe zu, und versäubern Sie die Schnittkanten mit einem Zickzackstich.

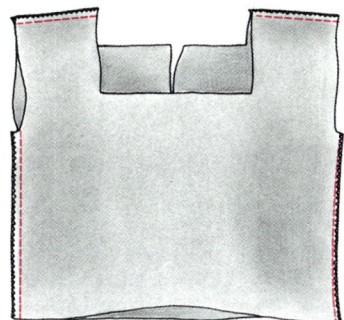

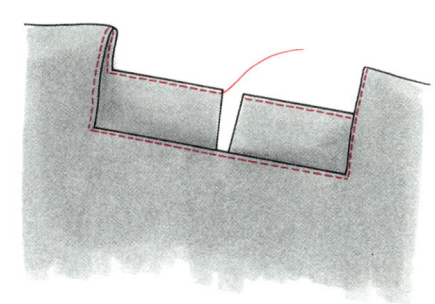

5a Legen Sie das Vorderteil und die Rückenteile rechts auf rechts. Stecken und heften Sie die Schulter- und Seitennähte, damit Sie das Oberteil anprobieren können. Sitzt es locker? Es darf nicht einengen. Nach evtl. Änderungen die Nähte schließen und ausbügeln.

5b Den vorderen und hinteren Beleg ebenso arbeiten. Nun das Oberteil und den Beleg rechts auf rechts legen, so daß die Schulter- und Seitennähte aufeinandertreffen. Entlang der Halslinie heften, diese nahtbreit steppen. Die Nahtzugabe leicht einschneiden und die Ecken abschrägen.

5c Wenden Sie den Beleg nach innen, dabei die Naht exakt in die Kante legen. Durch die Kante heften und knappkantig absteppen. Um den Ärmel leichter einsetzen zu können, sollten Sie das Oberteil und den Beleg entlang der Armeinsatzlinie zusammenheften.

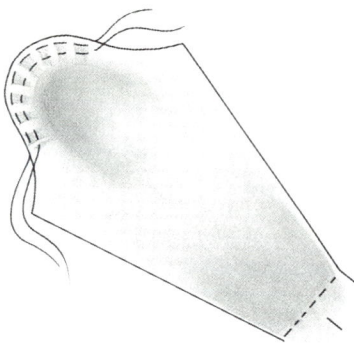

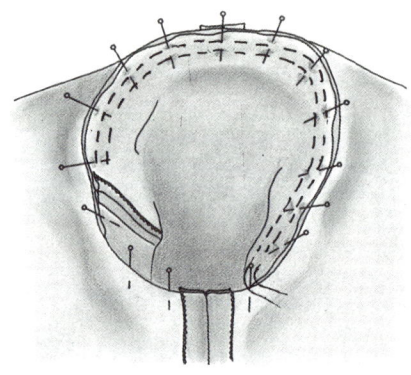

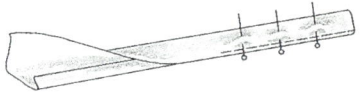

6a Steppen Sie zum Kräuseln 2mal beide Ärmel zwischen den Markierungspunkten mit einem großen Geradstich. Die Ärmel schließen und entsprechend der Armlochweite einkräuseln.

6b Die Ärmel in das Oberteil stecken. Die Schultermarkierung muß exakt auf der Schulternaht liegen. Steppen Sie den Ärmel entlang der Nahtlinie. Probieren Sie nun das Oberteil ruhig noch einmal an. Dabei die rückwärtige Naht zusammenstecken.

6c Bevor Sie den Ärmelschlitz arbeiten, müssen Sie die Verschlußschlaufen nähen. Aus einem Stoffrest einen 1,5 × 10 cm großen Streifen schneiden. Die Schnittkanten der Längsseiten einschlagen und aufeinandersteppen. Teilen Sie nun das Bändchen, so daß Sie 2 Schlaufen (0,5 × 5 cm) erhalten.

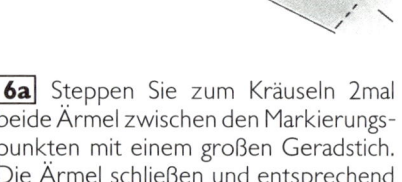

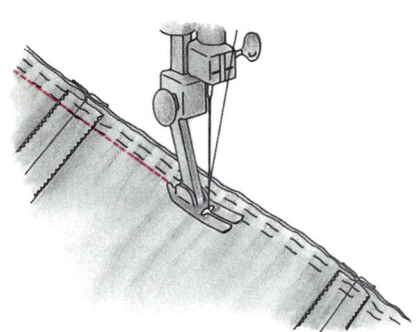

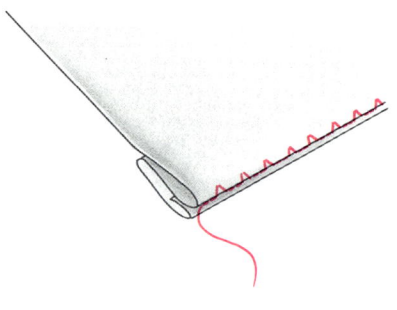

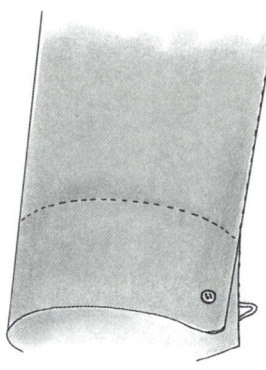

7b Ziehen Sie die Rockweite auf Taillenweite (81 cm) zusammen. Stecken Sie das Oberteil rechts auf rechts an den Rock. Die Seitennähte sollten dabei genau auf die Seitennähte des Oberteils treffen. Den Rock ansteppen. Anschließend den Reißverschluß annähen (siehe Seite 266).

8 Bügeln Sie die Saumkante 5 cm breit um, davon nochmals 1 cm einschlagen. Säumen Sie diesen weiten Rock mit dem Blindstich Ihrer Nähmaschine.

9 10 Die Knöpfe an den Ärmel (Markierungspunkt) nähen. Wenn Sie sich noch einen Gürtel nähen wollen, so arbeiten Sie entsprechend den Verschlußschlaufen einen Gürtelschlauch. Die fertige Breite des Gürtels beträgt 4 cm, die Länge 200 cm.

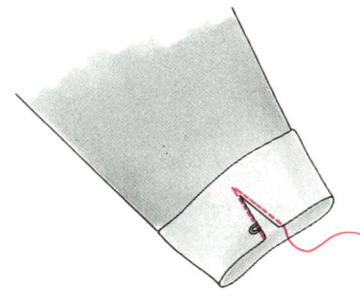

Lassen Sie für die Verschlußschlaufen entsprechend den Markierungen eine kleine Öffnung. Schneiden Sie dann den Schlitz bis zur Spitze auf, und versäubern Sie die Kanten mit Zickzackstich. Den Umschlag nach innen stürzen und die Kanten bügeln. Nun die Schlaufen in die Öffnung schieben und mit einer Ziernaht die Schlaufen und Kanten knappkantig feststeppen.

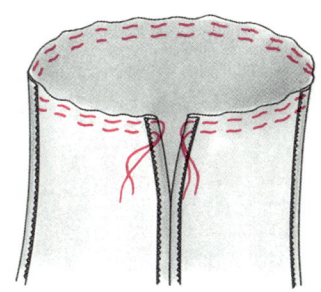

6d Entlang der unteren Bruchlinie den Ärmelumschlag rechts auf rechts umlegen. Mit einem kleinen Geradstich die Schlitznaht steppen. Der Abstand zur eingezeichneten Schlitzlinie beträgt ungefähr 0,5 cm; die Schlitznaht läuft am Ende spitz zu.

7a Teilen Sie eine Rockbahn für die rückwärtige Mittelnaht. Die Schnittkanten versäubern. Rockbahnen rechts auf rechts legen, Naht schließen. Für den Reißverschluß einen 19 cm langen Schlitz lassen. Die obere Kante wird zum Einkräuseln von der hinteren Mitte an 2mal mit einem Geradstich gesteppt.

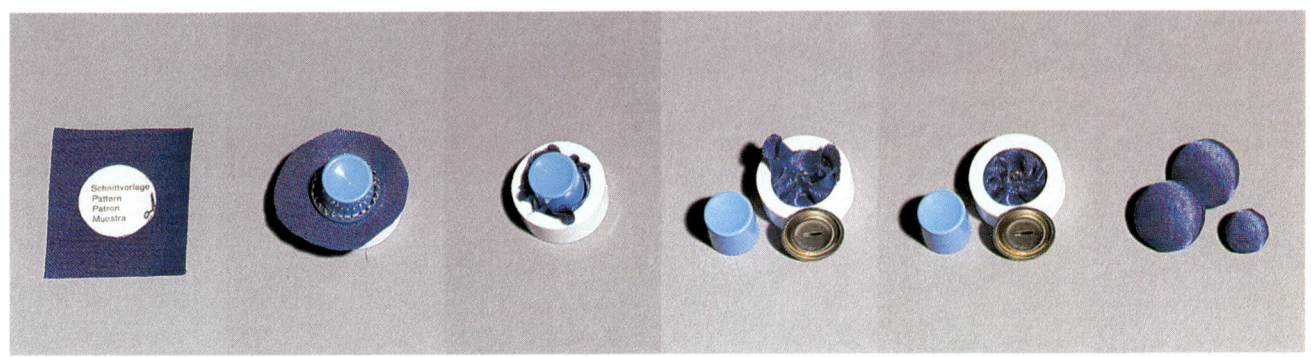

Wenn Sie zur Bluse passende Knöpfe haben möchten, so können Sie problemlos Knöpfe mit dem gleichen Stoff überziehen. Sie erhalten Knopfrohlinge in verschiedenen Größen mit dem entsprechenden Werkzeug in allen Kurzwarenabteilungen der Warenhäuser.
1 Schnittvorlage aus der Kartenrückseite der Verpackung, Stoff nach dieser Vorlage zuschneiden.
2 3 Feuchten Sie den Stoff leicht an, legen Sie ihn mit der rechten Seite nach unten auf den Gummiring. Die Kappe des Knopfes auf den Stoff legen. Der Stoff sollte an allen Seiten gleichmäßig überstehen. Mit dem Plastikhütchen Stoff und Kappe in den Gummiring hineindrücken.
4 5 Die hochstehenden Stoffenden mit einem Bleistift sorgfältig in die Kappe falten. Die Schließplatte auflegen und mit dem Hütchen fest eindrücken.
6 Mit etwas Übung erhalten Sie schöne, gleichmäßig bezogene Knöpfe.

KLASSISCHE HOSE

Die klassische Hose wird eng getragen. Daher muß sie sehr genau sitzen. Sie hat in der Taille Abnäher; das Bein fällt glatt bis auf die Schuhe. Ein fester Gabardine oder ein Wollstoff eignen sich für diese Hose besonders.

Einkaufsliste
- 1,30 m Stoff (1,50 m breit)
- 25 cm Taschenfutterstoff
- 75 cm Bundeinlage (3,5 cm breit)
- Nähgarn
- Reißverschluß (20 cm lang)
- 1 Knopf

Arbeitsablauf
- 1 Maße vergleichen
- 2 Schnitt kopieren
- 3 Zuschneiden
- 4 Schnittkanten versäubern
- 5 Zusammennähen
  - Abnäher
  - Beinnähte
  - Taschen
- 6 Reißverschluß einsetzen
- 7 Taillenbund
- 8 Knopf und Knopfloch
- 9 Säumen

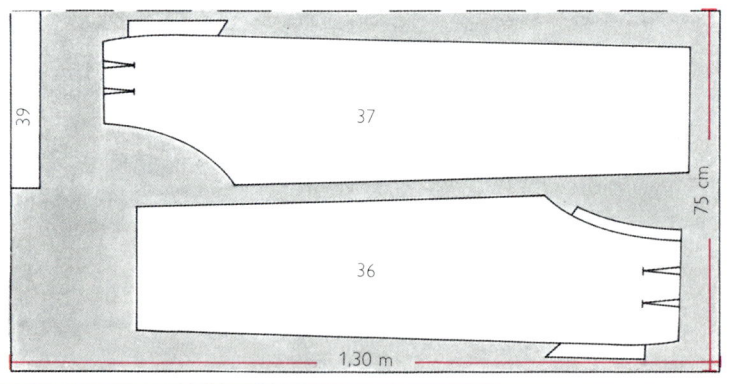

1 **2** Der Schnitt ist für Größe 38 angegeben. Sie müssen vor allem die Hüftweite exakt messen, da die Hose sehr eng geschnitten ist. Die Schnittmaße betragen: Hüftweite 98 cm, Taillenweite 74 cm, seitliche Hosenlänge 110 cm. Den vierteiligen Schnitt finden Sie im Anhang auf dem Schnittmusterbogen (Zeichen ..... schwarz).
Nr. 36 vorderes Hosenteil
Nr. 37 hinteres Hosenteil
Nr. 38 Tasche
Nr. 39 Bund
Kopieren Sie den Schnitt, und übertragen Sie alle Markierungen; besonders auf den Fadenlauf achten.

3 **4** Markieren Sie die Nahtlinie mit Schneiderkreide. Die Nahtzugabe beträgt 2 cm. Messen Sie besonders exakt den Fadenlauf, der einen konstanten Abstand zur Webkante haben muß, damit sich das Hosenbein nicht dreht.
Für den Taschenbeutel wird das Schnittteil aus Futterstoff 4mal zugeschnitten. Versäubern Sie anschließend mit einem Zickzackstich die Seiten- und Schnittkanten und den Beinabschluß.

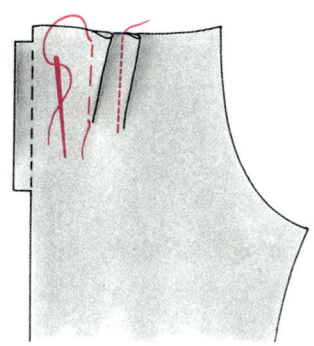

5a Damit die Hose exakt der Körperform angepaßt ist, nähen Sie Abnäher in die vorderen und rückwärtigen Hosenteile. Die Abnäher von der Spitze aus heften. Nach der Anprobe werden die Abnäher von der Taillenkante aus gesteppt. Bügeln Sie die Abnäher jeweils zur Seite.

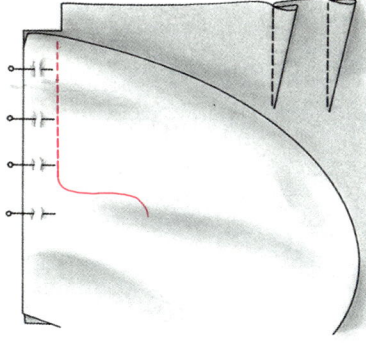

5c Legen Sie jeweils ein vorderes und ein hinteres Hosenbein rechts auf rechts aufeinander und schließen Sie die Seitennaht. Der Eingriff für die Tasche muß offen bleiben. Bügeln Sie die Naht gut aus.
Legen Sie die inneren Beinnähte rechts auf rechts aufeinander und steppen Sie die Nähte. Der Stoff des rückwärtigen Hosenteils wird dabei ab dem Knie bis zur Kreuznaht leicht gedehnt. Bügeln Sie auch diese Naht aus.

5b An jedem Hosenteil ist der Tascheneingriff angeschnitten. Auf diesen nähen Sie nun jeweils einen Taschenbeutel.

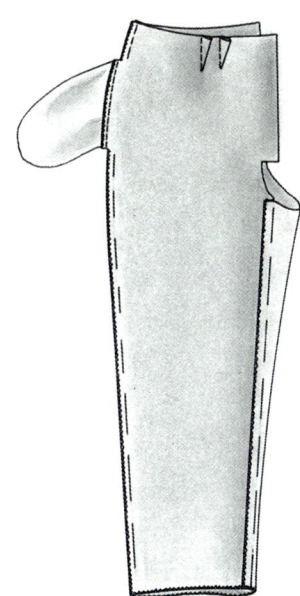

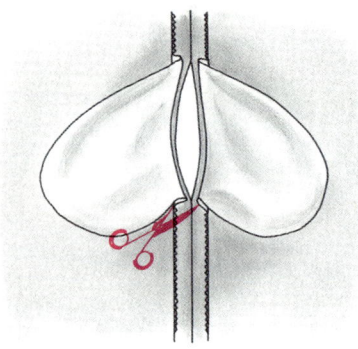

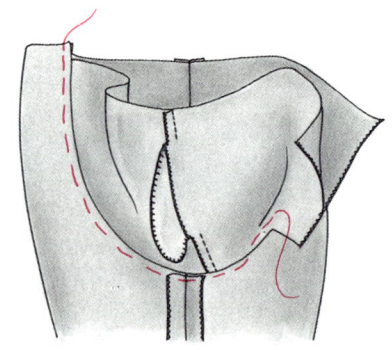

Anschließend die Hosenbeine wieder ineinanderschieben und die Schrittnaht schließen. Beginnen Sie das Schließen der Naht am Markierungspunkt am Vorderteil. Verwenden Sie den 3fach-Geradstich. Der Stich gibt besondere Festigkeit, die Sie sonst nur durch zweimaliges Übernähen bekommen können. Dehnen Sie dabei die Rundung der Kreuznaht ganz leicht.

5d Legen Sie die Taschenteile aufeinander. Die Nahtzugabe des rückwärtigen Hosenteils wird dafür eingeschnitten. Schließen Sie die Taschenbeutel. Das geht besonders gut mit dem Overlockstich.

5e Damit Sie die Schrittnaht leichter nähen können, stecken Sie die Hosenbeine rechts auf rechts ineinander. Heften Sie die Naht erst einmal und kontrollieren Sie den Sitz durch eine Anprobe (s. auch Technikteil Seite 228).

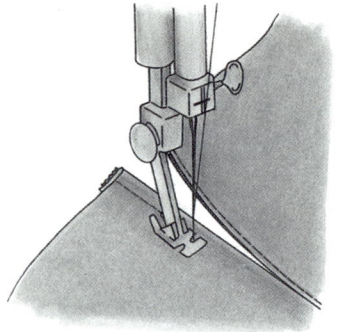

Hinweis: Heften Sie den Reißverschluß sorgfältig ein. Dies erleichtert Ihnen das Einnähen. Nähen Sie immer knapp neben dem Heftfaden. Er läßt sich sonst nur mühsam mit einer Pinzette aus der Steppnaht entfernen.

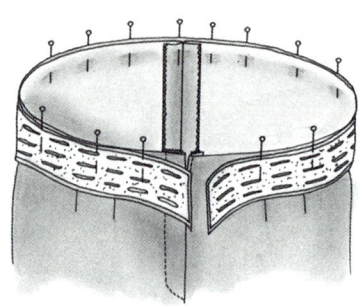

6d Entlang der eingezeichneten Markierungslinie wird der Reißverschluß eingesteppt. Beachten Sie, daß die Markierungslinie am unteren Ende des Reißverschlusses leicht abgerundet ist.

7a Bügeln Sie die Bundeinlage auf den Taillenbund. Stecken Sie den Bund rechts auf rechts entlang der Taillenlinie an die Hose. In der Stanzlinie steppen. Falten Sie den Bund in der Bruchkante, und steppen Sie beide Endkanten ab. Die Nahtzugabe zurückschneiden und die Ecken abschrägen.

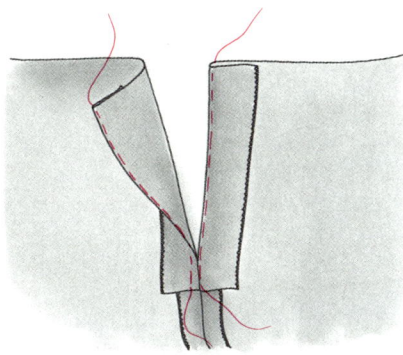

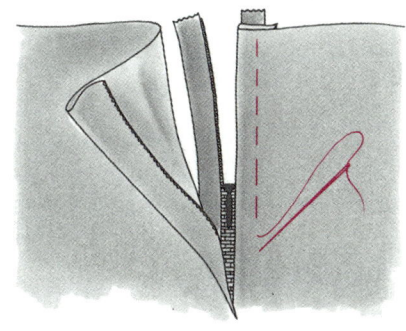

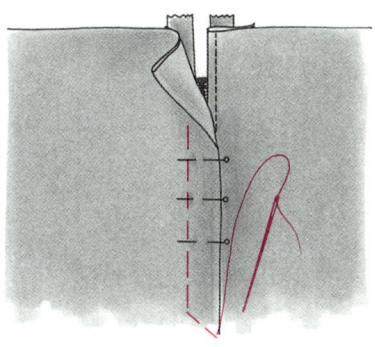

6a In die klassische Hose wird ein einseitig verdeckter Reißverschluß eingearbeitet. Dazu die Nahtzugaben nach innen bügeln, evtl. heften.

6b Reißverschluß so unter die linke Schlitzkante legen, daß die Zähnchen gerade noch sichtbar sind. Die Kante schmal mit dem Reißverschlußfuß absteppen.

6c Den Reißverschluß schließen und die rechte Schlitzkante auf die linke legen und feststecken. Die Bruchkante liegt auf der vorderen Mitte, der Reißverschluß ist abgedeckt. Unter den Übertritt das rechte Reißverschlußband heften.

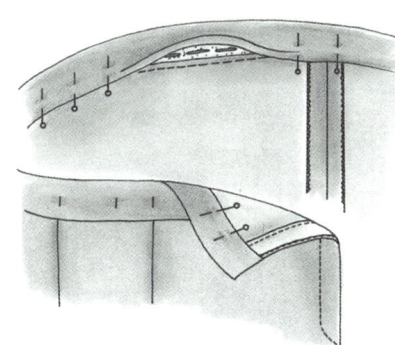

7b Den Bund wenden und die Ecken vorsichtig herausziehen. Legen Sie die innere Ansatzkante um, und stecken Sie sie an der Taillenlinie fest; sicherheitshalber den Bund heften. Von der rechten Seite genau in der Nahtlinie den Bund feststeppen.

8 9 In den Bundübertritt arbeiten Sie ein Knopfloch, an den Bunduntertritt nähen Sie den Knopf.
Kontrollieren Sie durch eine Anprobe die Hosenlänge. Gegebenenfalls eine Saumlinie einzeichnen. Der Saumumschlag sollte nicht mehr als 5 cm betragen.
Legen Sie den Saum am Beinabschluß nach links um, und bügeln Sie die Kante. Wenden Sie die Hose auf die linke Seite, und nähen Sie den Saum mit dem Saumstich von Hand oder mit dem Blindstich auf der Nähmaschine an.
Dämpfen Sie die Hose von der rechten Stoffseite. Verwenden Sie ein Dampfbügeleisen oder ein angefeuchtetes Tuch.

BUND-
FALTENHOSE

Die Bundfaltenhose fehlt heute wohl in keinem Kleiderschrank. Mit Recht, denn sie ist sehr bequem und wird, je nach Modetrend, in verschiedenen Längen getragen. Baumwoll- oder Wollstoffe eignen sich für diese Hose.

Einkaufsliste
- 1,60 m Stoff (1,40 m breit)
- 25 cm Taschenfutterstoff
- 85 cm Bundeinlage
- Nähgarn
- 1 Reißverschluß (20 cm lang)
- 1 Knopf

Arbeitsablauf
- 1 Maße vergleichen
- 2 Schnitt kopieren
- 3 Zuschneiden
- 4 Schnittkante versäubern
- 5 Zusammennähen
    - Taschen
    - Seitennähte
    - Innere Beinnähte
    - Schrittnaht
- 6 Reißverschluß einnähen
- 7 Taillenbund
- 8 Knopf und Knopfloch
- 9 Säumen

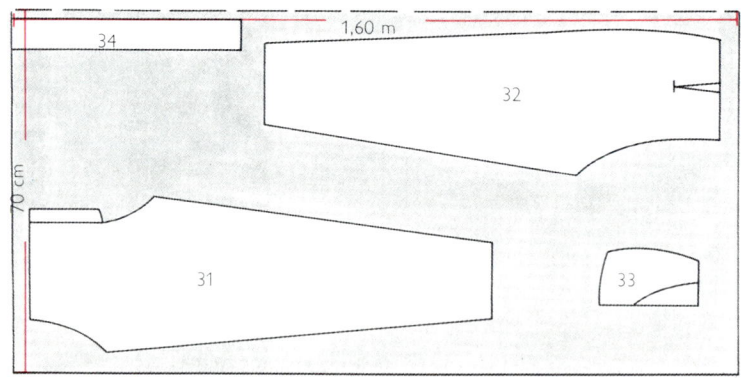

1 2 Der Hosenschnitt ist für Größe 42 (Hüftweite 102 cm, Taillenweite 78 cm, seitliche Länge 105 cm) angegeben. Die Hose soll locker, d. h. mit etwas Bewegungsweite sitzen.
Den sechsteiligen Schnitt finden Sie auf dem Schnittmusterbogen im Anhang (Zeichen - · - · - · schwarz).
Nr. 31 vorderes Hosenteil
Nr. 32 hinteres Hosenteil
Nr. 33 Taschenbeutel mit Hüftpasse
Nr. 34 Bund

Kopieren Sie alle Schnitteile, die Markierungen und den Fadenlauf.

3 4 Legen Sie die Schnitteile auf den doppelten Stoff nach dem Zuschneideplan auf. Achten Sie besonders auf den Fadenlauf, der einen konstanten Abstand zur Webkante haben muß, damit die Hose gerade fällt. Die Nahtzugabe beträgt 2 cm.
Der Taschenbeutel wird 2mal aus Futterstoff zugeschnitten.
Markieren Sie die Nahtlinien mit Schneiderkreide.
Versäubern Sie die Schnittkanten der Hosenteile an den Seiten- und Innenkanten mit einem mittleren Zickzackstich (Breite 3 mm, Länge 2,5 mm).

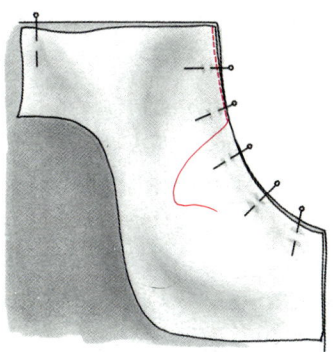

5a Legen Sie den Taschenbeutel aus Futterstoff rechts auf rechts auf die Tascheneingriffkante. Nahtbreit diese Kante absteppen und den Taschenbeutel nach innen schlagen. Bügeln Sie die Kante, und steppen Sie sie von rechts knapp ab.

5d Legen Sie je ein vorderes Hosenteil auf ein rückwärtiges Hosenteil rechts auf rechts, feststecken und im Abstand der Nahtzugabe die äußere Hosenbeinnaht schließen, bügeln. Sehr schick sieht es aus, wenn diese Naht von der rechten Stoffseite noch einmal abgesteppt wird. Stecken Sie nun jeweils die inneren Beinnähte zusammen und steppen Sie diese. Das Bügeln nicht vergessen.

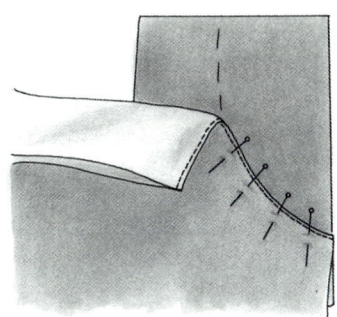

5b Nun legen Sie das Hüftpassenteil mit angeschnittenem Taschenbeutel unter den Taschenbogen. Achten Sie darauf, daß die Taillen- und auch die Seitenkante übereinstimmen. Diese werden erst bei den Arbeitsschritten 5d bzw. 7 mit eingefaßt.

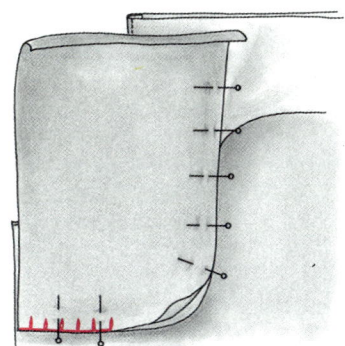

5c Heften und steppen Sie die Taschenbeutel aufeinander. Der Overlockstich (hier schematisch dargestellt) versäubert gleichzeitig.

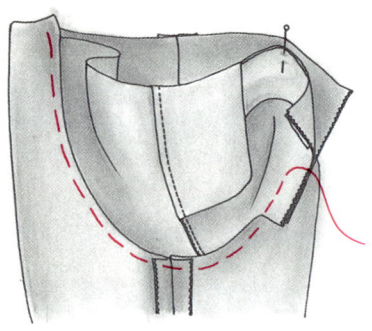

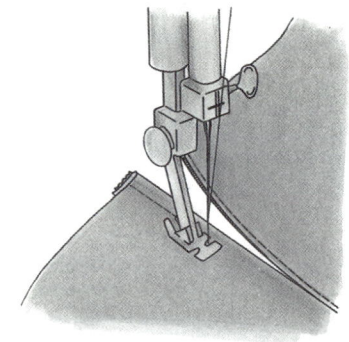

Den Reißverschluß schließen und die Bruchkante der rechten Schlitzseite auf die vordere Mitte legen. Das Reißverschlußband einheften. Anschließend entlang der eingezeichneten Markierungslinie den Reißverschluß einnähen. Verwenden Sie zum Einsteppen des Reißverschlusses den Reißverschlußfuß. Sie können so knapp an den Zähnchen entlang steppen.

5e Die Hosenbeine werden jetzt rechts auf rechts ineinandergesteckt, so daß die linken Stoffseiten zu sehen sind. Stecken Sie die Schrittnaht zusammen. Zur Anprobe die Naht heften. Anschließend steppen Sie mit dem 3fach-Geradstich nahtbreit ab oder steppen Sie diese Naht 2mal. Die Naht ausbügeln.

6 Damit der einseitig verdeckte Reißverschluß eingesetzt werden kann, bügeln Sie die Nahtzugabe mit dem Übertritt nach innen.
Den Reißverschluß unter die linke Schlitzseite legen (die Zähnchen sind gerade noch sichtbar) und einsteppen.

Bügeln Sie die Bundeinlage auf den Taillenbund. Den Bund an die Hose stecken und in der Stanzlinie ansteppen. Falten Sie den Bund der Länge nach; steppen Sie beide Endkanten ab. Die Nahtzugabe wird zurückgeschnitten und die Ecken werden abgeschrägt.
Wenden Sie den Bund, und ziehen Sie die Ecken vorsichtig mit einer Nadel heraus. Schlagen Sie die innere Ansatzkante des Bundes nach innen. Stecken und heften Sie die Kante fest, und steppen Sie von der rechten Seite genau in der Nahtlinie den Bund an.

8 9 In den Bund arbeiten Sie auf das rechte Vorderteil an der markierten Stelle ein Knopfloch, an das linke Vorderteil nähen Sie den Knopf.
Versäubern und säumen Sie abschließend den Beinabschluß. Je nach Näherfahrung können Sie den Saum von Hand oder mit der Maschine annähen.
Wenden Sie die Hose zum Dämpfen. Je nach Stoffart und auch nach Verwendungszweck der Hose kann eine Bügelfalte eingebügelt werden.

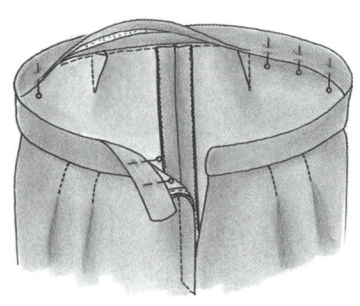

7 Legen Sie die Falten der Hosenvorderteile den Markierungen entsprechend aufeinander und fixieren Sie diese ca. 5 cm mit einigen Heftstichen. In den rückwärtigen Hosenteilen die Abnäher einlegen und steppen. Nach der Anprobe (Kontrolle der Weite) die Falten 5 cm absteppen.

Kinderkleidung

Daß sich auch Kinderkleidung schnell und leicht nähen läßt, zeigt diese Ergänzung des Nähkurses. Das Kapitel Kinderkleidung wurde speziell für Hobbyschneiderinnen mit Kindern oder Enkelkindern in das Buch aufgenommen. Die vorgestellten Modelle gehören zu den klassischen Grundmodellen der Kinderkleidung und werden nach einfachen Schnitten genäht. Auch eine Nähanfängerin kann ohne Schwierigkeiten die Modelle nacharbeiten.

Wie leicht die Modelle abgewandelt werden können, zeigen die Beispiele Rock, Bluse und Kleid. So wird das Kleid als Grundmodell vorgestellt und in zwei Variationen mit Stickerei oder Bändern individuell gestaltet.

Die Schnitte sind in den angegebenen Größen auf dem Schnittmusterbogen zu finden, wobei Sie den Schnitt aber auch verwenden können, wenn die Körpermaße Ihres Kindes um eine Konfektionsgröße kleiner oder größer sind. Geben Sie in diesem Fall max. 2 cm zu, oder nehmen Sie bis zu 2 cm ab.

EINFACHER MÄDCHEN-ROCK

Dieser Kinderrock ist ganz unkompliziert. Ein bedruckter Baumwollstoff sieht für diesen Rock immer gut aus und paßt zu vielen Blusen oder T-Shirts. Der Rock wird in Größe 116 mit Trägern getragen. Auf den Rock in Größe 134 werden Taschen aufgesetzt.

Einkaufsliste
- 1,35 m (1,70 m) Stoff (90 cm breit)
- 1,20 m Vlieseline (Trägereinlage)
- 55 cm (60 cm) Gummiband (2 cm breit)
- Nähgarn

Arbeitsablauf
- 1 Maße vergleichen
- 2 Schnittkanten markieren
- 3 Zuschneiden
- 4 Nähen der Taschen (Gr. 134)
- 5 Zusammennähen
- 6 Taillentunnel
- 7 Träger nähen, ansetzen
- 8 Säumen
- 9 Gummiband einziehen

90 cm

Rock · Rock · Träger

1,35 m

Rock · Rock · Taschen

1,70 m

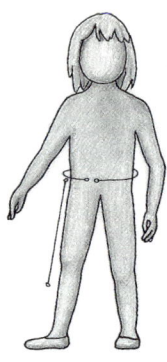

1 Bestimmen Sie die Taillenweite des Kindes. Messen Sie von der Taille aus die Rocklänge. Für diese Größen betragen die Maße:
Rocklänge 48 cm, Taillenweite 54 cm (Größe 116)
Rocklänge 67 cm, Taillenweite 58 cm (Größe 134)

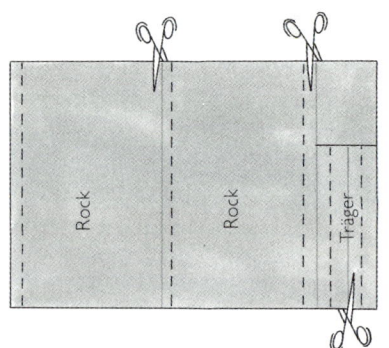

2 3 Zur Rocklänge addieren Sie den Saum (4 cm) und den Taillenbund (4 cm). Legen Sie den Stoff auf eine glatte Unterlage. Markieren Sie die Schnittkanten, Taillen- und Saumkante mit Schneiderkreide entsprechend der Schnittzeichnung. Schneiden Sie an den markierten Linien entlang.

4a Die Taschenschnitteile haben eine Größe von 20 × 45 cm und sollten im Querfadenlauf zugeschnitten werden. Falten Sie die Stoffteile rechts auf rechts auf die Größe 20 × 22,5 cm. Nähen Sie die Seiten mit 1,5 cm Abstand zur Kante. Enden abschrägen und die Nähte bügeln.

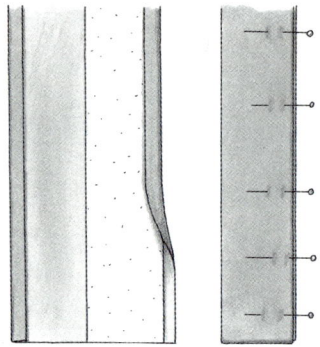

7a Für Größe 116 werden Träger zugeschnitten, auf deren linke Stoffseite Vlieseline oder Trägereinlage gebügelt wird. Bügeln Sie dann die Kanten in den markierten Linien um. Die Träger in der Mitte nochmals falten und feststecken. Beide Seiten des Trägers knappkantig absteppen.

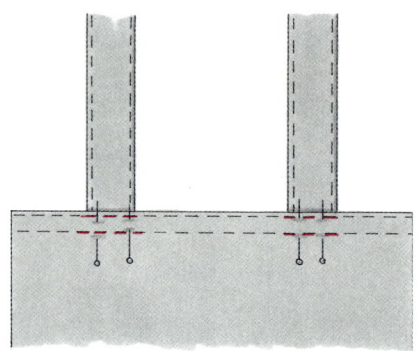

7b Versäubern Sie die Stirnseiten mit Zickzackstichen. Stecken Sie die Träger im Abstand von 24 cm zur Seitennaht vorn an den Rock. Auf dem Rücken werden die Träger gekreuzt und in entsprechender Länge angesteppt (Abstand zur Seitennaht = 30 cm). Steppen Sie in den Nähten des Taillenbundes.

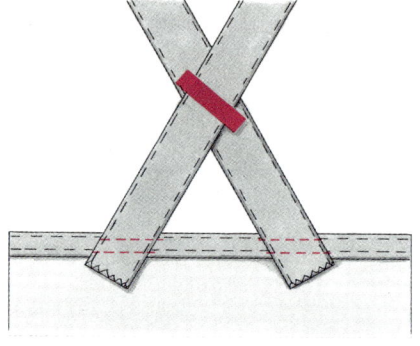

Hinweis: Damit die Träger nicht so schnell von der Schulter rutschen, befestigen Sie in Höhe des Kreuzungspunktes unter dem obersten Träger eine Schlaufe aus Wäscheband. Durch diese wird dann der zweite Träger gezogen.

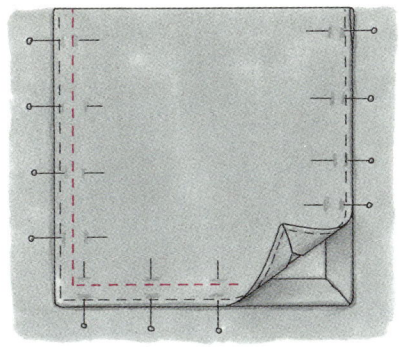

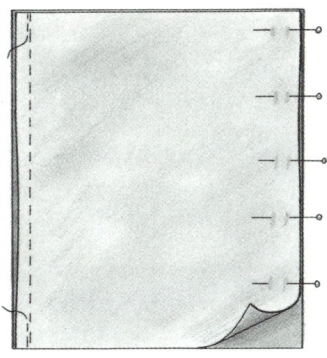

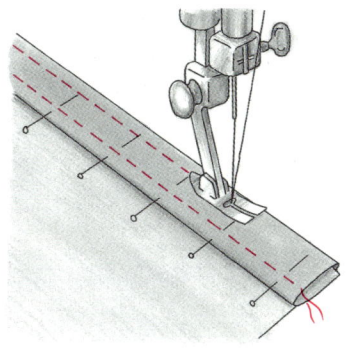

4b Taschen auf rechts wenden. Schlagen Sie die offenen Schnittkanten 1,5 cm nach innen, bügeln. 11 cm von der Seitenkante und 22 cm von der Taillenkante die Taschen auf das vordere Rockteil stecken. Die offene Kante der Taschen zeigt dabei nach unten. Steppen Sie die Taschen auf das Rockteil.

5 Legen Sie die beiden Rockteile rechts auf rechts, und stecken Sie die Webkanten aufeinander. Nähen Sie im Abstand von 1,5 cm zur Kante. Anfang und Ende durch Rückstiche sichern. Nach dem Steppen beide Nähte gut ausbügeln.

6 Bügeln Sie die obere Schnittkante 4 cm nach innen. Von diesem Einschlag nochmals 1–2 cm einschlagen. Den Taillentunnel feststecken und bis 5 cm vor dem Anfang ansteppen. Steppen Sie füßchenbreit die oberste Bruchkante ab, damit sich das Gummiband nicht rollt.

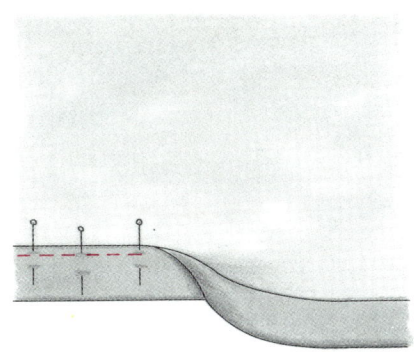

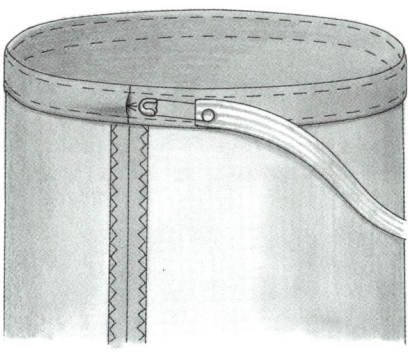

8 Bügeln Sie die Saumkante 4 cm in der Markierungslinie nach innen. Vom Einschlag schlagen Sie noch einmal einige Zentimeter (mindestens jedoch 1 cm) ein. Den Saum feststecken und steppen.

9 Das Gummiband sollte die Länge der Taillenweite minus 2 cm haben. Ziehen Sie das Gummiband in den Taillentunnel. Nähen Sie die Gummibandenden mit dem Elastikstich aneinander, und schließen Sie den Einzugsschlitz.

TRÄGER-ROCK

Zeitlos und praktisch ist der Trägerrock.
Er kann je nach Stoff festlich oder sportlich wirken. Aus dünnem Baumwollstoff
kann er als luftiges Sommerkleid an hei-
ßen Tagen getragen werden.
Der Schnitt ist in Größe 134 angegeben.

Einkaufsliste
- 1,50 m Stoff (1,40 m breit)
- Nähgarn
- 10 cm Vlieseline
- 6 Knöpfe (∅ 12 mm)

Arbeitsablauf
- 1 Maße vergleichen
- 2 Schnitt kopieren
- 3 Zuschneiden
- 4 Kanten versäubern
- 5 Taschen aufnähen
- 6 Kräuseln
- 7 Zusammennähen
- 8 Säumen
- 9 Knopflöcher, Knöpfe

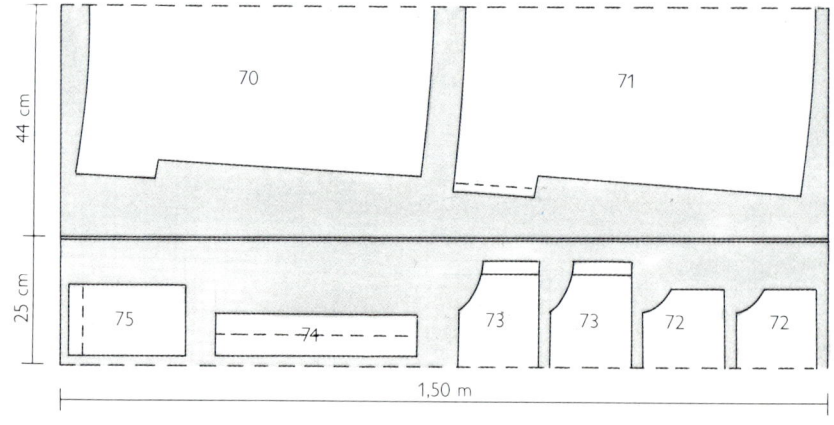

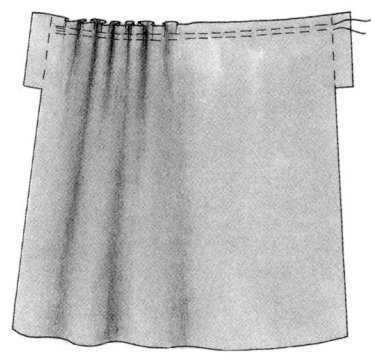

1-**4** Der Trägerrock ist in Größe 134 angegeben, die Rocklänge beträgt 63 cm, die Weite der Passe 76 cm. Sie finden den Schnitt für den Rock auf dem Schnittmusterbogen (Zeichen ‑ · ‑ · ‑ · blau).
Nr. 70 vorderer Rock
Nr. 71 hinterer Rock
Nr. 72 vordere Passe
Nr. 73 hintere Passe
Nr. 74 Träger
Nr. 75 Tasche
Ziehen Sie die Linien mit einem Filzstift nach, und kopieren Sie die Teile. Übertragen Sie alle angegebenen Zeichen.
Legen Sie den Stoff 2mal längs in den Stoffbruch. Falten Sie den Stoff so, daß jeweils 45 cm bzw. 25 cm doppelt liegen. Legen Sie den Schnitt der Passe 4mal, den Rock, Träger und Tasche 2mal nach Plan auf.

Für den Rock die Saum- und Nahtzugabe beim Zuschnitt mit berücksichtigen. Schneiden Sie die Teile mit 1,5 cm Nahtzugabe zu, und markieren Sie die Saumlinie, den Taschenansatz und die Bruchlinien in den Trägern und Taschen. Versäubern Sie alle Teile mit einem mittleren Zickzackstich.

5-**7a** Taschen in der Bruchkante umbügeln, Kanten steppen. Bügeln Sie die Nahtzugaben um. Die Taschen auf die markierten Flächen des vorderen Rockteils stecken. Steppen Sie die Taschen knappkantig und füßchenbreit fest.
Zum Kräuseln 2mal entlang der oberen Rockkante mit großem Geradstich nähen, dann die Weite auf 38 cm einkräuseln.
Seitennaht vom Markierungspunkt zum Saum schließen und die Naht bügeln. Bü-

geln Sie den Beleg der Verschlußkante um, und steppen Sie ihn fest. Die Innenseite der Träger mit Vlieseline verstärken. Steppen Sie eine Stirnseite und die Seitenkanten der Träger, schrägen Sie die Ecken ab, und wenden Sie die Träger; die Naht auf Kante bügeln.

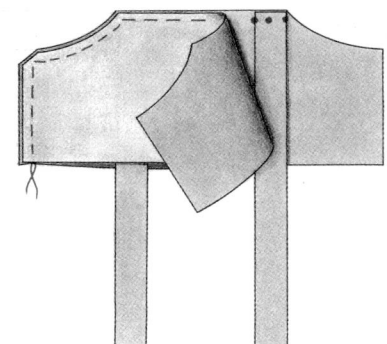

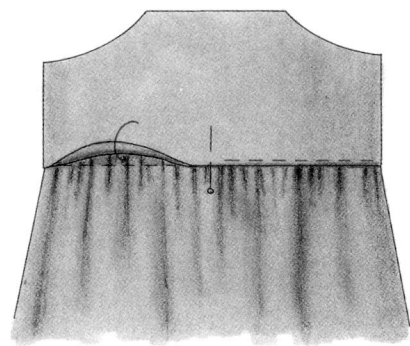

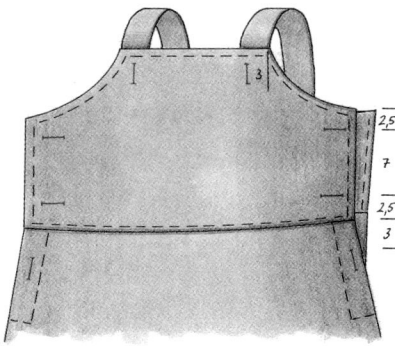

7b Legen Sie die vorderen Passenteile rechts auf rechts, die Seiten- und Oberkanten 1 cm breit absteppen. Die Nahtzugabe zurückschneiden, die Passe wenden. Auf die rückwärtige Passe steppen Sie auf die rechte Stoffseite die Träger. Legen Sie das zweite Passenteil rechts auf rechts; die Kanten steppen.

7c Stecken Sie die Passenteile rechts auf links an die Rockteile. So ansteppen, daß die untere Kräuselnaht verdeckt ist. Schlagen Sie die Nahtzugabe des äußeren Passenteiles ein, und stecken Sie es auf die rechte Rockseite. Durch beide Passenteile im Abstand von 1 cm zur Kante rundum steppen.

8 **9** Säumen Sie den Rock in gewünschter Länge. Je 2 Knopflöcher seitlich in das vordere Passenteil und je 1 Knopfloch in den Übertritt des vorderen Rockteils, 2 Knopflöcher im Abstand von 1 cm zur Passenkante für die Träger nähen. Nähen Sie Knöpfe an die markierten Punkte.

BLUSE MIT BUBIKRAGEN

Die Bluse zum Trägerrock wird auf dem Rücken geknöpft. Sie hat einen Bubikragen und eingekrauste Ärmel. (siehe Foto auf Seite 104)

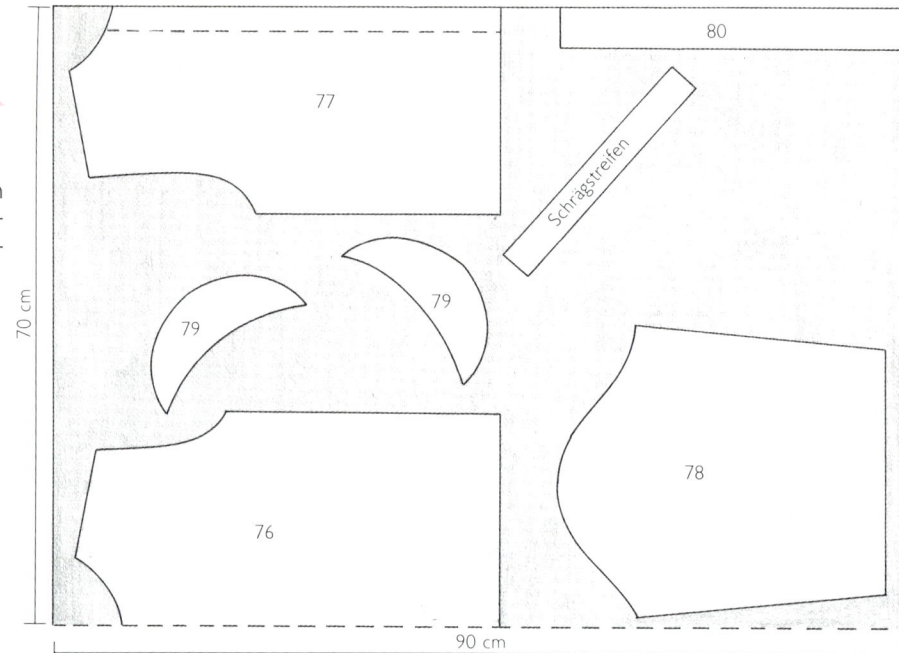

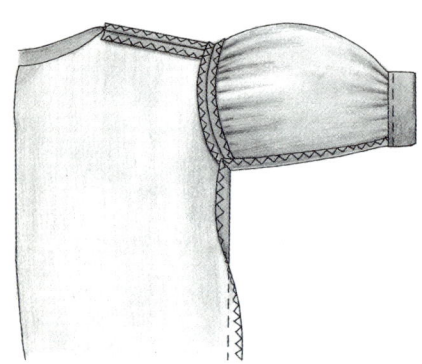

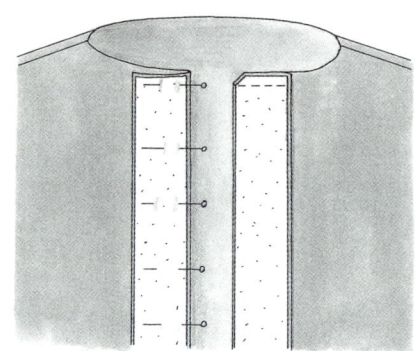

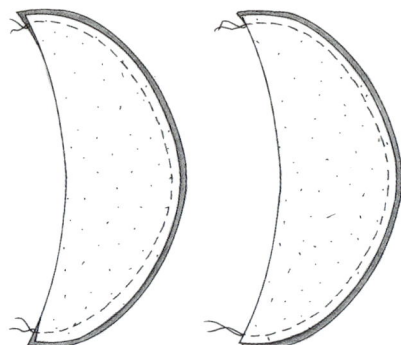

4b Setzen Sie die Ärmel an die Bluse (Ärmelmitte trifft auf Schulternaht). Versäubern Sie die Nahtzugaben. Schließen Sie Ärmel- und Seitennähte jeweils in einem Arbeitsgang; Nahtzugaben versäubern. Schlagen Sie den Ärmelbund in der Bruchkante nach innen, Schnittkante nochmals einschlagen, Kante absteppen.

5 Bügeln Sie die Vlieselinestreifen auf die linke Stoffseite der Verschlußleisten. Schlagen Sie den Beleg auf die rechte Seite, und stecken Sie ihn fest. Nähen Sie entlang der Halskante den Beleg fest, und schneiden Sie die Nahtzugabe zurück, die Ecken schräg. Verstürzen Sie die Leisten.

6a Verstärken Sie die linke Stoffseite der Kragenteile mit Vlieseline.
Ober- und Unterkragen rechts auf rechts legen und bis auf die Ansatznaht zusammensteppen. Bügeln Sie die Nähte flach, und schneiden Sie die Nahtzugaben zurück. Die Kragenteile wenden und auf Kante bügeln.

Arbeitsablauf
- 1 Maße vergleichen
- 2 Schnitt kopieren
- 3 Zuschneiden
- 4 Zusammennähen
- 5 Verschlußleiste
- 6 Kragen
- 7 Säumen
- 8 Knopflöcher, Knöpfe

1 – **3** Der Blusenschnitt ist hier für Größe 134 (Oberweite 74 cm, Länge 55 cm, Ärmellänge 30 cm) angegeben. Den Blusenschnitt finden Sie auf dem Schnittmusterbogen (Zeichen o-o-o blau) unter
Nr. 76 Vorderteil
Nr. 77 Rückenteil
Nr. 78 Ärmel
Nr. 79 Kragen
Nr. 80 Ärmelbündchen.
Kopieren Sie die Teile auf Schnittmusterpapier. Legen Sie die Schnitteile fadengerade nach dem Zuschneideplan auf den doppelt liegenden Stoff. Schneiden Sie die Teile mit 1 cm Nahtzugabe zu, und übertragen Sie alle Zeichen. Für den Schrägstreifen schneiden Sie zusätzlich 2 × 24 cm zu.

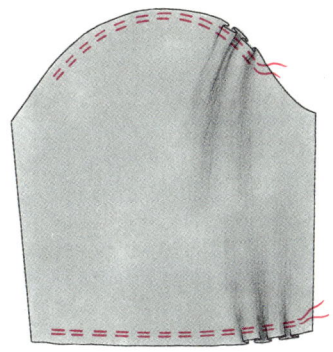

4a Legen Sie Vorder- und Rückenteile rechts auf rechts, und schließen Sie die Schulternähte; versäubern. Steppen Sie die Armkugel zwischen den Markierungspunkten, ebenso den unteren Ärmelrand. Kräuseln Sie die Weite ein. Ärmelbündchen verstärken und an den Ärmel steppen.

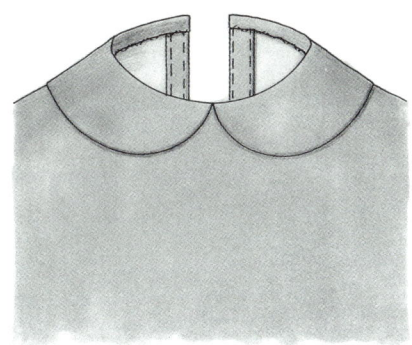

6b Kragenteile von der vorderen Mitte aus auf die rechte Stoffseite an die Ansatzkante der Bluse stecken, zur Anprobe anheften. Durch Kragen und Halskante steppen. Da die Nahtzugabe des Oberkragens zur Versäuberung der Ansatzkante nicht ausreicht, diese mit Schrägstreifen versäubern.

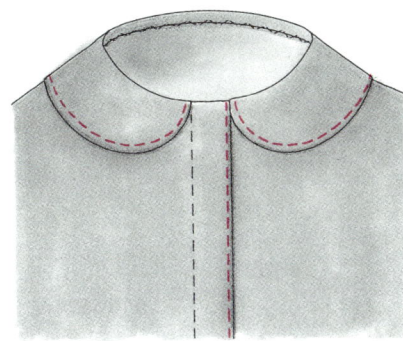

6c **7** Versehen Sie die Kanten der Verschlußleiste und des Kragens mit einer Ziersteppnaht. Die untere Blusenkante säumen.

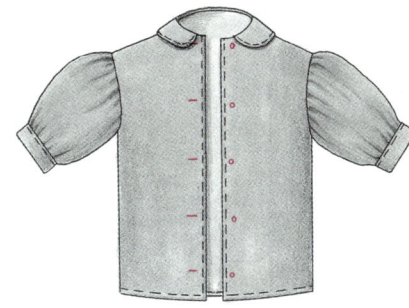

8 Nähen Sie 5 Knopflöcher in die Knopflochleiste (Verschlußleiste des linken Rückenteils). Der Abstand des ersten Knopfloches zur Kragenkante beträgt 1 cm.
Auf die Verschlußleiste des zweiten Rückteils werden entsprechend die Knöpfe genäht.

KLEID MIT BUBIKRAGEN

Dieses klassische Mädchenkleid ist immer modern und sieht nett aus. An das kurze Oberteil ist ein gekräuselter Rock angenäht. Das Kleid hat kurze Ärmel; der Bubikragen ist aus einem andersfarbigen Stoff gearbeitet (siehe Foto auf Seite 104).

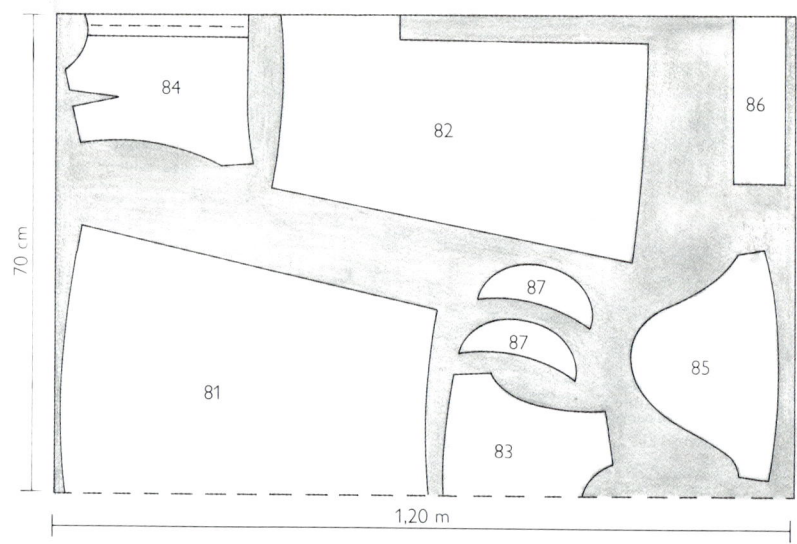

5a Schließen Sie die Seitennähte und die rückwärtige Naht des Rockes, die Nähte ausbügeln. Entlang des oberen Rockrandes, von der hinteren Mitte beginnend, mit einem großen Geradstich rundum steppen und den Rock auf Taillenweite einkräuseln.

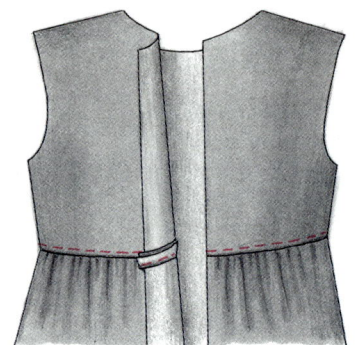

5b Rock rechts auf rechts an das Oberteil stecken. Achten Sie darauf, daß die Markierungen der vorderen Mitte und die Seitennähte übereinstimmen. Steppen Sie die Taillennaht; Nahtzugabe versäubern, in das Oberteil bügeln und von der rechten Seite aus parallel zur Taillennaht ansteppen.

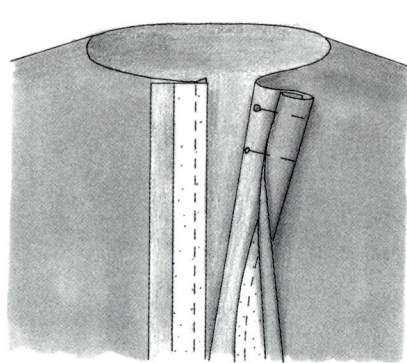

6 Verstärken Sie die Verschlußleisten des Oberteils mit Vlieseline, und verstürzen Sie diese.

1-**3** Der Schnitt des Kleides ist für Größe 116 (Oberweite 68 cm, Kleiderlänge 75 cm, Ärmellänge 24 cm) angegeben. Den Schnitt finden Sie auf dem beiliegenden Schnittmusterbogen (Zeichen x- x- x- blau) unter
Nr. 81 vorderer Rock
Nr. 82 hinterer Rock
Nr. 83 Vorderteil
Nr. 84 Rückenteil
Nr. 85 Ärmel
Nr. 86 Ärmelbündchen
Nr. 87 Kragen
Alle Teile auf Schnittmusterpapier kopieren und die Schnitteile auf den doppelt gelegten Stoff legen. Schneiden Sie die Teile mit 1 cm Nahtzugabe zu. Den Kragen aus dem Kontraststoff (mit Nahtzugabe) zuschneiden.

4 Der Arbeitsablauf zum Zusammennähen des Oberteils ist gleich den Punkten 4–6 bei der Bluse mit Bubikragen. Steppen Sie die Abnäher in den Rückenteilen. Schließen Sie die Schulternähte, und kräuseln Sie dann die Armkugel und die untere Ärmelkante ein. Die Innenseite des Ärmelbündchens wird mit Vlieseline verstärkt. Nähen Sie den Ärmelbund an, und setzen Sie den Ärmel an die Bluse. Nun Ärmel- und Seitennaht in einem Arbeitsgang schließen, das Ärmelbündchen fertignähen.

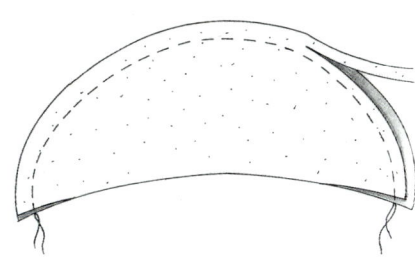

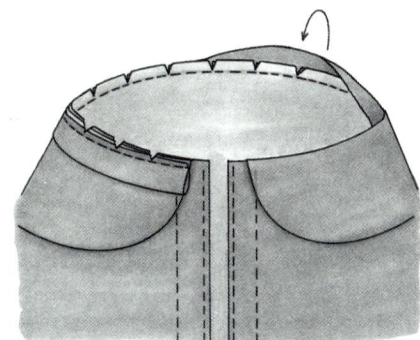

8 9 Den Rock in der gewünschten Länge säumen und die Knopflöcher in die Verschlußleiste des linken Rückenteils nähen, die Knöpfe auf die Leiste des rechten Rückenteils setzen.
Wenn Sie die Taille mit einem Schleifenband dekorieren wollen, so benötigen Sie 3 m Satinband (2 cm breit). Fertigen Sie zwei kleine Schlaufen, die Sie an die Seitennaht nähen, und ziehen Sie das Schleifenband wie einen Gürtel durch diese Schlaufen. Auf dem Rücken wird eine große Schleife gebunden.

7a Den Unterkragen mit Vlieseline verstärken, je 2 Kragenhälften rechts auf rechts legen, die Außenkanten steppen und die Naht bügeln. Vor dem Wenden die Nahtzugaben zurückschneiden.

7b Den auf rechts gewendeten Kragen an den Halsausschnitt und nach der Anprobe von der vorderen Mitte aus ansteppen. Die Nahtzugabe mit Schrägstreifen versäubern.

KINDERKLEID MIT STICKEREI

Der Schnitt des klassischen Kleides mit Bubikragen wurde leicht abgewandelt und Passe, Halsabschluß und Saum sind mit Stickstichen individuell gestaltet.

Einkaufsliste
- 1,50 m Stoff für Größe 140 (1,40 m breit)
- 40 cm Baumwollspitze (ca. 1–2 cm breit)
- Maschinenstickgarn in verschiedenen Farben

Arbeitsablauf
- 1 Maße vergleichen
- 2 Schnitt kopieren
- 3 Zuschneiden
- 4 Seitennähte schließen
- 5 Besticken
- 6 Passe annähen
- 7 Namen einsticken
- 8 Ärmel einsetzen
- 9 Rock einkräuseln, ansetzen
- 10 Verschlußblende
- 11 Knopflöcher, Knöpfe
- 12 Säumen

Die einzelnen Arbeitsschritte sind gleich wie beim Kinderkleid (Seite 108). Bevor Sie beginnen, vergleichen Sie beide Arbeitsabläufe. Die Stickerei des Kleides und das Arbeiten des Täschchens werden detailliert beschrieben.
Der Schnitt des Kleides ist für Größe 140 angegeben. Sie finden den Schnitt (Zeichen ······· blau) auf dem beiliegenden Schnittmusterbogen unter
Nr. 88 vorderer Rock
Nr. 89 hinterer Rock
Nr. 90 Vorderteil
Nr. 91 Rückenteil
Nr. 92 Ärmel
Nr. 93 Kragen
Nr. 94 Ärmelbündchen

Stickstichprogramm für das Oberteil gezeigt am Beispiel der Pfaff Creativ

Programm	Stichlänge	Stichbreite	Balance Rapport	Farbe
60	6.0	0.35	14	dunkelrosa
96	6.0	1.8	0	hellgrün
M1	45.40			grün
55	6.0	2.5	0	violettrosa
50	6.0	1.4	0	blaugrün
M1	45.40			grün
99	6.0	3.0	0	violett
96	6.0	1.8	0	dunkelgrau
M1	45.40			grün
46	6.0	10	0	blauviolett
60	6.0	0.35	14	dunkelrosa

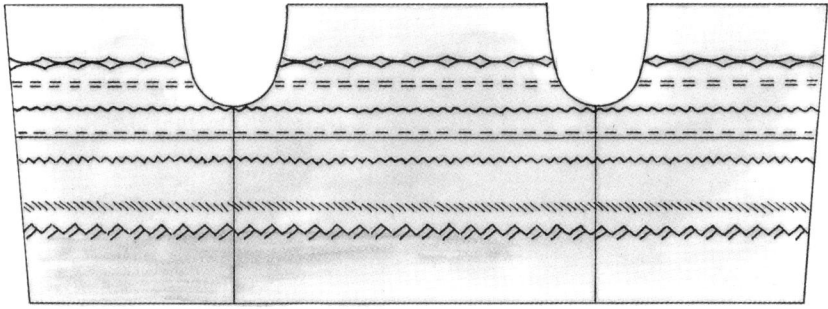 

1-**3** Entsprechend der Zeichnung teilen Sie Vorder- und Rückenteil des Schnittmusters in Oberteil und Passe. Die Schnitteile werden auf den doppelt liegenden Stoff gelegt. Beachten Sie, daß Sie Passe und Passenbeleg zuschneiden. Das Oberteil (Vorder- und Rückenteil) wird im Querfadenlauf zugeschnitten.

4 Schließen Sie die Seitennähte des Oberteils und des Rockes. Die Nahtzugaben bügeln.

5 Besticken Sie zuerst das Oberteil. Beginnen Sie in der rückwärtigen Mitte (2 cm von der Schnittkante entfernt). Arbeiten Sie jeweils eine Sticheinstel-lung über alle Teile (erstes Rückenteil, Vorderteil, zweites Rückenteil). Damit Sie Ihre Nähmaschine nicht jedesmal umstellen müssen, besticken Sie auch gleich Ärmelbündchen und Saumkante. *Die Stiche in der Zeichnung sind nur schematisch dargestellt.*

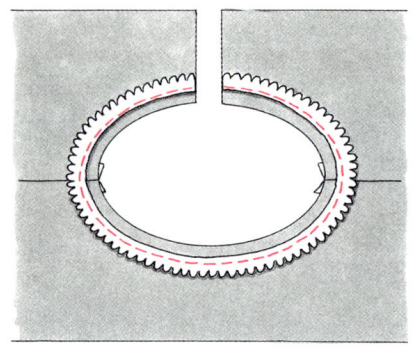

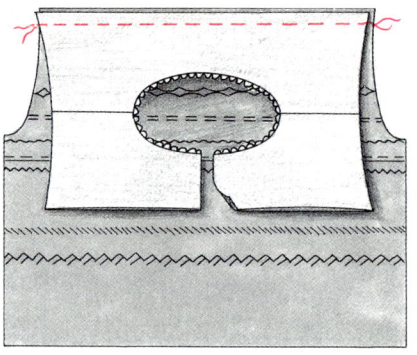

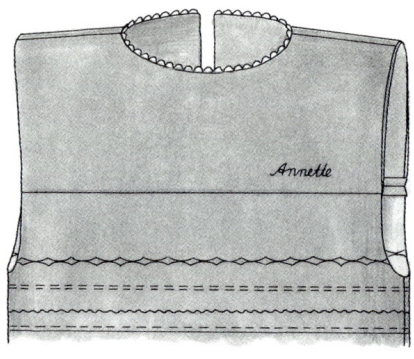

6a Schließen Sie die Schulternähte der Passe und deren Beleg. Steppen Sie das Spitzenband an die Nahtzugabe der äußeren Passe.

6b Stecken und heften Sie den Beleg rechts auf rechts auf die Passe, und steppen Sie die Teile entlang der Halskante. Anschließend die Passe wenden und bügeln. Das bestickte Oberteil rechts auf rechts an die Passe steppen.

7 Soll der Name aufgestickt werden, so programmieren Sie die Buchstaben ein. Der letzte Buchstabe sollte ca. 10 cm von der Ärmelnaht entfernt auf die Passe gestickt werden. Schlagen Sie die Nahtzugabe des Passenbelegs 1 cm ein; diese jeweils bis zur rückwärtigen Mitte entlang der Steppnaht annähen.

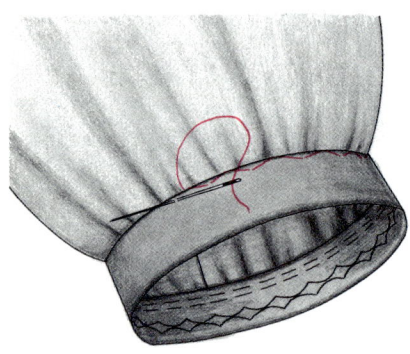

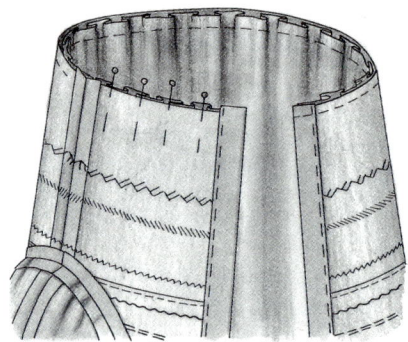

8 Damit Sie die Ärmel leichter einsetzen können, Armansatzkanten der Passe zusammenheften. Das Ärmelbündchen rechts auf rechts an den Ärmel nähen. Die Ärmelnaht schließen und das Bündchen innen hohl annähen. Setzen Sie den Ärmel in das Oberteil ein.

9-**12** Den Rock einkräuseln (oder kleine Falten legen) und rechts auf rechts an das Oberteil stecken, anschließend die Taillennaht steppen. Arbeiten Sie nun die Verschlußblenden, indem Sie die Belege nach innen einschlagen und mit Heftstichen fixieren.

Die Knopflöcher arbeiten und die Knöpfe annähen. Abschließend den Rock säumen.
Aufgestickter Name und Ausschnitt aus der Stickerei.

TASCHE

Zu den Kleidern von Seite 110/114 können Sie eine kleine Tasche arbeiten.

Einkaufsliste
- 20 cm Stoff (1,40 m breit)
- 20 cm Vlieseline
- 2 m Schrägband
- Maschinenstickgarn
- 1 Druckknopf

Arbeitsablauf
- 1 Zuschneiden
- 2 Verstärken der Teile
- 3 Besticken
- 4 Zusammennähen
- 5 Einfassen mit Schrägband
- 6 Taschenträger annähen

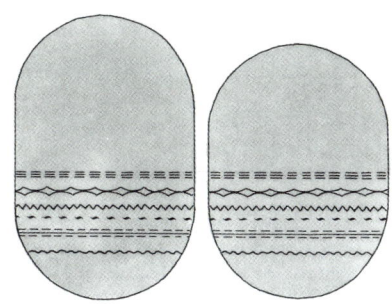

1 – 6 Schneiden Sie für die Tasche 1 Teil (Rückseite und Klappe) 30 × 20 cm und ein Teil 22 × 15 cm zu. Markieren Sie eine Bruchkante in der Mitte der Längs- seite. Verstärken Sie die Teile mit Vliese- line. Das Stickprogramm für die bestick- te Tasche entspricht dem des Kleides von Seite 110 in kleiner Auswahl.

Auf die passende Tasche zum Kleid auf Seite 114 nähen Sie die Bänder mit einem Geradstich fest und sticken anschlie- ßend. Schneiden Sie jetzt erst die Teile genau zu: 2 Teile 25 × 15 cm (Rückseite und Klappe und das Innenfutter) und 1 Teil 22 × 15 cm. Legen Sie beide Teile von Teil 1 links auf links aufeinander. Steppen Sie die Kante, schlagen Sie Teil 2 in der Bruchkante um, steppen Sie die Kante. Stecken Sie Teil 2 auf die untere Hälfte von Teil 1.

Zeichnen Sie die Taschenumrisse mit den abgerundeten Ecken genau auf das Werkstück. Steppen Sie die Kante. Schneiden Sie die Tasche exakt aus. Fas- sen Sie die Kante mit Schrägstreifen ein (siehe Technikteil Seite 303). Diesen verlängern, damit die Tasche über die Schulter gehängt werden kann. Tasche mit einem Druckknopf schließen.

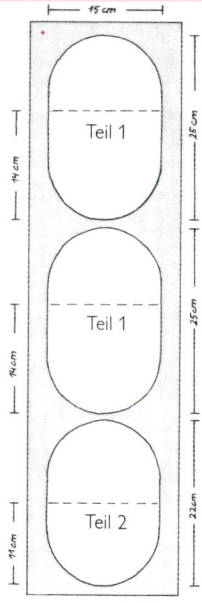

KINDER-
WINTER-
KLEID

Eine weitere Variation des Kinderkleides mit Bubikragen von Seite 108 ist dieses Winterkleid mit langem Arm, dessen Passe mit Bändern verziert wurde.

Einkaufsliste
- 2 m Stoff (1,40 m breit)
- 5 cm Vlieseline
- Nähgarn
- 5 Knöpfe (⌀ 1 cm)
- 15 Bänder (90 cm lang)
- Maschinenstickgarn

Arbeitsablauf
- 1 Maße vergleichen
- 2 Schnitt kopieren
- 3 Zuschneiden
- 4 Seitennähte
- 5 Aufnähen der Bänder, besticken
- 6 Zusammennähen
- 7 Stehkragen
- 8 Verschlußblende
- 9 Säumen, Saumkante besticken
- 10 Knopflöcher, Knöpfe

1-**5** Vergleichen Sie die Maße. Der Schnitt ist gleich dem des Kinderkleides von Seite 110. Der Ärmel wird entsprechend verlängert. Kopieren Sie den Schnitt auf Schnittmusterpapier. Den Stoff für den Zuschnitt glatt auf einen Tisch legen und das Schnittmuster aufstecken. Schneiden Sie die Teile mit Nahtzugabe zu. Statt des Kragens schneiden Sie einen Streifen (40 × 3 cm plus Nahtzugabe). Unterlegen Sie die Rückseite des Streifens mit Vlieseline. Die Seitennähte des Oberteiles schließen und bügeln. Nähen Sie verschiedene Bänder parallel zur Taillenkante mit dem Geradstich auf das Oberteil. Verbinden Sie dann die Bänder mit Zierstichen, je nach den Möglichkeiten der Nähmaschine. Das Muster des Kleides sehen Sie im Detailfoto deutlich. Nähen Sie 2 Streifen auf die Ärmelbündchen, und sticken Sie diese gleich mit.

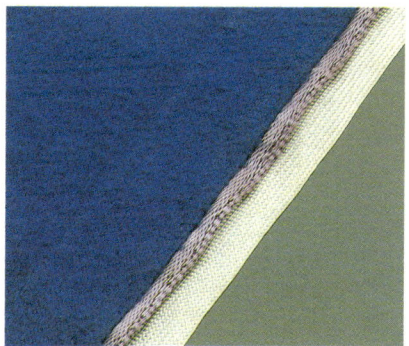

6 Nun die Abnäher und Schulternähte schließen. Das Ärmelbündchen an die Ärmel setzen, die Ärmelnaht schließen. Kräuseln Sie die Armkugel vor dem Einsetzen des Ärmels ein. Legen Sie den Rock in der Taille in 1,5 cm breite Falten und steppen Sie sie entlang der Taillenkante fest. Den Rock an das Oberteil ansetzen.

7 Arbeiten Sie aus dem Stoffstreifen für den Kragen einen kleinen Stehkragen, und nähen Sie diesen an den Halsausschnitt.

8 - **10** Entsprechend dem Punkt 6 beim Sommerkleid arbeiten Sie die Verschlußblende. Säumen Sie den Rock, und verzieren Sie die Saumkante mit 2 verschiedenfarbigen Bändern, die mit Zierstich aufgesteppt werden.
Nähen Sie die Knopflöcher, und befestigen Sie die Knöpfe.

LATZHOSE

Das ideale Kleidungsstück für Jungen und Mädchen zum Herumtollen ist eine Latzhose. Die Pullover rutschen nicht aus der Hose heraus, und in den Taschen lassen sich tausend Dinge verstauen. Die Träger sind an das hintere Hosenteil angeschnitten, der Latz an das vordere. Der Schnitt ist für Größe 116 angegeben.

Einkaufsliste
- ⟜ **2,10 m Stoff (90 cm breit)**
- ⟜ **40 cm Gummiband (2 cm breit)**
- ⟜ **Nähgarn**
- ⟜ **2 Schnallen für Latzhosen**

Hinweis: Bei manchen Latzhosenverschlüssen braucht der Latzteil einen Steg. Dieser wird aus Stoffresten zugeschnitten und am Latz festgenäht.

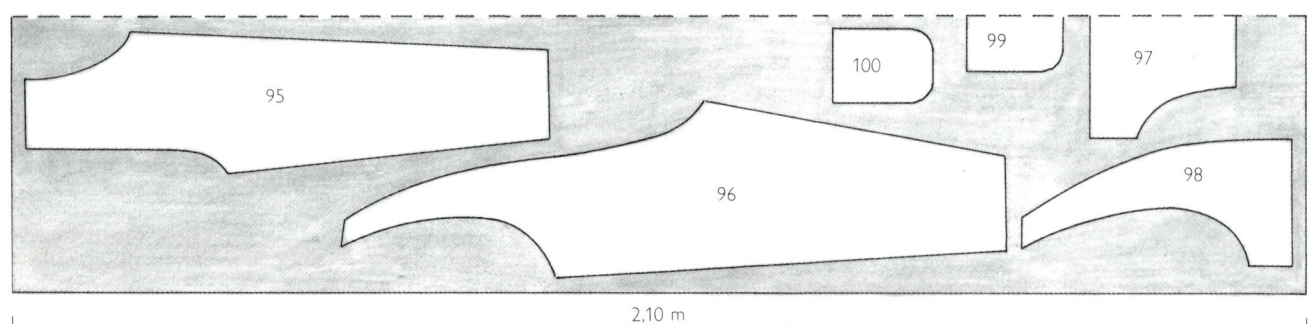

2,10 m

1 2 Die Länge von der Schulter bis zum Beinabschluß beträgt 98 cm (für Größe 116). Die Oberweite beträgt 78 cm, so können Pullover und Sweatshirts bequem untergezogen werden. Den Schnitt finden Sie auf dem Schnittmusterbogen (Zeichen → → → blau) unter

Nr. 95 vordere Hosenteil
Nr. 96 hinteres Hosenteil
Nr. 97 vorderer Latzbeleg
Nr. 98 hinterer Latzbeleg
Nr. 99 Latztasche
Nr. 100 Tasche

Übertragen Sie alle Linien, Punkte und Zeichen. Der Fadenlauf ist besonders wichtig.

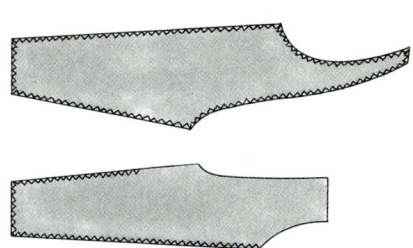

3 4 Schneiden Sie dann den Papierschnitt aus, und legen Sie die Schnitteile nach dem Zuschneideplan auf den doppelt liegenden Stoff. Die Fadenlauflinie muß parallel zur Webkante verlaufen. Schneiden Sie alle Teile mit 1,5 cm Nahtzugabe zu. Schnittkanten mit einem Zickzackstich versäubern.

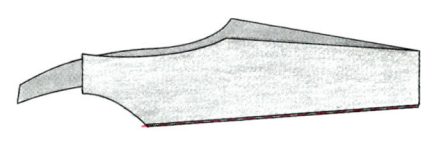

5 Legen Sie je ein vorderes und ein hinteres Hosenteil rechts auf rechts, und schließen Sie die Seitennähte. Diese anschließend bügeln.

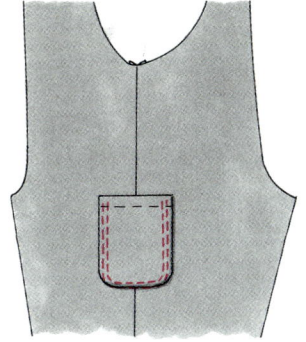

6 Legen Sie die seitlichen Taschen in den Bruch, steppen Sie den Eingriff ab. Heften Sie die Nahtzugabe der Taschen um. Diese auf die markierten Flächen stecken. Damit der Eingriff nicht so leicht ausreißt, von links einen zusätzlichen Vlieselinestreifen unterlegen. Taschen aufsteppen.

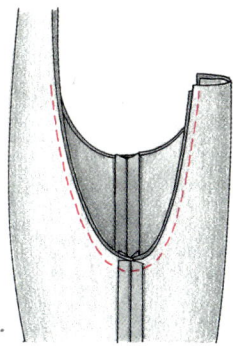

7 8 Die Hosenbeine rechts auf rechts aufeinanderlegen und die innere Hosenbeinnaht schließen, dann bügeln. Ein Hosenbein rechts auf rechts in das andere stecken. Die Nähte liegen aufeinander. Stecken Sie die Schrittnaht fest zusammen, und steppen Sie sie mit dem 3fach-Geradstich nahtbreit ab.

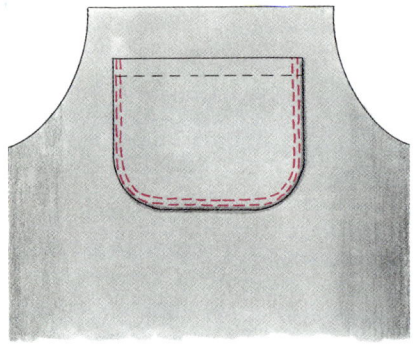

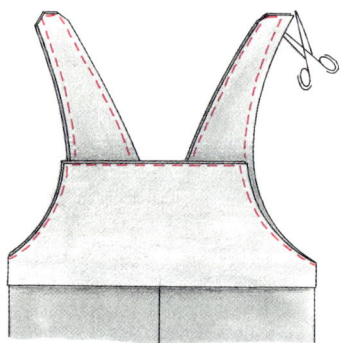

9 Die Latztasche in den Bruch legen und die Schnittkante bis auf den Schlitz zum Wenden steppen; die Tasche wenden. Bügeln Sie die Kanten flach, und stecken Sie die Tasche auf die markierte Fläche. Steppen Sie 2mal die Kanten.

10a Legen Sie die Belege für die Träger, nach Zuschnitt im Bruch nicht mehr nötig (siehe Zuschneideplan), jeweils rechts auf rechts zusammen, und schließen Sie die Mittelnaht. Anschließend die Seitennähte des Beleges nähen. Stecken Sie rechts auf rechts den Beleg auf das Hosenoberteil, und steppen Sie die Kanten im Abstand der Nahtzugabe.

10b Für die Trägerschlaufen schneiden Sie einen 20 cm großen Streifen zu. Arbeiten Sie ein Schlaufenband, dieses teilen und jeweils durch einen Trägerverschluß ziehen. Nähen Sie die Trägerschlaufen an die Nahtzugabe der Latzkante.

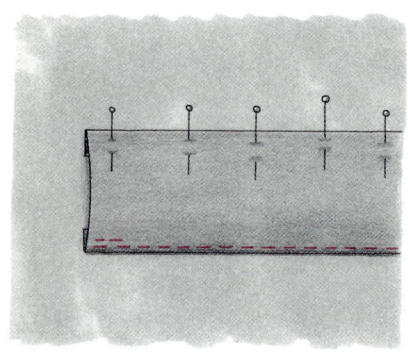

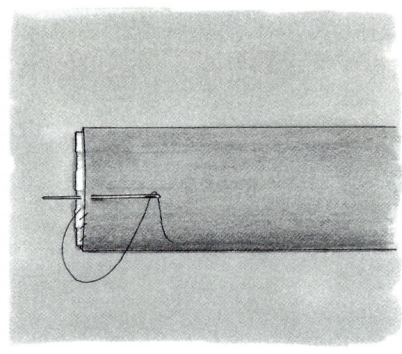

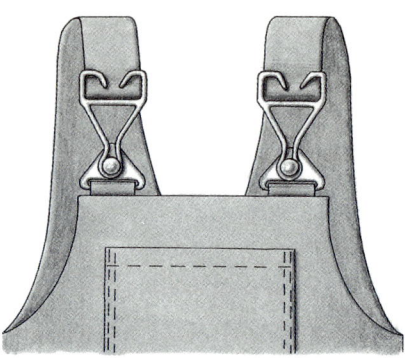

10c Schrägen Sie die Ecken der Träger ab, verstürzen Sie den Beleg mit den Trägern und den Latz. Bügeln Sie auf Kante. Damit der Beleg nicht hervorrutscht, die Kante mit einem Ziersteppstich absteppen. Anschließend den Tunnel für das Gummiband an der Taillenlinie ansteppen.

11 Nähen Sie ein Ende des Gummibandes an der markierten Stelle fest, dann das Gummiband durch den Tunnel ziehen und das andere Ende ebenfalls festnähen.

12 **13** Säumen Sie die Hosenbeine. Befestigen Sie die Trägerschnallen. Eine entsprechende Anleitung liegt jeder Verpackung bei. Die metallenen Trägerschnallen sollten Sie vor jeder Wäsche abnehmen.

JOGGING-HOSE

Die Jogginghose ist zum Turnen und zum Spielen sehr bequem. Der gleiche Schnitt kann auch für eine Schlafanzughose genommen werden. Anfänger können diese Hose ohne Mühe zusammennähen. Der Schnitt ist für Größe 116 angegeben.

Einkaufsliste

- 80 cm Trikot (1,40 m breit)
- Synthetiknähgarn
- 1 m Gummiband (2 cm breit)
- Jerseynadel
  (Zwillingsnadel)

Arbeitsablauf

- 1 Maße vergleichen
- 2 Schnitt kopieren
- 3 Zuschneiden
- 4 Seitennaht schließen
- 5 Taschen aufsetzen
- 6 Zusammennähen
- 7 Säumen
- 8 Gummiband einziehen

Die Hose wird mit dem Overlockstich zusammengenäht. Mit Maschinen, die nur den Zickzackstich haben, nähen Sie jeweils mit dem 1 mm breiten und 2 mm langen Zickzackstich.
Die Taschenkanten und Säume am Bund und Beinabschluß können mit der Zwillingsnadel gesteppt werden.

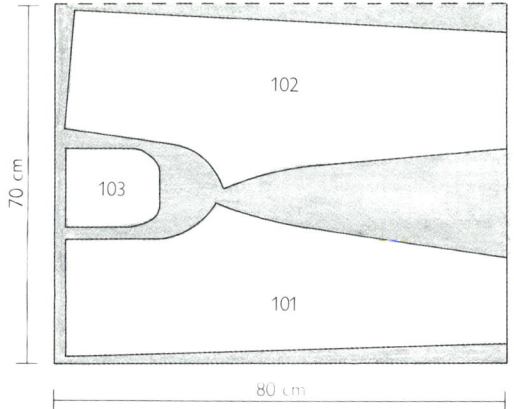

1 – **3** Der Schnitt der Jogginghose ist für Größe 116 angegeben. Die seitliche Hosenlänge beträgt 70 cm, die Schritthöhe 25 cm. Sie finden den Schnitt für die Jogginghose auf dem Schnittmusterbogen (Zeichen ////////////// blau). Er besteht aus 3 Teilen
Nr. 101 vorderes Hosenteil
Nr. 102 hinteres Hosenteil
Nr. 103 Tasche
Ziehen Sie die Linien auf dem Schnittmusterbogen mit einem Filzstift genau nach, damit sie gut erkennbar sind. Schnittmusterpapier auflegen, die Teile kopieren. Vergessen Sie nicht, die Markierungslinie für die Taschen zu übertragen. Schneiden Sie die Schnittteile aus.
Den Stoff im Stoffbruch glatt auf den Tisch legen. Die Kanten müssen genau übereinander liegen, die rechte Stoffseite liegt innen. Den Schnitt nach dem Zuschneideplan auf den Stoff legen. Achten Sie darauf, daß der Fadenlauf genau mit der Maschenrichtung übereinstimmt, sonst drehen sich später die Hosenbeine.
Schnittteile auf dem Stoff feststecken. Mit einer scharfen Schere um den Schnitt herum durch beide Stofflagen schneiden. Die Nahtzugabe beträgt 0,5 cm. Für das Zusammennähen mit Zickzackstichen benötigen Sie 1,5 cm Nahtzugabe. Markieren Sie die Taschenansatzpunkte.

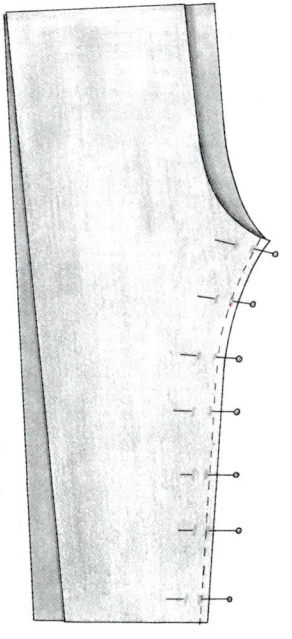

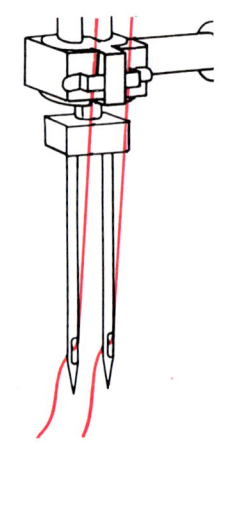

4 Legen Sie ein hinteres und ein vorderes Hosenteil rechts auf rechts aufeinander, die Seitenkanten liegen genau aufeinander. Stecken Sie die Kanten zusammen (Nadeln quer zur Naht). Schließen Sie die Naht mit dem Overlockstich oder dem Geradstich. Die anderen beiden Hosenteile stecken und nähen Sie in gleicher Weise.

5 Schlagen Sie den Beleg des Tascheneingriffs der Bruchkante auf die linke Stoffseite, und stecken Sie ihn fest. Nähen Sie jetzt von der rechten Seite mit der Zwillingsnadel (Anleitung zur Nähmaschine) an der Kante entlang. Auf der linken Stoffseite wird die Kante doppelt gefaßt und in einem Arbeitsgang gleich versäubert.
Stecken Sie die Tasche an die Markierungspunkte, und nähen Sie sie von der rechten Stoffseite mit dem Kantenoverlockstich auf.

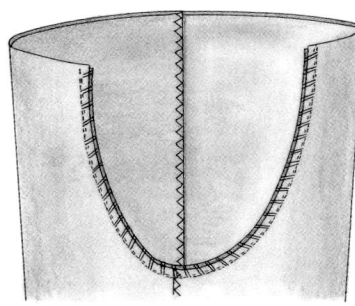

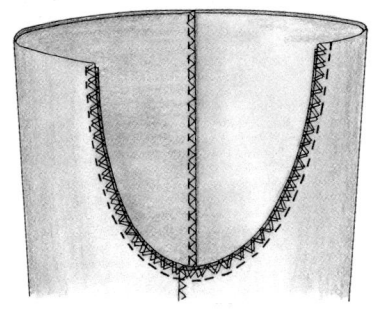

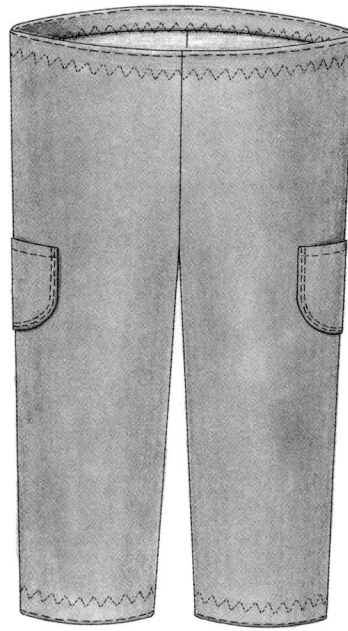

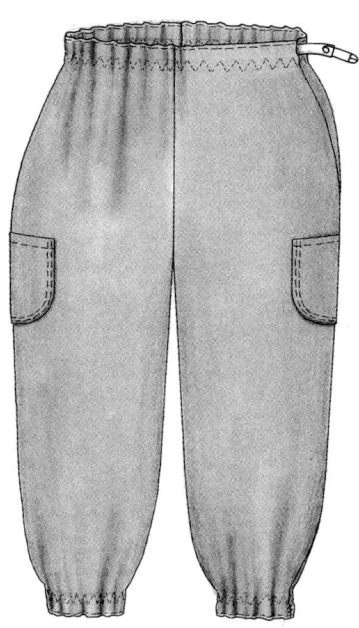

6 Schließen Sie nun die inneren Hosenbeinnähte. Um die beiden Hosenbeine aneinanderzunähen, drehen Sie ein Hosenbein auf die rechte Stoffseite. Stecken Sie es in das zweite Hosenbein, dessen linke Stoffseite außen liegt. Achten Sie darauf, daß die Schnittkanten und Seitennähte genau übereinander liegen. Die Schrittnaht ist jetzt gut zugänglich. Nähen Sie mit dem Overlockstich. Sie können auch den 3fach-Geradstich verwenden. Wenn Sie den Steppstich wählen, dann sollten Sie die Naht 2mal steppen. In den beiden letzten Fällen muß mit dem Zickzackstich versäubert werden. Beginnen Sie das Steppen am Bund des vorderen Hosenteils, und steppen Sie bis zum Bund des hinteren.

7 Die Bundkante 3 cm einschlagen und feststecken. Steppen Sie die Kante mit der Zwillingsnadel oder dem Elastikstich. Einen Einzugsschlitz für das Gummiband lassen. Säumen Sie die Beinabschlüsse in gleicher Weise. Um ein Rollen der Gummibänder zu vermeiden, steppen Sie die Bruchkanten mit dem einfachen Geradstich knapp ab.

8 Durch die Einzugsschlitze ziehen Sie das Gummiband. Nähen Sie die Enden mit dem Elastikstich zusammen. Schließen Sie die Einzugsschlitze mit ein paar Handstichen.

HOSE FÜR KINDER

Sehr bequem und schnell genäht ist diese Hose. Die Weite wird in der Taille mit einem Gummizug eingehalten, die Beine werden nach unten hin schmaler. Der Schnitt ist in Größe 116 angegeben.

Einkaufsliste
- 1,50 m Stoff (90 cm breit)
- 12 cm Vlieseline
- Nähgarn
- 50 cm Gummiband
  (2 cm breit)

Arbeitsablauf
- 1 Maße vergleichen
- 2 Schnitt kopieren
- 3 Zuschneiden
- 4 Versäubern
- 5 Zusammennähen
- 6 Taschen
- 7 Nähte schließen
- 8 Säumen
- 9 Gummiband einziehen

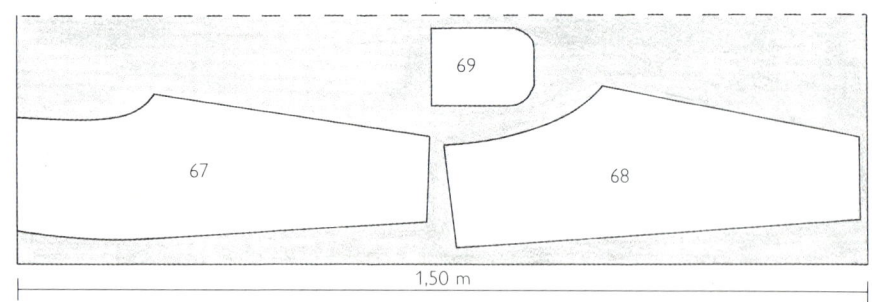

1 **2** Der Hosenschnitt ist in Größe 116 (Taillenweite 54 cm, seitliche Hosenlänge 70 cm) auf dem Schnittmusterbogen (Zeichen ——— blau) angegeben. Er besteht aus 3 Teilen
Nr. 67 vorderes Hosenteil
Nr. 68 hinteres Hosenteil
Nr. 69 Tasche -
Kopieren Sie den Schnitt auf Kopierpapier. Pausen Sie alle markierten Linien, Zeichen und Striche durch. Der Fadenlauf ist besonders wichtig. Schneiden Sie die Kopie aus. Den Stoff in den Stoffbruch legen, die Webkanten liegen aufeinander, und die rechte Stoffseite liegt innen.

3 **4** Legen Sie die Schnitteile dem Zuschneideplan entsprechend auf den Stoff. Achten Sie darauf, daß der Fadenlauf parallel zur Webkante verläuft, sonst dreht sich später das Hosenbein. Stecken Sie die Schnitteile fest, und schneiden Sie im Abstand von 1,5 cm (Nahtzugabe) die Schnitteile aus. Versäubern Sie alle Teile mit einem mittleren Zickzackstich.

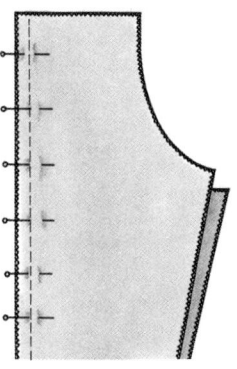

5 Ein hinteres und ein vorderes Hosenteil rechts auf rechts zusammenlegen. Stecken Sie die Kanten der seitlichen Hosenbeinnaht aufeinander. Die Naht schließen. Bügeln Sie die Naht aus. Das zweite Hosenbein ebenso nähen.

6 Die obere Eingriffskante der Taschen in der Bruchkante nach links umbügeln und mit einem mittleren Geradstich feststeppen. Bügeln Sie die übrigen Schnittkanten im Abstand der Nahtzugaben auf die linke Stoffseite und heften Sie sie fest. Beide Taschen auf die markierte Linie der Hosenbeine stecken. Die Taschen knappkantig und füßchenbreit aufsteppen. Damit sie nicht so schnell ausreißen, sollten Sie vor dem Aufsteppen die Tascheneingriffe von links mit einem Stück Vlieseline oder Stoff unterlegen.

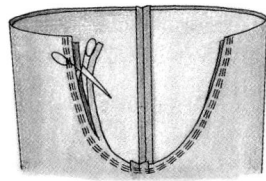

7 Legen Sie die Hosenbeine rechts auf rechts zusammen. Schließen Sie die inneren Beinnähte. Für die Schrittnaht ein Hosenbein wenden (rechte Stoffseite außen) und in das andere Hosenbein stecken. Schnittkanten zusammenstecken, mit dem 3fach-Geradstich steppen. Nahtzugaben zurückschneiden.

8 Bügeln Sie in der Taille die Bruchkanten nach innen um, und säumen Sie den Taillentunnel an. Nähen Sie (mit Nadelstellung links) die Kante, wobei Sie 5 cm für den Einzugsschlitz offenlassen. Die obere Kante füßchenbreit absteppen, damit sich das Gummiband nicht rollt. Die Hosenbeine säumen Sie ebenso. Ziehen Sie in den Taillentunnel das Gummiband, das 2 cm kürzer als die Taillenweite ist. Schließen Sie den Einzugsschlitz.

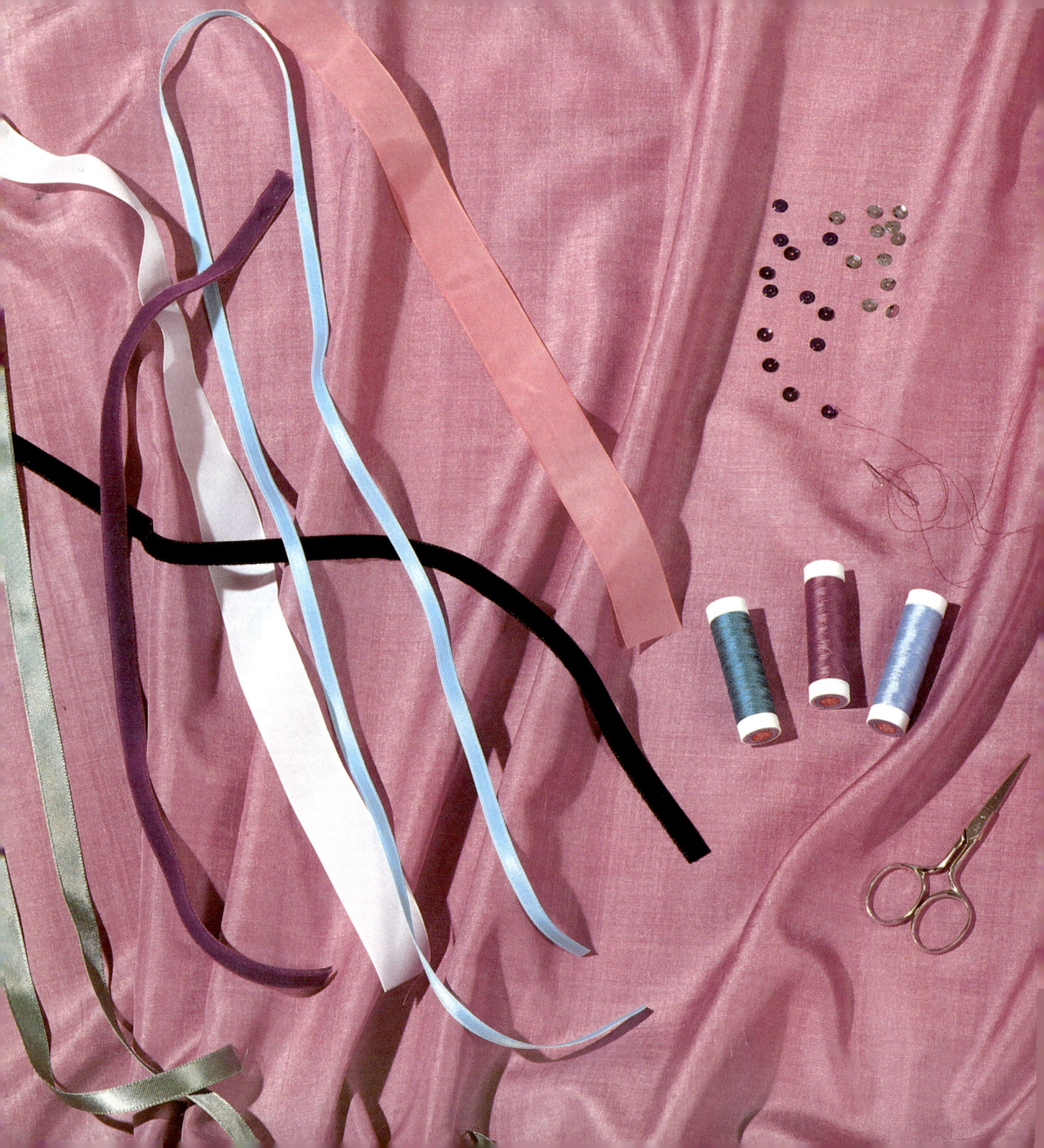

KREATIVE

MODELLE

Allgemeines

In diesem Kapitel wird Ihnen gezeigt, wie Sie mit Hilfe von Bändern, Borten, Biesen, Applikationen und Zierstichen Ihrer Kleidung eine ganz persönliche Note geben können. Von den zahlreichen Möglichkeiten werden hier nur einige beschrieben. Sie müssen sich nicht exakt an die Vorlage halten; entwickeln Sie auch eigene Ideen.

Wie können Sie ein Modell individuell gestalten?

– Verarbeiten Sie verschiedene Stoffe miteinander.

– „Malen" Sie ein Bild aus Stoffresten.

– Betonen Sie eine Naht oder eine Kante durch Zierstiche. Die modernen Nähmaschinen haben Zierstiche, mit denen Sie einfach, schnell und effektvoll sticken können.

Diese Maschinenzierstiche sind eine moderne Variante der Handarbeit. Stellen Sie sich Ihre eigenen Stickkombinationen zusammen. Die Maschinenstickgarne sind sehr fein und lassen sich gut verarbeiten.

– Verändern Sie Ihre Kleidung mit Bändern, Borten, Biesen und Pailletten. Das Angebot im Fachhandel ist groß und vielfältig. Suchen Sie aber auch in Ihren Schränken und Kommoden nach dekorativem Material.

– Halten Sie Ausschau nach Motiven: Sie werden einen Baum entdecken, ein Tier, Blumen, Häuser oder vielleicht ein Gemälde. Es gibt in der Umgebung viele hübsche Motive, die Sie als vereinfachtes Stickbild oder als Applikation für Ihre Modelle übernehmen können. Die einzelnen Näh- und Sticktechniken wurden am Anfang genau beschrieben. Bei den folgenden Anleitungen sind nur noch Besonderheiten und neue Arbeitsschritte erläutert. Einige Schnitte finden Sie im Anhang, andere können Sie leicht aufzeichnen oder ähnliche Fertigschnitte in Ihrer Konfektionsgröße kaufen. Ausführliche Nähanleitungen finden Sie in den vorangegangenen Kapiteln und im Technikteil dieses Buches.

BORDÜREN-ROCK

Auf den folgenden Seiten sehen Sie, wie Röcke phantasievoll gestaltet werden können. Alle Modelle sind gerade geschnitten, in der Taille gekräuselt oder in offene Falten gelegt. Die Bordüre dieses Rockes wurde mit einer Vlieswattierung unterlegt und die großen Motive wurden nachgesteppt. Die Bordüre wirkt plastischer, und der Rock bekommt dadurch mehr Stand.

Einkaufsliste
- 2,25 m Bordürenstoff (1,40 m breit)
- 75 cm Vlieswattierung
- 80 cm Bundfix (5 cm breit)
- Nähgarn
- 1 Reißverschluß (20 cm lang)

Arbeitsablauf
- 1 Maße vergleichen
- 2 Zuschneiden, Versäubern
- 3 erste Seitennaht steppen
- 4 Bordürenkante annähen
- 5 Vlieswattierung anspeppen
- 6 zweite Seitennaht schließen
- 7 Säumen
- 8 Reißverschluß einnähen
- 9 Bund annähen
- 10 Muster nachsteppen

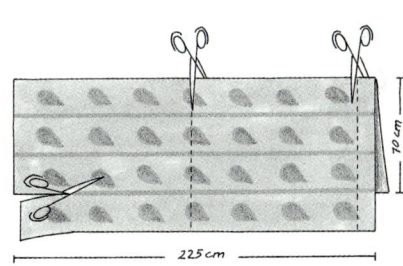

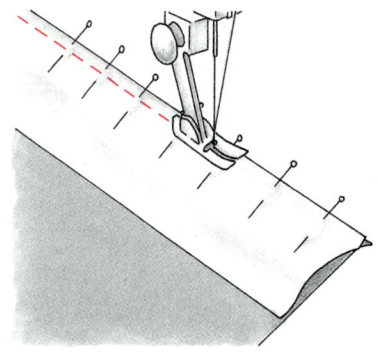

1 Die fertige Rocklänge beträgt 90 cm. Je nach Breite der Bordüre verändert sich die Länge des oberen Rockteils mit den senkrecht verlaufenden Mustern. Die Taillenweite läßt sich von 66 bis 80 cm mit den Falten oder durch das Ankrausen variieren.

2 Den Zuschneideplan für diesen Bordürenstoff entnehmen Sie der Skizze. Berechnen Sie 1,5 cm Nahtzugabe. Für die Bordüre am unteren Rockrand schneiden Sie einen Mustersatz in voller Stoffbreite ab. Versäubern Sie die Schnittkanten mit Zickzackstichen.

3 **4** Steppen Sie die rechte Seitennaht, und bügeln Sie sie aus. Legen Sie die Bordürenkante mit der rechten Seite auf die rechte Stoffseite der unteren Rockkante, und steppen Sie diese beiden Teile zusammen. Abschließend bügeln Sie die Saumzugabe nach unten.

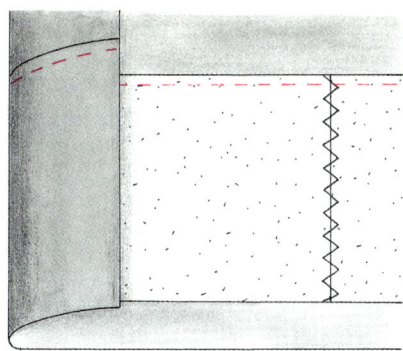

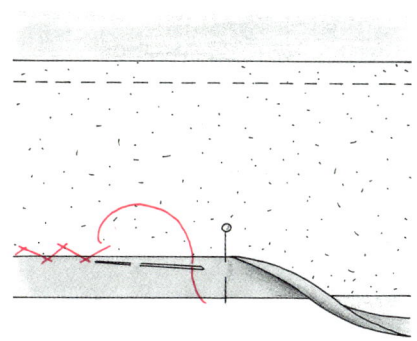

5 Schneiden Sie von der Vlieswattierung drei Streifen in Bordürenbreite. Nähen Sie die Streifen mit einem Zickzackstich schmal aneinander. Stecken Sie die Wattierung auf die linke Stoffseite der Bordüre. Steppen Sie von der rechten Stoffseite entlang der Nahtlinie durch Stoff und Wattierung.

6 – **9** Schließen Sie die zweite Seitennaht, für den Reißverschluß 20 cm offenlassen. Bügeln Sie die Naht, und säumen Sie den Rock mit Hexenstichen oder steppen Sie den Saum an. Nähen Sie den Reißverschluß ein und den Bund an den Rock.

10 Von der rechten Stoffseite steppen Sie die großen Motive der Bordüre nach. Legen Sie evtl. Seidenpapier unter die Wattierung, das erleichtert den Transport. Schalten Sie zusätzlich den doppelten Stofftransport ein. Farbig abgesetzte Streifen wirken abgesteppt plastischer.

LANGER STUFENROCK MIT MONOGRAMM

Für festliche Anlässe ist ein langer Stufenrock aus Honanseide besonders schick. Eine persönliche Note erhält der Rock durch Ihr Monogramm links auf der ersten Rockstufe.

Einkaufsliste
- 3 m Stoff (0,85 m breit)
- 75 cm Bundfix (4 cm breit)
- 1 Reißverschluß (20 cm lang)
- 1 Knopf
- Knopflochseide oder Stickgarn

Arbeitsablauf
- 1 Maße vergleichen
- 2 Zuschneiden
- 3 Versäubern
- 4 erste Seitennaht schließen
- 5 Weite einkräuseln
- 6 Rockbahn annähen
- 7 zweite Seitennaht schließen
- 8 Reißverschluß einsetzen
- 9 Bund annähen, Verschluß
- 10 Säumen
- 11 Monogramm sticken

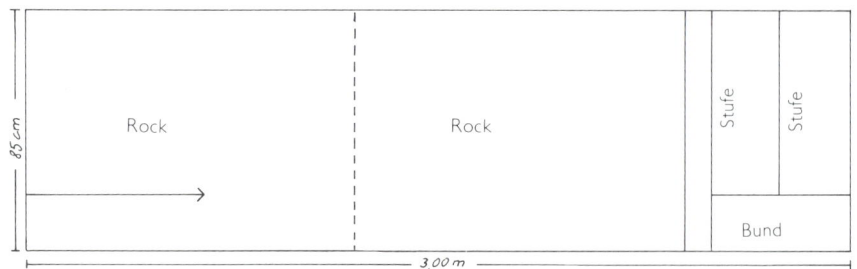

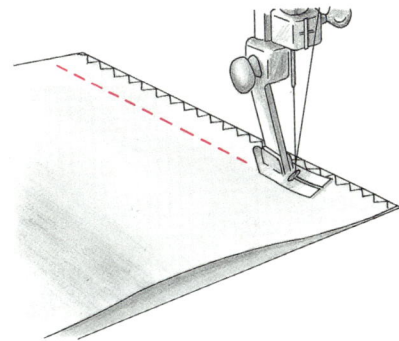

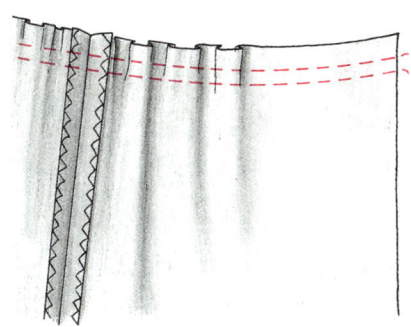

1 **2** Der Rockschnitt ist für Größe 38 angegeben (Taillenweite 70 cm, Rocklänge 102 cm). Für Größe 40 oder 42 erweitern Sie den Bund um 2–4 cm und kräuseln die Rockbahnen weniger ein. Berechnen Sie beim Zuschneiden 1,5 cm Nahtzugabe. Die untere Rockbahn verläuft quer zum Fadenverlauf.

3 **4** Versäubern Sie die Schnittkanten mit einem mittleren Zickzackstich. Schließen Sie die rechte Seitennaht der Rockstufe, und bügeln Sie sie.

5 Kräuseln Sie die Weite der oberen Rockstufe und der unteren Rockbahn ein. Steppen Sie mit Geradstich (4 mm) 2mal an der Oberkante der Stufe. Ebenso die Rockbahn steppen. Taillenweite der Rockstufe auf 70 cm, Rockbahn auf 140 cm einkräuseln.

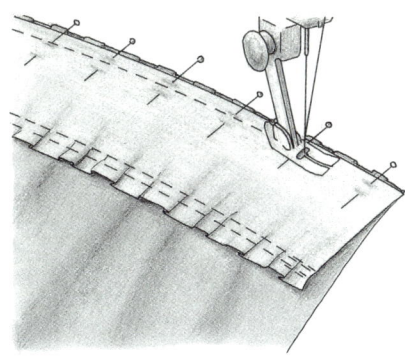

6 – **10** Steppen Sie die untere Rockbahn an die Stufe. Beide Teile liegen rechts aufeinander. Bügeln Sie die Naht nach oben. Die linke Seitennaht bis zum Reißverschluß schließen. Reißverschluß einsetzen, Bund annähen (Untertritt 5 cm). Knopf und Knopfloch anbringen, Rock säumen.

11 Für Maschinen, die Monogramme sticken, nehmen Sie Maschinenstickgarn. Das Stickgarn ein bis zwei Nuancen dunkler als die Farbe des Rockstoffes wählen. Setzen Sie vor dem Nähen von Seide eine neue Nadel ein. Legen Sie unter den Stoff ein Stück Seidenpapier, und sticken Sie ihre Anfangsbuchstaben. Bei einfachen Nähmaschinen zeichnen Sie Ihr Monogramm auf den Stoff, legen Seidenpapier auf die linke Stoffseite und sticken von der rechten Rockseite Ihr Monogramm mit Zickzackstichen oder mehreren parallel laufenden Geradstichreihen entlang der Aufzeichnung. Bevor Sie das Monogramm auf den Rock sticken, üben Sie auf einem Stoffrest.

Wenn Sie das Monogramm von Hand sticken, verwenden Sie einen Stickrahmen. Zeichnen Sie das Monogramm auf. Schnittmusterkopierpapier eignet sich zum Aufzeichnen. Sticken Sie das Monogramm, wie auf diesem Foto zu sehen, mit Plattstich.

ROCK MIT BIESE

Eine Biese oberhalb des Saumes gibt jedem Rock einen guten Stand. Verwenden Sie den Schnitt des weiten Rockes aus dem Kapitel „Klassische Modelle". Sie müssen für einen Rock mit Biese beim Zuschnitt lediglich die Rocklänge um die doppelte Biesenbreite verlängern.

Einkaufsliste
- 1,80 m Stoff (1,40 m breit)
- 75 cm Bundfix (3 cm breit)
- Nähgarn
- 1 Reißverschluß (20 cm lang)
- 1 Knopf

Arbeitsablauf
- 1 Maße vergleichen
- 2 Zuschneiden
- 3 Seitennähte schließen
- 4 Taillenweite in Falten legen oder einkräuseln
- 5 Reißverschluß einnähen
- 6 Bund annähen
- 7 Knopfloch, Knopf
- 8 Säumen
- 9 Biese einsteppen

Der Arbeitsablauf dieses Rockes ist detailliert im Kapitel „Klassische Modelle" beschrieben. Daher sind hier nur die wichtigsten Punkte genannt und die Besonderheiten ausführlich beschrieben.

1 - **3** Überprüfen Sie Ihre Taillenweite und die Rocklänge mit dem Maßband. Die fertige Rocklänge beträgt bei diesem Modell 76 cm. Prüfen Sie vor dem Ausmessen des Schnittes, ob der Stoff fadengerade abgeschnitten wurde. Beim Zuschneiden dieses Rockes liegt die Stoffbahn nicht doppelt.

Für die Biese müssen Sie zur Rocklänge die doppelte Biesenbreite zugeben. Bei einer Rocklänge von 76 cm plus 4 cm für den Saum noch 4 cm für die Biese hinzurechnen. Die Biese ist dann 2 cm breit.

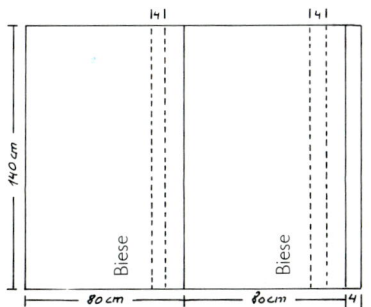

Die Gesamtlänge des Rockes beim Zuschneiden beträgt demnach 84 cm. Schließen Sie eine Seitennaht und die zweite nur bis auf einen Schlitz für den Reißverschluß. Versäubern Sie die Nähte, und bügeln Sie sie aus.

4 Den Rock können Sie einkräuseln (wie beim vorherigen Rock beschrieben) oder auf Taillenweite in offene Falten legen. Wie Sie die Falten legen, ist genau beim einfachen Faltenrock (Nähkurs) beschrieben.

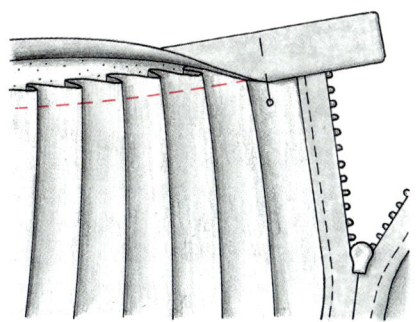

5 - **8** Nähen Sie den Reißverschluß in die Seitennaht, und den Rockbund an. Als Rockverschluß wählen Sie Knopf und Knopfloch oder Haken und Ösen. Den Rock säumen.

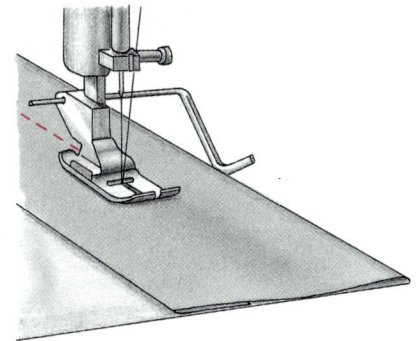

9 Nun markieren Sie die Bruchkante der Biese. Diese Kante liegt 7 cm über der Saumkante. Bügeln Sie die Kante von der rechten Rockseite. Es liegen zwei Stofflagen aufeinander. Die Stofflagen feststecken, evtl. heften, im Abstand von 2 cm zur Biesenkante von der rechten Stoffseite steppen.

Einen gleichmäßigen Abstand zur Biesenkante bekommen Sie mit dem Führungslineal, ein Zubehör vieler Nähmaschinen. Bügeln Sie die Biese zum Saum hin.

ROCK MIT BIESEN UND BÄNDERN

Mit verschiedenen breiten Biesen und bunten Bändern können Sie einen Rock nach Ihrem Geschmack gestalten.

Einkaufsliste
- 1,80 m Stoff (1,40 m breit)
- 75 cm Bundfix (3 cm breit)
- 3,20 m grünes Band (1 cm breit)
- 2,40 m weißes Band (2 cm breit)
- Nähgarn
- 1 Reißverschluß (20 cm lang)
- 1 Knopf
- Maschinenstickgarn in 2 Farben

Arbeitsablauf
- 1 Maße vergleichen
- 2 Zuschneiden
- 3 Versäubern
- 4 erste Seitennaht steppen
- 5 grünes Band aufsticken
- 6 zweite Seitennaht steppen
- 7 Reißverschluß einnähen
- 8 Bund annähen
- 9 Biesen nähen
- 10 Säumen
- 11 weißes Band annähen

1-**4** Verwenden Sie den Rockschnitt des weiten Rockes („Klassische Modelle"). Die Rocklänge bei diesem Rock beträgt 75 cm. Rechnen Sie 4 cm für den Saum hinzu. Für die obere Biese benötigen Sie zusätzlich 2 cm (fertige Biese 1 cm breit) und für die untere zusätzlich 4 cm (fertige Biese 2 cm breit). Die Gesamtlänge für den Zuschnitt beträgt somit 85 cm.

Mit einem mittleren Zickzackstich versäubern Sie die Kanten. Anschließend eine Seitennaht schließen. Naht bügeln. Bundfix auf den Taillenbund bügeln.

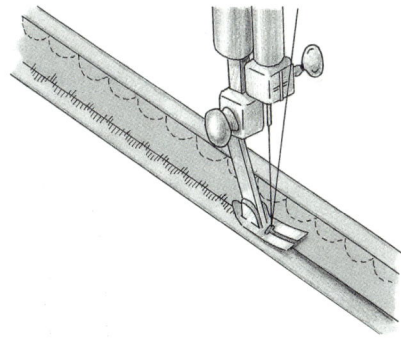

5 Markieren Sie eine Linie 5 cm oberhalb der Saumkante mit Schneiderkreide. Das Band entlang der Linie feststecken, an der Oberkante mit einem Bogenstich feststicken (Bogenlänge 1 cm). Mit derselben Sticheinstellung das Band an den Rockbund sticken. Die Unterkante des Bandes wird mit Festonstich

(Bogenlänge 7 mm, Stichlänge 0,5 mm) eingefaßt.

Sticken Sie in einem Arbeitsgang, was mit gleicher Sticheinstellung gestickt werden soll. Bei dünnem Stickgarn kann die Oberfadenspannung etwas gelockert werden. Auch auf der Spule sollte Maschinenstickgarn sein.

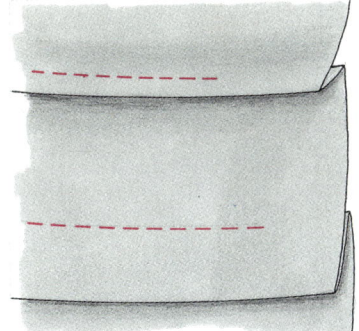

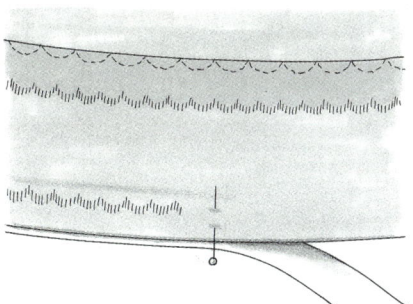

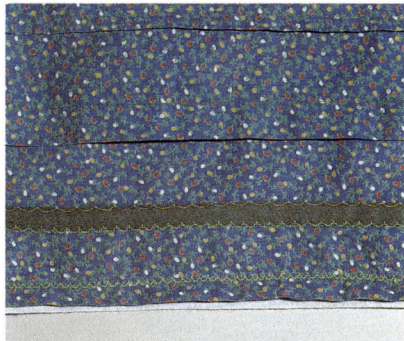

6-**9** Seitennaht schließen, bügeln. Reißverschluß und Bund einnähen. Bügeln Sie 14 cm und 10 cm oberhalb der Saumkante jeweils eine Kante. Steppen Sie die obere Biese mit 1 cm, die untere Biese mit 2 cm Abstand zur Kante. Bügeln Sie die Biesen zum Rocksaum.

10 **11** Säumen Sie den Rock. Stecken Sie das weiße Band von innen an den Saum, so daß ca. 3 mm hervorblitzen. Evtl. das Band anheften, damit es während des Stickens nicht verrutscht. Sticken Sie von der rechten Seite mit Festonstich (Bogenlänge 7 mm, Stichlänge 0,5 mm) und grünem Maschinenstick-

garn mit 1,5 cm Abstand zur Saumkante das weiße Band fest. Beim Sticken evtl. Seidenpapier unter den Stoff legen. Anschließend bügeln Sie den Rock.

ROCK MIT BÄNDERN

Auch dieser Rock hat den gleichen Zuschnitt wie die Röcke auf den vorherigen Seiten. Diesmal wird der Rock mit Bändern verschiedener Breite, verschiedener Farben und aus unterschiedlichem Material verziert. Baumwollbänder sollten zuvor gewaschen und gebügelt werden, damit sie später nicht einlaufen.

Einkaufsliste

- *1,80 m Stoff (1,40 m breit)*
- *75 cm Bundfix (3 cm breit)*
- *Nähgarn*
- *1 Reißverschluß (20 cm lang)*
- *je 2,40 m Baumwollband, Schrägstreifen, Satinband (5 verschiedene Bänder, Farben nach Wahl)*
- *4,80 m Samtband (Bandbreite zwischen 1,5 und 2,5 cm)*

Arbeitsablauf

- *1 Maße vergleichen*
- *2 Zuschneiden*
- *3 erste Seitennaht steppen*
- *4 Bänder aufnähen*
- *5 zweite Seitennaht schließen*
- *6 Reißverschluß einnähen*
- *7 Säumen*
- *8 Bund annähen*

1 – **8** Verwenden Sie den gleichen Rockschnitt wie bei den vorherigen Modellen. Die Schnittkanten versäubern, eine Seitennaht schließen und ausbügeln. Steppen Sie die verschiedenen Bänder in unterschiedlichen Abständen am unteren Rockteil fest. Haben die Bänder keine festen Kanten, dann schlagen Sie sie ein, oder nähen Sie ein schmaleres Band darüber. Den Reißverschluß einsetzen. Bevor Sie den Bund annähen, kräuseln Sie die obere Rockweite auf Taillenweite ein. Den Rock abschließend bügeln.

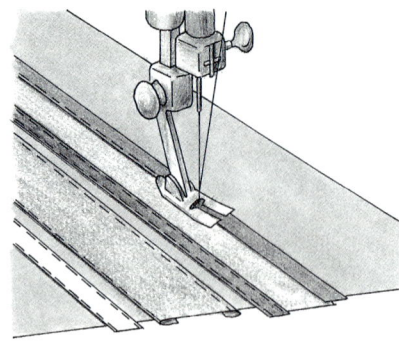

BESTICKTE BLUSE

Nutzen Sie die Möglichkeiten der modernen Nähmaschinen, die zahlreiche Stick- und Zierstichprogramme haben. Das rechte Vorderteil dieser Bluse erhält eine bestickte Passe. Das linke Vorderteil bekommt eine Tasche mit bestickter Kante. Farbige Stickerei wirkt besonders gut auf weißem Piqué. Entwerfen Sie auch eigene Stickkombinationen.

Einkaufsliste
- 1,40 m Stoff (1,40 m breit)
- 15 cm Vlieseline
- Nähgarn
- 7 Knöpfe (⌀ 1 cm)
- Nähmaschinenstickgarn (5 Farben nach Wahl)

Arbeitsablauf
- 1 Maße vergleichen
- 2 Schnitt kopieren, verändern
- 3 Zuschneiden
- 4 Sticken
- 5 Zusammennähen
- 6 Manschette
- 7 Kragen
- 8 Knopfleiste
- 9 Säumen
- 10 Knopflöcher, Knöpfe

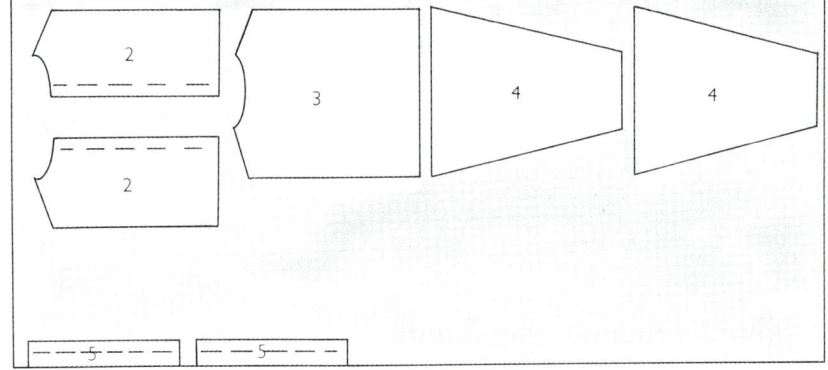

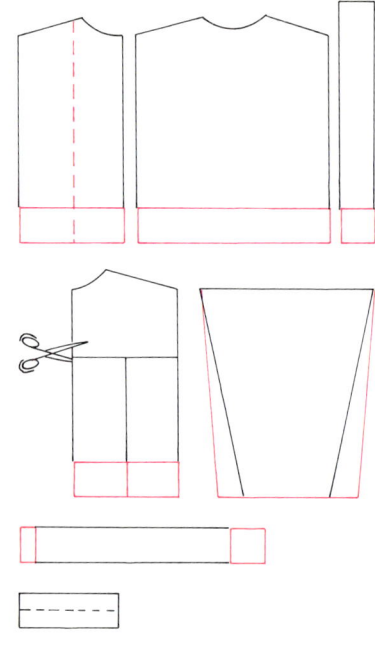

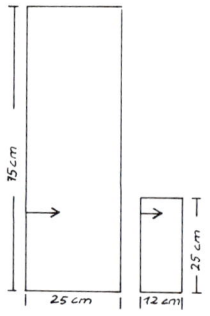

1 – **3** Den Schnitt für die Bluse finden Sie im Schnittmusterteil unter Nr. 2–5. Die genaue Nähanleitung ist im Kapitel „Einfache Modelle" beschrieben. Die Bluse ist für Oberweite 88–92 cm (Größe 38/40) berechnet. Kopieren Sie den Schnitt, und verlängern Sie das Vorder- und Rückenteil um 10 cm. Das Vorderteil wird bis zur vorderen Mitte zugeschnitten. Knopf- und Knopflochleiste extra zuchneiden (6 cm breit) und um die Kragenhöhe (4 cm) verlängern.
Die untere Ärmelweite wird auf 40 cm erweitert. Für die Manschetten schneiden Sie 5 × 28 cm, für den Kragen 55 × 9 cm zu.
Markieren Sie die Ansatzkante für die Passe mit der Stickerei auf dem rechten Vorderteil. Das linke Vorderteil schneiden Sie einmal waagerecht und einmal senkrecht an den markierten Stellen durch.

Für die Stickerei des rechten Vorderteils benötigen Sie zusätzlich einen Streifen von 75 × 25 cm und für die Tasche 12 × 25 cm. Alle Teile mit 1,5 cm Nahtzugabe zuschneiden. Die Saumzugabe beträgt 3 cm. Knopf- und Knopflochleiste, Kragen und Manschetten mit Vlieseline verstärken.

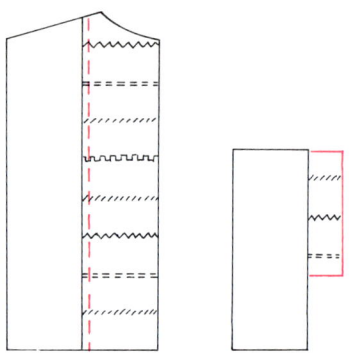

5a Nähen Sie zuerst die bestickte Passe entlang der markierten Linie auf das rechte Vorderteil. Bügeln Sie die Passe zur Mitte, und steppen Sie die Kanten. Steppen Sie die Tascheneinfassung an das Taschenteil. Die Kanten nochmals absteppen.

5b Steppen Sie den Taschenbeutel an, und nähen Sie die Teile senkrecht mit dem Taschenbeutel zusammen. Nahtzugabe zu einer Seite bügeln und von rechts füßchenbreit eine Ziernaht steppen.

5c Steppen Sie die Schulternähte, und bügeln Sie die Nahtzugabe zum Rücken; Nahtzugabe versäubern. Füßchenbreit von der rechten Stoffseite eine Ziernaht steppen.
Stecken und steppen Sie die Ärmel an die Schulterkanten, der Markierungspunkt liegt an der Schulternaht. Bügeln Sie die Nahtzugabe zum Ärmel, und steppen Sie füßchenbreit von der rechten Stoffseite eine Ziernaht.
Steppen Sie die Seiten- und Ärmelnaht in einem Arbeitsgang; die Kanten bügeln. Die genauen Nähanleitungen finden Sie bei der Bluse („Einfache Modelle").

4 Vor dem Besticken der Vorderteilpasse legen Sie Seidenpapier unter den Stoff, das nach dem Sticken entfernt wird. Die rechte Stoffseite (Stoffoberseite) wird bestickt. Sticken Sie 11 Reihen im Abstand von 2,5 cm und 8 Reihen im Abstand von 5 cm in Richtung des Fadenlaufs. Einzelne Reihen markieren und alle Reihen, die den gleichen Stich und das gleiche Garn haben, sticken. Erst dann Garn und Stich wechseln. Beginnen Sie mit der Stickerei 1 cm von der Stoffkante entfernt. Das erleichtert den Transport. Diese Bluse wurde mit den angegebenen Stichen und Farben bestickt. Die Stiche können Sie in beliebiger Reihenfolge wiederholen.
Nach dem Sticken das Teil bügeln. Die Passe (14 × 70 cm) und die Tascheneinfassung (5 × 26 cm) zuschneiden.

Stickstich und Farben
- *Zierstich grau (a)*
- *Festonstich hellgrau (b)*
- *wechselnder Zickzackstich (c)*
- *Bogenstich blau (d)*
- *Elastickstich (e)*

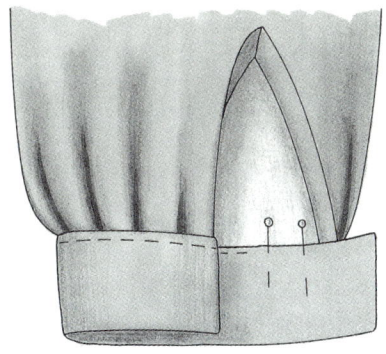

6 Fertigen Sie einen Unterarmschlitz in den Ärmeln. Die unteren Ärmel in Falten auf eine Weite von 25 cm legen. Steppen Sie die fertigen Manschetten mit einem Untertritt von 3 cm an die Ärmel.

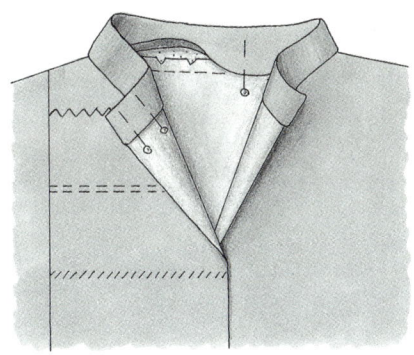

7 Kragenteile rechts auf rechts legen, die Teile zusammensteppen (Ansatzkante offen lassen). Nahtzugaben zurückschneiden, Ecken abschrägen, Kragen wenden, an Bluse ansetzen. Die offene Kragenkante 1 cm einschlagen, anstecken. Mit Staffierstichen annähen oder mit Geradstich anstepppen.

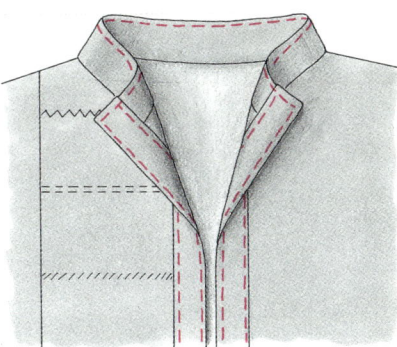

8 – **10** Die fertige Knopflochleiste steppen Sie an das rechte Vorderteil. Kragen und bestickte Passe mitfassen. Die Knopfleiste steppen Sie an das linke Vorderteil. Taschenbeutel und Kragen mitfassen. Steppen Sie knapp die äußeren Belegkanten. Bluse säumen; Knopflöcher und Knöpfe anbringen.

BESTICKTES SWEATSHIRT

Dieses Sweatshirt ist genauso einfach zu nähen wie das Top aus dem Kapitel „Einfache Modelle". Zum Schnitt kommen lediglich die Ärmel hinzu. Besticken Sie das Shirt mit verschiedenen Zierstichen. Das Stickgarn ist farblich Ton in Ton gehalten.

Einkaufsliste
- 1,30 m zweilagig gewebter Baumwollstoff (1,40 m breit)
- Nähgarn
- Maschinenstickgarn (2 Farbstufen dunkler als der Stoff)

Arbeitsablauf
- 1 Maße vergleichen
- 2 Schnitt aufzeichnen, zuschneiden
- 3 Schulternähte steppen
- 4 Ärmel einsetzen
- 5 Sticken
- 6 Ärmel-/Seitennähte schließen
- 7 Säumen

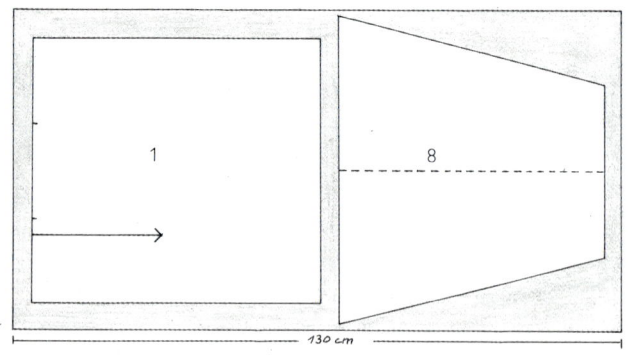

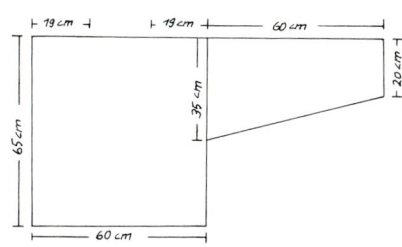

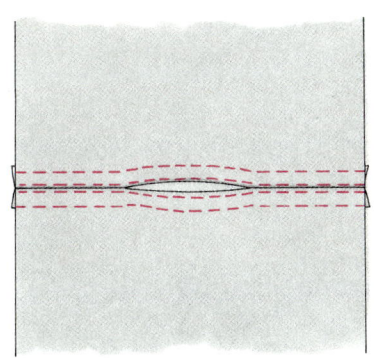

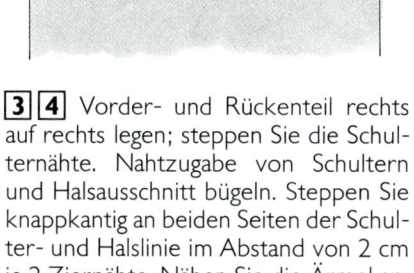

1 2 Der Sweatshirtschnitt ist weit gehalten. Er ist für Größe 38 bis 42 angegeben. Bei größeren Größen geben Sie 4 cm in der Weite zu. Das Sweatshirt besteht aus vier Teilen. Schneiden Sie die Teile mit 2 cm Nahtzugabe zu, am Halsausschnitt 2,5 cm. Die Saumzugabe an den Ärmeln beträgt 3 cm, am Saum 5 cm.

3 4 Vorder- und Rückenteil rechts auf rechts legen; steppen Sie die Schulternähte. Nahtzugabe von Schultern und Halsausschnitt bügeln. Steppen Sie knappkantig an beiden Seiten der Schulter- und Halslinie im Abstand von 2 cm je 2 Ziernähte. Nähen Sie die Ärmel an. Nahtzugabe zu beiden Seiten bügeln.

5a Dieses glatte Stück können Sie jetzt mit den verschiedenen Stickstichen Ihrer Nähmaschine besticken. Dazu verwenden Sie Maschinenstickgarn als Ober- und Unterfaden. Die Farbe des Garns bleibt Ihrer Wahl überlassen. Wählen Sie eine oder zwei Farbnuancen dunkler als der Shirtstoff.

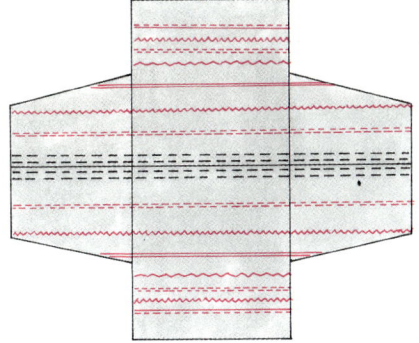

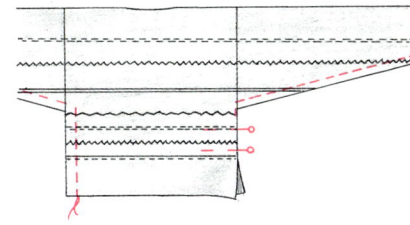

Stichfolge auf der Pfaff Creative

Nr.	Stich-breite	Stich-länge	Balance Rapport
34	6,0	8,0	0
68	6,0	3,0	0
49	6,0	3,0	0
78	4,0	3,0	0
29	6,0	2,5	0
69	6,0	12	0
66	6,0	0,35	14
30	6,0	2,5	0
34	6,0	8,0	0
68	6,0	3,0	0
49	6,0	3,0	0
69	6,0	12	0
78	4,0	3,0	0

5b Die erste Sticklinie markieren Sie mit Kreide. Sticken Sie an dieser Linie entlang. Die folgenden Stickreihen werden mit Hilfe des Führungslineals parallel dazu gearbeitet. Die unteren Reihen sticken Sie im Abstand von 2,5 cm, die oberen Reihen, die über die Ärmel weiterlaufen im Abstand von 5 cm.

6 7 Legen Sie das bestickte Teil rechts auf rechts. Ärmel- und Seitennähte in einem Arbeitsgang schließen. Den Ärmelsaum 3 cm um-, 0,5 cm einschlagen. Den unteren Saum 5 cm um- und 1 cm einschlagen. Die Säume bügeln und knappkantig ansteppen.

ELEGANTE HEMDBLUSE

Die Hemdbluse von Seite 77 bekommt einen weißen Unterkragen aus Popeline; Knopflochleiste und innere Manschette sind ebenfalls aus weißem Popeline. Die Knöpfe werden mit grünem Stoff bezogen, und die Schulterpasse am Rücken erhält einen schmalen, grünen Paspelstreifen.

Einkaufsliste
- 1,85 m Stoff (1,40 m breit)
- 30 cm weißer Popeline (1,40 m breit)
- 10 cm dunkelgrüner Stoff
- 30 cm Vlieseline
- Nähgarn (grün und weiß)
- Maschinenstickgarn (weiß)
- 8 Knöpfe zum Überziehen

Arbeitsablauf
- 1 Maße vergleichen
- 2 Schnitt kopieren, auflegen
- 3 Zuschneiden
- 4 Paspelstreifen annähen
- 5 Zusammennähen
- 6 Säumen
- 7 Knopflochleiste verstürzen
- 8 Kragen
- 9 Manschetten
- 10 Taschen
- 11 Knopflöcher, Knöpfe

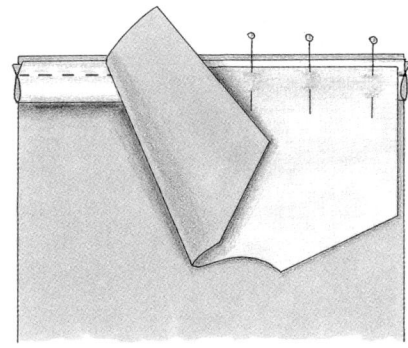

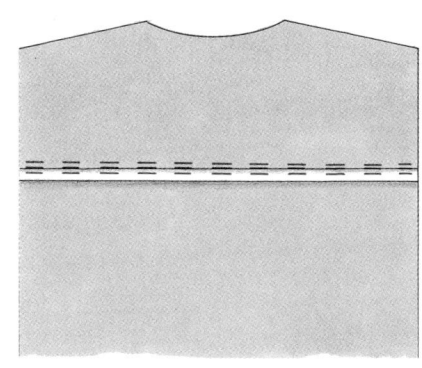

1–**3** Maße, Schnitt und Arbeitsablauf entsprechen der klassischen Hemdbluse. Kragen, Steg, Manschetten und Schulterpasse einmal aus dem Hemdenstoff und einmal aus Popeline zuschneiden. Zusätzlich aus grünem Stoff einen Streifen (4×55 cm) für die Paspel zuschneiden.

4a **4b** Legen Sie den Paspelstreifen längs zusammen, und bügeln Sie eine Bruchkante. Steppen Sie den Paspelstreifen an die obere Kante des Rückenteils mit einem Abstand zur Kante von 1 cm. Schulterpasse und Rückenteil rechts auf rechts legen, im Abstand von 1,5 cm zur Kante steppen.

4c Bügeln Sie die Schulterpasse nach oben. Mit einem Zierstich sticken Sie von der rechten Stoffseite füßchenbreit von der Nahtlinie entfernt mit weißem Maschinenstickgarn, oder Sie steppen parallel zur Kante drei Ziernähte.

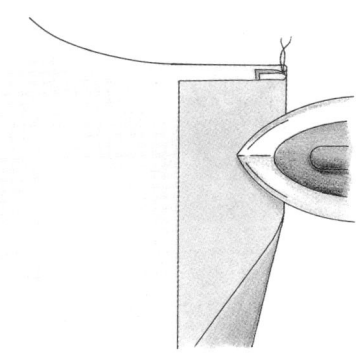

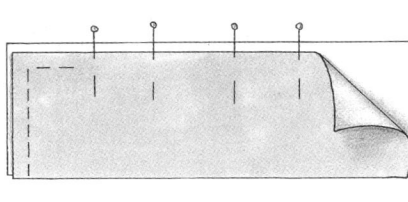

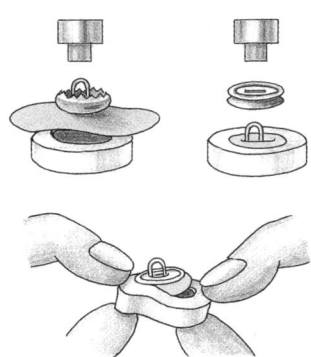

5–**7** Belege mit Vlieseline verstärken. Nähen Sie die Bluse zusammen; säumen. Verstürzen Sie die Knopflochleiste mit weißem Belegstreifen. Bügeln Sie sie auf Kante. Die genaue Anleitung finden Sie bei der Hemdbluse im Kapitel „Klassische Modelle".

8–**10** Den Kragen wie auf Seite 77 ff. beschrieben annähen. Auf der Unterseite (Unterkragen) befindet sich der weiße Popeline. Die Innenseiten der Manschetten werden ebenfalls aus weißem Popeline gearbeitet. Steppen Sie die Kanten von Kragen und Manschetten knapp ab. Die Taschen aufsetzen.

11 Nähen Sie die Knopflöcher (siehe Technikteil). Die Knöpfe überziehen Sie mit dem grünen Stoff (siehe Beipackzettel zu den Knopfrohlingen und Seite 91). Nähen Sie sie an.

BLUSE MIT ILEXSTICKEREI

Nehmen Sie für diese Hemdbluse einen festen Baumwollstoff. Das Ilexspalier auf dem Vorderteil wird mit einfachen Zierstichen gestickt. Die Kanten von Kragen, Manschetten und die Schulterpasse im Rücken werden mit dunkelgrünem und hellgrünem Garn im Knopflochstich und 3fach Stich verziert.

Einkaufsliste
- 1,85 m Stoff (1,40 m breit)
- 30 cm Vlieseline
- Nähgarn
- Maschinenstickgarn
- 9 Knöpfe (⌀ 1 cm)
- Zwillingsnadel

Arbeitsablauf
- 1 Maße vergleichen
- 2 Schnitt kopieren, auflegen
- 3 Zuschneiden
- 4 Sticken des Vorderteils
- 5 Schulterpasse nähen
- 6 Sticken der Kanten
- 7 Zusammennähen
- 8 Säumen
- 9 Knopf- und Knopflochleiste
- 10 Kragen
- 11 Manschetten
- 12 Knopflöcher, Knöpfe

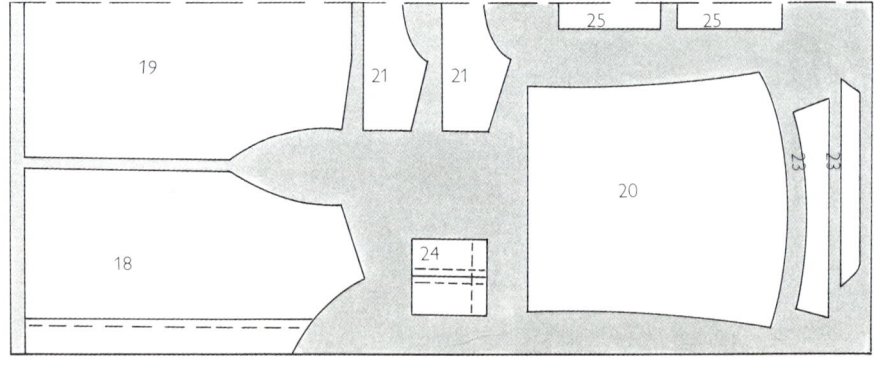

1 – **3** Verwenden Sie den Schnitt der Hemdbluse (siehe Schnittauflageplan) aus den „Klassischen Modellen". Vergleichen Sie die Maße, und kopieren Sie den Schnitt. Folgende Änderungen müssen Sie vor dem Zuschneiden beachten: Schneiden Sie das Vorderteil im Stoffbruch zu. Es wird zuerst bestickt und dann geteilt.

Die Taschen entfallen. Der Kragen ist aus einem Stoffstreifen (4 x 48,5 cm plus Nahtzugabe). Die Knopflochleiste zusätzlich zweimal plus 1,5 cm Nahtzugabe zuschneiden. Schneiden Sie für Kragen, Manschetten und Knopfleiste die Vlieseline zu, und bügeln Sie sie auf diese Teile.

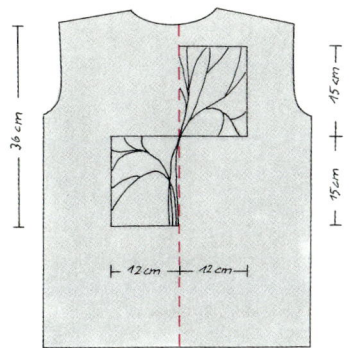

4 Markieren Sie die Mitte des Vorderteils. Zeichnen Sie die Ilexzweige auf den Stoff, beginnend am Stamm und dann in einem Bogen auslaufend. Die Spalierkante müssen Sie genau einhalten, um das Typische dieser Stickerei zu betonen.

Die Stickstiche auf der Pfaff Creative:

Stich-Nr.	Stich-breite	Stich-länge	Balance Rapport
05		4,0	0
50	6,0	14	0
85	6,0	0,35	8,0

Die Zweige und Blätter sind dunkelgrün, grün und hellgrün, die Beeren sticken Sie leuchtend rot. Die Zweige teilen sich zur Kante hin. Die Beeren befinden sich meist am äußeren Rand der Stickerei, vereinzelt in der Mitte.

Bügeln Sie die Stickerei von der linken Seite, und teilen Sie das Vorderteil an der Markierung.

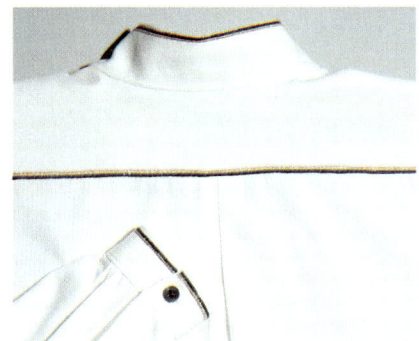

5 **6** Steppen Sie die Schulterpasse an das Rückenteil.

Passenkante am Rücken, Kragen- und Manschettenkanten besticken. Markieren Sie am Kragen und an den Manschetten die Bruchkanten.

Setzen Sie die Zwillingsnadel ein, Oberfaden dunkel- und hellgrün, und sticken Sie mit Zickzackstich.

Sticken Sie alle vier Teile (Schulterpasse, Kragen, beiden Manschetten) in einem Arbeitsgang mit gleicher Maschineneinstellung.

Den roten Akzent setzen Sie mit der Universalnadel und dem 3fach-Geradstich.

Dieser Stich schließt direkt an die grüne Kante an. Bügeln Sie die Stickerei von der linken Seite.

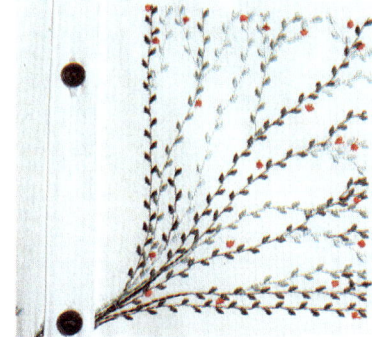

7 – **12** Die Bluse wird wie die Hemdbluse (Seite 77ff.) zusammengenäht und gesäumt. Arbeiten Sie nach der gleichen Anleitung Kragen, Manschetten, Knopflöcher und Knopfleiste.

Im Kragen werden 2 Knopflöcher im Abstand von 1,5 cm eingearbeitet. Zum Schluß nähen Sie die Knöpfe an.

FOLKLORE-BLUSE

Die hier beschriebene Stickerei nannten unsere Großmütter Weißstickerei. Sie bestickten nicht nur ihre Blusen, sondern auch Nachthemden und Kissenbezüge. Die Weißstickerei ist noch immer aktuell, erfordert jedoch etwas Geduld – auch wenn Sie mit der Maschine sticken.

Einkaufsliste
- 1,85 m Stoff (1,40 m breit)
- 30 cm Vlieseline
- Nähgarn
- weißes Maschinenstickgarn
- 9 Knöpfe (⌀ 1 cm)

Arbeitsablauf
- 1 Maße vergleichen
- 2 Schnitt kopieren, auflegen
- 3 Kragen, Manschetten besticken
- 4 Zusammennähen
- 5 Säumen
- 6 Knopfleiste
- 7 Kragen
- 8 Manschetten
- 9 Sticken
- 10 Knopflöcher, Knöpfe

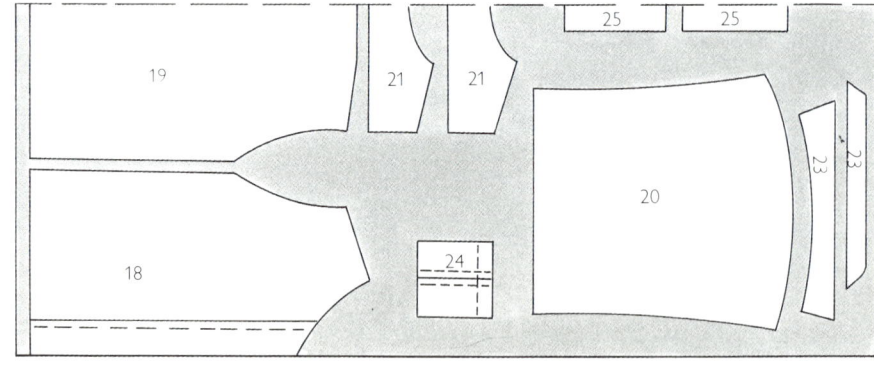

1 2 Der Grundschnitt dieser Folklorebluse entspricht der Hemdbluse („Klassische Modelle"). Dort finden Sie auch die einzelnen Arbeitsschritte beschrieben. Hier werden nur die Besonderheiten erklärt.

Die Maße vergleichen, den Schnitt kopieren und auf den Stoff legen. Für den Kragen schneiden Sie ein gerades Stück (8 × 60 cm plus 1,5 cm Nahtzugabe) zu. Die Vlieseline (4 × 60 cm) bügeln Sie auf eine Kragenhälfte. Bügeln Sie den Kragen längs auf die Hälfte. Auf Manschetten und Knopfleiste wird ebenfalls ein Stück Vlieseline aufgebügelt.

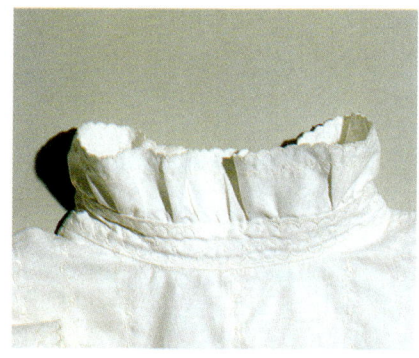

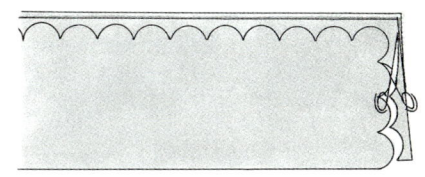

3a Vor dem Besticken von Kragen und Manschetten legen Sie ein Stück Seidenpapier unter den Stoff. Das erleichtert den Stofftransport. Sticken Sie mit dem Kantenfestonstich (0,5 mm Stichlänge, Bogenweite 7 mm) an den äußeren Kanten entlang.

3b Um die Kanten an Kragen und Manschetten abzurunden, schneiden Sie mit einer scharfen Schere (Stickschere) den überstehenden Stoff vorsichtig ab. Mit einem Abstand von 1 cm zur Kante besticken Sie den Kragen zusätzlich mit einem Zierstich.

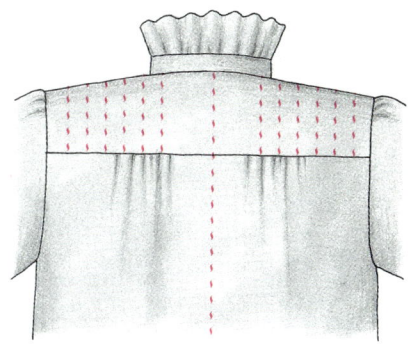

4 – **8** Das Zusammennähen der Bluse, das Säumen, das Fertigen und Annähen von Knopf- und Knopflochleiste sind bei der Hemdbluse genau beschrieben. Das Rückenteil kräuseln Sie ein und setzen es an die Schulterpasse. Bevor Sie die Manschetten mit 1 cm Übertritt an die Ärmel nähen, legen Sie in den Ärmel kleine Falten. Die Manschettenstickerei steht über.

Mit der gleichen Einstellung wie oben beschrieben sticken Sie den Festonstich auf den Kragensteg und die Knopflochleiste. Auf dem Foto können Sie die Stickarbeit gut erkennen.

9 10 Die Schulterpasse besticken Sie mit einem Zierstich (ca. 12 Reihen). Mit dem gleichen Stich sticken Sie von der Kragenmitte bis zur Saumkante.

Zum Schluß nähen Sie die Knopflöcher und Knöpfe an.

BESTICKTES JÄCKCHEN

Auf den folgenden Seiten werden zwei Jacken (Größe 38/40) vorgestellt. Eine für den Abend, die andere wird zusammen mit einem passenden Rock (z. B. dem klassischen Faltenrock) zum eleganten Kostüm.

Einkaufsliste
- 2,50 m Stoff (90 cm breit)
- 1,10 m Vlieswattierung (1,40 m breit)
- 1,80 m Futterstoff
- Nähgarn
- 1 Kopierpapier

Arbeitsablauf
- 1 Stickmuster aufzeichnen
- 2 Maße vergleichen, Schnitt kopieren
- 3 Zuschneiden
- 4 Wattierung anheften
- 5 Seitennähte
- 6 Muster übertragen
- 7 Muster A steppen
- 8 Schulternähte
- 9 Muster B steppen
- 10 Muster C sticken
- 11 Ärmel
- 12 Säumen
- 13 Futter
- 14 Kragen

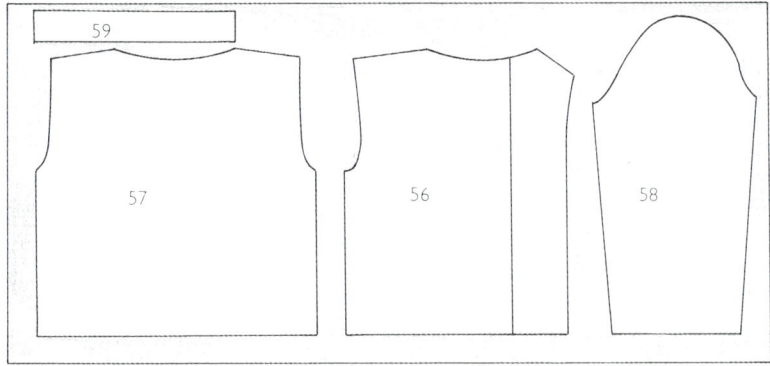

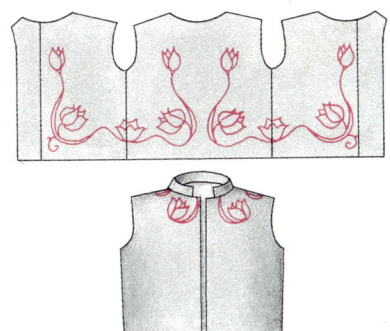

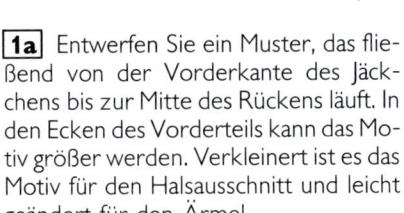

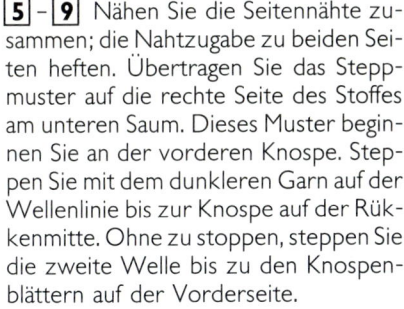

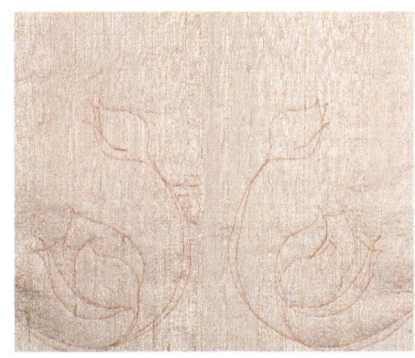

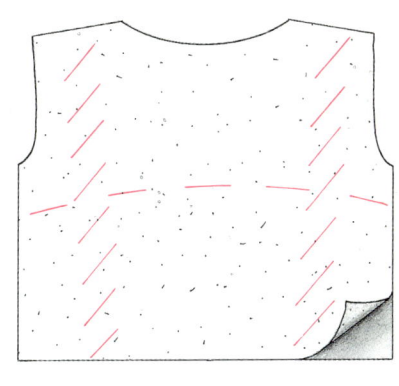

1a Entwerfen Sie ein Muster, das flie-ßend von der Vorderkante des Jäck-chens bis zur Mitte des Rückens läuft. In den Ecken des Vorderteils kann das Motiv größer werden. Verkleinert ist es das Motiv für den Halsausschnitt und leicht geändert für den Ärmel.

1b Sie können das Muster vom Schnittmusterbogen übernehmen (Nr. 109–111, schwarz). In beiden Fällen müssen Sie das Muster mit Kopierpapier auf den Stoff übertragen (siehe Technikteil).

2 – **4** Vergleichen Sie die Maße. Den Schnitt finden Sie unter Nr. 56–59 auf dem Schnittmusterbogen. Kopieren Sie ihn. Schneiden Sie die Schnitteile aus dem Grundstoff, aus Vlieswattierung und Futterstoff zu. Heften Sie die Vlieswattierung mit großen Stichen von links auf den Oberstoff.

5 – **9** Nähen Sie die Seitennähte zu-sammen; die Nahtzugabe zu beiden Seiten heften. Übertragen Sie das Steppmuster auf die rechte Seite des Stoffes am unteren Saum. Dieses Muster beginnen Sie an der vorderen Knospe. Steppen Sie mit dem dunkleren Garn auf der Wellenlinie bis zur Knospe auf der Rük-kenmitte. Ohne zu stoppen, steppen Sie die zweite Welle bis zu den Knospenblättern auf der Vorderseite.
Dann setzen Sie die Stepplinien der Blüten und Schnörkel an dieser Wellenlinie an. Schließen Sie die Schulternähte. Übertragen Sie das Muster für den Halsausschnitt. Es beginnt an der Nahtzugabe, geht im Bogen zur Blüte, dann zum zweiten Blütenblatt und im weiten Bogen zurück. Steppen Sie die Blütenblattspitzen am Blütenansatz.

10 Zeichnen Sie das Motiv vom Vorderteil auf den Ärmel, der Bogen geht in die Ärmelnaht. Heften Sie die Vlieswattierung gegen die Ärmel, und steppen Sie das Motiv wie beim Vorderteil nach.

11 – **14** Nähen Sie den Ärmel, legen Sie ein paar Falten in die Armkugel. Setzen Sie den Ärmel ein. Säumen Sie Jacke und Ärmel. Futter nähen und einsetzen. Den wattierten Kragen an die Jacke annähen.

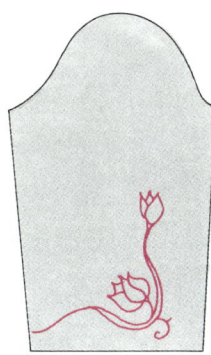

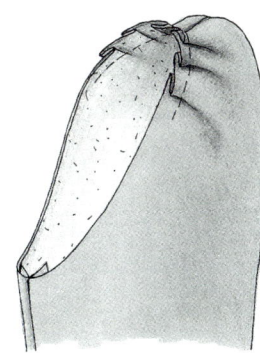

JACKE MIT RICHELIEU-STICKEREI

Das Richelieumuster kennen Sie sicherlich aus der Weißstickerei. Ein Blattmuster bildet die Grundlage dieses Entwurfs. Perlen setzen die Form des Musters fort. Eine solche Jacke paßt ebenso zum Faltenrock wie zu einer Hose.

Einkaufsliste

- 1,90 m Flanellstoff
  (1,40 m breit)
- 55 cm Vlieseline
- 1,80 m Futterstoff
- Nähgarn
- Maschinenstickgarn
- Knopflochseide
- 1,35 m Samtband
- Perlen verschiedener Größe
- 6 Perlen als Knöpfe
- 2,50 m Duchesseband

Arbeitsablauf

- 1 Stickmuster entwerfen
- 2 Maße vergleichen, Schnitt
  kopieren
- 3 Zuschneiden
- 4 Vlieseline aufbügeln
- 5 Muster übertragen
- 6 Schulternähte, Beleg und
  Halskante steppen
- 7 Richelieukanten steppen
- 8 Segmente ausscheiden
- 9 Sticken
- 10 Knopflöcher
- 11 Seitennähte schließen
- 12 Ärmel einsetzen
- 13 Säumen
- 14 Perlen aufsticken
- 15 Futter
- 16 Duchesseband
- 17 Armschlitz, Schlaufen,
  Knöpfe
- 18 Samtband

1 Entwerfen Sie ein asymmetrisches Blattmuster aus 2 großen und 3 bis 4 kleinen Blättern auf Schnittmusterpapier. Betonen Sie die Kanten der Blätter durch eine zweite Linie, die im Blattinnern verläuft. Der Zwischenraum (max. 1 cm) zur Außenkante wird für die Richelieustickerei später ausgeschnitten.

Wenn Ihre Nähmaschine ein Blattmuster stickt, zeichnen Sie zwischen die großen Blätter einen Ast, an dem kleine Stickereiblätter hängen können.

Stickstiche auf Pfaff Creative

Stich-Nr.	Stich-breite	Stich-länge	Balance Rapport
81	6,0	10	0

3 – **6** Schneiden Sie alle Teile aus Flanell, den Beleg aus Vlieseline und das Futter zu. Die Vlieseline auf die linke Stoffseite der Vorderteilbelege, Saum- und Ärmelkante bügeln.

Übertragen Sie die Konturen des Musters mit Schnittmusterkopierpapier auf die Vorderteile. Markieren Sie die Segmente, die ausgeschnitten werden sollen. Die Löcher dürfen nicht breiter als 7 mm und nicht länger als 5 cm werden. Schließen Sie die Schulternähte.

Den rückwärtigen Beleg an die Belege der Vorderteile nähen und mit der Halsausschnittkante verstürzen (siehe Technikteil).

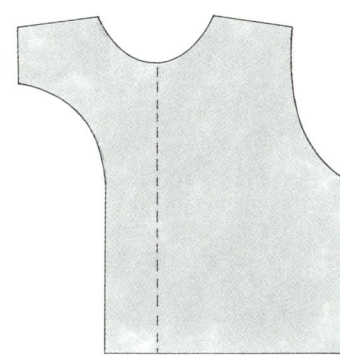

2 Vergleichen Sie die Maße. Kopieren Sie den Schnitt Nr. 56–59 vom Schnittmusterbogen (Größe 38/40). Diese Flanelljacke braucht einen größeren Beleg als das bestickte Jäckchen von Seite 148/149.

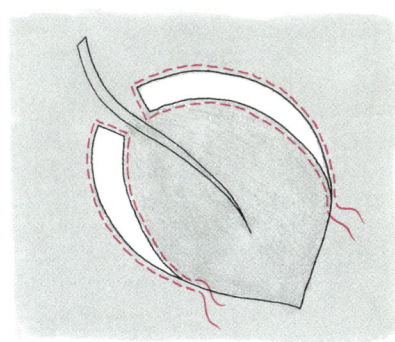

7 **8** Nähen Sie mit einem kleinen Geradstich (Stichlänge 1,5 mm) um die auszuschneidenden Formen herum.

9a Mit einem engen Zickzack- oder Knopflochstich (Stichbreite 3 mm, Stichlänge 0,4 mm) sticken Sie zuerst die Stege. Nähen Sie auf der einen Seite des „Loches" 3 Stiche, spannen Sie die Fäden zur gegenüberliegenden Seite, nähen Sie 3 Stiche, spannen Sie die Fäden hinüber zum Ausgangspunkt.

Schneiden Sie mit einer spitzen Schere (Stickschere) die markierten und umnähten Flächen aus.

Fassen Sie jetzt die gespannten Fäden mit dem Zickzackstich zu einem Steg zusammen, dabei vorwärtsnähen.

Arbeiten Sie im Abstand von 1 cm die Stege über die ausgeschnittenen Teile. Nochmals die ganze Form einfassen, die Steganätze dabei mitfassen.

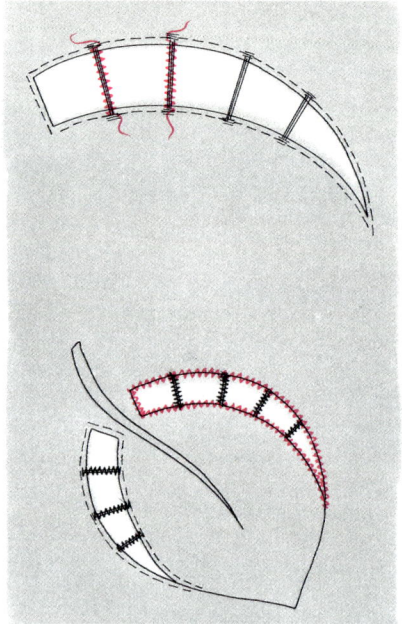

9b Erweitern Sie die Form zu Blättern. Variieren Sie dabei mit der Farbe des Stickgarns, z. B. helle Kontur, dunkler Stil oder heller Zweig mit einem kleinen dunkleren Blatt. Verändern Sie auch einmal die Breite des Zickzackstichs. Das Gesamtbild wirkt dann lebendiger.

Mit der Lochplatte des Nähmaschinenzubehörs können Sie vereinzelt auch runde Lochstickerei einfügen.

14 15 Die Perlen nach dem Entwurf festnähen. Sichern Sie nach jeder angenähten Perle den Faden. Falls eine Perle abfällt, folgen die anderen nicht so schnell. Die Perlen sollten kleiner und weniger werden, je weiter sie vom Halsausschnitt weg sind. Den Abschluß bildet ein Kreisbogen aus kleinen, weit gesetzten Perlen.

Nähen Sie das Futter zusammen, und setzen Sie es ein.

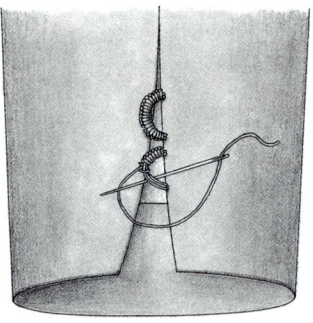

16 Mit dem schwarzen Duchesseband können Sie die Ansatzkante des Futterstoffes am Beleg abdecken. Nähen Sie es von Hand mit hohlen Saumstichen an.

17 Versäubern Sie den Armschlitz. Arbeiten Sie an jeden Ärmel mit Knopflochseide drei Schlaufen. Nähen Sie die Perlenknöpfe an.

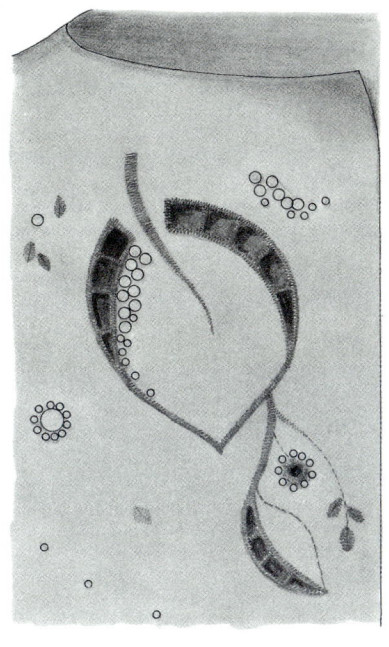

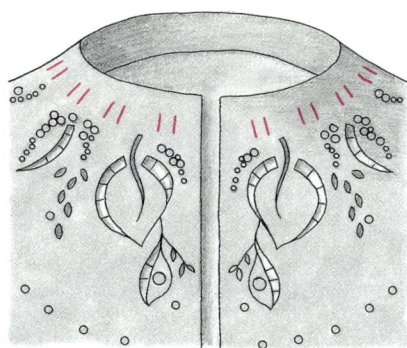

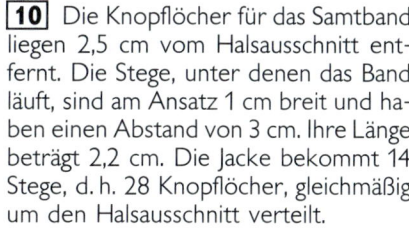

10 Die Knopflöcher für das Samtband liegen 2,5 cm vom Halsausschnitt entfernt. Die Stege, unter denen das Band läuft, sind am Ansatz 1 cm breit und haben einen Abstand von 3 cm. Ihre Länge beträgt 2,2 cm. Die Jacke bekommt 14 Stege, d. h. 28 Knopflöcher, gleichmäßig um den Halsausschnitt verteilt.

11 – **13** Nachdem Sie die Stickerei beendet haben, schließen Sie die Seitennähte. Mit einem feuchten Tuch bügeln. Die Ärmelnähte bis auf 7 cm vom Ärmelsaum schließen.
Legen Sie die Armkugeln an den markierten Stellen in Falten und setzen Sie den Ärmel ein. Die Jacke säumen.

18 Ziehen Sie zum Schluß das Samtband locker durch die Knopflöcher am Halsausschnitt. Versäubern Sie die Schnittkanten des Samtbandes.
Diese Jacke kann mit einem Faltenrock (siehe „klassische Modelle" Seite 74) zum schicken Kostüm kombiniert werden. Wird die Jacke etwas länger zugeschnitten, so können Sie sie auch zu einer Hose tragen.

FOLKLORE-BLAZER

Wenn Sie den Blazer aus den „Klassischen Modellen" etwas verändern, bekommen Sie einen modernen und sehr schicken Folkloreblazer.

Einkaufsliste
- 1,60 m Stoff (1,40 m breit)
- 1,40 m Futterstoff (1,40 m breit)
- 30 cm Lederimitat (1,10 m breit)
- 1,20 m Vlieseline
- Nähgarn
- 1 Paar Schulterpolster
- 10 Trachtenknöpfe

Arbeitsablauf
- 1 Maße vergleichen
- 2 Schnitt kopieren, verändern
- 3 Zuschneiden des Blazers
- 4 Versäubern
- 5 Zusammennähen
- 6 Säumen
- 7 Paspelstreifen
- 8 Schulterpolster
- 9 Futter nähen, einsetzen
- 10 Knöpfe annähen

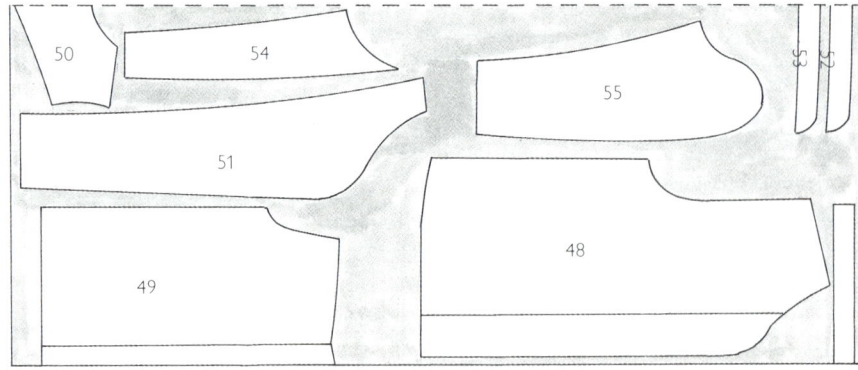

1 - **4** Vergleichen Sie die Maße. Der Blazer ist in Größe 40 auf dem Schnittmusterbogen angegeben. Kopieren Sie den Schnitt vom Schnittmusterbogen Nr. 48–55. Für den Riegel schneiden Sie 30 × 5 cm (plus 1,5 cm Nahtzugabe) zu. Schneiden Sie Futter und Einlage zu.
Aus Lederimitat schneiden Sie zu:
1 Eichenblatt (Schnittmusterbogen)
4 Streifen 4 × 16 cm (Taschen)
2 Streifen 4 × 14 cm (Taschen)
1 Streifen 12 × 66 cm (Rückenfalte)
2 Streifen 4 × 24 cm (Schultern)
2 Streifen 3 × 75 cm (Vorderkanten)
1 Streifen 3 × 86 cm (Kragen, Schulterpasse)
2 Streifen 3 × 30 cm (Riegel)
3 Streifen 4 × 5 cm (Knopflöcher)
Vor dem Zusammennähen versäubern Sie die Schnitteile des Oberstoffs.

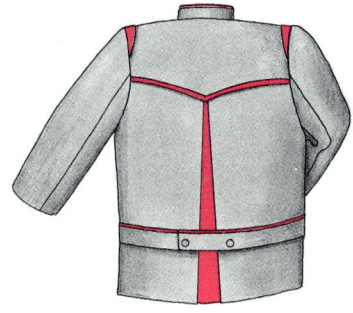

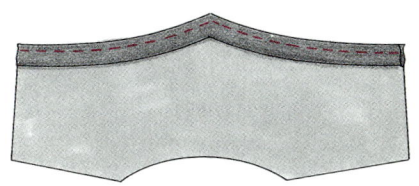

5a Nähen Sie den Paspelstreifen an die rückwärtige Schulterpasse. Wie Sie die Paspelstreifen nähen, wird genau auf Seite 142 ff. erklärt.

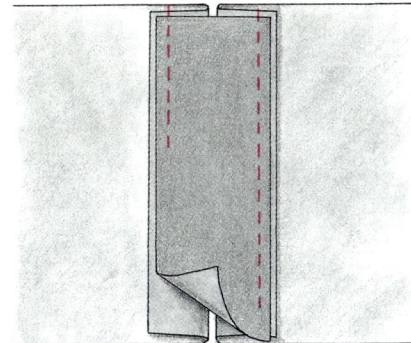

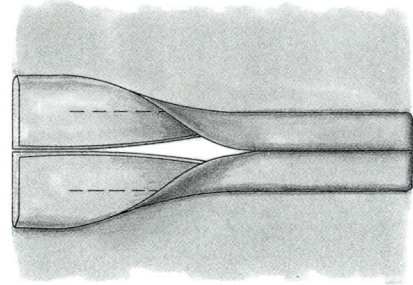

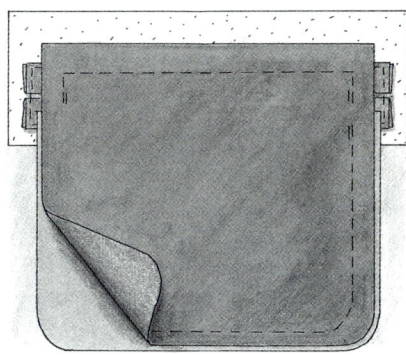

5b Bügeln Sie die Bruchkanten der rückwärtigen Falte; diese mit Lederimitat unterlegen und die Seitennähte steppen. Nähen Sie das Rückenteil an die Schulterpasse. Vorsichtig bügeln, das Lederimitat bekommt leicht Glanzstellen. Steppen Sie eine Ziernaht knapp an der Nahtlinie entlang.

5c Nähen Sie die Paspeltaschen und die Paspelknopflöcher an die Vorderteile. Die doppelt liegenden Paspeln auf die rechte Seite des Vorderteils legen. Die Schnittkanten liegen exakt auf der markierten Mittellinie des Knopfloches. Mit einem Geradstich die Paspeln bis zur Endmarkierung aufsteppen. Anschlie-

ßend das Knopfloch aufschneiden und die Paspeln verstürzen. Die Paspeln bis zur Mitte zusammenschieben und mit schrägem Heftstich fixieren. Die Paspeln von rechts in der Nahtlinie feststeppen. Für die Paspeltaschen werden an die Paspelstreifen die Taschenbeutel angesteppt (siehe auch Technikteil).

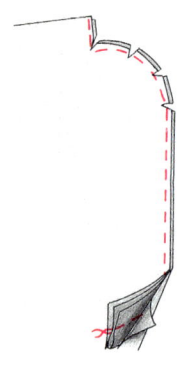

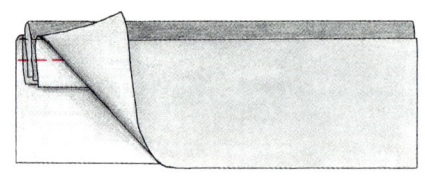

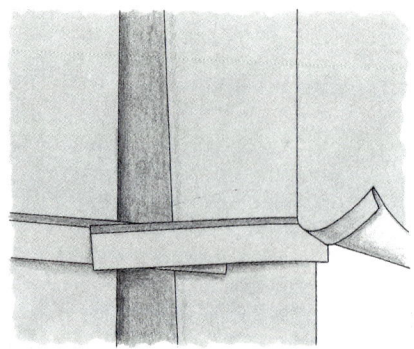

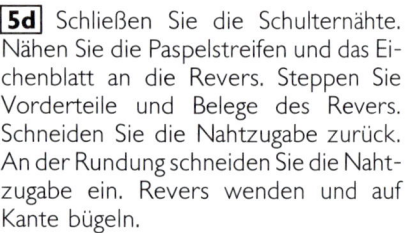

5d Schließen Sie die Schulternähte. Nähen Sie die Paspelstreifen und das Eichenblatt an die Revers. Steppen Sie Vorderteile und Belege des Revers. Schneiden Sie die Nahtzugabe zurück. An der Rundung schneiden Sie die Nahtzugabe ein. Revers wenden und auf Kante bügeln.

5e Nähen Sie den Paspelstreifen an die Oberkante des Stehkragens. Die Nähanleitung für den Stehkragen finden Sie im Technikteil.

5f Paspeln Sie die Oberkante der Riegel. Nähen Sie die Riegel, und stecken Sie beide Riegelteile an die Markierungspunkte der Seitennaht. Die Seitennaht schließen. Die Riegel überlappen sich in der Rückenfalte um 12 cm.

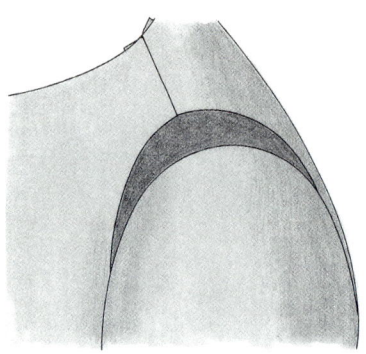

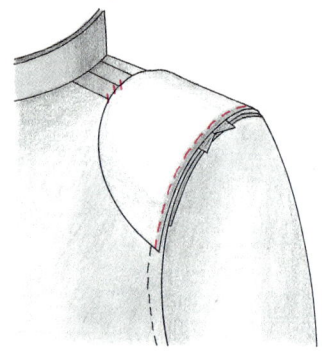

6 7 Säumen Sie die Jacke und nähen Sie die Paspole an die Schulter. Die Schulternaht ist die Mitte, von der aus die Paspole langsam zur Nahtzugabe auslaufen. Nähen Sie die Ärmel, und setzen Sie sie ein.

8 9 Setzen Sie anschließend die Schulterpolster ein.
Nähen Sie das Futter für den Blazer. Genaue Anleitung finden Sie im Nähkurs „Klassische Modelle". Die untere Kante des Rückenteils wird nicht am Jackensaum festgenäht, sondern lose gesäumt.

10 Nähen Sie die Knöpfe an; drei Knöpfe auf dem linken Vorderteil, drei auf dem rechten Vorderteil neben den Knopflöchern. Zwei Knöpfe befestigen Sie an den Revers. Zwei Knöpfe nähen Sie an den Riegel im Rücken der Jacke.

APARTES KOSTÜM

Wagen Sie etwas Außergewöhnliches. Mit einem Rest Polsterstoff sowie Samt, Lederstreifen, Samtband, Tresse (Soutache), glänzendem Duchesseband und einem Zierstich können Sie ein apartes Kostüm kreieren.

Einkaufsliste
- Polsterstoff (60 x 120 cm)
- Samt für Ärmel, Seitenteile, Rock
- Futterstoff für Jacke und Rock
- Duchesseband (4 cm breit)
- Wildlederstreifen (2 cm breit)
- Samtband (1 cm breit)
- schwarze Tresse (Soutache)
- Bundfix
- Vlieswattierung
- Maschinenstickgarn
- Nähgarn
- 1 Reißverschluß (20 cm)
- 8 Kugelknöpfe

Arbeitsablauf
- 1 Messen
- 2 Schnitt kopieren
- 3 Zuschneiden
- 4 Zusammennähen
- 5 Bänder festnähen
- 6 Zusammennähen
- 7 Futter

Vorder-teil   Vorder-teil

Rucken-teil

Manschetten

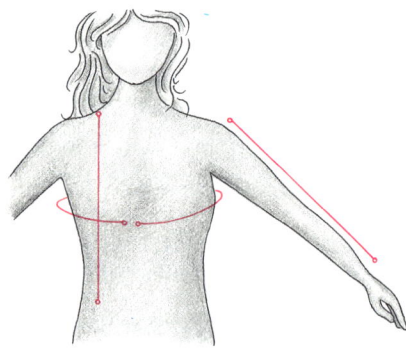

1 Vor dem Zuschneiden bestimmen Sie Ihre Körpermaße. Messen Sie vor allem die Armlänge und die Oberweite.

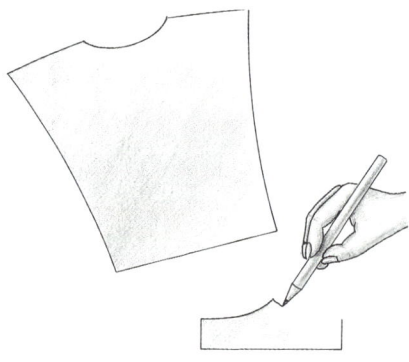

2 Nehmen Sie diesen Schnitt als Anregung. Kaufen Sie einen ähnlichen Fertigschnitt, oder entwerfen Sie Ihren eigenen Jackenschnitt. Richten Sie sich dabei nach der Größe des Polsterstoff- oder Mantelstoffrests.

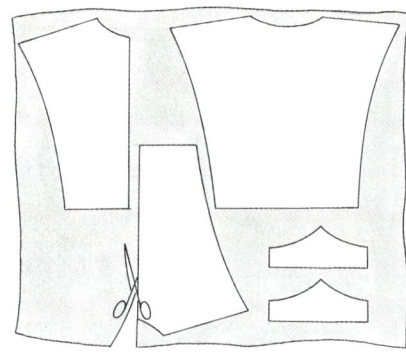

3 Schneiden Sie aus dem Polster- oder Mantelstoffrest die beiden Vorderteile und das Rückenteil zu. Die Manschetten können aus Polster- oder Mantelstoff sein. Ärmel, Seitenteile und Rock aus Samt zuschneiden. Schneiden Sie das Innenfutter zu.

5b Die Kanten der Vorderteile werden ebenfalls mit dem Duchesseband eingefaßt. Steppen Sie anschließend die Tresse knapp neben dem Duchesseband auf. Auf der rechten Seite des Vorderteils legen Sie aus der Tresse 8 Schlaufen für den Knopfverschluß.

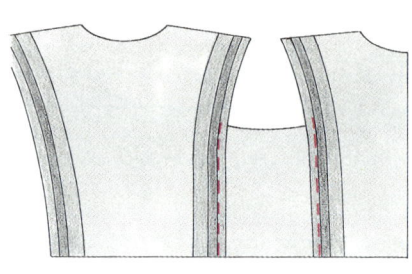

6a Nähen Sie zwischen Vorder- und Rückenteil rechts und links die beiden Seitenteile aus Samt ein.

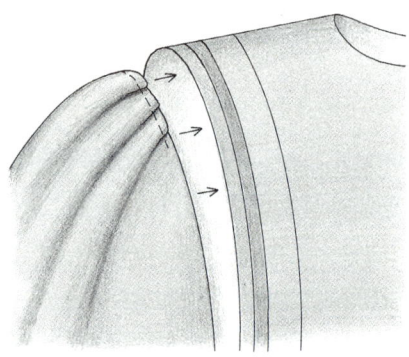

6b Legen Sie die Ärmel aus Samt oben und unten gleichmäßig in Falten. Stecken Sie die Ärmel ein. Die gestickte Außenkante des Ärmels steht etwa 2 cm über den Ärmel hinaus. Steppen Sie von der rechten Seite an der Lederkante.

4 Nähen Sie zuerst den Rock zusammen. Er besteht aus zwei ausgestellten Rockbahnen, die je nach Taillenweite in Falten gelegt werden können (vgl. Faltenrock „Klassische Modelle"). Schließen Sie die Schulternähte der Jacke.

5a Fassen Sie die äußeren Kanten der Jacke aus Polsterstoff mit dem Duchesseband ein. Steppen Sie neben die Kante des Duchessebandes das Leder- oder Lederimitatband, an die Kante des Lederbandes das schmalere Samtband steppen. Leder- und Samtband werden mit einem Zierstich eingefaßt. Steppen Sie die Tresse oder eine andere schmale Borte an das Lederband im Abstand zur Kante fest.

6c Fassen Sie die obere Kante der Manschette mit dem Duchesseband ein. Daneben die Tresse und das Samtband feststeppen. Das Lederband wird zur Hälfte innen und außen an der Manschette festgenäht. Verzieren Sie die Kanten mit einem Zierstich. Füttern Sie die Manschette, und setzen Sie fest an.

6d Der Stehkragen der Jacke besteht aus einem geraden Stück Stoff. Polstern Sie den Stehkragen mit der Vlieswattierung. Nähen Sie den Kragen fest. Die Kragenkanten fassen Sie mit der Tresse ein.

7 Nähen Sie das Futter.
An den Saum des Unterrocks steppen Sie ein schwarzes Samtband. Dadurch fällt der Rock sehr schön. Der Unterrock hat die gleiche Länge wie der Samtrock. Lassen Sie den Unterrock mit dem Samtband etwas hervorblitzen.

JEANS-VARIATIONEN

Jeans gehören seit Jahrzehnten zu den beliebtesten Kleidungsstücken. Warum versuchen Sie nicht einmal, eine Jeans kreativ zu gestalten? Setzen Sie aus geblümtem Baumwollstoff einen Keil in die Hosenbeine, Taschen auf die Oberschenkel und einen hohen Bund an die Taille, der mit einem Gürtel gehalten wird.

Einkaufsliste
- 75 cm bunten Baumwollstoff (1,40 m breit) (bei 1,04 m Seitenlänge der Hose)
- Nähgarn

Arbeitsablauf
- 1 Maße aufschreiben
- 2 Seitennähte und Bund auftrennen
- 3 Zuschneiden
- 4 Taschen aufnähen
- 5 Keile einnähen
- 6 Bund annähen
- 7 Gürtelschlaufen annähen

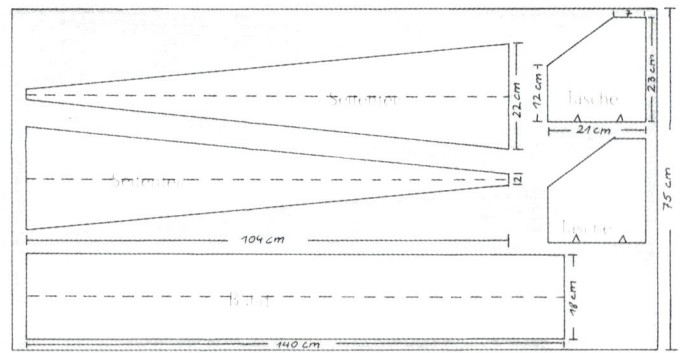

1 - 3 Messen Sie die Seitenlänge der Hose von der Bundkante bis zum Saum. Das ergibt die Länge des Seitenkeiles plus Saum- und Nahtzugabe. Trennen Sie die Seitennähte der Hose vorsichtig auf und die am Bund angenähten Kanten der Gürtelschlaufen ab. Heruntergeklappt feststecken. Trennen Sie den Bund ab. Bügeln Sie die Kanten. Legen Sie den gemusterten Stoff auf eine Tischplatte.
Zeichnen Sie auf die linke Stoffseite mit Schneiderkreide die Teile auf: 2 Keile, 2 Taschen, 1 Bund. Alle Teile mit 1,5 cm Nahtzugabe zuschneiden. Versäubern Sie die Kanten der Schnitteile mit einem mittleren Zickzackstich.

4 Bügeln Sie die Nahtzugabe der schrägen Kante der Taschen auf die linke Stoffseite. Stecken Sie die Kante mit Stecknadeln fest, und steppen Sie sie füßchenbreit ab.
Bügeln Sie die Nahtzugaben der übrigen Taschenkanten um, und stecken Sie die Taschen auf die Hose. An der unteren Kante werden 2 Falten (2 cm tief) gelegt. Die Taschenbreite beträgt unten 13 cm. Stecken Sie den alten Taschenbeutel der Jeans zum Bund hoch, damit er nicht eingenäht wird. Steppen Sie die neuen Taschen einmal knappkantig und einmal füßchenbreit an die Hose.

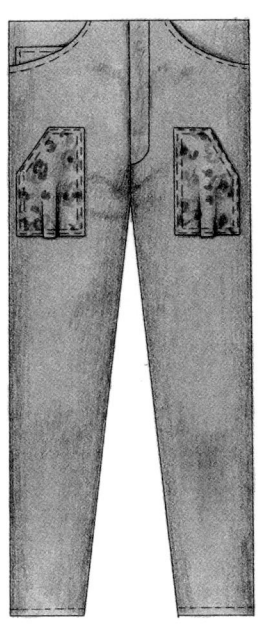

5 Stecken Sie die Keile mit der rechten Stoffseite seitlich auf die rechte Stoffseite der Vorderhose. Die Naht in der alten Nahtlinie steppen, anschließend ausbügeln.
Wenden Sie die rechte Hosenseite nach innen. Stecken Sie die rückwärtige Hose seitlich an den Keil. Steppen Sie in der alten Nahtlinie. Anschließend bügeln. Den Saum der Keilspitze einschlagen und die Kante steppen.

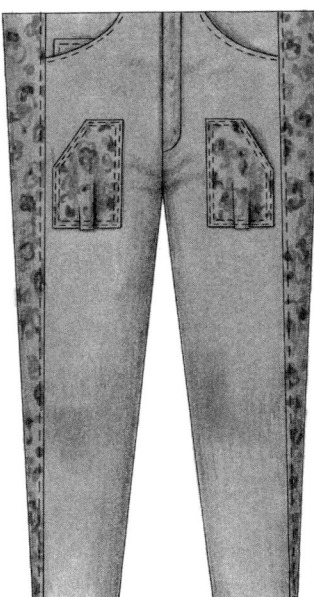

6 7 Kontrollieren Sie die neue Taillenweite. Steppen Sie den neuen Bund an der Stirnseite zusammen. Den neuen Bund rechts auf rechts an die Hose stecken. (Beachten Sie: die Hose ist jetzt sehr weit, Sie brauchen den Reißverschluß nicht mehr zu öffnen.)
Steppen Sie nahtbreit. Schlagen Sie den Bund nach innen, und die Kante 1,5 cm ein. Innenkante feststeppen. Bügeln Sie den Bund, und steppen Sie 2 cm von der oberen Kante eine Ziernaht.
Schlagen Sie die alten Gürtelschlaufen nach oben, und nähen Sie sie fest. Bei Bedarf nähen Sie zwei weitere Gürtelschlaufen an. Ein Gürtel hält die Weite zusammen; verteilen Sie diese gleichmäßig.

GÜRTEL MIT BÄNDERN

Mit einem selbstentworfenen und selbstgenähten Gürtel vervollständigen Sie schnell Ihre Kleidung. Kombinieren Sie bunte Bänder mit dekorativen Stickstichen in verschiedenen Farben. Wählen Sie Farben für die Bänder und Stickgarne, die zu einem Rock, einer Bluse oder zu Schuhen passen.

Einkaufsliste
- 10 cm Stoff (90 cm breit)
- 12 cm Vlieseline (90 cm breit)
- Maschinenstickgarn (2 verschiedene Farben)
- 2 Knöpfe
- 80 cm Duchesseband (4 cm breit)
- 1,60 m Ripsband (1,5 cm breit)

Arbeitsablauf
- 1 Vlieseline zusammenlegen
- 2 Gürtelrückseite unterlegen
- 3 Bänder aufsteppen
- 4 Sticken
- 5 Knopflöcher, Knöpfe
- 6 Bandenden

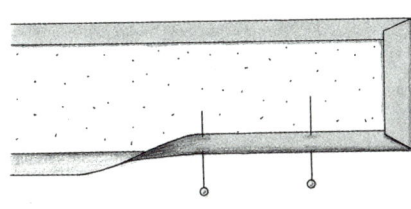

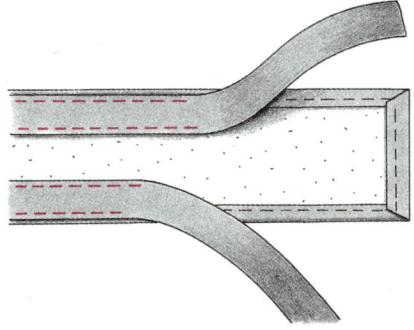

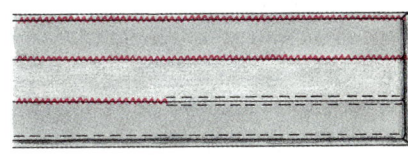

1 2 Legen Sie die Vlieseline doppelt. Bügeln Sie die Bruchkanten vorsichtig. Die Breite des fertigen Gürtels beträgt 6 cm. Nähen Sie den Stoff für die Rückseite auf die doppelte Vlieseline. Schlagen Sie alle vier Kanten auf die Vorderseite. Feststeppen.

3 Steppen Sie das Duchesseband auf die Vorderseite des Gürtels in die Mitte. Schlagen Sie die Stirnkanten 1 cm ein. Die Bänder decken die Schnittkanten der umgeschlagenen Rückseite ab.

4 Sticken Sie die Kanten der Bänder mit einem Zickzackstich (Stichbreite 2 mm, Stichlänge 0,5 mm). Die Farbe des Garns in der Spule entspricht der des Stoffes der Rückseite.

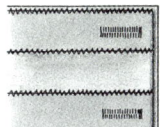

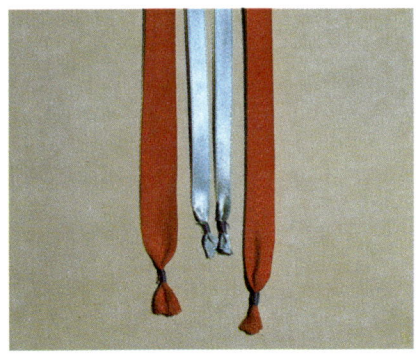

Hinweis:
Statt des unter Punkt 4 erwähnten Zickzackstiches können Sie die Bänder auch mit verschiedenen Zierstichen auf den Grundstoff nähen (siehe Detailfoto eines weiteren Gürtels Seite 162).
Zur Verstärkung der Gürtel kann statt der Vlieseline auch die neu auf dem Markt erschienene Gürteleinlage genommen werden.

5 6 Nähen Sie zwei Knopflöcher, und nähen Sie die Knöpfe an. Der Untertritt richtet sich nach der Taillenweite. Die Bandenden müssen nicht unbedingt eingeschlagen werden. Steppen Sie das Duchesseband auf die Vorderseite des Gürtels, die Bänder hängen zu beiden Seiten ca. 35 cm über. Damit die Bandenden nicht ausfransen, verknoten Sie die Enden oder umwickeln diese einige Male mit Nähseide.

APPLIKATIONEN

Mit Applikationen können Sie ein fertiges oder auch ein selbstgenähtes Kleidungsstück nach Ihrem Geschmack wirkungsvoll verändern. Damit der Applikationsstoff nicht so leicht ausfranst, sollten Sie einen festgewebten Stoff verwenden. Das von Ihnen ausgewählte Motiv (z. B. Charlie Chaplin, Blumen, Tiere, Bäume) können Sie durch Stickerei oder mit verschiedenen Befestigungsstichen zusätzlich hervorheben.
Es gibt zwei Methoden für das Applizieren:
1. Bügeln Sie Haftvlies auf die Rückseite des Applikationsstoffes. Übertragen Sie das Motiv auf den Stoff, und schneiden Sie es aus. Ziehen Sie das Trägerpapier ab. Die Applikationen auf die vorgesehene Stelle legen und festbügeln. Steppen Sie die Kanten mit Geradstich, und fassen Sie diese anschließend mit dem Zickzack- oder einem anderen Zierstich ein.
2. Zeichnen Sie das Motiv der Applikation auf die linke Stoffseite des Kleidungsstückes. Bügeln Sie Vlieseline auf die Rückseite des Applikationsstoffs. Auf die rechte Stoffseite heften Sie den Applikationsstoff. Steppen Sie die Linien des Motivs von der linken Stoffseite. An den Linien mit einem Zickzackstich oder einem anderen Zierstich von der rechten Stoffseite entlangnähen. Mit einer Stickschere das Motiv auf der rechten Stoffseite ausschneiden. Ein unterlegtes Seidenpapier erleichtert den Stofftransport. Schalten Sie die Nähmaschine auf doppelten Stofftransport.

NACHTHEMD MIT WOLKE

Die Nachthemden sind nach einem ganz einfachen Fertigschnitt gefertigt. Sie sind für Kinder ebenso schön wie für Erwachsene. Wählen Sie einen „Nickistoff". Er ist gut zu tragen und hält warm. Unsere Nachthemden sind knöchellang.

Einkaufsliste

- 1 Fertigschnitt
- Nickistoff (Menge je nach Größe)
- Applikationsstoff (12 x 5 cm)
- Vlieseline (20 x 5 cm)
- Haftvlies (10 x 5 cm)
- Maschinenstickgarn (blau)

Arbeitsablauf

- 1 Maße vergleichen
- 2 Zuschneiden
- 3 Applizieren der Wolke
- 4 Sticken der Möwen
- 5 Zusammennähen
- 6 Säumen

1 2 Vergleichen Sie die Maße mit Ihren Körpermaßen. Wenn Sie einen einfachen Kleiderschnitt verwenden, denken Sie beim Vergrößern daran, daß ein Nachthemd bequem weit sein sollte. Die Ärmel werden mit Bündchen zusammengehalten. Ein kleiner Stehkragen bildet den Halsabschluß. Die Länge des Nachthemds bestimmen Sie selbst.

Für den Schlafanzug verwenden Sie den Schnitt einer Jogginghose. Das Oberteil entspricht dem Nachthemdenschnitt. Den Abschluß bildet ein Taillenbund.

Aus Stoffresten können Sie sogar noch ein Puppennachthemd nähen.

Nachdem Sie den Schnitt nach Ihren Vorstellungen verändert haben, schneiden Sie die Teile zu. Versäubern Sie die Kanten.

3 Wolke und Möwen entwerfen Sie auf einem Blatt Papier. Kopieren Sie diese beiden Motive auf Vlieseline. Bügeln Sie die Vlieseline auf die linke Stoffseite des Applikationsstoffs. Schneiden Sie anschließend die Wolken aus. Mit Haftvlies bügeln Sie die Wolke auf das Vorderteil des Nachthemds. Steppen Sie die Wolke von der rechten Stoffseite mit einem

mittleren Geradstich. Fassen Sie die Kanten mit Maschinenstickgarn im Zickzackstich (Breite 3 mm, Länge 0,5 mm) ein. Sticken Sie mit diesem Stich eine Linie in die Wolke.

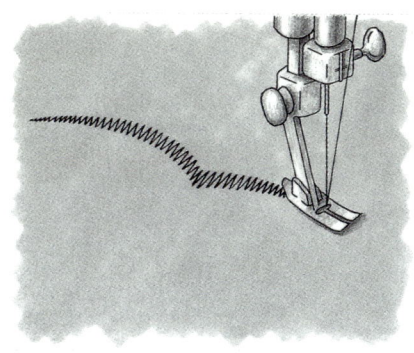

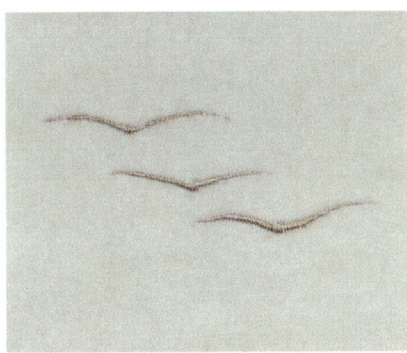

5 6 Die Schlafanzug- oder Nachthemdenteile mit dem Overlockstich zusammennähen. Beginnen Sie mit den Schulternähten. Fertigen Sie Kragen und Ärmelbund (den Bund für das Schlafanzug-Oberteil). Steppen Sie die Ärmel an Vorder- und Rückenteil, schließen Sie die Seiten- und Ärmelnähte. Kragen und Bund annähen. Säumen Sie das Nachthemd.

4 Sticken Sie mit dem grauem Maschinenstickgarn auf den linken Teil des Vorderteils drei Möwen. Es ist ratsam, auf die linke Seite des Stoffes unter den Teil, auf dem die Möwen gestickt werden sollen, ein Stück Vlieseline zu bügeln.

Die drei Möwen sticken Sie mit dem Zickzackstich (von der rechten Seite),

der von 0,5 bis 3 mm zunimmt, es folgen fünf Stiche (4 mm breit) und wieder zurück auf 3 mm bis 0,5 mm Stichbreite. Die Flügellänge beträgt jeweils 2 cm. Die Möwen sind insgesamt 4,2 cm breit. Möglicherweise hat Ihre Nähmaschine einen Zierstich, der Ihnen die vielen Sticheinstellungen erspart.

CHARLIE CHAPLIN

Sie haben ein fertig gekauftes Sweatshirt oder eine selbstgenähte Bluse, einen Rock oder eine Jacke. Dekorieren Sie dieses Kleidungsstück mit Charlie Chaplin. Das ist eine einfache Applikation aus schwarzem Stoff. Körper, Hut und Haare werden appliziert. Gesicht, Hand, Stock und Schlips werden gestickt.

Einkaufsliste
- *Applikationsstoff*
- *evtl. Vlieseline*
- *Seidenpapier*
- *Maschinenstickgarn*

Arbeitsablauf
- *1 Figur kopieren*
- *2 Konturen übertragen*
- *3 Applikationsstoff anheften*
- *4 Konturen steppen*
- *5 Kanten einfassen*
- *6 Sticken*

1 Die Figur von Charlie Chaplin finden Sie auf dem Schnittmusterbogen Nr. 106–108. Charlie Chaplin gibt es in 3 verschiedenen Posen.
Vergrößern oder verkleinern Sie die Figur mit einem Fotokopiergerät.
Schneiden Sie die Kopie aus.

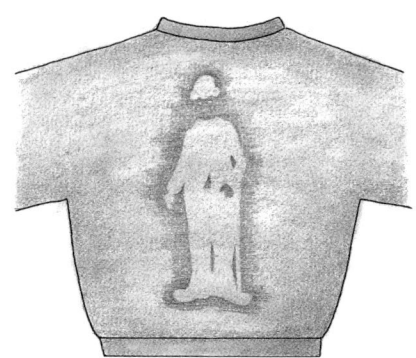

2 Übertragen Sie die Konturen auf die linke Seite des Kleidungsstücks. Bei dunklem Stoff nehmen Sie Kreidepulver oder Schneiderkreide. Streichen Sie von der Figurenmitte über die Kanten, so erhalten Sie die Umrisse.

3 Auf die rechte Seite des Kleidungsstückes heften Sie ein Stück Applikationsstoff (vorher mit Vlieseline verstärken), das mindestens 5 cm über die Konturen des Motivs hinausragt.

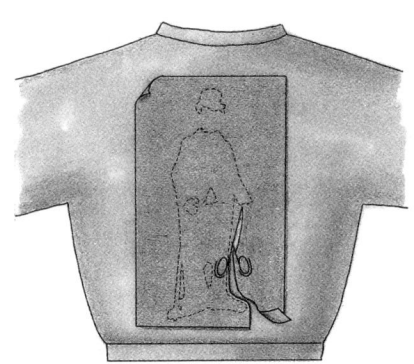

4 Von der linken Stoffseite nähen Sie die Konturen des Motivs nach, Stichlänge 1,5 mm.
5 Mit einem Zickzackstich (Breite 3 mm, Stichlänge 0,5 mm) nähen Sie auf der rechten Seite um die Kanten herum.

Hinweis: Beim Frackzipfel verkleinern Sie die Stichbreite auf 0 mm, so daß der Zipfel spitz zuläuft. Setzen Sie an der Innenseite wieder an.
Von der rechten Stoffseite schneiden Sie den überstehenden schwarzen Stoff knapp ab.

6 Sticken Sie mit dem Zickzackstich (Stichlänge 0,4 mm) die Augenbrauen. Sie werden zur Gesichtsmitte breiter. Sticken Sie den Oberlippenbart und alle anderen im Schnittmusterbogen markierten Linien.

KINDER-HAND-TÜCHER

Verzieren Sie die Handtücher Ihrer Kinder mit lustigen Tiermotiven. Das Applizieren der Figuren auf fertig gekauften Handtüchern ist einfach. Beim Kauf des Applikationsstoffes und der Borten achten Sie darauf, daß diese Materialien farb- und kochfest sind. Alle Baumwollstoffe vor dem Verarbeiten sicherheitshalber mit heißem Wasser überbrühen.

Einkaufsliste
- 1 weißes Handtuch
- weißen Applikationsstoff (25 x 12 cm)
- Vlieswattierung (25 x 12 cm)
- Maschinenstickgarn
- 55 cm grüne Baumwollborte
- Seidenpapier
- Schneiderkopierpapier

Arbeitsablauf
- 1 Motiv kopieren
- 2 Motiv übertragen
- 3 Motiv steppen
- 4 Motiv einfassen
- 5 Sticken
- 6 Borte annähen
- 7 Sticken

1 2 Auf dem beiliegenden Schnittmusterbogen finden Sie das Gansmotiv Nr. 121. Machen Sie von diesem Motiv eine Fotokopie (vergrößert oder verkleinert), oder pausen Sie es durch. Übertragen Sie das Motiv auf die rechte Seite des Applikationsstoffes mit Schneiderkopierpapier.

3 4 Die Vlieswattierung gibt den Motiven mehr Volumen. Stecken Sie deshalb zwischen Handtuch und Applikationsstoff zwei Lagen Vlieswattierung. Der Unterfaden der Nähmaschine entspricht der Farbe des Handtuchs (Weiß). Der Oberfaden entspricht der Farbe des Applikationsstoffes (in diesem Fall Weiß).
Steppen Sie mit kleinen Geradstichen (1,5 mm) genau die Konturen des Tierkörpers nach. (Schnabel und Füße werden gestickt.)
Fassen Sie von rechts die Kanten bis zur Steppnaht mit dem Knopfloch- oder Zickzackstich ein (Breite 3 mm, Länge 0,5 mm).
Mit einer scharfen Schere schneiden Sie den überstehenden Stoff und die Vlieswattierung ab.

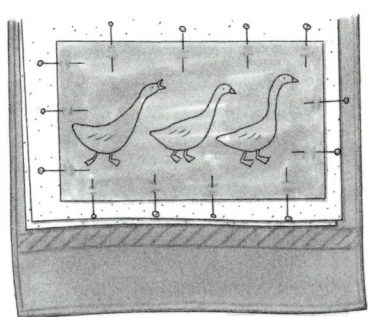

5 Mit dem weißen Oberfaden sticken Sie die Flügel (Zickzackstich Breite 1 mm, Länge 0,5 mm). Für Schnabel und Füße ist der Oberfaden orange. Den Schnabel beginnen Sie am Kopf (Zickzackstich 3 mm breit, 0,5 mm lang). Die Stichbreite jeweils nach 3 Stichen um 0,5 mm (3 Stiche 3 mm, 3 Stiche 2,5 mm usw. bis 3 Stiche 0,5 mm) verringern. Den Unterteil des Schnabels sticken Sie ebenso zurück. Die Füße wie den Schnabel sticken. Beginnen Sie mit einem Zickzackstich (2,5 mm breit, 0,5 mm lang). Beinlänge 0,5 cm. Das Auge sticken Sie mit schwarzem Stickgarn. (Einzelmuster Nr. 85 oder Zickzackstich von 0 auf 1,5 mm und wieder zurück auf Stichlänge 0 mm.

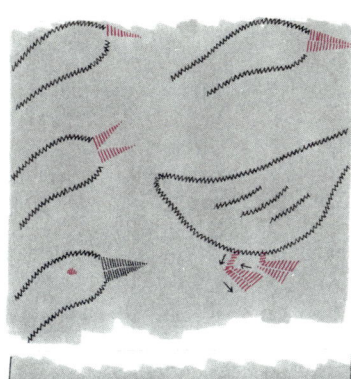

6 7 Die grüne Borte steppen Sie mit einem mittleren Geradstich auf das Handtuch. Schnittkanten einschlagen. Obere Kante mit einem Zierstich einfassen.
Graslinien mit einem 3fach-Geradstich sticken.

Hier zeigen wir Ihnen noch 5 weitere Tiermotive, die Sie auf Handtücher applizieren können. Gegenüber der Nähanleitung der vorherigen Seite werden hier nur die Veränderungen beschrieben. Die Hasen finden Sie auf dem Schnittmusterbogen unter Nr. 114, das Pferd unter Nr. 116, den Hund unter Nr. 118 und die Enten unter Nr. 112.

1 - **4** Wie beschrieben.

5 Sticken Sie Hahnenkamm, Schnabel, Auge, Krallen, Gras und Körner mit dem Zickzackstich. Beginnen Sie mit dem Hahnenkamm am Hinterkopf mit Orange (Stichlänge 0,5 mm, Stichbreite von 0,5 bis 4 mm). Alle 2 Stiche um 0,5 mm größer werdend.
Gehen Sie zurück auf 2 mm, wieder in Schritten hoch auf 4 mm, bis Sie 4 Zakken haben. Der Henne sticken Sie nur zwei Zacken.
Schnabel: Stichlänge 0,5 mm, Stichbreite von 0,5 bis 4 mm (beim Hahn), 3 mm (bei der Henne).
Schwanz: Mit rosa und hellblauem Stickgarn, Stichlänge 0,5 mm, Stichbreite 2 mm, im Bogen verlaufend.
Krallen: Beginnen Sie am Körper, Stichlänge 0,5 mm, Stichbreite 5 mm, 5 Stiche. Verkleinern Sie die Stichbreite auf 2,5 mm.
Schnabel: gelbes Stickgarn, Stichlänge 0,5 mm, Stichbreite 5 mm. Stichbreite gleichmäßig kleiner werdend.
Das Auge entsteht durch einen blauen Punkt wie bei der Gans beschrieben.
Nach dem Annähen der Borte sticken Sie das Gras und die Körner. Gras wie bei der Gans, Körner sind schwarz gestickt wie das Auge.

1 **2** Wie beschrieben.

3 - **5** Für das Aufsteppen Nähgarn in der Farbe des Stoffes, für das Einfassen mit dem Zickzackstich ein dunkelbraunes Maschinenstickgarn wählen. Nase mit Zickzackstich (2,5 mm breit, 0,5 mm lang), Schwanz mit weißem Garn (Zickzackstich 4 mm breit, 0,5 mm lang) stikken. Schalten Sie den Transport auf „Stopfen" und führen Sie den Stoff während des Nähens von Hand.

für die **Enten** *(zusätzlich)*
- *gelben Applikationsstoff (8 x 12 cm)*
- *Maschinenstickgarn (gelb, grün, blau, braun)*

für den **Hund** *(zusätzlich)*
- *schwarzen Applikationsstoff (10 x 12 cm)*
- *braunen Applikationsstoff (10 x 10 cm)*
- *Maschinenstickgarn (schwarz, braun, rot, grün, hellgrün, hellblau)*

für das **Pferd** *(zusätzlich)*
- *braunen Applikationsstoff (12 x 12 cm)*
- *Maschinenstickgarn (braun und grün)*
- *Zwirn für die Mähne (beige)*

1 – **4** Wie beschrieben.

5 Das Sticken des Schnabels der Entenmutter am Körper beginnen. Er wird wie bei den Gänsen gestickt. Die Schnäbel der Entenküken werden aus 1 Reihe Zickzackstich (Breite 2,5 mm beginnend bis 0, auf 4 mm Länge) gestickt. Augen und Gras ebenfalls wie bei der Gans sticken. Die Wellenlinien mit Stich Nr. 4 in Blau und Dunkelblau, die Pflanzen mit Stich Nr. 50 in Hellgrün sticken. Natürlich eignen sich auch zahlreiche andere Zierstiche.

1 – **4** Wie beschrieben.

5 Gestickt wird stets im Zickzackstich. Ohr: mit schwarzem Stickgarn (Stichbreite: 0,5 bis 3 mm und zurück; Länge etwa 2 cm). Das Auge ist ein hellblauer Punkt.
Dach der Hundehütte: Stickgarn in Rot (Stichbreite 3 mm, 0,5 mm lang). Stichreihe über die Seitenwand um 1 cm verlängern.
Der Eingang zur Hundehütte ist im Bogen in Braun gestickt (Stichbreite 0,5 mm, Stichlänge 2,5 mm). Der Buchstabe ist im Stickprogramm der Nähmaschine wählbar. Gras wie bei der Gans sticken. Grasstreifen: verschieden breite Zickzackstiche (0,5 mm lang). Blumen in Hellgrün und Rot sticken.

1 **2** Wie beschrieben.

3 Vor dem Aufsteppen des Motivs legen Sie zwischen Vlieswattierung und Handtuchstoff Zwirnsfäden für Schwanz und Mähne. Nehmen Sie längere Fäden, die Sie erst zum Schluß zurechtschneiden. Die Fäden für die Mähne sind 2 cm und für den Schwanz 5 cm lang.

4 Wie zuvor beschrieben.

5 Konturen der Beine und des Kopfes mit Zickzackstich (1 mm breit), die Nasenlinie mit 1,5 mm Breite sticken. Blumen und Gras sind mit den Zierstichen Nr. 40, Nr. 45 und Nr. 05 gestickt.

STICKBILDER

In diesem Kapitel wird Ihnen gezeigt, wie Sie verschiedene Stoffe, Bänder und Zierstiche zu einem Bild zusammenfügen können. Mit den Stickbildern verleihen Sie der Kleidung eine ganz persönliche Note. Nehmen Sie sich Zeit für ein Stickbild, und machen Sie verschiedene Entwürfe. Suchen Sie nach Stoffresten aus verschiedenem Material. Sehr gut verarbeiten lassen sich Bänder in mehreren Breiten. Sticken Sie zum Schluß Perlen und Pailletten in das Bild.
Für alle Stickbilder gilt der gleiche Arbeitsablauf.

Zuerst müssen Sie ein Motiv finden, bevor Sie das Material dafür besorgen.
Entwerfen Sie ein einfaches Bild auf Papier (z. B. Bäume, einen See, im Hintergrund Berge, Sonne . . .) Zeichnen Sie einzelne Motive ab, die Sie in Büchern und Zeitschriften oder auf Fotografien entdecken.
Wenn Sie ein Motiv gefunden haben, stellen Sie Farben, Stoffe und Bänder für das Bild zusammen. Wollen Sie mit vielen kleinen Stoffstücken arbeiten, sticken Sie von der rechten Stoffseite.
Damit die Teile des Bildes nicht verrutschen, heften oder bügeln Sie sie auf den Stoff.
Nähen Sie die Kanten mit einem kleinen Geradstich. Fassen Sie anschließend die Kanten mit dem Zickzackstich oder einem anderen Zierstich ein.
Mehr als 1 mm überstehender Stoff wird mit einer spitzen Schere (Stickschere) abgeschnitten.
Bei dünnen Stoffen legen Sie einen Bogen Seidenpapier unter die Arbeit. Er wird nach dem Sticken einfach abgezogen.
Die Fäden müssen unbedingt gut auf der Rückseite verknotet oder vernäht werden.
Schneiden Sie die zu bestickenden Schnitteile mit 5 cm Nahtzugabe zu. Besticken Sie die Teile, und bügeln Sie die fertige Arbeit. Legen Sie den Schnitt noch einmal auf und schneiden mit normaler Nahtzugabe zu.
Pailletten und Perlen werden nach dem Zusammennähen von Hand angenäht.

LEDER-BLOUSON

Dieser Lederblouson ist ein Blickfang.
Durch den doppelten Stofftransport der
Nähmaschinen ist es kein Problem, die
Landschaft aus Lederstreifen auf den
Unterstoff zu applizieren.
Leder ist leicht zu verarbeiten, da es
nicht ausfranst und keinen Fadenlauf hat.
Sticken Sie diese „Landschaft", oder ent-
werfen Sie Ihre eigene.

Einkaufsliste
- 2 m Packpapier (50 cm breit)
- 1 m leichten Unterstoff
  (1,40 m breit)
- 1 m Futterstoff (1,40 m breit)
- 4 Felle aus Ziegenveloursleder
- Lederreste in verschiedenen
  Farben
- 30 cm Vlieseline
- Nähgarn
- Maschinenstickgarn in
  mehreren Farben
- Pailletten
- 4 Druckknöpfe
- Ledernadel für die
  Nähmaschine
- Ledernadel zum Handnähen
- Lederkleber

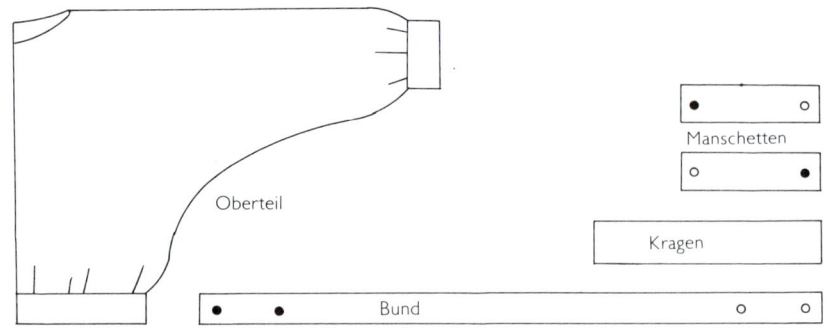

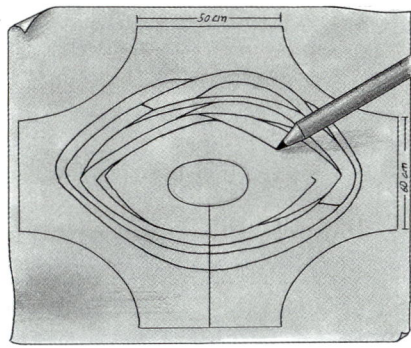 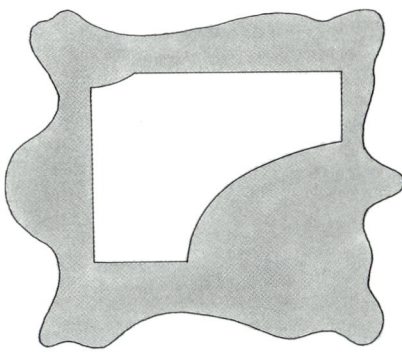

1 – **6** Entwerfen Sie eine Landschaft und übertragen Sie den Entwurf auf das Packpapier. Markieren Sie die einzelnen farbigen Streifen der Landschaft. Den Unterstoff, auf dem die einzelnen Lederstreifen zusammengesetzt das Bild ergeben sollen, zuschneiden. Schneiden Sie aus dem Papierschnitt die einzelnen Streifen für die Landschaft aus.

7 **8** Schnitt kopieren (Größe 38/40). Vor dem Kauf des Leders legen Sie die Schnitteile auf. Ziegenfelle gibt es in unterschiedlichen Größen. Alle Schnitteile aus Leder zuschneiden, auch die Streifen fürs Motiv und Paspelstreifen für Ärmel-, Taillenbund und Kragen.

9 – **17** Steppen Sie die einzelnen Streifen aus Lederresten auf leichten Unterstoff. Verbinden Sie die Teile zusätzlich mit Zickzack- oder Zierstich; Maschinenstickgarn verwenden. Die Bäume auf die Landschaft nähen. Mit Lederkleber die Vlieseline an Kragen, Ärmel- und Taillenbund kleben. Ärmel-

und Taillenbund erhalten, Paspelstreifen als Abschluß. Auf den Kragen wird ein doppelter Lederstreifen genäht. Ärmel- und Seitennähte schließen, Kragen, Ärmel- und Taillenbund ansetzen. Futter einsetzen. Druckknöpfe am Ärmel- und Taillenbund einschlagen. Pailletten nach dem Entwurf aufsticken.

CHASUBLE

Ein Chasuble (ärmelloses Überkleid) paßt sehr gut über ein Kleid mit bauschigen Ärmeln wie etwa ein Seidentaftkleid. Das Chasuble ist vorn geteilt. Verwenden Sie für dieses Chasuble einen Fertigschnitt in Ihrer Größe.

Einkaufsliste für das Stickbild
- 3 Rechtecke Samt (20 x 25 cm)
- dunkelblaue Seide (30 x 50 cm)
- schwarzer Samt (10 x 20 cm)
- blaugrüne Seide (12 x 25 cm)
- 1 m blaugrünes Seidenband (1 cm breit)
- 2,60 m blaues Seidenband (1 cm breit)
- Maschinenstickgarn
- Knopflochseide
- 14 kleine weiße Perlen

Arbeitsablauf
- 1 Zuschneiden
- 2 Rückenoberteil besticken
- 3 Zusammennähen
- 4 Säumen
- 5 Perlen und violette Punkte von Hand aufnähen
- 6 Wasserlinie sticken
- 7 Füttern

Das Oberteil wurde mit dem Seidentaft des Kleides, Kunstseidenbändern als Bäume und Baumkronen aus Samt bestickt. Auf den Samt wurden von Hand Perlen genäht, die mit kleinen violetten Knoten aus Knopflochseide umgeben sind. Die schwarzen Schwäne schwimmen auf blaugrünem Wasser, eine violette Wasserlinie unterbricht die Ruhe. Das Ufer ist durch ein blaugrünes Seidenband begrenzt, ein anderes blaugrünes Seidenband verläuft schräg davor wie ein Weg in einem Park.

Zeichnen Sie das Motiv für Ihr Stickbild auf. Schneiden Sie Samt, Seide und Bänder zurecht.

1️ Schneiden Sie den Stoff für das Chasuble nach Angaben aus dem Fertigschnitt zu. Arbeiten Sie genau nach der dort beschriebenen Anleitung.

Dies Chasuble ist vorn geteilt und wird mit 6 Knöpfen (im Oberteil) geschlossen. An die Schulter sind schmale, mit Füllwatte gefüllte Polster aus Samt genäht. An beiden Seiten wird die Weite des Chasubles mit je einer Kellerfalte gehalten.

2️ Beginnen Sie mit dem dunkelblauen Seidenhintergrund (die genaue Anleitung finden Sie im vorangegangenen Kapitel über das Applizieren). Auf den Hintergrund wird der Samt und der blaugrüne See appliziert. Die Schwäne und die blaugrünen Seidenbänder werden darübergenäht. Es folgen die blauen Seidenbänder der Baumstämme, die mit Zickzack- oder Zierstich eingefaßt werden. Achtung: 2 Bänder laufen davon unter dem Samt, 2 laufen im Samt in einer Spitze aus.

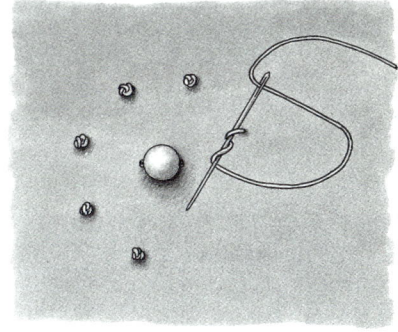

3️ – 7️ Nähen Sie das Chasuble zusammen, und säumen Sie es. Nähen Sie die Perlen auf den Samt, und umgeben Sie sie mit Punkten (Knötchenstich) aus violetter Seide. Sticken Sie die Wasserlinie von Hand oder mit dem 3fach-Geradstich der Nähmaschine. Futter einnähen.

REGEN-MANTEL

Auf diesem Regenmantel regnet es: kleine, glasklare Perlen fallen aus dem dunklen Himmel auf eine Landschaft mit Haus und Bäumen. An ein derartiges Stickbild sollten Sie sich erst heranwagen, wenn Sie bereits Kleidungsstücke mit Applikationen und einfachen Stickbildern angefertigt haben.

Einkaufsliste
- 3,50 m Popeline (1,40 m breit)
- 20 cm Samt
- Applikationsstoff (20 x 100 cm)
- 5 verschiedene Grünstreifen
- 2 grüne Bänder (1 m lang, 1 cm breit)
- rotvioletter Stoff (15 x 10 cm)
- 50 cm Kunstseidenband (2 cm breit)
- 50 cm Kunstseidenband (1 cm breit)
- Maschinenstickgarn
- 5,50 m Samtband (1,5 cm breit)
- Futterstoff
- Glasperlen
- Vlieseline, Haftvlies
- 5 Knöpfe, mit Samt überzogen

Arbeitsablauf
- 1 Manteloberteil zuschneiden
- 2 Motive ausschneiden, applizieren
- 3 Besticken
- 4 Oberteil nachschneiden
- 5 Zusammennähen
- 6 Samtbänder annähen
- 7 Knopflochleiste besticken, annähen
- 8 Kragen besticken, annähen
- 9 Glasperlen aufnähen, Knöpfe annähen
- 10 Futter nähen und einsetzen

1 Für den Mantel kaufen Sie sich einen Fertigschnitt in Ihrer Größe. Sie können aber auch den Blusenschnitt aus diesem Kapitel (leicht vergrößert) verwenden. Die Seitenteile des Mantels sind nicht bestickt. Vorder- und Rückenteile zusammenlassen. Der angekrauste Rock wird in der Taille in fünf leicht glockig fallenden Teilen angesetzt. Ein runder Samtkragen bildet den Halsabschluß.

Bei diesem Mantel werden die einzelnen Schritte nicht beschrieben, Sie finden die Nähanleitungen in den vorangegangenen Kapiteln sowie im Technikteil unter dem jeweiligen Stichwort erklärt.

2 3 Kopieren Sie das Motiv. Bänder und Stoffe für die Applikation zuschneiden. Parallel zur Taillenlinie nähen Sie die verschiedenen Streifen für die Landschaft auf. Je 2 Bäume werden rechts und links auf den Vorderteilen und neben dem Haus auf dem Rückenteil aufgenäht. Für die Bäume brauchen Sie 3 cm große Kreise, die Stämme sind 2 cm lange Bänder, eingefaßt mit grünem Stickgarn.

Für den blauen Himmel verwenden Sie schillernde Seide. Das violette Band (als Regenbogen) wird im Bogen angenäht und mit türkisfarbenem und dunkelviolettem Stickgarn eingefaßt. Am Vorderteil befinden sich die Stickstreifen direkt am Himmel.

Das Haus auf dem Rückenteil des Mantels bekommt ein großes, mit Zickzackstich eingefaßtes Dach aus dunkelblauem Samt. Die Tür ist hellgrün (schräger Zickzackstich). Die Fenster sticken Sie mit kleinem Geradstich in Dunkelgrün. Der Weg entsteht durch vier Reihen olivgrünen Zickzackstich. Mit verschiedenen Stickgarnen und Stick- oder Zierstichen verbinden Sie die Bänder der Landschaft.

Nähen Sie die Schulternähte zusammen, und applizieren Sie einen 10 cm breiten Samtstreifen.

4 – **8** Bügeln Sie die bestickten Teile, und schneiden Sie sie mit Nahtzugabe zu. Oberteil und Rockteile zusammennähen, Rock einkräuseln, an das Oberteil nähen. Ärmel einkrausen, einsetzen. Fertige Manschetten annähen. Samtbänder über die vier Teilungsnähte nähen.

Kanten von Knopfloch- und Kopfleiste mit dunkelviolettem Zickzackstich besticken, annähen.

Kragen mit Samt und Popeline besticken und an den Mantel nähen.

9 10 Von Hand nähen Sie die Glasperlen als Regentropfen fest. Auf dem Vorderteil fällt nur rechts viel Regen, links sind es nur wenige Tropfen. Die Tropfen liegen am Boden.

Nähen Sie das Futter zusammen, und setzen Sie es ein (siehe Technikteil).

GÜRTEL UND TASCHE

Sie haben ein einfaches Kleid. Mit einem selbstgenähten Gürtel und einer kleinen Umhängetasche verwandeln Sie es in ein individuelles Ensemble. Tasche und Gürtel sind einfach nachzuarbeiten.

Einkaufsliste
- 55 cm Stoff
- 55 cm Vlieseline
- 30 cm Futterstoff
- Applikationsstoff
- Maschinenstickgarn
- Haftvlies
- 3 Haken
- 1 Taschenbügel
- 1 lange Kette (ca. 1,10 m)

Arbeitsablauf
- 1 Gürtel und Tasche zuschneiden
- 2 Motiv skizzieren
- 3 Applikationsstoff mit Vlieseline unterlegen
- 4 Motiv ausschneiden, aufbügeln
- 5 Sticken
- 6 Gürtel und Tasche fertignähen
- 7 Bügel an die Tasche montieren

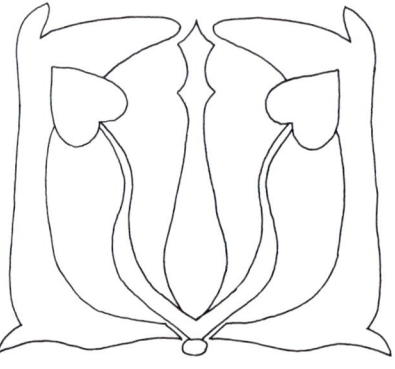

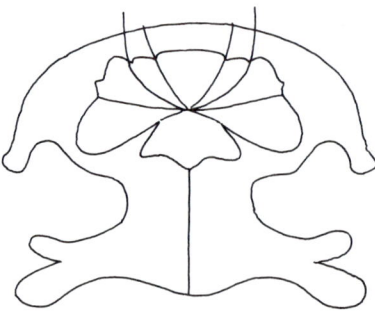

1 Stimmt das Taillenmaß mit Ihrem überein? Eventuell müssen Sie beim Gürtel korrigieren. Schneiden Sie Tasche und Gürtel zu. Die Nahtzugabe beträgt 2 cm.

Der Gürtel wird auf doppelte Vlieseline genäht. Als Grundstoff wurde hier graublauer Duchesse für Tasche und Gürtel gewählt. Im Blumenmotiv des Gürtels ist der Hintergrund blaugrün, die Seidenblüte rosa, der Blumenstiel dunkelviolett. Auf der Tasche wurde für den Rahmen des Bildes der passende Kleiderstoff verwendet. Die rosa Knospen werden von blaugrünem Blattwerk eingerahmt. Die Tasche ist weiß gefüttert.

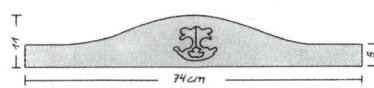

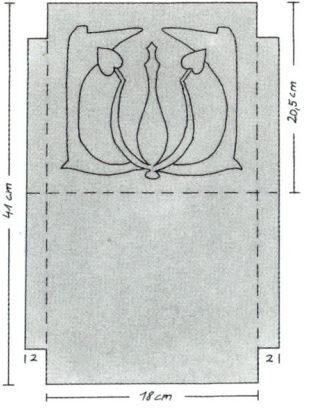

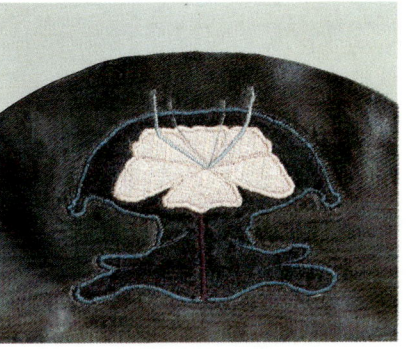

2 – **4** Übertragen Sie Ihr eigenes Motiv oder das hier gezeigte (Schnittmusterbogen Nr. 126, 127) auf den Applikationsstoff. Bügeln Sie die Vlieseline auf, und schneiden Sie die einzelnen Motive aus. Bügeln Sie sie mit dem Haftvlies auf Gürtel und Handtasche.

5 Sticken Sie bei der Tasche zuerst den hellblauen Hintergrund und die Kante am Gürtel. Sticken Sie dann die Blattmotive. Es folgen die rosa Blüten, der violette Stengel und zum Schluß wieder in Hellblau die Staubgefäße der Blüte auf dem Gürtel.

6 Nähen Sie die Tasche und den Gürtel fertig. Füttern Sie beide Teile mit Duchesse. Bringen Sie am Gürtel 3 Haken und Ösen an.

7 Die fertige Tasche wird zum Schluß in den Bügel geklemmt oder genäht. Für die Tasche brauchen Sie eine lange Kette, um sie über die Schulter hängen zu können. In Lederwarengeschäften können Sie solche Metallketten bekommen. Sie können sich aber auch aus geflochtenen Bändern einen Schulterriemen herstellen.

LEDERTASCHE MIT FEDERN

Aktuell sind Taschen mit echten Federn. Nähen Sie sich eine solche Tasche, passend zur Kleidung. Durch den doppelten Stofftransport an den Nähmaschinen ist es nicht mehr schwierig, Leder zu verarbeiten. Echte Federn bekommen Sie in Handarbeitsgeschäften.

Einkaufsliste
- Veloursleder (24 x 47 cm)
- Leder (oder Futterstoff) (24 x 30 cm)
- Veloursleder für den Riemen (5 x 1,75 m)
- Vlieseline für Tasche und Schulterriemen
- Federn
- Maschinenstickgarn
- Nähgarn
- Ledernadel
- Lederkleber

Arbeitsablauf
- 1 Zuschneiden der Tasche
- 2 Vlieseline und Innenfutter verkleben
- 3 Seitenkanten nähen
- 4 Federn feststicken
- 5 Schulterriemen
- 6 in Form streichen

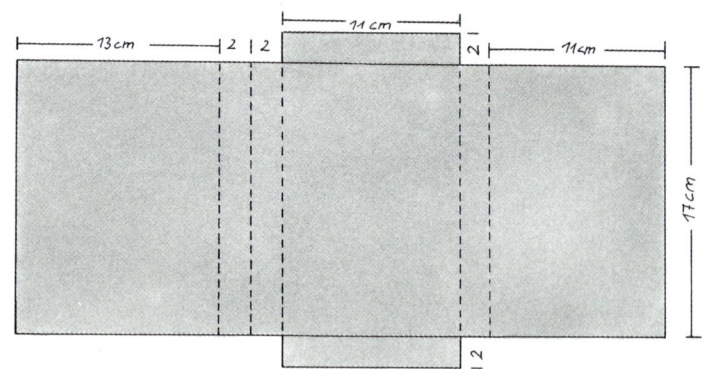

1 2 Schneiden Sie die Tasche und den Schulterriemen aus Leder mit 1,5 cm Nahtzugabe zu, Vlieseline und Futter ohne Nahtzugabe. Mit Lederkleber Leder und Vlieseline aufeinanderkleben, Nahtzugabe nach außen. An der Taschenklappe schlagen Sie die Nahtzugabe ein. Das Futter (Leder oder Futterstoff) im Taschenbeutel auf die Vlieseline kleben. Lassen Sie das Werkstück gut trocknen. Beim Schulterriemen Nahtzugabe um die Kante schlagen, die andere Lederkante ist bündig mit der Riemenkante.

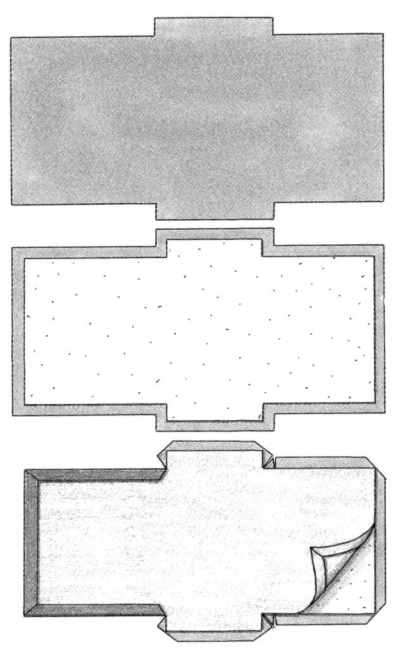

3 Nähen Sie die Seitenkanten und die Bodenkante der Tasche von der linken Seite. Wenden Sie die Tasche.
1 mm von der Außenkante des Schulterriemens an beiden Kanten entlang steppen. Nähen Sie die Riemenenden 2 cm übereinander.

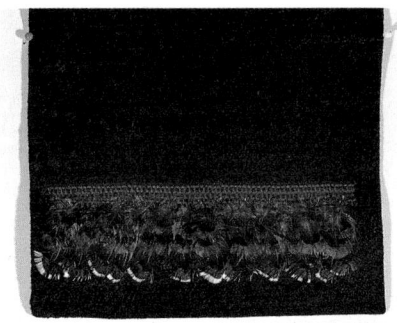

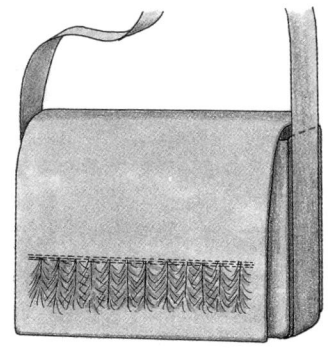

4 Legen Sie zunächst 1 Reihe Federn auf die Taschenklappe. Sticken Sie die Kiele mit einem Zierstich (z. B. Nr. 78) in drei verschiedenen Farben fest. Beginnen Sie mit der untersten Federreihe. Dann legen Sie die zweite darüber, feststicken, dritte Reihe auflegen, ebenfalls sticken.

5 6 Legen Sie den Riemen um die Tasche, und steppen Sie den Riemen jeweils an der oberen Seitenkante der Tasche fest.
Streichen Sie das Leder der Tasche in „Strichrichtung platt. Lassen Sie die Tasche gut trocknen. Durch den Lederkleber wird sie stabiler.

BLUSEN
IN VARIATIONEN

*Um Kleidungsstücke zu besticken, bedarf es keiner besonderen
Moderichtung und keines besonderen Schnittes. Das Stickbild entsteht
nach dem Motiv, für das Sie sich entschieden haben, und natürlich
durch das Zusammenwirken der Farben und Oberflächenstrukturen von
Applikationsstoffen, Bändern und Stickgarnen.
Auf den vorangegangenen Seiten finden Sie einfache und schwierige
Applikationen. Im folgenden werden Ihnen die unterschiedlichen
Wirkungen von Stickbildern an einer Bluse gezeigt.
Eine kurze Nähanleitung für die Bluse finden Sie auf der folgenden
Seite und, unter dem jeweiligen Stichwort im Technikteil, ausführliche
Anleitungen z. B. zum Kragen, Manschetten und Verschlüssen.*

ANLEITUNG FÜR ALLE MODELLE

Den Blusenschnitt in Größe 38 finden Sie auf dem Schnittmusterbogen im Anhang. Er besteht aus sieben Teilen, die im Schnittmusterbogen unter dem Zeichen -oo-oo-oo (rot) zu finden sind.

Nr. 60 Rückenteil
Nr. 61 Vorderteil
Nr. 62 Seitenteil
Nr. 63 Ärmel
Nr. 64 Beleg
Nr. 65 Kragen
Nr. 66 Manschette

Vorder- und Rückenteil sind ohne Abnäher, sie werden durch die Seitenteile verbunden. Nähen Sie erst die Ärmel an die Seitenteile, dann an Vorder- und Rückenteil über die Schulter in einem Arbeitsgang. Den Halsausschnitt können Sie mit einem Schrägstreifen einfassen, einen Stehkragen oder einen hohen Kragen anbringen. Sie können die Bluse seitlich knöpfen oder vorn einen Schlitz arbeiten. Die Manschetten können mit Bändern passend zur Bluse bestickt werden.

Den genauen Arbeitsablauf finden Sie beispielsweise bei der Hemdbluse „Klassische Modelle" beschrieben. Für Applikationen und Stickbilder finden Sie die Anleitung auf den vorangegangenen Seiten.

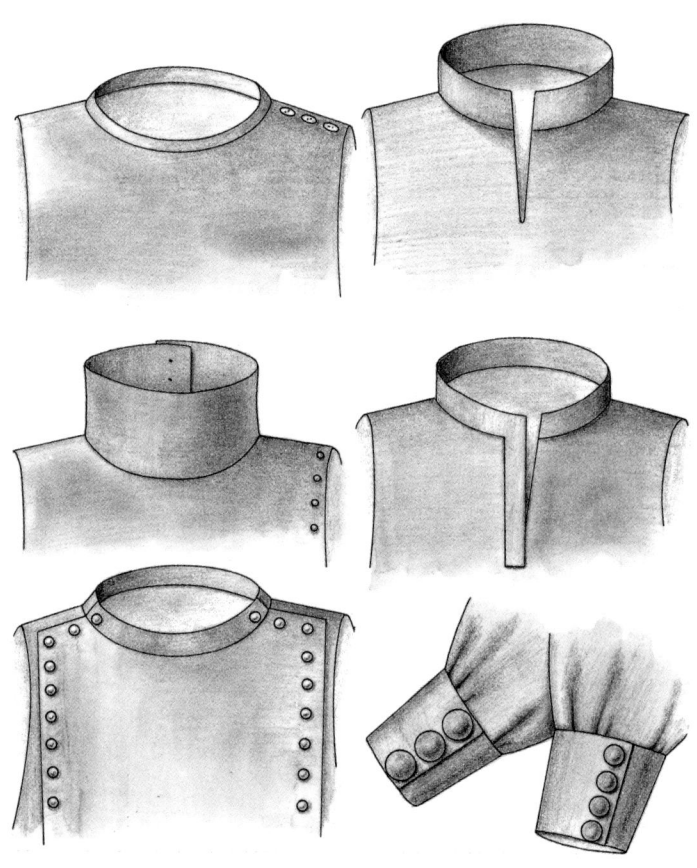

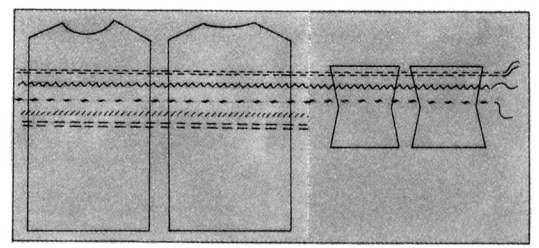

Einkaufsliste

- *3 m Stoff (90 cm breit)*
  oder
  1,70 m Stoff (1,40 m breit)
- *Haftvlies*
- *Vlieseline*
- *Nähgarn*
- *Maschinenstickgarn in verschiedenen Farben*
- *Knöpfe*
- *Applikationsstoff in verschiedenen Farben*
- *Bänder und Borten in verschiedenen Längen und Breiten*
- *Pailletten, Perlen (je nach Entwurf)*

Arbeitsablauf

- *1 Maße vergleichen*
- *2 Schnitt kopieren*
- *3 Teile zuschneiden*
- *4 Applizieren, Sticken*
- *5 Bügeln, Nahtzugabe nachschneiden*
- *6 Zusammennähen*
- *7 Kragen und Verschluß*
- *8 Säumen*
- *9 Manschetten*

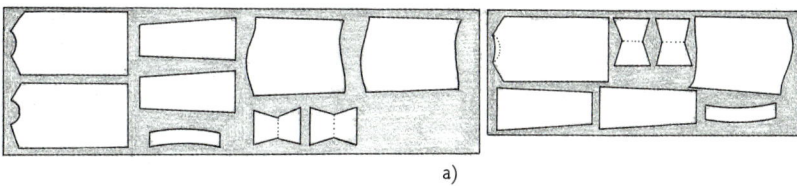

a)   b)

Bevor Sie mit dem Stickbild beginnen, überlegen Sie vor dem Zuschneiden der Bluse, welche Teile Sie besticken wollen: Rücken, Vorderteil, Kragen, Manschetten. Schneiden Sie sie mit 5 cm Nahtzugabe zu. Die bestickten Teile werden gebügelt, dann wird die Nahtzugabe auf 2 cm zurückgeschnitten.

Schnittauflage bei:
- *90 cm Stoffbreite (a)*
- *1,40 m Stoffbreite (b)*

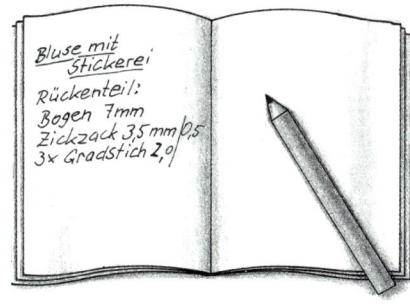

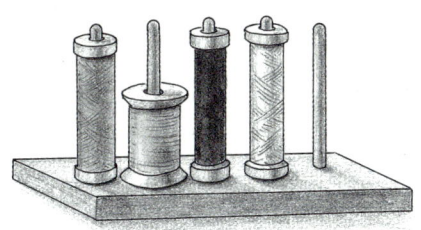

Hinweis:
Tragen Sie Ihre Zierstiche in ein Heft ein. Sie können die Einstellungen dann immer wieder nachlesen, ohne lange und mühsam Stichlänge und Stichbreite ausprobieren zu müssen.

Eine große Hilfe beim Sticken mit verschiedenfarbigen Garnen ist eine Garnleiste: ein kleines Holzbrett mit eingelassenen Rundhölzern. Stellen Sie die Garnrollen der Reihe nach auf. Das schützt vor Verwechslungen der Reihenfolge beim Sticken.

FOLKLORE-BLUSE

Für diese rustikale Bluse wurden verschiedene Borten gewählt, die farblich gut zusammenpassen. Hier ist es die Grundfarbe Blau, die vorherrscht. Die Borten werden mit Zierstichen in weißem Maschinenstickgarn verbunden.
Eine schmale Spitzenborte zwischen Kragen und Bluse unterbricht etwas die Strenge. Die Manschette wird ebenfalls mit Bändern und Spitzenborte besetzt. Die Nähte der Bluse werden zusätzlich mit einem Zierstich abgesteppt.
Kaufen Sie möglichst Borten und Bänder mit festen Kanten. Die Stickarbeit wird erleichtert, wenn Sie die Borten und Bänder mit Saumfix oder Haftvlies auf den Stoff bügeln.

Manschette mit Spitzenborte

Rückenpasse und Kragen

STREIFEN-BLUSEN

Hier erkennen Sie die unterschiedliche Wirkung eines Streifenmusters, wenn Blusenstoff, Borten und Bänder in verschiedenen Farben kombiniert werden. Wenn Sie noch wenig Übung im Applizieren haben, beginnen Sie mit Streifen. Die Stoffstreifen werden vorsichtig mit Saumfix oder Haftvlies auf den Stoff gebügelt.

Nähen Sie zuerst mit einem Geradstich die Kante fest. Anschließend fassen Sie die Farbstreifen mit verschiedenfarbigen Stickgarnen und verschiedenen Zierstichen ein. Auch die Manschetten besticken.

Vordere Passe mit Applikationen

Variationen der Bandbreite und Farben

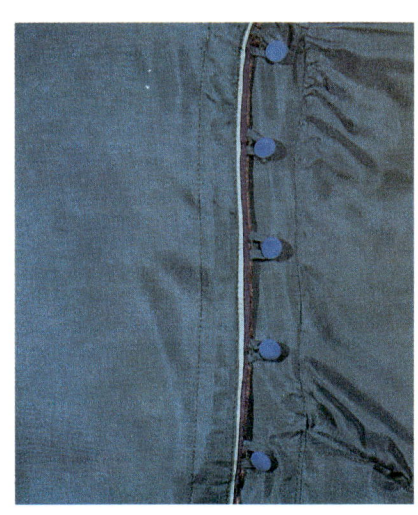

Verschlußleiste in der vorderen Passe

GROSS-
MUTTER-
BLUSE

Die Großmutter sitzt auf der Ofenbank
und strickt. Der Kater genießt die Wär-
me, und der Teekessel summt auf dem
Kachelofen. Diese hübsche Szene wird
mit einer rustikalen Borte eingerahmt.
Das Rückenteil der Bluse sowie die Manschetten werden mit verschiedenen
Bändern und Borten bestickt, die teil-
weise mit dem Zickzackstich und teil-
weise mit einem Zierstich eingefaßt sind.

Detailfoto der Manschette

Ausschnitt aus der vorderen Passe

„WINTER"- BLUSE

Auf dem Vorderteil rodelt ein Kind mit roter Mütze den Berg hinunter. Die Zweige des Baumes sind mit Schnee bedeckt, ebenso das Dach des Hauses. Auf der Rückseite der Bluse hinterläßt der Schlitten eine Spur im Schnee. Die Häuser tragen dicke Schneehauben. Der Kutscher hat die Mütze tief ins Gesicht gezogen.

Zaubern Sie diese Landschaft aus Stoffresten, und verbinden Sie sie mit einem Zickzackstich (Stichlänge 0,5 mm).

Die Manschetten sind aus weißem Stoff, die Knöpfe können Sie mit dem Blusenstoff überziehen lassen.

Rückenpasse auch mit „Winterszene"

Detailfoto aus der vorderen Passe

Schlitten aus der rückwärtigen Passe

LILIENBLUSEN

Drei Blusen aus unterschiedlichen Materialien, bestickt mit verschiedenen Lilienmotiven. Bei dieser braunen Seidenbluse „steckt" die Lilie in der Brusttasche. Das Detailfoto zeigt deutlich, daß die Knospenblätter durch einzelne Zierstiche hervorgehoben werden. Zusätzlich wurden Pailletten aufgestickt. Die Passe wurde mit Bändern eingefaßt, die ebenso auf die Manschette genäht wurden.

Eine Lilie mit vielen Details

Die Knöpfe der Manschette wurden passend zum aufgesetzten Streifen bezogen.

Auch bei dieser sehr eleganten Seidenbluse wurde das Lilienmotiv in die Brusttasche „gesteckt".

Für die dritte Bluse wurde ein dünner Baumwollstoff gewählt. Das Lilienmotiv „hängt" über der Schulter. Kunststoffperlen markieren die Staubgefäße. Auf der Rückseite wurde ein anderes Lilienmotiv (Lilienstamm) appliziert.

Diese Bluse hat keine vordere Passe.

Die Lilie auf dem Rückenteil

Ausschnitt aus dem Motiv

BLUSEN MIT BAUM-MOTIVEN

Auf diesen Seiten sehen Sie dreimal das gleiche Baummotiv, das hier nur auf das Rückenteil der Blusen und der Weste appliziert wurde.

Die Bluse ist einmal aus einem leichten Mischgewebe mit schwachem Glanz, das andere Mal aus blauem Leinen; aus Bouretteseide ist die Weste mit dem Baummotiv auf dem Rücken. Die Bluse unter dieser Weste ist aus dem gleichen Material.

Die blaugrünen Baumkronen wirken auf der unregelmäßig gepunkteten Bluse aus Kunstfasergemisch vor dem olivgrünen Hintergrund sehr plastisch.

Ausschnitt aus der Rückenpasse

Passende selbstbezogene Knöpfe

Bluse mit Schulterverschluß

Bei der Weste aus Bouretteseide fällt zuerst der breite Weg im Vordergrund auf. Die Bäume ragen bis in den Himmel. Die Wolkenlinien sind gestickt. Einige „Spitzenblüten" sind in die Bäume und auf die Wiese appliziert. Die „Spitzenblüten" nähen Sie mit der Hand fest. Die Baumstämme laufen spitz in die Baumkronen aus.

Bei den beiden Blusen sind die Manschetten wieder mit farbigen Bändern bestickt.

Die Vorderteile der Blusen sind bei dem Baummotiv bewußt schlicht gehalten. Hier wurde auf Stickerei verzichtet.

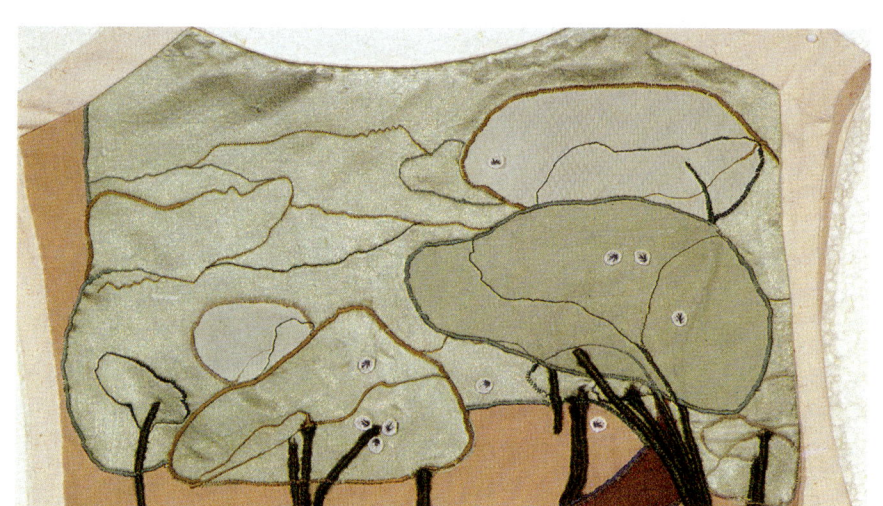

Verschiedene Zierstiche strukturieren die „Grünfläche".

Rückenpasse der Leinenbluse

BLUSEN MIT APPLIKATION UND FREIER STICKEREI

Die Stoffapplikation tritt im Gegensatz zur Stickerei zurück. Diese Art der Stickerei heißt auch Nadelmalerei, wenn sie von Hand ausgeführt wird. Die modernen Nähmaschinen erlauben es, ebenso wirkungsvolle Stickerei herzustellen wie früher mit der Hand. Mit der Nähmaschine geht es nur wesentlich schneller. Übertragen Sie das Motiv mit Schneiderkopierpapier auf die rechte Stoffseite. Entlang dieser Linien mit dem Geradstich, mit dem Zickzackstich oder einem anderen Zierstich sticken.

Distelmotiv

Manschette der Distelbluse

Auch bei dieser Bluse ist das Motiv im wesentlichen gestickt. Appliziert wird nur an wenigen Stellen. Ein plastisches Bild ergibt sich, wenn Sie die „Bänder" für die Stengel aus Knopflochseide häkeln und anschließend aufsteppen.
Die Vorderseite dieser Bluse hat einen verzierten Schlitzverschluß.
Für diese Stickerei bügeln Sie Vlieseline auf die Rückseite des Stoffes.

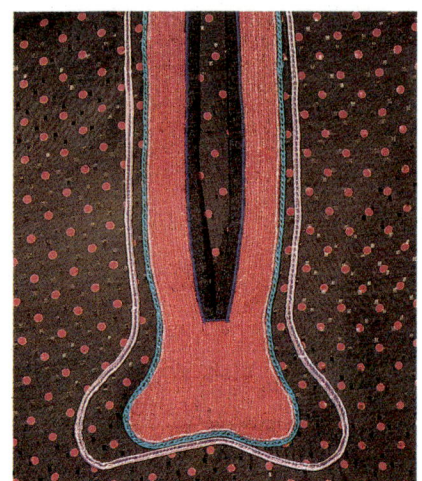

Schlitzverschluß

Motivausschnitt

NÄHEN IM DETAIL

Nicht nur die Nähanfängerin, sondern auch die geübte
Hobbyschneiderin stellt sich manchmal die Frage: Wie wird diese Naht
gearbeitet? Oder: Wie setze ich den Kragen an?
Im Gegensatz zu den vorherigen Kapiteln, in denen die Nähtechniken
anhand von Modellen erläutert werden, ist dieses Kapitel als reines
Nachschlagewerk für verschiedene Nähschritte und Schneiderarbeiten
angelegt. Es beinhaltet zahlreiche Techniken, die in den ersten Kapiteln
nur kurz oder gar nicht aufgezeigt wurden.
Dieser Technikteil ist in seinem Aufbau auf die vorherigen Kapitel abge-
stimmt. So werden zuerst die Grundregeln beim Maßnehmen erläutert
und die einzelnen Schnitterstellungs- und -änderungsarten beschrieben.
Zu den Vorbereitungsarbeiten gehören selbstverständlich auch die
Schnittauflage, der Zuschnitt und die Markierungsarbeiten.
Verschiedene Versäuberungsarten, Nähte und Säume finden Sie unter
dem entsprechenden Stichwort, ebenso die Kragen-, Manschetten-,
Reißverschluß- und Taschenverarbeitung. Zahlreiche weitere
Stichpunkte sind aufgeführt.
In Schritt-für-Schritt-Ausführungen werden einzelne Arbeitsschritte
verständlich erläutert. Zusätzlich veranschaulichen die ca. 450
Zeichnungen nochmals, was getan werden muß.
Dieses Kapitel ist ein ideales Nachschlagewerk für alle, die Nähen zu
ihrem Hobby gemacht haben.

Maßnehmen

Für die Bestimmung der richtigen Schnittgröße ist es wichtig, die eigenen Körpermaße genau zu kennen.

Ihre Grundkörpergröße stellen Sie am besten fest, wenn Sie nur mit Unterwäsche bekleidet sind. Am einfachsten ist es, wenn eine zweite Person Ihnen beim Maßnehmen behilflich ist.

Zum Vergleich sind hier die in der Konfektion üblichen 4 Figurentypen und ihre Maße angegeben. Auch ohne Maßband können Sie bei einem kritischen Blick in den Spiegel erkennen, zu welchem Typ Sie gehören.

Zierliche Dame (Körpergröße 168 cm)

Maße (Größe in cm)	34	36	38
Oberweite	78	81	86
Halsweite	32	33	34
Schulterbreite	10	10,5	11
Brusttiefe	24	25	26
Ärmellänge	60	60	60
Oberarmweite	24	25	26
Rückenlänge	40	40,5	41
Vordere Taillenlänge	42,5	43,5	44,5
Taillenweite	61	64	66
Hüftweite	85	88	93

Normale Damengröße (Körpergröße 168 cm)

Maße (Größe in cm)	34	36	38	40	42	44
Oberweite	80	84	88	92	96	100
Halsweite	34	35	36	37	38	39
Schulterbreite	12	12,5	12,5	13	13	13,5
Brusttiefe	25	26	27	28	29	30
Ärmellänge	60	60	60	60	60	61
Oberarmweite	26	27	28	29	30	32
Rückenlänge	40	40,5	41	41	42	42,5
Vordere Taillenlänge	43	44	45	46	47	48
Taillenweite	64	66	70	72	78	82
Hüftweite	88	90	94	98	102	106

Damen-Zwischengrößen (Körpergröße 160 cm)

Maße (Größe in cm)	19	20	21	22	23	24
Oberweite	88	92	96	100	104	110
Halsweite	36	37	38	39	40	41
Schulterbreite	12,5	13	13	13,5	13,5	14
Brusttiefe	26	27	28	29	30	31
Ärmellänge	58	58	58	59	59	59
Oberarmweite	28	29	30	32	33	35
Rückenlänge	39	39,5	40	40,5	41	41,5
Vordere Taillenlänge	43	44	45	46	47	48
Taillenweite	70	74	78	82	86	92
Hüftweite	94	98	102	106	110	115

Vollschlanke Damengrößen (Körpergröße 168 cm)

Maße (Größe in cm)	46	48	50	52
Oberweite	104	110	116	122
Halsweite	40	41	41	43
Schulterbreite	13,5	14	14	14,5
Brusttiefe	31	32	33	34
Ärmellänge	61	61	61	62
Oberarmweite	32	34	36	38
Rückenlänge	43	43,5	44	44,5
Vordere Taillenlänge	49	50	51	52
Taillenweite	86	92	98	104
Hüftweite	110	115	125	125

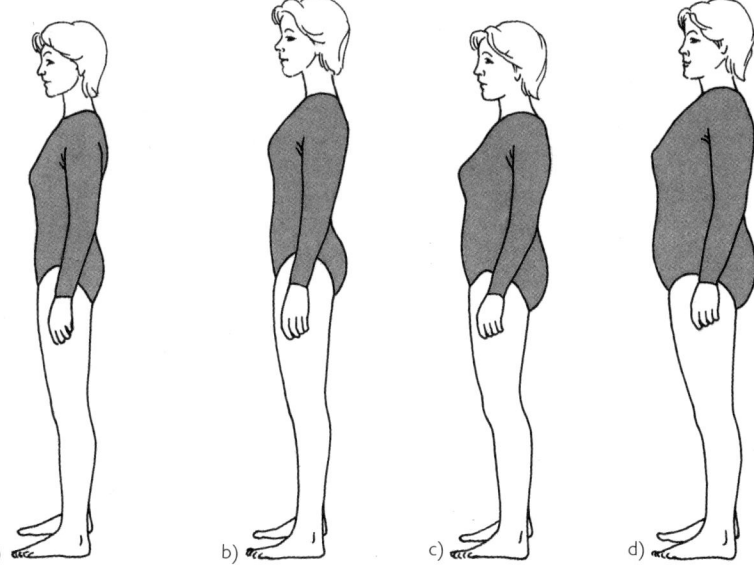

a) Zwischen den Teenager- und den Normalgrößen liegt die zierliche Damengröße.

b) Wie in der Konfektion, so legt auch die Schneiderei die statistisch ermittelten Durchschnittsmaße für die Normal-Damengröße zugrunde.

c) Für kleine Damen, deren Maße etwas von den Normal-Damengrößen abweichen, gelten die Zwischengrößen.

d) Als vollschlank werden die Damengrößen bezeichnet, die in den Proportionen den Normalgrößen entsprechen, insgesamt aber fülliger sind.

Für eine Bluse sind der Brustumfang, die Halsweite, die Rückenbreite, die vordere Breite, die Schulterbreite, die Brusttiefe, die Achselhöhe, die Oberarmweite, die Ellenbogenweite, der Handgelenkumfang und die Ärmellänge wichtige Maße. Für eine lange Bluse kommt die Hüftweite hinzu.

Die Oberweite wird rings um den Körper über die stärkste Wölbung der Brust und Schulterblätter, unter den Armen hindurch, gemessen. Dabei liegt das Maßband im Rücken höher als im Vorderteil (1). Die Halsweite ergibt sich durch das Anlegen des Maßbandes um den Halsansatz (2). Die Rückenbreite wird vom linken Armansatz zum rechten quer über den Rücken gemessen (3). Für das Maß der vorderen Breite legen Sie das Maßband vom linken Armansatz über die Brust zum rechten an.

Vom höchsten Schulterpunkt messen Sie die Schulter- oder Achselbreite (4) und die Brusttiefe. Diese ist sehr wichtig, wenn in die Bluse ein Brustabnäher eingearbeitet werden soll (5). Für das Messen der Achselhöhe klemmen Sie sich ein Lineal unter den Arm und legen das Maßband von Rand zu Rand des Lineals über die Armkugel an (6).

Winkeln Sie den Arm etwas an und messen Sie rings um die stärkste Stelle Ihres Oberarmes die Oberarmweite (7). Bei stark gebogenem Arm erhalten Sie die Ellbogenweite (8). Die Handgelenkweite wird rings um das Handgelenk gemessen (9). Die Ärmellänge wird von der Achsel bis zum Handgelenk gemessen. Bei herunterhängendem Arm messen Sie die innere Ärmellänge Ihres Armes von der Achselhöhle bis zum Handgelenk (10). Bestimmen Sie die Länge der Bluse, indem Sie das Maßband vom Halsausschnitt in der rückwärtigen Mitte bis zur Hüfttiefe oder auch darüber hinaus (je nach Bedarf) anlegen (11). Zu den Grundmaßen der Bluse kommt bei den Maßstrecken für ein Kleid noch die vordere Taillenlänge hinzu. Sie wird vom höchsten Schulterpunkt über die Brust zur Taille gemessen (12). Für das Maß der Seitenhöhe das Lineal unter den Arm klemmen und vom oberen Rand des Lineals bis zur Taille (13) messen. Die ganze Länge des Kleides messen Sie vom Halswirbel bis zur gewünschten Saumlänge.

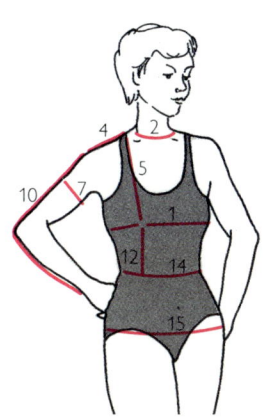

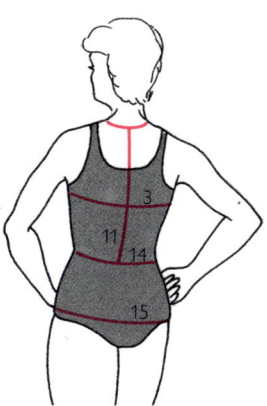

Maßstrecken	meine Maße	Tabellenmaße	Differenz
Oberweite 1			
Halsweite 2			
Schulterbreite 4			
Brusttiefe 5			
Ärmellänge 10			
Oberarmweite 7			
Rückenlänge 11			
Vordere Taillenlänge 12			
Taillenweite 14			
Hüftweite 15			

Wenn Sie sich einen Blusen- oder Kleiderschnitt kaufen, müssen Sie zu den Grundmaßen immer noch einige Zentimeter zugeben (Bewegungsweiten). Durch den wechselnden Modestil sind es mal mehr, mal weniger Zentimeter. Die Maßstrecken für einen Rock sind die Hüftweite, die Taillenweite, die Hüfttiefe und die Rocklänge.

Die Hüftweite (14) wird über die stärkste Stelle der Hüfte gemessen. Um eine natürliche Taille zu bekommen, knoten Sie ein Band um Ihre Taille und messen die Taillenweite (15). Die Hüfttiefe läuft seitlich von der Taille bis zur stärksten Stelle der Hüftweite (17). Ihre Rocklänge messen Sie seitlich von der Taille über den Hüftbogen bis zur Saumlinie (16).

Für eine Hose brauchen Sie außer Hüftweite und Taillenweite noch die Sitzhöhe, die Oberschenkelweite, die vordere und hintere Schrittlänge und die innere und äußere Beinlänge.

Um die Sitzhöhe festzustellen, setzen Sie sich auf einen Stuhl, die Füße stehen flach auf dem Boden. Messen Sie seitlich von der Taille bis zur Stuhlfläche (18). Legen Sie Ihr Maßband über die stärkste Stelle der Oberschenkel, um die Oberschenkelweite zu bestimmen (19). Die Schrittlänge messen Sie von der hinteren Mitte der Taille durch die Beine zum Bauchnabel. Die hintere Schrittlänge ist durch die Wölbung des Gesäßes immer länger als die vordere (20). Bestimmen Sie die äußere Hosenbeinlänge durch

das Anlegen des Maßbandes von der seitlichen Taille über den Hüftbogen bis zum Saum (21) und die innere Beinlänge von der Mitte der Schrittlänge bis zum Saum (22).

Haben Sie Ihre Maße festgestellt, vergleichen Sie diese mit den angegebenen Maßen auf dem Schnittmuster. Sie wissen dann gleich, ob und wo Sie den Schnitt ändern müssen. Sind keine Maße auf dem Schnittmuster angegeben, messen Sie den Papierschnitt aus. Geben Sie Bewegungsweiten hinzu. Je nach Modell geben Sie bei Ober- und Hüftweite 4–6 cm, in der Taille 2 cm hinzu. Bei Hosenschnitten vor allem die Hüftweite beachten, denn Länge und Taillenweite lassen sich leicht ändern.

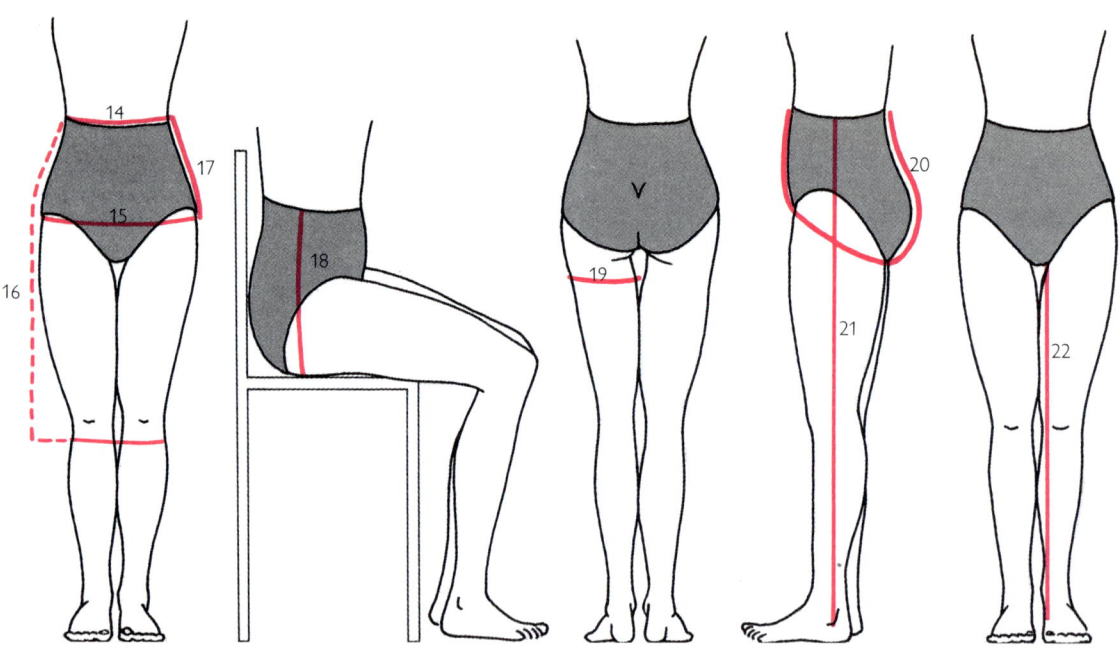

Schnitte

Wenn Sie Ihren **Schnitt** ohne Schnittvorlage **schematisch entwickeln**
wollen, ist es wichtig für Sie, Ihre Größe
und Ihre Maße genau zu kennen.
Auf Schnittmusterpapier übertragen Sie
sich das ausgesuchte Modellteil in Ihren
Maßen. Ehe Sie diesen Schnitt zum Zuschneiden auf den Stoff legen, stecken
Sie das Schnittmuster mit einem Papier-
oder Klebestreifen Kante auf Kante zusammen und probieren es an. Sie können dann eventuelle Änderungen schon
am Papierschnitt korrigieren.

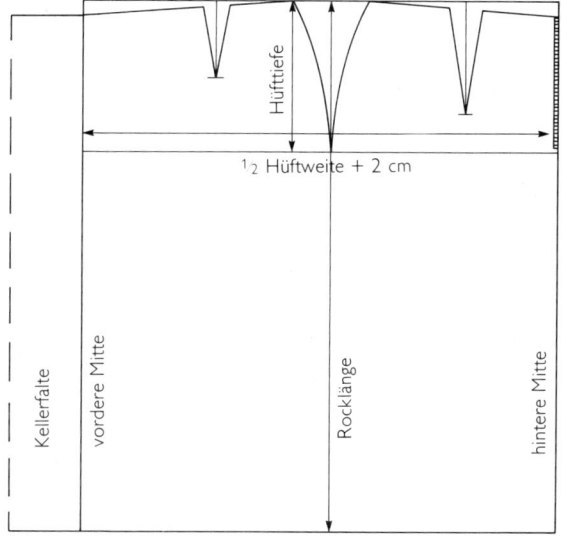

Hier ein Beispiel für einen geraden Rock
mit vorderer Kellerfalte in Größe 42.
Sie brauchen folgende Maße:
Hüftweite: 102 cm
Taillenweite: 78 cm
Hüfttiefe: 20 cm
Rocklänge: 70 cm
Faltentiefe: 10 cm

Die Berechnung der Abnäher:
1) ½ Hüftweite plus 2 cm ⇒ 53 cm
2) ½ Taillenweite plus 2 cm ⇒ 41 cm
3)   53 cm
minus 41 cm

    12 cm
4) 12 : 4 = 3 cm
5) Vorderer Abnäher
   = (3 - 1 = 2) ⇒ 2 cm
6) Rückenabnäher ⇒ 3 cm; seitlicher
   Abnäher ⇒ 3 cm plus 0,5 cm.

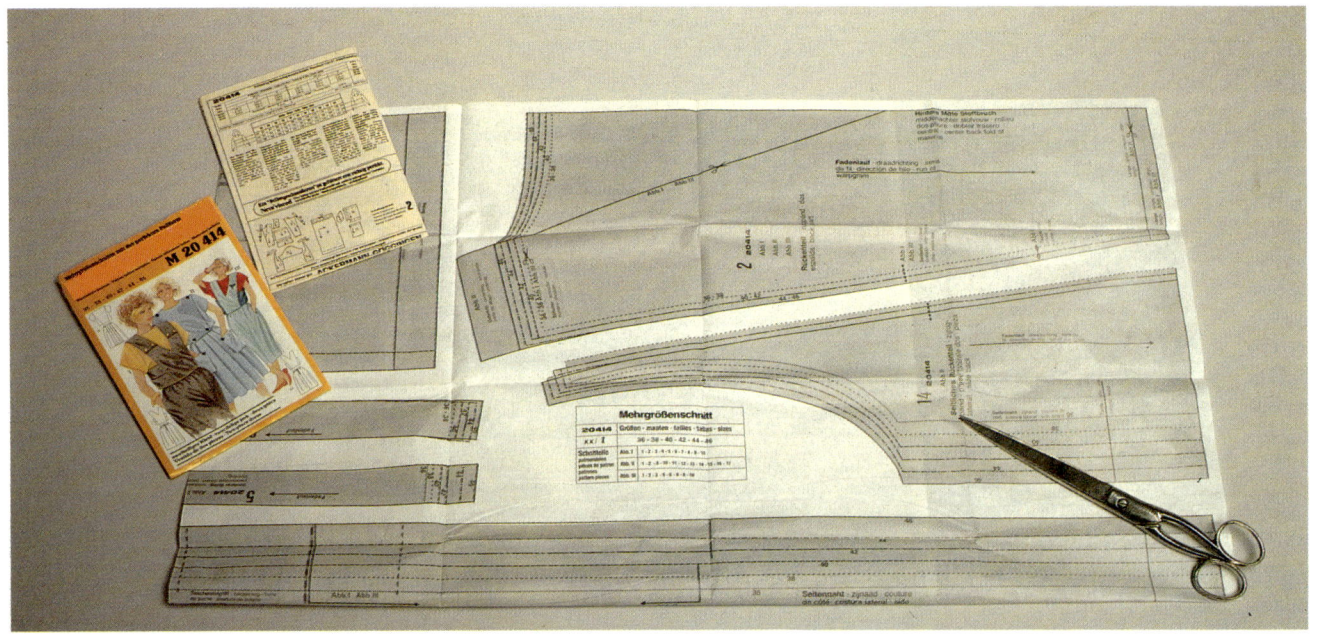

Der Hobbyschneiderin stehen fertige Schnittmuster und die Schnitte vom Bogen der Modehefte zur Verfügung.

Die **Fertigschnitte** sind Mehrgrößenschnitte, die in Schnittmusterkatalogen ausgesucht werden können. Die Schnittmusterkataloge sind in verschiedene Modellgruppen eingeteilt wie Kleider, Kostüme, Hosen, Mäntel und Umstandsmoden. Außerdem gibt es besondere Kataloge für Kinder- und Freizeitkleidung, für Braut- und Ballkleider, für Accessoires und sogar für Spielzeug. Jedes Modell ist mit einer Schnitt-/Suchnummer versehen.

Auf der Titelseite der Schnittmustertüte finden Sie meist drei Abbildungen der Modelle und die möglichen Abwandlungen (verschiedene Stoffarten, Längenänderung...) und außerdem die Rückenansicht.

Außer der Schnittnummer finden Sie die Größen des Modells und eventuell auch die Oberweitenangaben auf der Titelseite des Schnittmusters.

Auf der Rückseite der Schnittmustertüte ist der Stoffverbrauch für Ihr Modell in verschiedenen Stoffbreiten angegeben, eine schematische Darstellung des Zuschneideplanes und eine Kurzanleitung für die Fertigung. Beachten Sie beim Stoffeinkauf, ob auf dem Schnitt der notwendige Stoffverbrauch für einen Stoff mit Strich oder eventuell ein Karomuster angegeben ist. Wenn nicht, müssen Sie beim Stoffkauf einen höheren Stoffverbrauch berücksichtigen.

Beim Auseinanderfalten des Schnittes stellen Sie fest, welche Linie zu Ihrer Größe gehört: die durchgezogene, die gestrichelte oder die gepunktete.

Alle Teile des Schnittes sind numeriert und benannt. Vergleichen Sie Ihre Maße mit denen des Schnittmusters, bevor Sie den Schnitt ausschneiden.

Bei den Fertigschnitten sind alle Markierungen wie Abnäher, vordere Mitte und Taschen mit durchzogenen Linien gekennzeichnet. Es ist wichtig für das spätere Nähen, daß Sie alle kleinen Zeichen, Kerben etc., die zum Beispiel die Außenkanten der Abnäher angeben, die Reißverschlußlage anzeigen oder Ärmeleinsetzpunkte bezeichnen, beachten. In welcher Reihenfolge gearbeitet werden soll, wird auf dem Schnitt angegeben.

Bei den Fertig- oder Mehrgrößenschnitten müssen Sie beim Zuschneiden Naht- und Saumzugaben zugeben.

Die Schnitterstellung nach **Schnittmusterbogen** deckt sich zum Teil mit der nach Fertigschnitten. Die meisten Modehefte erscheinen monatlich. Alle Modelle sind numeriert, und es ist angegeben, in welcher Größe sie auf dem Schnittmusterbogen zu finden sind. Außer den Schnittmusterbogen befindet sich in jeder Modezeitschrift ein Arbeitsheft mit Anleitungen. Darin sind unter den Modellnummern der Buchstabe des Schnittmusterbogens, die Ausradellinie, der Stoffverbrauch, die Zutaten wie Futterstoff, Einlagestoff und Knöpfe, die Arbeitsanleitung und ein Zuschneideplan aufgelistet.

Am oberen und unteren Rand des Schnittmusterbogens erscheinen die Nummern der Schnitteile im Zahlensucher. Suchen Sie in Höhe der Zahl nach der angegebenen Kontur und verfolgen

Sie diese auf dem Schnittmusterbogen. Sie haben so den gesamten Umriß des Schnitteiles. Mit einem Blei- oder Buntstift zeichnen Sie den Schnitt nach.

Es gibt zwei Möglichkeiten, diese Schnitteile auf Papier zu übertragen:

1 Sie legen sich Schnittmusterpapier unter den Schnittmusterbogen und radeln den Schnitt aus.

2 Sie legen transparentes Papier oder Kopierfolie auf den Schnittmusterbogen und pausen die Schnitteile durch.

Achten Sie darauf, daß Sie alle Teile mit den richtigen Umrissen und mit allen Bezeichnungen vom Schnittmusterbogen abnehmen.

Ferner sind Verschlüsse wie Reißverschluß oder Knopfverschluß angegeben. Vergessen Sie nicht, die vordere und hintere Mitte einzuzeichnen, wenn Ihr Modell einen Knopfverschluß erhält.

Sehr wichtig ist, sich den Fadenlauf einzuzeichnen. Er spielt beim Zuschneiden die größte Rolle. In den großen Teilen sind die Taschen, Kragen, Blenden und Besatzteile eingezeichnet. Vergessen Sie nicht, sie auszukopieren.

Lange Rockteile sind oft nicht ganz auf dem Schnittmusterbogen unterzubringen. Auf dem Schnittmusterbogen ist angegeben, um wieviel Zentimeter Sie verlängern müssen.

Haben Sie alle Linien und Punkte abgezeichnet, dann vergleichen Sie die Schnitteile mit Ihren Maßen. Wenn die Maße mit den Ihren übereinstimmen, schneiden Sie den Schnitt aus und stecken ihn zum Zuschneiden auf den Stoff.

Längenkorrekturen

Längenänderungen sollten Sie immer vor den Weitenänderungen machen, damit letztere an der richtigen Stelle des Schnittmusters liegen. Für eine Längenkorrektur kontrollieren Sie zuerst die Taillenlänge, die Gesamtlänge oder Rücken-, Rock- und Beinlänge, dann die Ärmellänge. Zuletzt überprüfen Sie die Abnäher, daß sie auf die richtige Stelle zulaufen und die richtige Länge haben. Fadenlauf- und Stoffbruchlinien müssen nach allen Änderungen gerade verlaufen. Darum ist es sehr wichtig, immer den Fadenlauf auf dem Schnitt mit einzuzeichnen.

Ist die vordere und hintere Taillenlänge zu kurz, ist der Schnitt ca. 8 cm über der Taillenlinie aufzuschneiden und auseinanderzulegen.

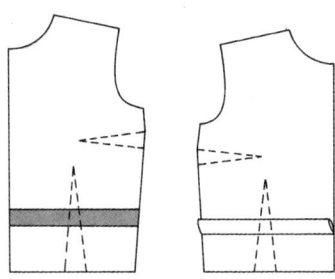 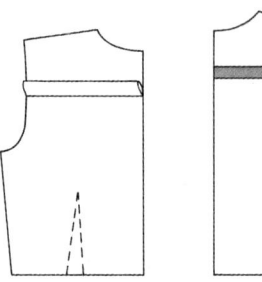 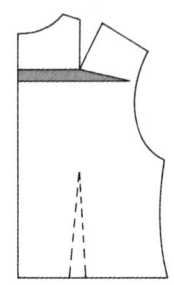

Kleben Sie einen entsprechend breiten Papierstreifen zwischen die Teile. Ist die Taillenlänge zu lang, legen Sie an gleicher Stelle eine Falte ein.

Bei einer sehr geraden Haltung kann der Schnitt über den Schulterblättern beulen. Verkürzen Sie das Schnittmuster an dieser Stelle, und legen Sie eine gerade Falte ein.

Ist der Rücken etwas stärker gekrümmt, so wird das Rückenteil unterhalb des Schulterabnähers quer durchgeschnitten. Den Einschnitt je nach Stärke der Rückenrundung sperren. Begradigen Sie die rückwärtige Mitte und legen Sie den Schulterabnäher neu ein.

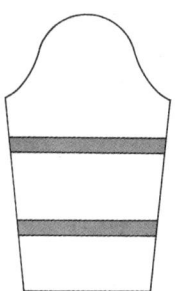 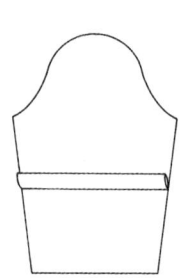 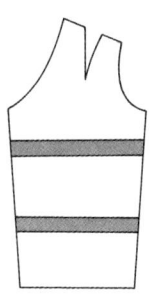 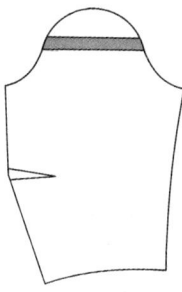

Bei der Verlängerung eines Ärmels schneiden Sie den Ärmelschnitt an zwei Stellen auseinander. Messen Sie vom Ellenbogen aus 10 cm zur Armkugel und 10 cm zum Handgelenk hin. Zeichnen Sie sich eine gerade Linie ein. Schieben Sie die Schnitteile entsprechend auseinander, und unterkleben Sie den Schnitt mit Papierstreifen. Dies gilt auch für Raglanärmel.

Beim Verkürzen des Ärmelschnittes legen Sie an beiden Abänderungslinien Falten ein.

Wurden Vorder- und Rückenteil in Höhe des Armausschnittes verlängert, so muß auch die Armkugel entsprechend vergrößert werden. Schneiden Sie den Papierschnitt der Armkugel auf, und legen Sie einen Papierstreifen unter.

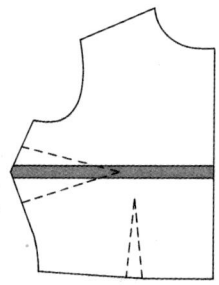 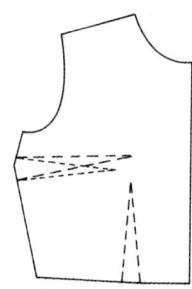 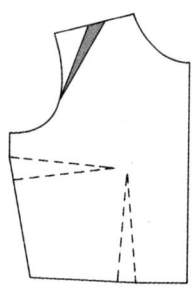 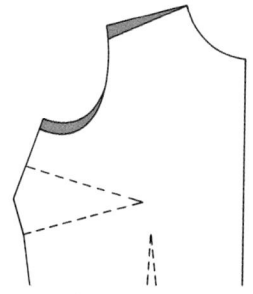

Eine vollschlanke Figur mit großer Oberweite hat meistens einen verkürzten Rücken und eine im Vorderteil nach unten verschobene Taillenlinie. In diesem Fall muß ein seitlicher Brustabnäher eingelegt und im Vorderrock der Taillenausschnitt um ca. 2 cm tiefer ausgeschnitten werden.

Wenn Sie einen Brustabnäher verlegen müssen, markieren Sie sich die neue Abnäherspitze.
Zeichnen Sie die neuen Nahtlinien so ein, daß diese an den Enden in die vorgesehenen Nahtlinien übergehen.
Ist die Schulternaht zu kurz, d. h. die Schulter nicht breit genug, so schneiden Sie von der Mitte der Schulternaht zur

Armlochlinie hin ein und schieben den Keil soweit wie erforderlich auseinander.
Bei hohen, meist geraden Schultern wird die erforderliche Höhe an den Schultern des Vorder- und Rückenteils zugegeben. Durch eine entsprechende Verlängerung der Seitenlänge bleibt die Größe des Armausschnittes konstant.

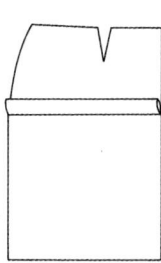 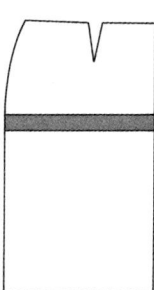 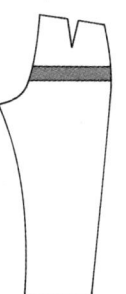 

Hosen und Röcke verlängern oder kürzen Sie am Saum. Wenn Sie die Länge bei einem Rockschnitt stark abändern müssen, den Schnitt waagerecht in Hüfttiefe durchschneiden und auseinanderschieben. Beim Kürzen eine Falte einlegen. Die Form des Kleidungsstückes wird nicht verändert.

Ist die Sitzhöhe des Hosenschnittes zu lang oder zu kurz, unterhalb der Hüfttiefe im vorderen und hinteren Hosenteil eine waagerechte Linie einzeichnen. Ist die Sitzhöhe zu kurz, schneiden Sie die Linie auf und schieben die beiden Hosenschnitteile auseinander. Ist die Sitzhöhe zu lang, legen Sie eine Falte.

Die Rundung der Schrittnaht ausgleichen.
Ist die hintere Schrittnaht zu kurz, wird diese im rechten Winkel über dem Gesäß zur Seitennaht hin eingeschnitten. Zum Kürzen eine entsprechende Falte einlegen. Bei beiden Abänderungen darf die Seitennaht nicht verändert werden.

Weitenkorrekturen

Sie wollen einen Schnitt erweitern oder Weite abnehmen.

Für eine Erweiterung des gesamten Oberteils wird das Schnittmuster wie bei der Längenkorrektur durchgeschnitten, auseinandergelegt und mit einem Papierstreifen ergänzt. Sollte Ihr Schnitt zu groß sein, verfahren Sie ebenso, nur schneiden Sie den Schnitt nicht durch, sondern legen Falten in das Schnittmuster.

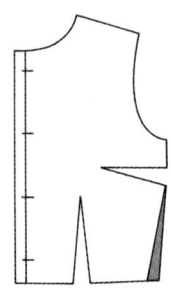 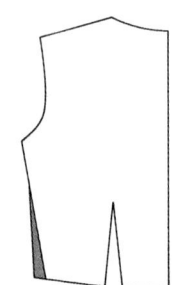

Wenn Sie nur in der Taille zugeben oder abnehmen müssen, verteilen Sie die Zugabe oder Abnahme zu je einem Viertel auf die Seitennähte der Vorder- und Rückenteile. Bei einer größeren Zugabe verteilen Sie diese Weite noch zusätzlich auf die vorderen und hinteren Taillenabnäher.

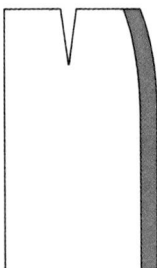 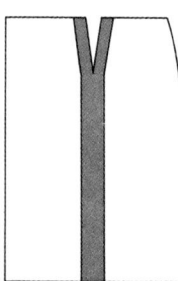 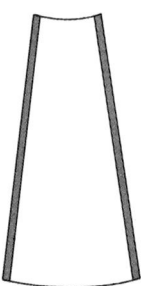

Ist die Hüftweite bei Röcken zu weit oder zu eng, dürfen Sie bis zu 5 cm der Zugaben oder Abnahmen auf die Seitennähte verteilen.

Sind es mehr als 5 cm, schneiden Sie den Schnitt (Vorder- und Rückenteil) senkrecht durch und schieben ihn jeweils um ein Viertel des Betrages auseinander.

Bei Bahnenröcken verteilen Sie die Weite auf alle Nähte.

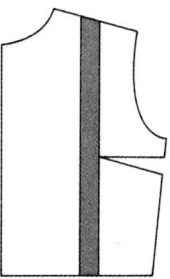 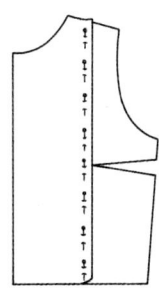 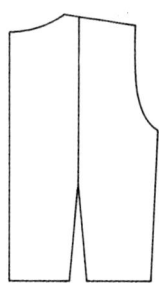 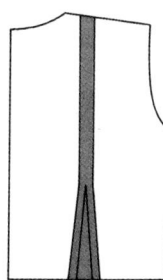

Das Vorderteil wird parallel zur vorderen Mitte über den Brustpunkt zur Schulternaht durchgeschnitten.

Das Rückenteil schneiden Sie parallel zur hinteren Mitte, evtl. über die Spitze des hinteren Taillenabnähers, bis zur Schulternaht durch.

Die erforderliche Mehrzugabe teilen Sie durch 4 und unterkleben die Schnitte (jeweils Vorder- und Rückenteil) mit entsprechend breiten Papierstreifen. Zeichnen Sie sich die neue Brustabnäherlinie ein.

Kaufen Sie Ihren Hosenschnitt nach ihrem Hüftmaß. Eine geringe Weitenzugabe oder Abnahme an der Hüfte nehmen Sie an den Seitennähten vor. Die neue Schnittlinie muß am Oberschenkel in die Originalschnittlinie übergehen. Wenn Sie bis zur Knielinie zugeben oder abnehmen, muß die Weite auch zu

einem Viertel auf die Hoseninnenbeine verteilt werden, da sich sonst die Bügelfalte verschiebt und die Hose nicht mehr gut fällt.
Sollte in der Taille eine größere Weite zu- oder abgenommen werden, die Weite auf Seitennähte und vordere und hintere Schrittnaht verteilen.

Muß der ganze Hosenschnitt erweitert werden, schneiden Sie Vorder- und Rückenhose genau in der Mitte längs durch und schieben die Teile entsprechend auseinander. Kleben Sie Papierstreifen unter, und zeichnen Sie sich die neue Mitte ein. Bei einer Verkleinerung in der Mitte eine Falte legen.

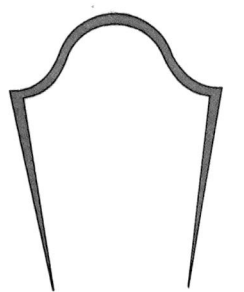 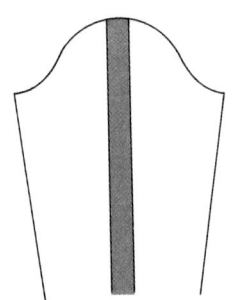 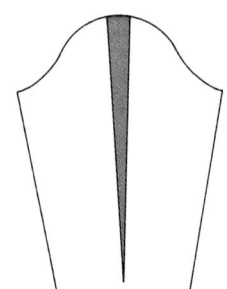 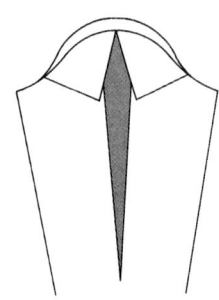

Bei einer geringen Oberarmweitendifferenz geben Sie diese an den Seitennähten zu oder nehmen sie ab. Richten Sie sich dabei nach den Zugaben oder Abnahmen an Vorder- und Rückenteil. Bei einer größeren Erweiterung schneiden Sie den Ärmelschnitt in der Mitte längs durch und schieben ihn auseinander.

Soll die Handgelenkweite nicht erweitert werden, schieben Sie den Schnitt nur nach oben auseinander.
Trotz eines sehr starken Oberarmes ist es oft nicht erwünscht, daß die Kugel größer wird, da das Armloch seine Größe behalten muß. Schneiden Sie dann den Ärmelschnitt senkrecht durch und

ziehen ihn unterhalb der Kugel auseinander. Legen Sie dabei keilförmige Falten (zur Kugel hin auslaufend) ein. Stellen Sie nach dieser Erweiterung die alte Kugelhöhe wieder her.

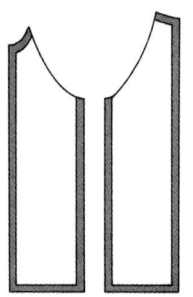 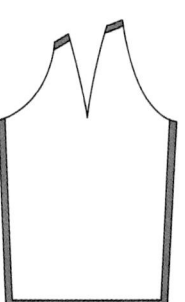 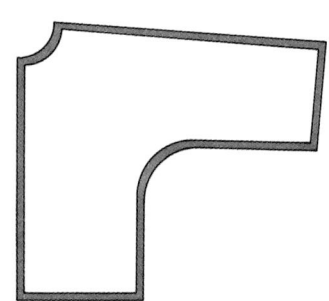

Schnittvergrößerungen und Schnittverkleinerungen werden bei Raglanschnitten an den Seitennähten und in der vorderen und hinteren Mitte des Vorder- und Rückenteiles vorgenommen. Dabei muß die Zugabe oder Abnahme der Seitennähte auch beim Ärmel gemacht werden. Durch die Zugabe oder Abnah-

me in der vorderen und hinteren Mitte verändert sich das Halsloch. Erhöhen oder verringern Sie die Raglannaht des Ärmels an der Ansatzlinie um diesen Betrag.
Bei Kimonoschnitten geben Sie in der vorderen und hinteren Mitte sowie an den Seitennähten zu bzw. nehmen ab.

Um auch mehr Weite in den Kimonoärmel zu bekommen, erhöhen Sie vom Schulterpunkt aus die Kimonomittelnaht. Kontrollieren Sie die Halsausschnittweite.

Schnittauflage

Legen Sie sich alle für das Modell benötigten Schnitteile bereit. Bestimmen Sie die rechte Seite des Stoffes. Da diese Stoffseite der Kleidungsoberseite entspricht, ist sie meistens ausdrucksvoller und farbintensiver als die linke. Glatte Stoffe haben eine glänzende rechte Seite. Oft können Sie sich auch nach der Art richten, wie der Stoff zusammengelegt ist. So liegt meist bei Baumwolle und Leinen die rechte Seite außen, bei Wolle innen. Die Webkante ist bei allen Stoffen auf der Stoffoberseite glatter. Wenn der Unterschied zwischen der rechten und linken Seite schlecht erkennbar ist, markieren Sie sich vor dem Zuschnitt mit Kreide die linke Seite (Unterseite).

Für den Zuschnitt legen Sie den Stoff Webkante auf Webkante, wobei die rechte Stoffseite innen liegt, damit auf der linken Seite die Schnitteile mit Kreide aufgezeichnet werden können. Parallel zu der Webkante verläuft der Fadenlauf, auf den Sie besonders achten müssen. Den Fadenlauf des Schnittes sollten Sie nicht ohne weiteres verändern, weil Sitz und Fall des Kleidungsstückes davon abhängen.

Für die Schnittauflage nehmen Sie sich das Schnittauflagebild zur Hilfe.

Der Zuschneide- bzw. Schnittauflageplan auf der Schnittmustertüte wird für zwei Stoffbreiten dargestellt.

Legen Sie die Schnitteile so aneinander, daß Sie den Stoff optimal ausnutzen. Einige Schnitteile werden einfach zugeschnitten, d. h. der Stoff liegt nicht doppelt. Diese Teile können Sie später zuschneiden. Streichen Sie die Schnitteile glatt, und stecken Sie sie von links nach rechts, vom Stoffbruch zur Webkante, fest. Zuerst entlang des Fadenlaufpfeils und dann an den Ecken fixieren.

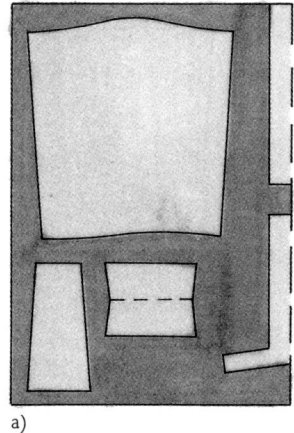

a)

a)

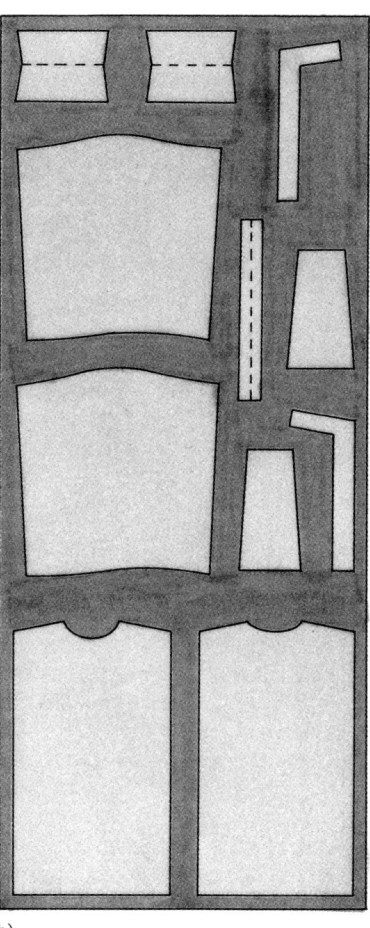

b)

Der Handel führt Stoffe in verschiedenen Breiten. Stoffe bis 100 cm breit gelten als einfach breit. Als doppelt breite Stoffe bezeichnet der Handel Stoffe zwischen 100 und 160 cm Breite. Die gängigsten Stoffe sind 90 cm und 140 cm breit.

Hier die Auflage der Schnitteile bei
- *90 cm Stoffbreite (b)*
- *140 cm Stoffbreite (a)*

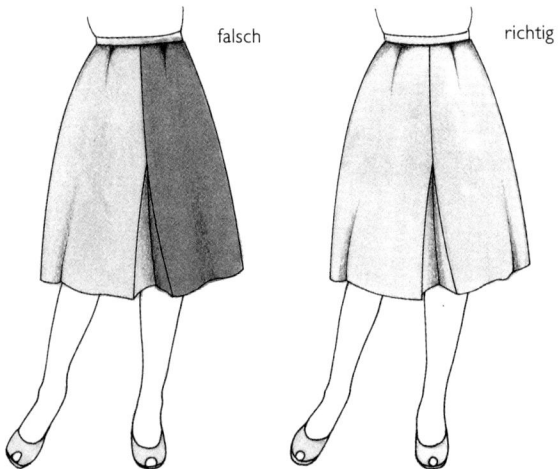

falsch   richtig

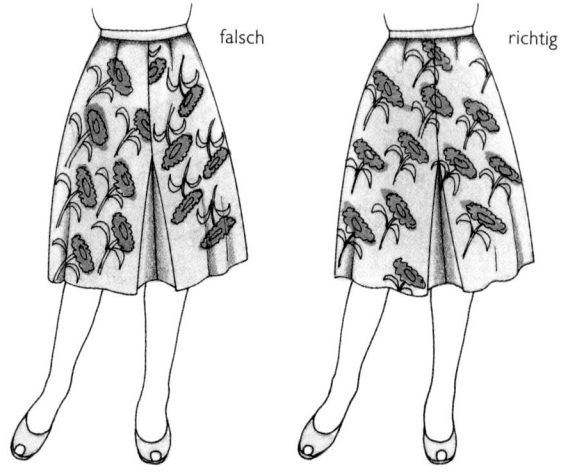

falsch   richtig

Zu der Gruppe **Stoffe mit Strich** gehören Stoffe mit Flor, einseitig ausgerichtete Muster und schattierende Stoffe, die bei Licht je nach Richtung anders reflektieren, wie Samt, Cord, Leder und Velourslederimitate. Streichen Sie mit der Hand über den Stoff. Gegen den Strich ist die Farbe leuchtender, mit dem Strich wirkt sie grau. Sie werden auch feststellen, daß sich die Oberfläche des Florstoffes in Strichrichtung glatter anfühlt.

Bei den Stoffen mit Strich müssen alle Schnitteile unbedingt in einer Richtung aufgelegt werden. Es ist jedoch zu beachten, daß Samt, Cord und Verlours gegen den Strich und alle anderen Stoffe mit dem Strich zugeschnitten werden.

Sie können für den Zuschnitt diese Stoffe nicht quer zusammenfalten. Sollte Ihr Zuschneideplan dies vorsehen, legen Sie Ihren Stoff quer zusammen und schneiden ihn an der Faltlinie durch. Drehen Sie die obere Lage um, damit der Strich wieder in gleicher Richtung läuft.

Stoffe mit einer sich wiederholenden **Musterung** erfordern eine besondere Aufmerksamkeit. So sollte das Modell nicht zu viele Teilungsnähte aufweisen, damit die Muster nicht zu sehr zerschnitten werden und damit ihre Wirkung verlieren. Drapieren Sie beim Stoffkauf den gemusterten Stoff, um festzustellen, wie das Muster am besten wirkt. Vermeiden Sie auffallende Motive über dem Busen und der Hüfte. Der Stoffverbrauch von gemusterten Stoffen ist höher als bei unifarbenen oder kleingemusterten Stoffen. Dies gilt auch für Bordürenstoffe. Lassen Sie sich daher von der Verkäuferin beraten.

Die meisten Stoffe mit Musterrapport sind einseitig ausgerichtet und müssen auch in einer Richtung zugeschnitten werden. Markieren Sie sich auf dem Papierschnitt entlang den Nahtlinien einige Ansatzpunkte. Achten Sie bei der Stoffauflage darauf, daß die Musterung in Höhe dieser Ansatzpunkte gleich ist.

Diagonalstreifenstoffe schneiden Sie aus einer einfachen Stofflage zu. Damit Sie nicht zwei gleiche Teile erhalten, legen Sie das Schnittmuster einmal wie gewohnt auf den Stoff, ein zweites Mal spiegelverkehrt.

falsch · richtig

Die **Karostoffe** können symmetrisch und asymmetrisch gewebt sein. Stellen Sie dies bei der Stoffauswahl fest, da sich der Stoffverbrauch bei asymmetrischen Karos wesentlich erhöhen kann. Wenn sich die Farbstreifen und ihr Abstand in allen Richtungen wiederholen, ist das Karo symmetrisch. Ist das Karo in beiden Richtungen asymmetrisch, müssen alle Schnitteile unbedingt in einer Richtung aufgelegt werden. Zuerst bestimmen Sie, welcher Streifen des Karos die Mitte sein soll. Der Stoff wird an dieser Stelle gefaltet. Fixieren Sie durch beide Lagen den Stoff mit Stecknadeln an den übereinstimmenden Streifen der Rapporte. Die Mitte (Stoffbruch) muß mit der vorderen und hinteren Mitte des Oberteils, Rocks, der Mitte in Ärmeln und Kragen übereinstimmen. Legen Sie die Schnitteile so auf, daß sie auch in der Querrichtung aneinanderpassen. Zum Beispiel muß das Karo in der Taillenlinie oder auch der Saumkanten übereinstimmen. Vermeiden Sie bei Karostoffmodellen Mittelnähte, Prinzeßnähte und Raglanärmel.

Wollen Sie Ihren Karostoff schräg verarbeiten, zeichnen Sie den neuen Fadenlauf ein. Legen Sie den Stoff einfach mit der linken Seite nach oben, und stecken Sie die Schnitteile einzeln auf.

Kurz noch einige Worte zu besonders **schwierigen Stoffarten.**

Maschenware wie Nicky- und Sweatshirtstoffe werden ähnlich wie Webware für den Zuschnitt vorbereitet. Maschenware hat manchmal perforierte Längskanten, die den Webkanten ähnlich sind, doch sind sie oft verzogen und leicht gewellt. Damit Sie den Stoff aber dennoch „fadengerade" bekommen, an den Schnittenden einen Kontrastfaden entlang einer Maschenreihe und in der Mitte des Stoffes entlang einer Maschenrippe einziehen. Diese Linien entsprechen dem Fadenlauf. Bei Nickystoff legen Sie alle Teile in eine Richtung (Nikkystoff hat Strich), bei Sweatshirtstoffen können Sie Ihre Schnitteile in beiden Richtungen auflegen.

Beim Schnittauflegen auf Leder, Lederimitationen und beschichtete Stoffe dürfen Sie keine Stecknadeln verwenden. Sie hinterlassen kleine Löcher, die nicht mehr herausgehen. Beschweren Sie die Schnitteile mit kleinen Gewichten oder verwenden Sie Klebeband.

Wildleder und beschichtete Stoffe mit rauher Oberfläche werden mit dem Strich zugeschnitten. Glatte Leder und beschichtete Stoffe mit glatter Oberfläche können in beiden Richtungen zugeschnitten werden.

Um bei einem sehr dünnen Stoff das Wegrutschen zu verhindern, stecken Sie den Stoff auf Seidenpapier, das Sie zum Unterlegen beim Nähen weiter benutzen können.

Nahtzugaben und Zuschnitt

Für den Zuschnitt sollte der Stoff glatt auf dem Tisch liegen. Überprüfen Sie vor dem Feststecken des Papierschnittes, ob alle Schnitteile berücksichtigt wurden und auch im richtigen Fadenlauf aufliegen. Die Teile dürfen nicht zu eng aneinanderliegen, weil sonst keine Nahtzugabe mehr möglich ist.

Nahtzugaben in der Modellschneiderei: an den Schultern 1,5–2 cm, am Arm- und Halsausschnitt 0,5–0,75 cm, an den Seiten- und Teilungsnähten 1,5–2,5 cm und an gerundeten Nähten 1–1,5 cm. Als Saumzugabe berechnen Sie an Kleidern, Röcken, Jacken, Mänteln, Hosen und Ärmeln 5–6 cm.

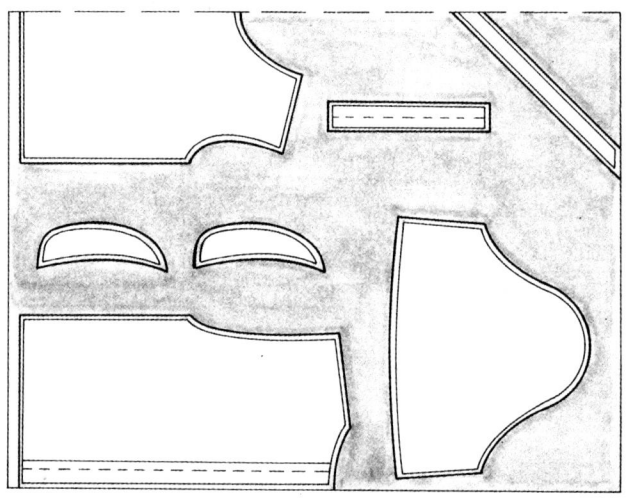

Markieren

Bevor Sie den Papierschnitt vom Stoff entfernen, müssen Nahtlinien, Abnäher und Markierungspunkte (Ärmeleinsatzpunkte, Einhaltlinien, Ansatzpunkte, Taschen, Knopflöcher, vordere und hintere Mitte) bezeichnet werden. Es gibt verschiedene Möglichkeiten, alle Markierungen auf den Stoff zu kopieren.

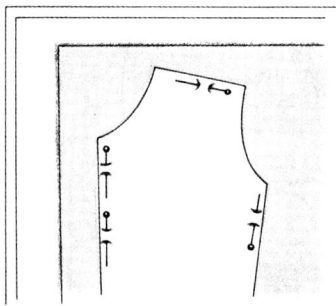

Für doppelt liegende undurchsichtige Stoffe ist das Kopieren mit **Schneiderkopierpapier** die schnellste Methode des Übertragens. Prüfen Sie zuerst auf einem Stoffrest, ob sich die Farbe des Kopierpapiers entfernen läßt. Breiten Sie auf einer Kartonunterlage das Schneiderkopierpapier mit der Farb-

schichtseite nach oben aus, und legen Sie die zugeschnittenen Teile auf. Mit dem Kopierrädchen fahren Sie mit kurzen, festen Strichen den Linien und Markierungspunkten nach. Die zugeschnittenen kopierten Teile werden gewendet. Übertragen Sie nun in gleicher Weise alle Konturen auf die untere Stofflage. Nehmen Sie den Papierschnitt ab. Abschließend zeichnen Sie mit Schneiderkreide Querstriche an den Abnäherspitzen ein, damit sie auf beiden Seiten gleich lang werden.

Nahtzugaben bei Blenden, Besätzen und Taschen betragen rundherum 1 cm. Am Bündchen geben Sie zusätzlich 3 cm für den Ober- oder Untertritt zu.

Diese Angaben gelten für gewebte Stoffe. Bei Strickstoffen können Schulter-, Seiten- und Teilungsnähte mit dem Overlockstich zusammengenäht werden. Die Nahtzugabe beträgt in diesem Falle 0,5–1 cm.

Markieren Sie mit Schneiderkreide die Nahtzugaben. Mit dem Doppelkopierrädchen können Sie in einem Arbeitsgang die Schnitt- und die Nahtlinie einzeichnen. Auf den Linien der Nahtzugabe wird dann geschnitten.

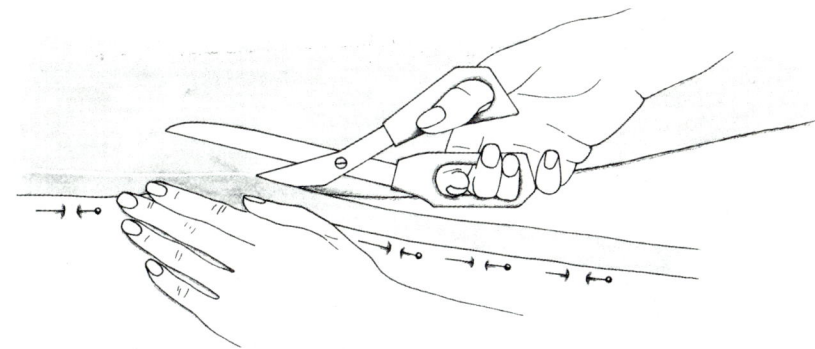

Eine große Hilfe beim **Zuschnitt** ist die spezielle Schneiderschere von 18–20 cm Länge. Die Schneiden müssen scharf sein; schneiden Sie nie mit einer Stoff- oder Nähschere Papier. Die untere Schneide der Schere wird beim Zuschnitt direkt über die Tischplatte geführt. Den Stoff beim Zuschneiden nicht anheben, da sich die Schnittkanten leicht verschieben. Schneiden Sie mit langen, festen Schnitten. Damit der Stoff nicht verrutscht, halten Sie ihn mit der freien Hand dicht neben der Schnittlinie fest.

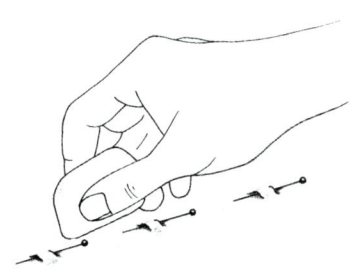

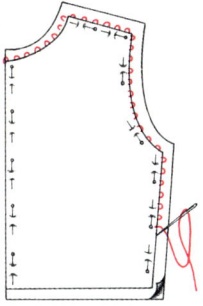

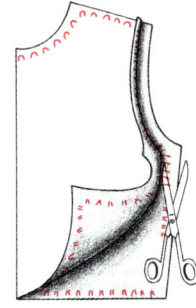

Die bekannteste Übertragungsart erfolgt mit Stecknadeln und **Schneiderkreide.**
Stecken Sie Stecknadeln an den Nahtlinien und Markierungspunkten durch beide Stofflagen. Nach Entfernen des Schnittmusters verbinden Sie die Punkte mit Schneiderkreide.

Durchschlagen benötigt die meiste Zeit, doch ist diese Methode unentbehrlich für durchsichtige und empfindliche Stoffe. Markierungen werden mit Schlingstichen gleichzeitig und exakt auf beide Stofflagen übertragen.

Nach dem Auseinanderziehen der beiden Stofflagen werden die Schlingen zwischen den Lagen aufgeschnitten.
Nach dem Zusammenheften der Schnitteile zupfen Sie die Schlingfäden heraus, damit Sie sie nicht mitnähen.

Futterzuschnitt

Der Futterzuschnitt erfolgt im Prinzip wie der Zuschnitt des Oberstoffes mit den gleichen Nahtzugaben.

Bei Kleidungsstücken mit Belegen werden die Belege aus Futterstoff nicht zugeschnitten. Der Futterzuschnitt des Oberteils reduziert sich um die Belege. Bei Jacken und Mänteln geben Sie in der hinteren Mitte eine 2 cm breite Bewegungsfalte hinzu. Diese wird am Halsansatz und am Saumabschluß 4–6 cm zugenäht. Saumzugabe wird bei dem Futterzuschnitt nicht gegeben, da das Futter immer 2 cm kürzer sein soll als der fertige Saum des Kleidungsstückes. Geben Sie etwas mehr Nahtzugabe an der Armkugel zu, um genügend Spielraum für das Ansäumen an den Armausschnitt zu haben.

Denken Sie an schmale Futterstreifen, die Sie zusammennähen, um eventuelle Aufhänger für Jacken, Mäntel und Röcke zu erhalten. Auch auf den Futterschnittteilen markieren Sie alle Nahtlinien, Abnäher und Markierungspunkte mit Schneiderkopierpapier und Kopierrädchen.

Zuschnitt von Einlagestoffen

Dem Material des Oberstoffes entsprechend werden in Kanten, Verschlußränder, Belege, Kragen, Manschetten und Taschen Einlagestoffe verarbeitet.

Die Vlieseinlagen können Sie sehr sparsam zuschneiden, denn Sie brauchen nicht auf den Fadenlauf zu achten. Nur bei Roßhaar- oder gewebten Einlagen müssen Sie den Fadenlauf berücksichtigen.

Versäuberungsarten

Die Versäuberung der Schnittkanten ist zum einen eine Verschönerung, zum anderen wird vor allem das Ausfransen des Stoffes verhindert. Es gibt verschiedene Versäuberungsarten, deren Ausführung vom verwendeten Material abhängt. Es ist zu empfehlen, die Schnittkanten vor dem Zusammennähen zu versäubern, denn bei einzelnen Schnitteilen liegen die Nahtzugaben noch flach, und Sie brauchen auf keine Nahtverbindungspunkte oder Nahtübergänge von mehreren Schnitteilen zu achten.

Die **Zackenschere** gibt es in verschiedenen Längen. Das Versäubern mit der Zackenschere ist die einfachste und billigste Art, Schnittkanten zu versäubern. Wenden Sie diese Methode aber nur bei Kleidungsstücken an, die Sie sehr selten tragen oder deren Stoff nur schwer ausfranst, denn das Auszacken verhindert das Ausfransen nicht unbedingt. Futter oder Einlagestoffe können hingegen ohne Bedenken mit der Zackenschere versäubert werden.

Zacken Sie die Kanten einzeln aus. Schneiden Sie Ihre Schnitteile nicht mit der Zackenschere zu. Außer der Versäuberung können Sie mit der Zackenschere zum Beispiel bei Leder oder Kunstleder effektvolle Verzierungen erreichen.

Die Nahtzugabe wurde mit der Zackenschere versäubert.

Den gewebten Einlagestoff schneiden Sie mit einer knappen Nahtzugabe von 1 cm zu.

Die Vlieseinlagen werden in den Nähten mitgefaßt, an freien Kanten befestigen Sie sie mit Hexenstichen am Oberstoff. Nach dem Nähen schneiden Sie die Einlage bis knapp vor die Stepplinie zurück. Am einfachsten zu verarbeiten ist ein haftendes Vliesmaterial, das von links auf das zu verstärkende Teil aufgebügelt wird. Diese Einlage ohne Nahtzugabe zuschneiden.

Größe und Form des Einlagestoffes richten sich nach dem Kleidungsstück. Bei leichten Blusen oder Kleidern legen Sie einen schmalen Streifen in die Verschlußkante. Bei größeren Belegen schneiden Sie den Einlagestoff nach Ihrem Schnittmuster zu.

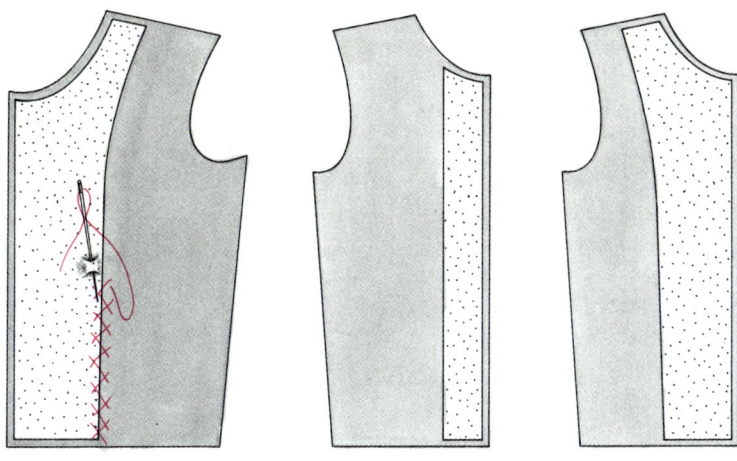

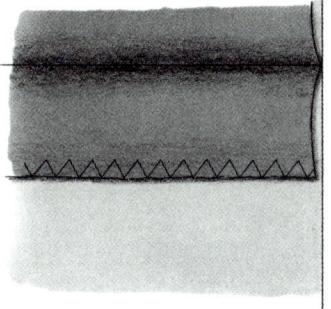

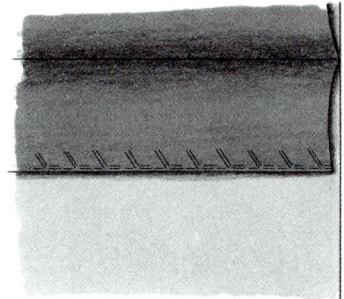

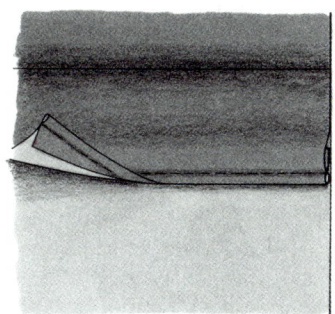

Die Versäuberung mit dem **Zickzackstich** ist die gebräuchlichste Kantenversäuberung. Stellen Sie den Stich der Stoffart entsprechend ein. Die Nahtzugabe so unter den Nähfuß legen, daß die Nadel abwechselnd einmal in den Stoff und einmal danebensticht. Beachten Sie die Fadenspannung.

Nähte, die nicht ausgebügelt werden müssen, können mit dem **Overlockstich** in einem Arbeitsgang gesteppt und versäubert werden. Vor allem bei gewirkten, gestrickten und elastischen Stoffen empfiehlt sich die Anwendung dieses Stiches, den es in Variationen an allen modernen Maschinen gibt.

Bei leichten bis mittelschweren, leicht ausfransenden Stoffen werden die **Schnittkanten umgesteppt.** Die Nahtzugaben werden 0,5 cm nach links umgebügelt und dicht neben der Bruchlinie durchgesteppt. Achten Sie beim Ausbügeln der Naht darauf, daß sich die Ränder nicht durchdrücken.

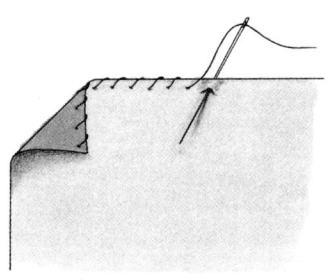 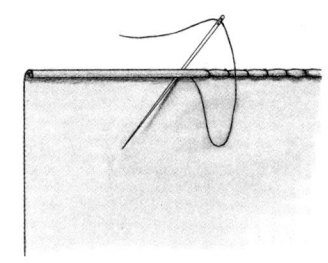 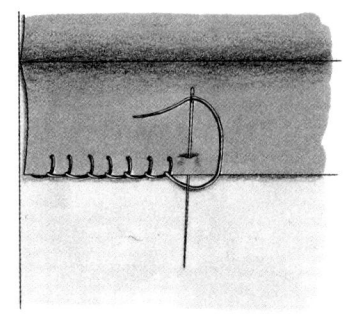

Die älteste Methode der Kantenversäuberung ist das **Einfassen mit dem Überwendlingsstich.** Dies erfolgt von Hand. Mit einem einfachen Faden nähen Sie in gleichmäßigen Abständen 0,5 cm tiefe Stiche um die Schnittkanten. Die Kanten dürfen sich nicht rollen, Faden nur leicht anziehen.

Sichern Sie die Schnittkanten von sehr leichten, duftigen Stoffen nach dem Zusammennähen der Schnitteile mit einem **Rollsaum.** Dabei wird die Kante zwischen Daumen und Zeigefinger leicht gerollt und mit kleinen überwendlichen Stichen festgenäht.

Soll die Stoffkante nicht nur versäubert, sondern gleichzeitig dekorativ verziert werden, so bietet sich der **Festonstich** an. Der aus der Stickerei bekannte Stich wird von links nach rechts gearbeitet.

Stecken

Nach dem Abschluß der Vorbereitungsarbeiten erfolgen noch vor dem Zusammennähen zwei wichtige Arbeitsschritte, von deren sorgfältiger Ausführung nicht selten der gute Sitz des Kleidungsstückes abhängt.
Ein erstes Fixieren der Nähte erfolgt mit Stecknadeln. Die Stecknadeln sollten in ihrer Stärke und Länge auf die Stoffqualität abgestimmt sein.
Die Stoffteile werden mit wenigen Ausnahmen, rechts auf rechts gelegt. Achten Sie darauf, daß alle Markierungspunkte übereinstimmen. Die Nadeln quer zur Nahtlinie stecken. So können Sie bequem über die Nadeln hinweg heften oder als geübte Näherin sogar mit der Maschine darübersteppen.

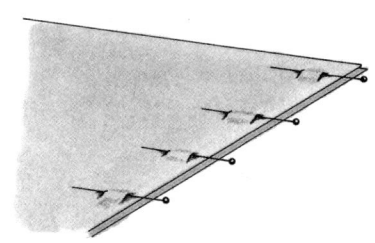

Heften

Für die erste Anprobe, die noch vor dem Zusammennähen erfolgen sollte, werden die Schnitteile zusammengeheftet. Das Heften sollten Sie als nicht so geübte Näherin nie übergehen, denn eine bereits gesteppte Naht läßt sich viel mühsamer auftrennen als ein Heftfaden sich ziehen. Geheftet wird auch in der Modellschneiderei so mancher Zwischenschritt. So z. B. die Kante nach dem Verstürzen von Kragen und Manschetten oder zum Fixieren des Reißverschlusses. Beginnen Sie das Heften immer mit den Abnähern, dann folgen Schulter-, Seiten-, Rock- und Ärmelnähte.

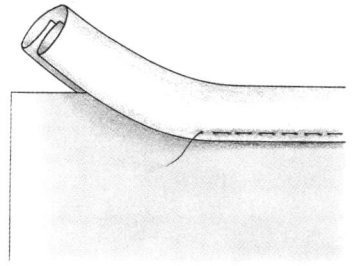 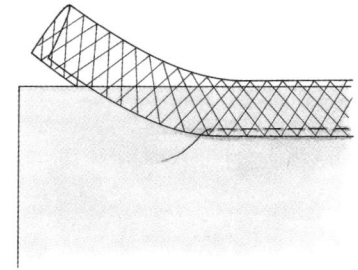

Die sauberste Art, in ungefütterten Jakken und Mänteln die Nähte zu versäubern, ist das Einfassen der Schnittkanten mit **Schrägstreifen.** Um die sauber geschnittenen Kanten legen Sie das gefaltete Schrägband. Von oben das Band feststeppen.

In gleicher Weise wird auch das **Tresseband** um die Schnittkanten gearbeitet.

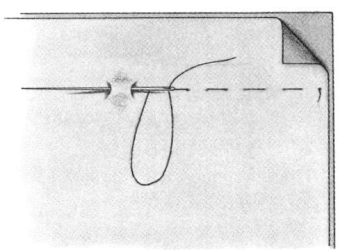 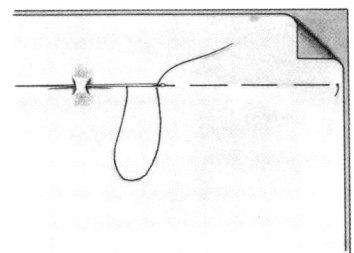 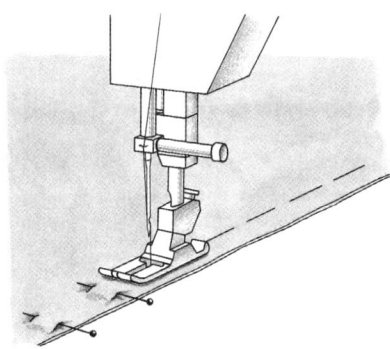

Die **Heftstiche** sind ca. 1 cm lang. Sie werden in gleichmäßigem Abstand von rechts nach links gearbeitet, wobei das Ein- und Ausstechen in einem Arbeitsgang erfolgt. Nähen Sie dann dicht neben der Heftlinie; der Heftfaden kann dann leicht gezogen werden.

Zum Heften der Seitennähte oder des Saumes können Sie den **Eilstich** verwenden. Er ist wie der Heftstich ein Vorstich, nur daß er in größeren Abständen (1,5 cm) gearbeitet wird. Verwenden Sie auch hier das billigere Heftgarn.

Auch **mit der Nähmaschine** können Sie zur Anprobe die Schnitteile zusammenheften. Versenken Sie den Transporteur, so daß Sie den Stoff beliebig nach hinten durchziehen können. Damit Sie den Unterfaden nach dem Nähen leichter herausziehen können, lösen Sie die Oberfadenspannung etwas.

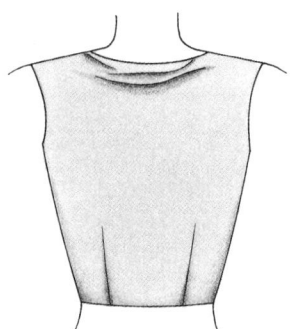 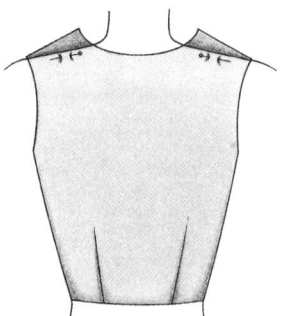 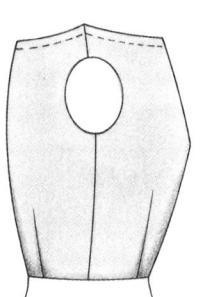 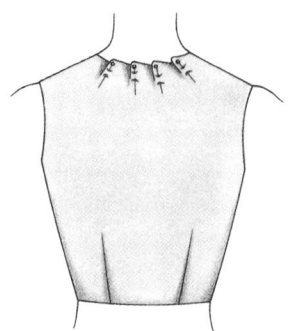

Anprobe

Für die Anprobe des Oberteiles stecken Sie die vordere oder hintere Mitte zu. Kontrollieren Sie den Sitz des Kleidungsstückes von oben nach unten. Durch zu gerade Schultern bilden sich leicht Falten am Halsausschnitt. Trennen Sie die Schulternaht auf, und heben Sie die Nahtränder an der Schulterspitze. Der Halsausschnitt wird dadurch enger. Stecken Sie anschließend das Kleidungsstück Mitte auf Mitte, Schulternaht auf Schulternaht, und schneiden Sie das Halsloch etwas nach.

Ist der Halsausschnitt zu weit, heben Sie auch hier die Schulternähte. Beachten Sie, daß Sie zum Armloch hin einen glatten Übergang in die alte Schulternahtlinie bekommen. Ist der Halsausschnitt viel zu weit, stecken Sie zunächst die ganze Weite ab, und teilen dann die überschüssige Weite in mehrere kleine Abnäher ein.

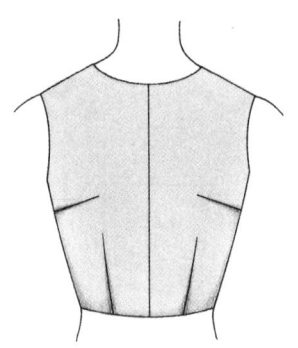 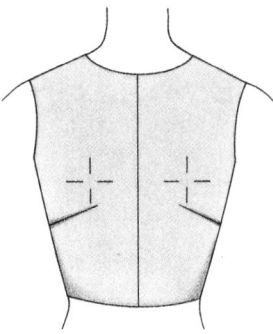 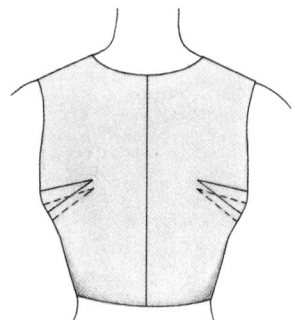 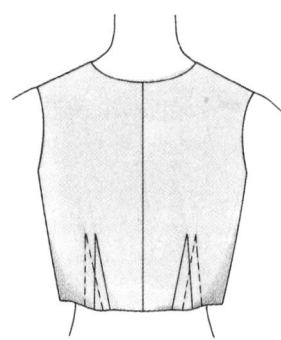

Kontrollieren Sie bei der Anprobe, ob die Taillenabnäher senkrecht verlaufen und der Brustabnäher, meist bei größeren Oberweiten, zum stärksten Punkt der Brust verläuft. Oft muß der Brustabnäher tiefer eingelegt werden, da sich seitliche Querfalten bilden.

Trennen Sie die Seitennähte und den Abnäher auf. Den Brustabnäher an der Figur neu abstecken und nähen. Schließen Sie die Seitennähte, regulieren Sie den unteren Ärmelausschnitt. Damit das Armloch durch solche Änderungen nicht zu groß wird, sollte immer genügend Nahtzugabe am Ärmelausschnitt zugegeben werden.

Sitzt der Brustabnäher nicht an der richtigen Stelle, können Sie dies evtl. schon durch Heben oder Herauslassen der Schulternähte regulieren. Bei der Änderung der von der Taille ausgehenden Abnäher achten Sie darauf, daß die vordere Mitte nicht verzogen wird und das Vorderteil nicht zu sehr einengt.

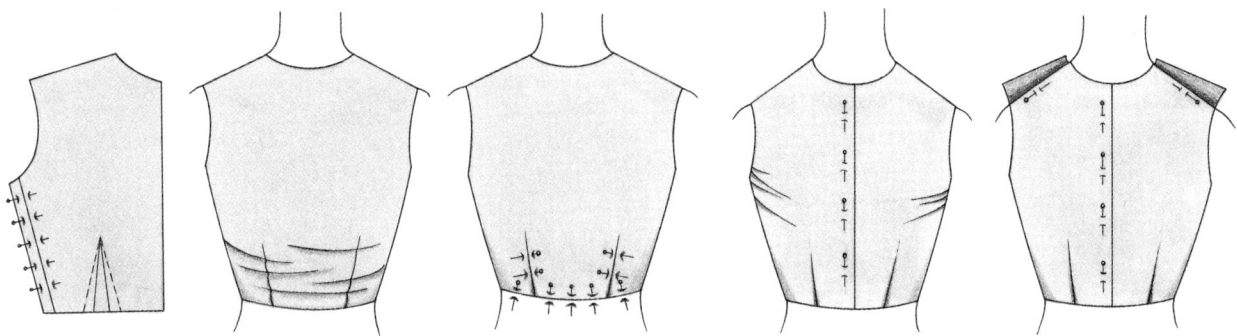

Die Taillenweite kann zusätzlich zu den Seitennähten durch Abnäher im Vorderteil (von der Taille zur Brustspitze) und Rückenteil (von der Taille bis in die Höhe des Armloches) erweitert oder verengt werden.

Stauchen das Vorderteil und das Rückenteil, dann sind diese Schnitteile zu lang. Trennen Sie die Taillennaht auf, und setzen Sie den Rock so viel höher, daß Vorder- und Rückenteil glatt anliegen.

Entstehen an der Schulter und am Ärmelausschnitt Falten durch zu abfallende Schultern, muß die Schulternaht gehoben werden. Trennen Sie die Schulternaht auf, und heben Sie sie so weit hoch, daß Vorder- und Rückenteil glattliegen. Nähen Sie die Schulternaht zur Schulterspitze verlaufend neu zusammen.

Ist die Schulter nicht so schräg, wie im Schnitt angegeben, so entstehen um den Halsausschnitt Falten. Heben Sie die Schulternaht ein wenig (vgl. Halsausschnitt).

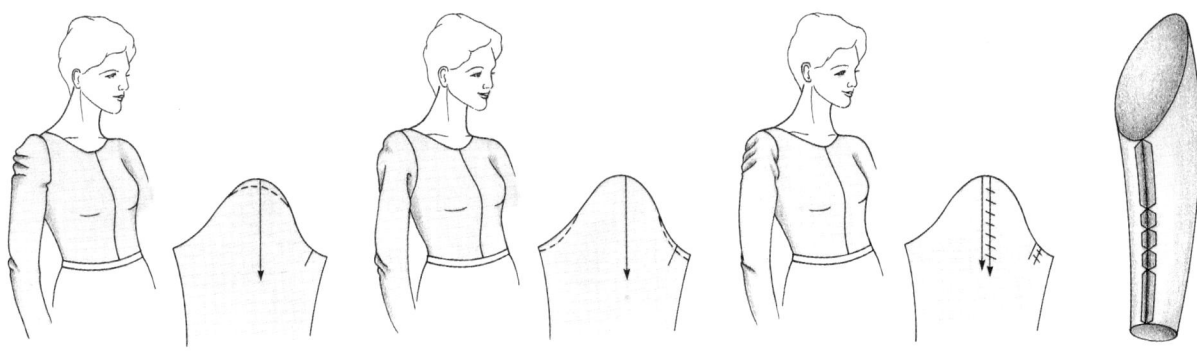

Je nach Modetrend wechselt die Schnittform des Ärmels. Bei gerade eingesetzten Ärmeln entfällt meist eine Korrektur, da diese weit über die Schulter fallen. Ein exakter Sitz wird jedoch bei Ärmeln mit Armkugel verlangt. In diesem Fall sollten Sie den Ärmel nie ohne Anprobe feststeppen.

Bilden sich an der Armkugel leichte Wellen, so ist die Armkugel zu hoch. Verkürzen Sie die Kugel durch Verschieben der Armansatznaht. Ein leichtes Korrigieren der seitlichen Ansatznaht ist auch notwendig, wenn sich vom Ellbogen zur Armkugel leichte Quer- oder Längsfalten bilden.

Entstehen im Bereich der Armkugel Querfalten, so muß der Ärmel leicht nach vorn gedreht werden; Schulternaht und Schultermarkierung sind gegeneinander verschoben.

Im Bereich des Ellbogens sollte die Nahtzugabe gerade bei sehr engen Ärmeln etwas eingearbeitet werden.

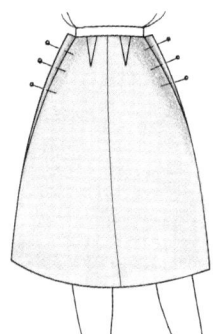

Bei einem Rock werden die Korrekturen zuerst an der Taillenkante ausgeführt. Hängt der Rock hinten durch, so wird die Taillennaht angehoben. Die rückwärtige Taillenlinie entsprechend ausrunden. Ist der Rock in der Taille zu weit, so können kleine Änderungen an der Seitennaht vorgenommen werden. Dabei darf sich die vordere und hintere

Mitte aber nicht verschieben. Legen Sie in diesem Fall lieber kleine Fältchen oder einen Abnäher ein.
Bei Bahnen- oder Faltenröcken müssen der Fall der Falten und der Verlauf der Nähte überprüft werden. Gegebenenfalls die Taillenlinie etwas mehr ausrunden und dadurch den Rock heben. Bei einem ungleichmäßigen Faltenrock ge-

nügt es meist, die inneren Faltenbrüche leicht über die Taillenlinie hinaus zu heben.
Volant- und Stufenröcke sollten schon vor dem Zusammennähen auf ihre endgültige Länge überprüft werden. Eine evtl. notwendige Korrektur an allen Stufen gleichmäßig verteilt durchführen.

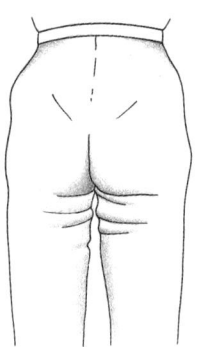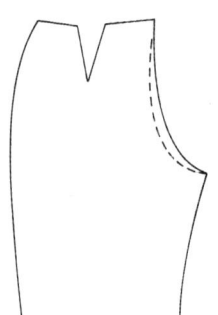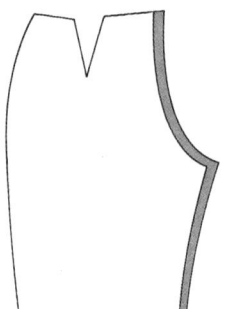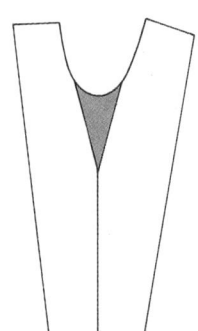

Durch ein zu flaches Gesäß entsteht ein Faltenzug. Für die Korrektur drehen Sie die Hose auf die linke Seite und zeichnen mit Kreide eine vertiefte Rundung in die hintere Schrittnaht ein. Anschließend die neue Rundung steppen. Die Nahtzugabe in der Rundung auf knapp 1 cm zurückschneiden, da sich die Naht

sonst zieht. Diese Korrektur wird auch durchgeführt, wenn die Schrittnaht kneift. Ist der Schritt an der Hose viel zu eng, kann er durch das Einsetzen eines Zwickels verlängert werden. Trennen Sie die inneren Hosenbeine ca. 15 cm und die vordere und hintere Schrittnaht 4 cm auf. Bügeln Sie die Naht gut aus. Bei

einer Verlängerung der Schrittnaht um 4 cm schneiden Sie sich einen Zwickel, der 4 cm breit und 10 cm lang ist. Vergessen Sie die Nahtzugabe nicht, und beachten Sie den Fadenlauf. Nähen Sie den Zwickel an die vorderen und rückwärtigen Hoseninnenbeine, so daß er spitz in die Hosenbeinnaht ausläuft;

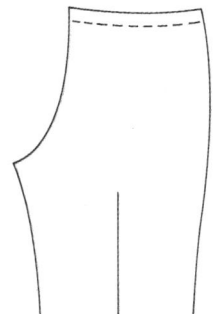 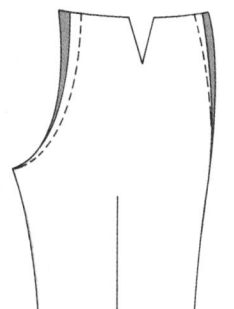 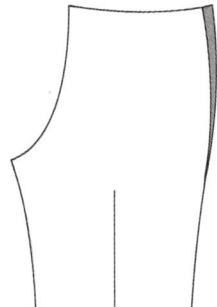 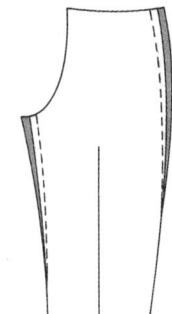

Ist bei einer Hose die Schrittnaht zu lang, das Zuviel am hinteren Taillenrand abnehmen. Dadurch verschiebt sich die Ansatzlinie für den Bund. Ist die Taille zu weit, gleichmäßig in der vorderen und hinteren Schrittnaht und an den Seitennähten abnehmen, evtl. kleine Abnäher einlegen. Bei einer zu engen Taille erfolgt

die Korrektur durch Zugeben aus den Nähten oder Herauslassen der Abnäher.
Eine geringe Weitenzugabe oder -abnahme an der Hüfte kann an den Seitennähten vorgenommen werden. Die neue Stepplinie muß am Oberschenkel glatt in die Originallinie übergehen.

Erweitern oder verengen Sie den Oberschenkel bis zur Knielinie, so muß die Korrektur zu je einem Viertel auf die Hoseninnenbeine verteilt werden. Wenn Sie nur die Seitennähte verändern, fällt die Hose nicht mehr gerade.

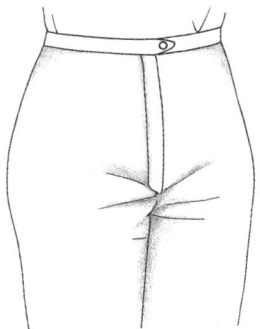 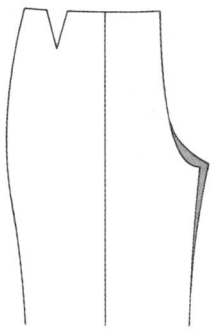

Hinweis:
Korrekturen der Beinlänge nehmen Sie am unteren Hosenrand vor. So lassen sich die Hosenbeine ohne Schwierigkeiten kürzen. Unsichtbare Verlängerungen können jedoch nur in Saumbreite durchgeführt werden.
Fällt die Bügelfalte nicht korrekt, so kann dies bedingt sein durch einen falschen Zuschnitt (Fadenlauf) oder durch erhebliche Veränderungen an den Seitennähten.

Bilden sich unterhalb des Schlitzes kleine Fältchen, so muß die Rundung leicht korrigiert werden, d. h. die vordere Schrittnaht (Kreuznaht) wird flacher genäht.

Bedingt durch sehr starke Oberschenkel kann eine weitere Zugabe aus der Seitennaht erforderlich sein.

Zusammennähen der Schnitteile

Auf einer Stoffprobe arbeiten Sie vor dem Zusammennähen eine Probenaht. Stimmen Sie den Maschinenstich auf Ihre Stoffart ab. Kontrollieren Sie außerdem die Ober- und Unterfadenspannung, die Maschinennadel und die Garnstärke. Für die verschiedenen Materialien gibt es unterschiedliche Maschinennadeln. Achten Sie daher immer darauf, daß Sie mit einer einwandfreien Nadel, die in Stärke und System auf die Stoffart abgestimmt ist, nähen.

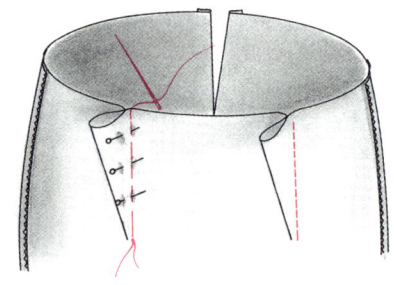

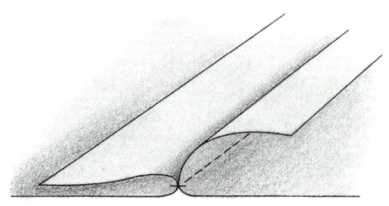

Mit den **Abnähern** beginnen Sie das Zusammennähen. Steppen Sie die Abnäher von der Breitseite zur Spitze. Vernähen Sie auch hier mit ein paar Rückstichen. Schlagen Sie den Stoff zurück, bügeln Sie die Naht in Nährichtung aus. Von der linken Stoffseite aus wird der Abnäher zur entsprechenden Seite umgebügelt.

Nähen Sie die Schulter-, Teilungs- und Seitennähte mit einer **Flachnaht.** Sie verbindet zwei Stoffteile durch eine Geradstichreihe miteinander. Anfang und Ende der Naht sichern Sie mit Vor- und Rückstichen. Diese Nähte flach auseinanderbügeln.

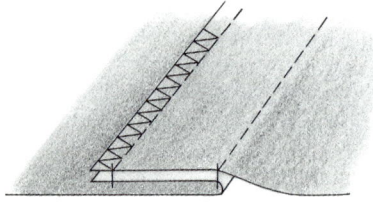

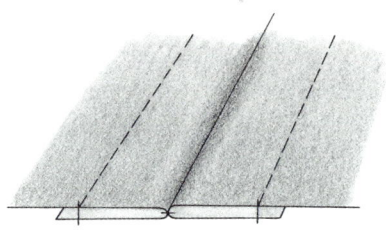

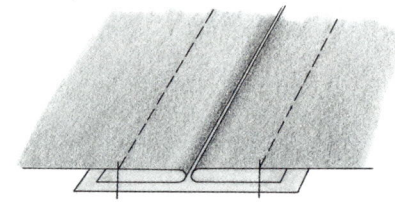

Für die **einfache Kappnaht** schließen Sie die Naht entlang der Nahtlinie. In einem Arbeitsgang versäubern Sie die Schnittkanten, anschließend die Nahtzugabe nach einer Seite umbügeln. Steppen Sie von der rechten Seite die Nahtzugabe mit füßchenbreitem Abstand zur ersten Steppnaht fest.

Ziernähte sind meist Abwandlungen der Flachnaht. Sie wird durch zusätzliche Steppnähte betont. Sehr dekorativ ist die auseinandergesteppte Naht, bei der die Nahtzugaben von der rechten Stoffseite aus festgesteppt werden. Die Zierstepplinien laufen parallel zur Nahtlinie.

Für die **Kellernaht** wird die geheftete Flachnaht auseinandergebügelt und mit dem Stoffstreifen unterlegt. Auf beiden Seiten der Nahtlinie werden von der rechten Seite aus die Stofflagen aufeinandergesteppt. Nach dem Bügeln den Heftfaden ziehen, so daß die Naht aufspringen kann.

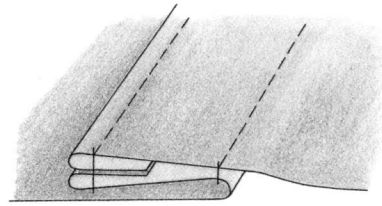

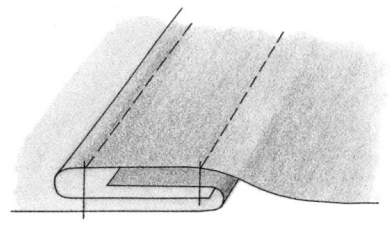

Für dünne, duftige Kleidung wählen Sie die **französische Naht.** Beide Stofflagen links auf links zusammennähen. Nahtzugabe kürzen. Vor dem Wenden Naht ausstreichen. Von der rechten Seite die zweite Naht nähen, die Nahtränder der ersten Naht sind eingeschlossen.

Bei Rundungen arbeiten Sie die **falsche französische Naht.** Legen Sie die Stofflagen rechts auf rechts, zusammennähen. Die Schnittkanten der Nahtzugaben zur Stepplinie hin bügeln und Bruchkante auf Bruchkante legen. Steppen Sie die Kanten zusammen.

Für die strapazierfähige **flache Kappnaht** den Stoff links auf links legen, Nahtlinie steppen. Eine Nahtzugabe auf 0,5 cm zurückschneiden. Schlagen Sie die obere Nahtzugabe um die zurückgeschnittene Kante, diese schmalkantig aufsteppen.

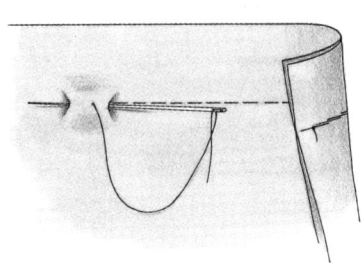

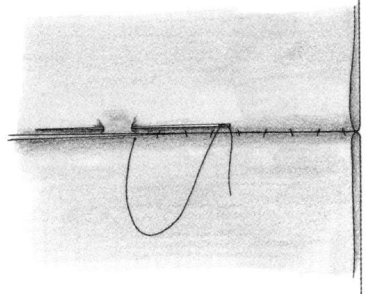

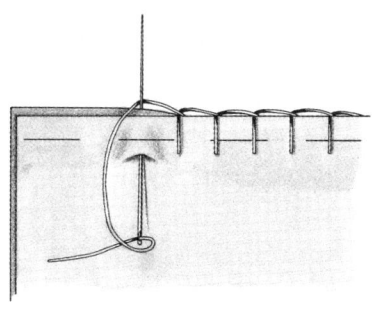

Von Hand werden heute nur noch kurze (meist aufgeplatzte) Nahtstrecken **geschlossen.** Verwenden Sie für eine Flachnaht den Steppstich. Nadel einstechen, einige Gewebefäden auf die Nadel nehmen, ausstechen. Zurück zur Ausstichstelle des letzten Stiches, einstechen zum neuen Stich.

Kann die Ausbesserung einer Naht nur von der rechten Seite erfolgen, arbeiten Sie den **hohlgenähten Staffierstich** von rechts nach links. Führen Sie die Nadel durch eine Bruchkante, wechseln Sie nach dem Ausstich zur gegenüberliegenden Bruchkante.

Auch mit dem **Feston- oder Languettenstich** können Sie kleine Nahtstrekken, z. B. an einem T-Shirt, schließen. Stechen Sie hinter der Nahtlinie in den Stoff, und führen Sie die Nadel rechtwinklig zur Kante. Legen Sie den Faden unter die Nadel, so daß sich eine Schlinge bildet, wenn der Faden angezogen wird.

Säume

Alle unteren Kanten des Kleidungsstükkes werden mit einem Saum versäubert. Säume sollen so unauffällig wie möglich sein; Ausnahme: der Saum ist gleichzeitig eine Verzierung. Die Saumstiche dürfen daher auf der rechten Seite kaum zu sehen sein.

Bei allen Säumen markieren Sie sich zuerst die Bruchkante des Saumes. Die Saumbreite und die Art des Saumes richten sich nach der Schnittform und der Art des Stoffes. Übliche Saumbreiten betragen 3–6 cm.

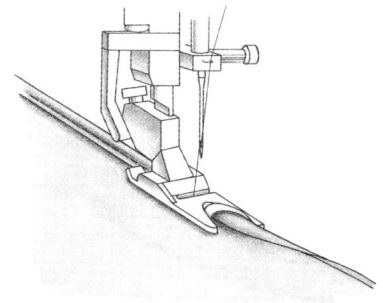

Für den **Maschinensaum** die Schnittkante versäubern, den Saum an der Saumlinie umbügeln; 0,5 cm von der Saumkante entfernt heften. Stoff unter den Blindstichfuß legen. Die umgeschlagene Kante läuft am Anschlag des Fußes vorbei, die Nadel erfaßt nur einen Faden vom Oberstoff.

Für den **Rollsaum** bei dünnen Stoffen brauchen Sie ein spezielles Füßchen. Schlagen Sie die Kante 4 mm um. An die Enden Fäden nähen, mit deren Hilfe der Stoff in die Tüte des Rollsäumers gezogen wird. Die eingerollte Saumkante wird knapp abgesteppt.

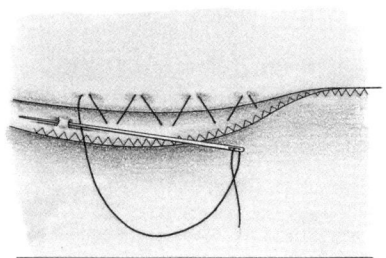

ter dem Saum liegenden Stoffes gefaßt. Dann wird die Nadel im Wechsel zwischen Stoff und Saum weitergeführt. Die Stiche im Abstand von ca. 6 mm arbeiten. Ziehen Sie den Faden nicht fest an, lassen Sie einen kleinen Spielraum, um beim Fertigbügeln Ihres Kleidungsstükkes mit der Bügeleisenspitze unter die Saumkante fahren zu können.

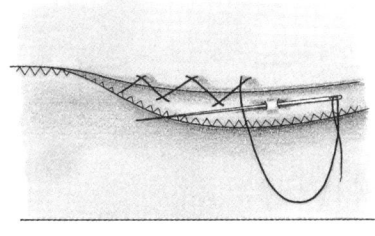

Mit etwas Übung können Sie **von Hand** einen **unsichtbaren Saum** nähen. Schlagen Sie die Saumzugabe um, und heften Sie die untere Saumkante im Abstand von 0,5 cm. Die Saumstiche werden verdeckt zwischen Saum und Oberstoff von rechts nach links genäht. Mit der Nadel wird ein Faden des 0,5 cm un

Mit dem **Hexenstich** werden elastische und schwere Stoffe gesäumt. Er ist haltbarer und reißt bei leichten Dehnungen des Stoffes nicht gleich. Sie können den Hexenstich ebenso wie den Saumstich zwischen Saum und Oberstoff hohl nähen. Stiche von rechts nach links gegen die Nährichtung arbeiten. Im Ober

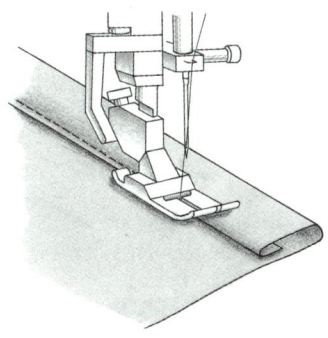

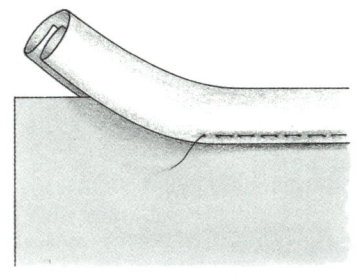

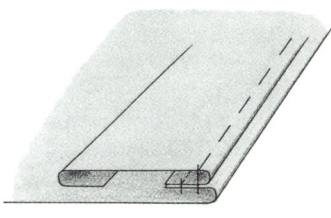

Der **aufgesteppte Saum** wird nur genäht, wenn auch an anderen Partien des Kleidungsstückes Ziersteppnähte auftreten. Stecken Sie die Länge um, bügeln. Schlagen Sie die Schnittkante 1 cm ein; Saum knappkantig mit einem mittleren Geradstich steppen.

Die **Saumzugabe** kann bei stark ausfransenden Stoffen **mit Schrägstreifen** eingefaßt werden. Schrägstreifen rechts auf rechts an die Schnittkante nähen. Von rechts in der Rille der ersten Naht den Schrägstreifen feststeppen. Saum mit Hohlstichen annähen.

Einen **falschen Saum** arbeiten Sie, wenn die Saumzugabe sehr knapp ist. Farblich passenden Futterstoff (ca. 5 cm breit) von rechts ansteppen. Futter nach innen schlagen, Saumumbruch sorgfältig heften. Anschließend das Futter ca. 1 cm einschlagen, hohl annähen.

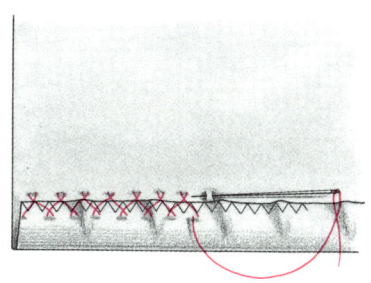

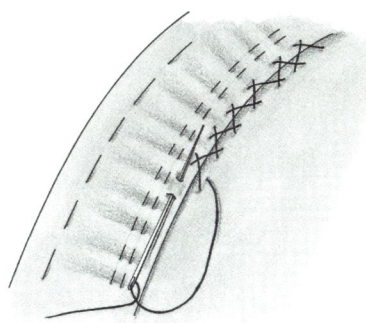

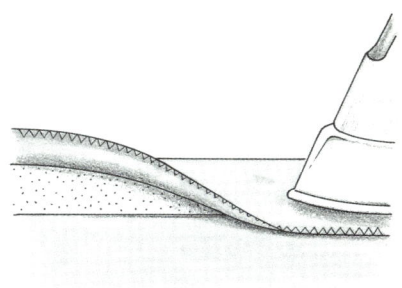

stoff jeweils nur 1 oder 2 Gewebefäden erfassen, dann im Wechsel zwischen Saum und Oberstoff einstechen. Zum Säumen von Hosenbeinen empfiehlt es sich, die Saumkante fest an den Oberstoff zu nähen. Stechen Sie unterhalb der Zickzackversäuberung ein, und arbeiten Sie kleine Stiche in gleichmäßigem Abstand.

Für das **Säumen von Rundungen** sollte die Saumzugabe nicht mehr als 3 cm betragen. Bügeln Sie die Saumzugabe um, und heften Sie die untere Saumkante. Die Weite der Schnittkante muß nun eingehalten werden. Legen Sie kleine Falten, oder kräuseln Sie die Kante leicht ein. Saum mit Hexenstichen festnähen.

Für die schnellste Art der Saumverarbeitung benötigen Sie **Saumfix,** ein aufbügelbares Haftvlies. Die Saumzugabe entlang der Umbruchlinie umbügeln und Saumfix unter die Saumzugabe legen. Den Saum festbügeln. Achten Sie darauf, daß Sie mit dem Bügeleisen das Haftvlies nicht direkt berühren.

Bügeln

Richtiges Bügeln ist das A und O in der Schneiderei, daher immer zwischen den einzelnen Arbeitsschritten bügeln. Dann hat das Kleidungsstück schon bei der Anprobe ein besseres Aussehen, und Sie können den Sitz überprüfen.

Um „Bügelglanz" zu vermeiden, benutzen Sie zusätzlich zu Ihrem Dampfbügeleisen ein feuchtes Tuch. Bügeln Sie möglichst nicht über Stecknadeln, denn sie zerkratzen die Bügelfläche. Setzen Sie das Bügeleisen nicht zu fest auf, sondern lassen Sie es gleiten.

Ehe Sie das Teil bügeln, probieren Sie an einer Stoffprobe aus, wie er sich bügeln läßt. Dabei sollten Sie nicht nur auf die richtige Temperatur achten, sondern auch auf Stoffeigenschaften, die sich durch das Bügeln verändern können.

Zum Beispiel vertragen die Metallfäden bei Brokat keinen Dampf; sie werden matt. Crêpestoffe drücken sich leicht durch und laufen unter Dampfeinwirkung manchmal etwas ein.

Damit die kleinen Florhärchen nicht flachgebügelt werden, bügeln Sie Streich- und Flauschstoffe immer nur von der linken Seite. Für Florstoffe benutzen Sie ein Samtbrett oder eine Drahtbügeldecke. In die Stoffoberseite schieben sich die Stahldrähte, so daß der Flor nicht flachgebügelt wird. Verarbeiten Sie selten Florstoffe, so können Sie diese auch auf Samt dämpfen.

Sind bei einem permanent gebügelten Stoff Nähte, Kanten und Falten einmal gebügelt, lassen sich die Kanten nicht mehr entfernen. Daher geheftete Nähte nur leicht bügeln, nach dem Entfernen der Heftfäden kräftig bügeln.

Um Ledernähte auseinanderzulegen, drücken Sie die Nähte mit der Spitze des kalten Bügeleisens auseinander.

Ein wichtiger Hinweis zum Thema Bügeln: Überlegen Sie sich vor dem Stoffeinkauf, ob Sie für einen sehr schwierig zu verarbeitenden Stoff die nötige Erfahrung für die Näh- und Bügeltechnik haben. Wenn Sie noch Anfänger sind, verlieren Sie schnell die Freude am Nähen, wenn Sie einen schwer zu verarbeitenden Stoff ausgewählt haben. Haben Sie erst einmal etwas Erfahrung, fällt es Ihnen nicht mehr schwer, jede Stoffart zu verarbeiten.

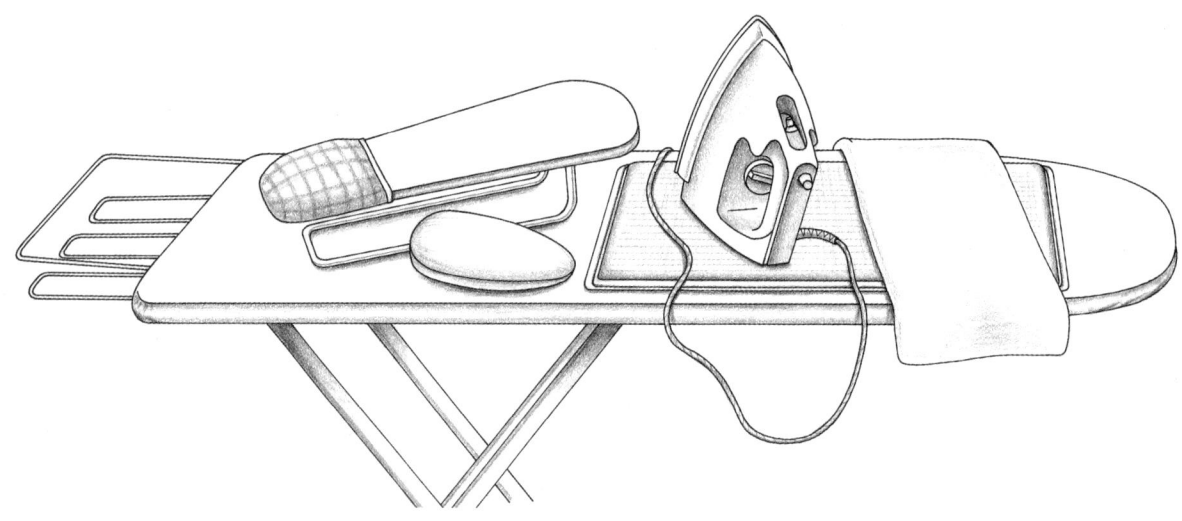

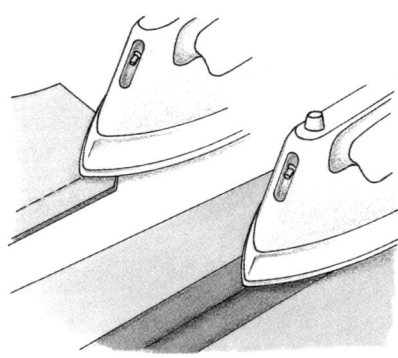

Bügeln Sie die Nähte, die auseinandergebügelt werden, zuerst flach über die
Stichlinie und Nahtzugabe, ehe Sie sie
auseinanderbügeln.

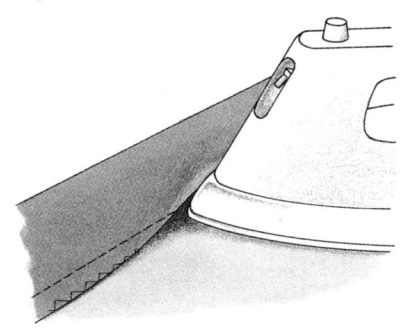

Stoffe, bei denen sich die Nähte oder
Säume durchdrücken, bügeln Sie mit der
Spitze des Bügeleisens noch einmal unter der Nahtzugabe. Bei sehr empfindlichen Stoffen können Sie zusätzlich einen
Papierstreifen unter die Nahtzugaben
legen.

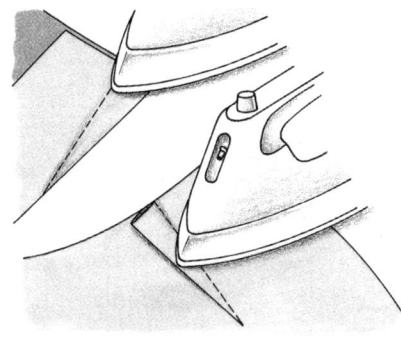

Abnäher werden zuerst flachgebügelt,
dann zu einer Seite (immer zur Körper-
mitte) umgebügelt. Die Abnäher in
einem Futterrock bügeln Sie entgegen-
gesetzt zu den Abnähern des Oberrok-
kes. Die Taillennaht wird dadurch nicht
so dick.

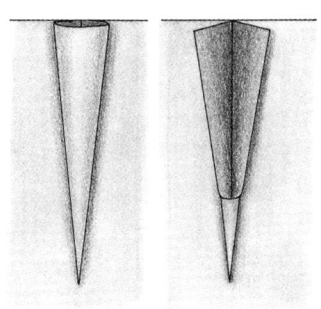

Abnäher in dicken Stoffen schneiden Sie
bis 3 cm vor die Spitze auf, evtl. Nahtzugabe kürzen. Dann den Abnäher auseinanderbügeln. Abnäher in feinen Stoffen
auf den Kopf bügeln, d. h., der Abnäher
wird flach auseinandergebügelt.

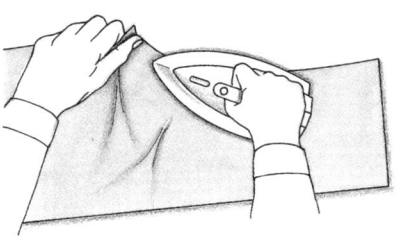

Wenn auf dem Schnitt „Dehnen" oder
„Einhalten" angegeben ist, erfolgt dies
vor dem Zusammennähen der Teile. So
wird z. B. die hintere Schrittnaht der
Hose mit dem Dampfbügeleisen gedehnt. Wichtig ist, daß gleiche Schnittteile gleichviel gedehnt werden.

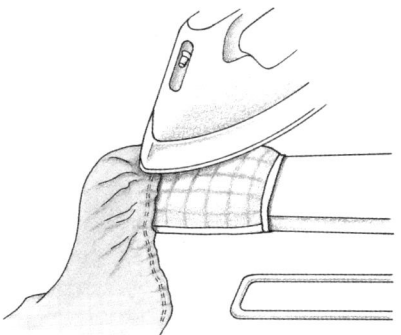

Eine Armkugel oder die Saumzugabe bei
einer Rundung wird immer etwas eingehalten. Nachdem Sie die Kräuselfäden
leicht angezogen haben, bügeln Sie
etwas Weite ein. Mit Hilfe eines Bügel-
kissens oder eines Bügelhandschuhes
anschließend die Armkugel formen.

 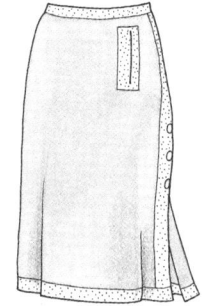 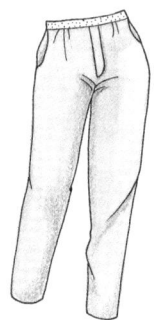 

Einlage als Verstärkung

Einlagestoffe werden in ein Kleidungsstück gearbeitet, um ihm einen guten Sitz und Formbeständigkeit zu geben.

Sehr beliebt sind dünne filzartige Vliesstoffe aus Textilfasern. Die bekannteste Einlage ist die Vlieseline. Neben der Vlieseline wird als gewebtes Material der aufbügelbare Nessel angeboten. Seltener verwendet wird die einzunähende Roßhaareinlage.

Der Zeichnung entnehmen Sie, welche Schnitteile bei den einzelnen Kleidungsstücken unterlegt werden. Die Einlagestoffe bietet der Handel als aufbügelbare und als sogenannte Näheinlage an. Für alle Einlagestoffe gilt: sie müssen immer in Stärke und Qualität auf den Oberstoff abgestimmt sein.

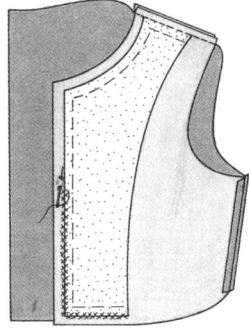 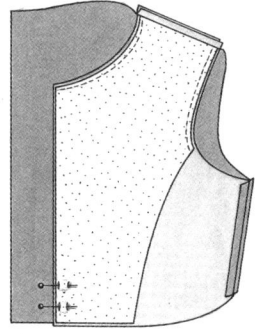

Nicht aufbügelbare Vlieseline wird auf das Vorderteil geheftet und im Kantenbruch mit Hexenstichen angenäht.

Bei Teilen ohne Revers schneiden Sie die Einlage bis an die vordere Kante und steppen diese mit der Maschine an. Einlage an der Halslinie und an der Ärmelansatznaht fixieren. Schwere Einlagestoffe pikieren Sie mit wenigen Stichen am Oberstoff fest.

Hinweis:
Bevor Sie die aufbügelbare Vlieseline verarbeiten, machen Sie immer eine Bügelprobe auf einem Stoffrest. Die gängigsten Vlieselinearten lassen sich mit einer Bügeltemperatur von 150°C (Wolle) aufbügeln, ohne zu schmelzen.
Die Einlage wird Schritt für Schritt aufgepreßt. Drücken Sie das Bügeleisen dabei an jeder Stelle ca. 10 Sekunden auf. Schieben Sie das Bügeleisen nicht, da sich die Einlage verziehen kann. Vor der Weiterverarbeitung lassen Sie das verstärkte Teil mindestens 5 Minuten abkühlen.

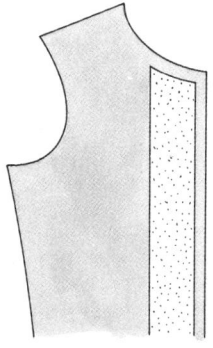 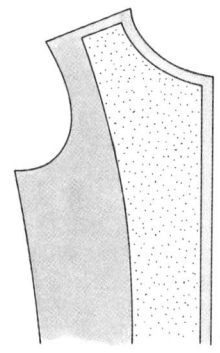 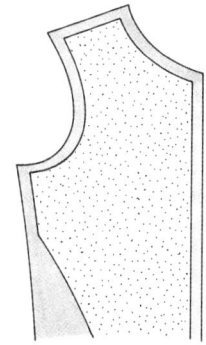

Der Zuschnitt von Vlieseline ist sehr sparsam, da im Vergleich zu gewebten Einlagen nicht auf den Fadenlauf oder die Richtung geachtet werden muß. Größe und Form des Einlagezuschnittes richten sich nach dem Kleidungsstück. Leichte Blusen und Kleider werden nur mit einem schmalen Streifen entlang der Verschlußkante unterlegt. Dabei sollte die Einlage in den Kanten mindestens 1 cm über die Knopflöcher hinausreichen. Jacken und Mäntel verstärken Sie mit breiteren Einlagestreifen oder unterlegen sogar das ganze Vorderteil.

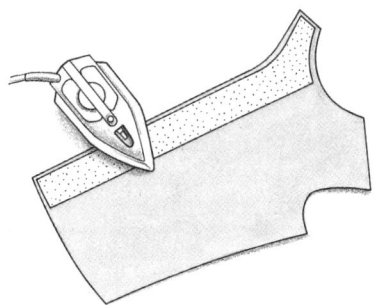 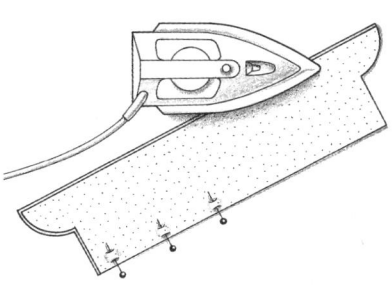 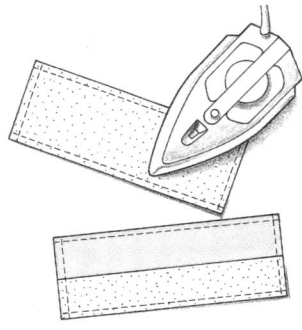

Zur Verstärkung der Knopflochleisten wird die aufbügelbare Vlieseline ohne Nahtzugabe zugeschnitten und auf die linke Seite des Beleges aufgebügelt.

Kragen und Manschetten sind Blickpunkt an Ihrem Kleidungsstück. Wenn ein Kragen weich fallen soll, bügeln Sie die Vlieseline nur auf den Unterkragen. Bei einigen Stoffarten drücken aber die Nähte durch. Dies können Sie verhindern, indem Sie Unter- und Oberkragen verstärken.

Dasselbe gilt für die Manschetten. Bei fester Verarbeitung bügeln Sie auf die ganze Manschette Vlieseline, bei weicher Verarbeitung endet die Einlage im Bruch. Nähen Sie sie an den Kanten mit, und schneiden Sie die Einlage bis knapp zur Stepplinie zurück.

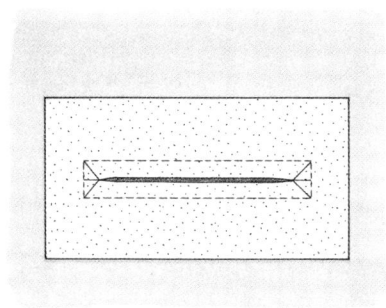

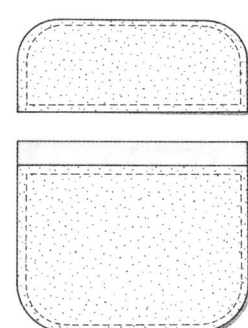

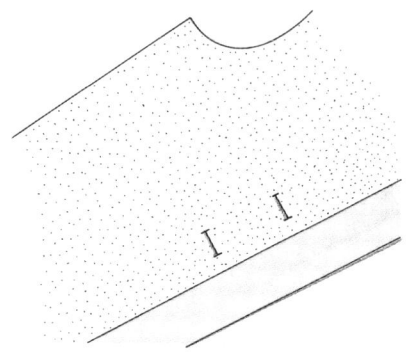

Auch bei Paspel- und Leistentaschen verstärken Sie die Tascheneingriffe durch einen Streifen Vlieseline. Da Vlieseline nicht ausfranst, können die kleinen Dreiecke bis an die Stepplinie eingeschnitten werden.

Auch aufgesetzte Taschen, Klappen und Leisten verstärken Sie mit Vlieseline. Dadurch vermeiden Sie ein Durchdrükken der Nähte. Fassen Sie die Einlage beim Nähen mit, und schneiden Sie sie bis knapp zur Nahtlinie zurück.

Für ein Paspelknopfloch wird die Vlieseline von links aufgebügelt. Ist der Schrägstreifen für das Knopfloch auf die rechte Seite des Kleidungsstückes geheftet, nähen Sie mit Steppstichen das Knopfloch aus.

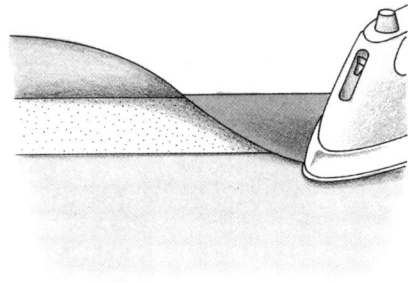

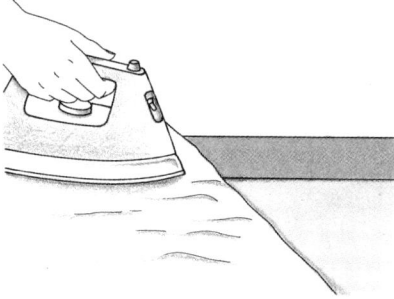

Für die Saumbefestigung ohne Nadel und Faden verwenden Sie Saumfix. Es ist waschbar und reinigungsbeständig. Bereiten Sie den Saum wie gewohnt vor. Saumfix in den Saum legen.

Drücken Sie das Bügeleisen Schritt für Schritt 10 Sekunden auf. Prüfen Sie nach dem Erkalten die Haftfestigkeit. Stoßband und Schrägband nähen Sie noch vor dem Umbügeln des Saumes an.

Ist der Saum nicht gerade und Sie wollen ihn noch einmal lösen, bügeln Sie mit einem feuchten Tuch darüber, und ziehen Sie den erwärmten Saum vom Oberstoff ab.

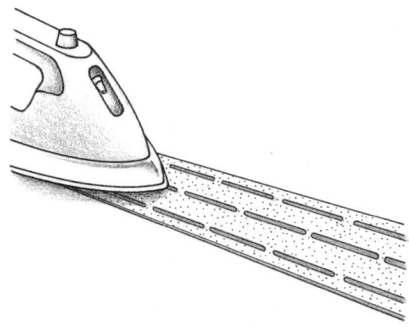

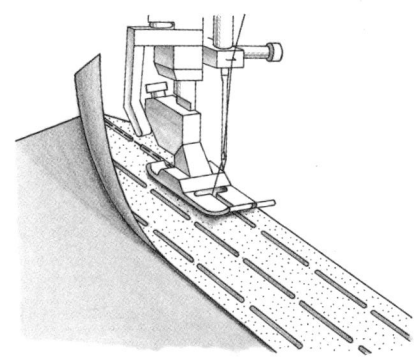

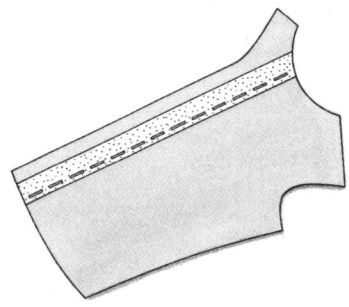

Für Rock- und Hosenbunde verwenden Sie zur Verstärkung ein Einlagenband (Bundfix). Die Bügeleinlage mit drei Stanzlinien gibt es in 3 verschiedenen Breiten. Bügeln sie das Bundfix auf Ihren Bundzuschnitt.

Verstürzen Sie den Bundüber- und -untertritt, bügeln Sie die obere Bundkante entlang der Stanzlinie um. Bund entlang der Stanzlinie an Rock oder Hose nähen. Bügeln Sie die Naht, falten Sie den Bund in den Bruch. Von rechts offene Bundkante aufsteppen.

Mit dem speziellen Stanzband für Kanten, Blenden und Schlitze wird ein müheloses Umlegen der Kanten möglich. Bei Teilen mit angeschnittenem Beleg liegen die Ausstanzungen im Kantenbruch. Beim Ausbügeln legt sich die Kante exakt in der Stanzlinie um.

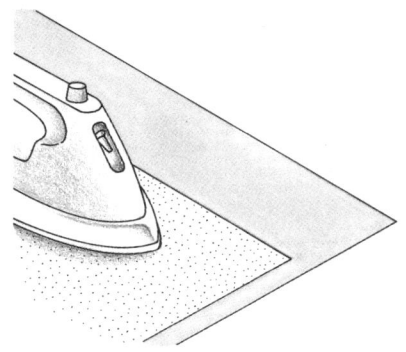

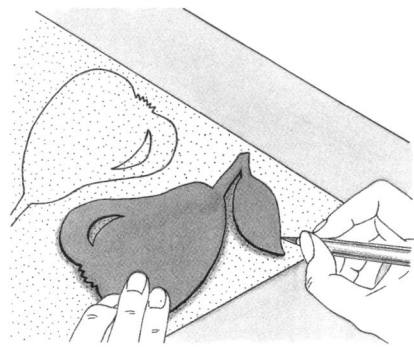

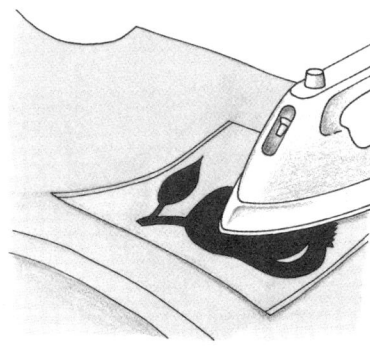

Zum Applizieren, zum Flicken und Verstärken gibt es ein wasch- und reinigungsbeständiges Haftvlies. Mit der beschichteten Seite wird das Haftvlies auf die linke Seite des Applikationsstoffes mit trockener Hitze ca. 5 Sekunden lang aufgepreßt.

Auf die Papierseite des Haftvlieses wird das Motiv mit Hilfe einer Schablone aufgezeichnet und ausgeschnitten. Ziehen Sie das Papier ab.

Legen Sie das Motiv mit der beschichteten Seite auf den Oberstoff, und bügeln Sie es mit dem Dampfbügeleisen auf. Dabei das Bügeleisen nur aufdrücken und nicht schieben.

Schulterpolster

Schulterpolster gleichen ungleich hohe, eckige oder abfallende Schultern aus. Sie können unterschiedlich hoch sein. Nicht selten werden sogar zwei Schulterpolster übereinander gearbeitet, wenn eine extreme Schulterbreite erwünscht ist. Es gibt sie in verschiedenen Formen und Stoffarten. Sie können sie fertig kaufen oder aber aus Polyestervlies selber herstellen.

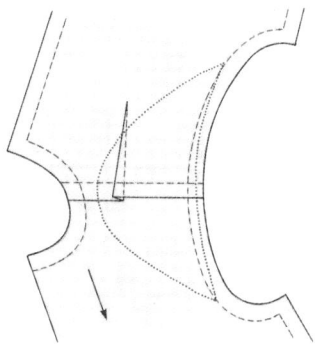 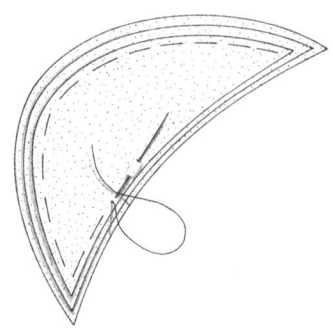

1 Stecken Sie die vorderen und rückwärtigen Schulternähte Ihres Schnittes übereinander. Die Abnäher, die von der Schulternaht in das Oberteil reichen, zusammenstecken.
Legen und stecken Sie Schnittmusterpapier auf.

2 Zeichnen Sie die Form des Schulterpolsters auf, indem Sie die Rundung des Armloches nachziehen. Die Kurve an der rückwärtigen Armlochlinie wird ab der Schulter 1 cm flacher. Schneiden Sie nach dem Papierschnitt mehrere Lagen Polyestervlies zu; diese zusammensteppen.

Futter einsetzen

Bedingt durch die weite Mode wird Futter meist nur noch in Jacken und Mäntel eingenäht, um die Nahtzugaben zu verdecken und das An- und Ausziehen zu erleichtern. Bei engen Röcken wird der perfekte Sitz durch das Futter gefördert. Achten Sie auch beim Futter auf eine genaue Verarbeitung, denn beim Tragen kann ein Verarbeitungsfehler im Futter Falten im Oberstoff verursachen. Das Futter wird mit den normalen Schnittteilen ohne Saumzugabe zugeschnitten und nach dem Bügeln in das Kleidungsstück eingesetzt. Alle Änderungen müssen Sie auch am Futter vornehmen. Das Futter wird im Rock mit der Nähmaschine eingesetzt, in Jacken oder Mäntel entweder mit der Maschine oder wie in der klassischen Schneiderei ganz von Hand.

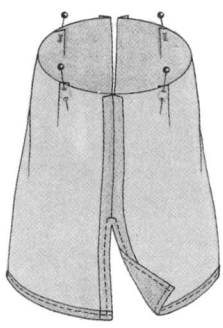 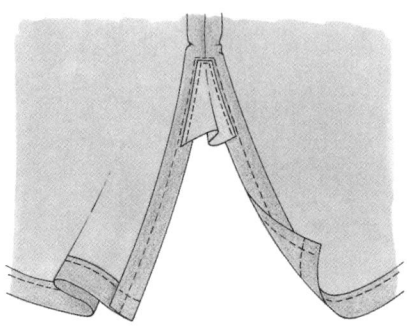

1 Schneiden Sie das **Rockfutter** wie den Oberrock mit 1 cm Saumzugabe zu. Der Futterrock sollte 1 cm kürzer sein als der Oberrock. Nähen Sie die Teile zusammen, seitlich Gehschlitze lassen. In diese kleine Dreiecke einsetzen.

2 Für die Dreiecke schneiden Sie aus Futterstoff ein Quadrat von 5 cm zu. Falten Sie es zum Dreieck. Legen, stecken und nähen Sie es an die umgebügelten Nahtzugaben am oberen Schlitzende.

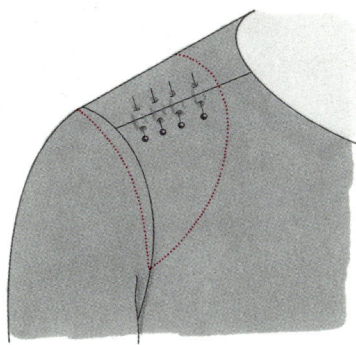 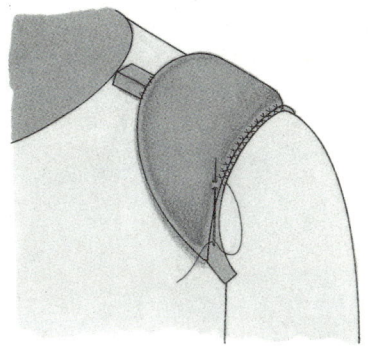 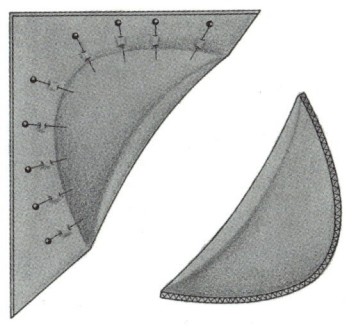

3 Probieren Sie Ihr Kleidungsstück an, und legen Sie das Polster so ein, daß es 1 cm über die Nahtlinie des Armloches reicht.

4 Mit Hexenstichen befestigen Sie das Schulterpolster an den Nahtzugaben des Armloches. Nähen Sie die vordere Kante des Polsters mit einem losen Riegel an der Schulternaht fest.

5 Wird Ihr Kleidungsstück nicht gefüttert und Sie wollen Schulterpolster einsetzen, beziehen Sie diese mit Futterstoff.

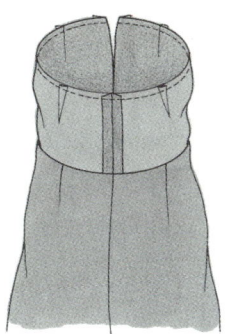 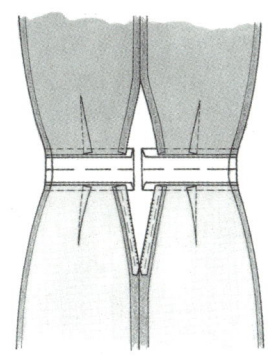 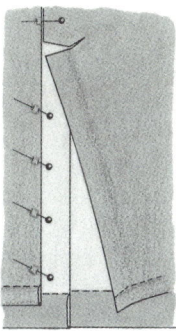 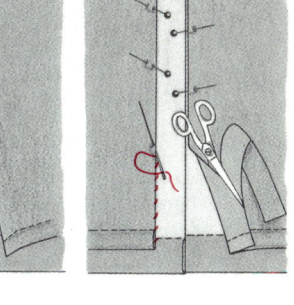

3 Ziehen Sie den Futterrock links auf links in den Rock. Dabei müssen Seitennähte und Abnäher übereinstimmen, heften. Arbeiten Sie den Bund an den Rock, und schlagen Sie den Saum des Futterrockes doppelt ein. Mit einem mittleren Geradstich den Saum steppen.

In der Konfektion wird der Rockbund offenkantig an den Oberrock genäht. Futterrock rechts auf rechts an die untere Bundkante nähen. Schmalseiten des Bundes verstürzen und Futterrock in den Oberrock stülpen. Von rechts in der Ansatzlinie des Rockbundes durch alle Stofflagen steppen.

Hat der Rock Gehschlitze, muß das Futter an diese angenäht werden. Beim Futterzuschnitt in der Länge des Schlitzes die Breite des Schlitzober- und -untertrittes herausschneiden (1 cm Nahtzugabe), obere Ecken des Futterschlitzes schräg einschneiden, Nahtzugaben nach innen bügeln und anstaffieren.

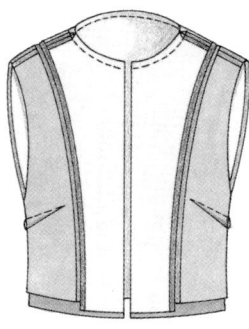 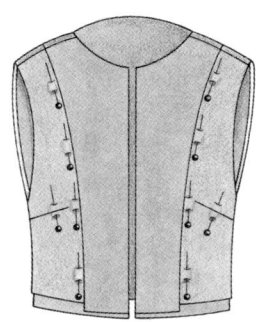 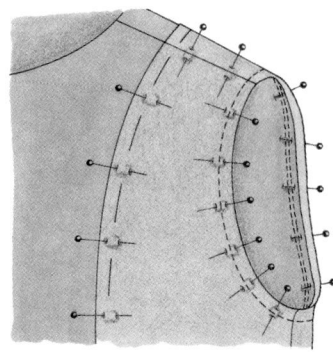

1 Ehe Sie die Ärmel eines **Blazers** oder einer **Jacke** einnähen, legen Sie das Futterteil ohne Ärmel rechts auf rechts an die vorderen Belege und den Halsausschnitt; stecken oder heften, an der markierten Linie ansteppen.

2 Drehen Sie das Futter nach innen, und bügeln Sie die Verbindungsnaht. Stecken Sie die Nähte des Kleidungsstückes und des Futterteiles aufeinander. Das Futter muß glatt und locker im Kleidungsstück liegen. Es darf nicht gezogen werden.

3 Stecken und heften Sie die Armlöcher des Kleidungsstückes und des Futters zusammen. Sie müssen übereinstimmen.

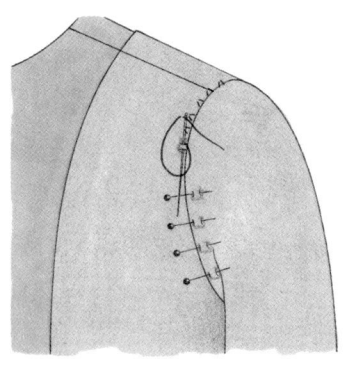 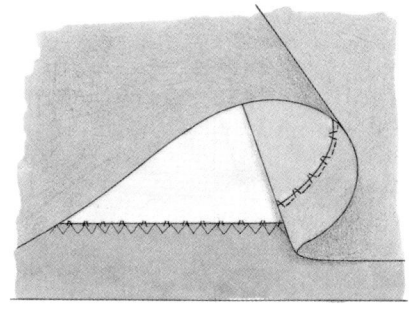 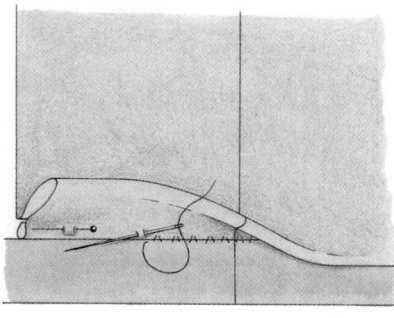

7 Setzen Sie den Ärmel ein und schlagen Sie die Nahtzugabe des Futters ein. Das Ärmelfutter an die Nählinie des Armloches stecken. Säumen Sie das Futter mit kleinen Staffierstichen an. Am unteren Ärmelsaum wird das Futter eingeschlagen und ca. 3 cm über der Saumkante festgenäht.

8 Bleibt das Futter lose in dem Kleidungsstück hängen, wird es vorher mit der Maschine gesäumt.

9 Bei einem angesäumten Futter legen Sie an der unteren Kante eine Bewegungsfalte ein und säumen es über der Saumkante an die Saumzugabe an.

4 Stecken und heften Sie den Ärmel des Kleidungsstückes ein, achten Sie dabei auf die Markierungspunkte. Nähen Sie den Ärmel von der Ärmelseite ein. Durch das Mitsteppen des Futters wird ein Ausdehnen des Armloches verhindert.

Wird ein Schulterpolster in die Jacke gearbeitet, bleibt das Futter über der Armkugel in der Breite des Polsters offen. Es wird nach der Einarbeitung des Polsters darübergezogen und mit Hexenstichen an die oberste Lage des Polsters genäht.

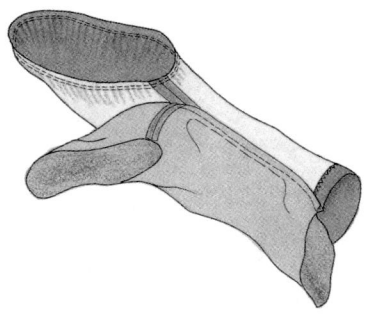

5 Nach dem Bügeln der Armlochnaht wenden Sie Oberstoff- und Futterärmel nach links, und nähen die Nahtzugaben mit großzügigen Vorstichen zusammen.

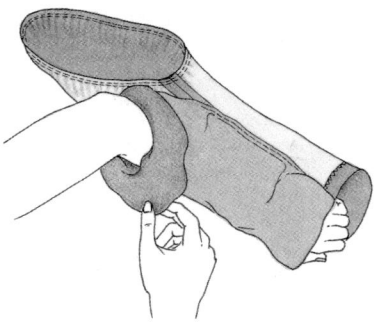

6 Ziehen Sie den Futterärmel nach unten über den Oberstoffärmel, am unteren Rand anheften. Schieben Sie etwas Weite nach oben, und heften Sie ihn nochmals. Die Kräuselnähte des Futterärmels werden auf Kugelweite des Armloches zusammengezogen.

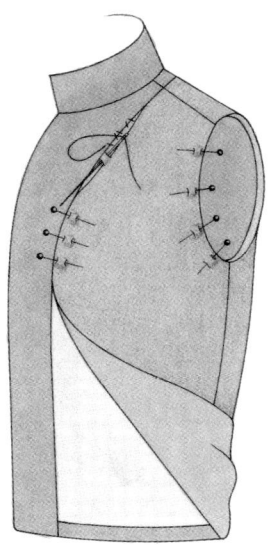

10 Wenn das Futter mit der Hand einstaffiert wird, entfällt das Verstürzen des Futterteils mit dem Kleidungsstück. Das Futter wird links auf links in das Kleidungsstück gelegt. Dabei müssen die Nähte und alle Markierungspunkte übereinstimmen.

Schlagen Sie die Nahtzugaben des Futters ein, schieben Sie es in der Länge etwas nach oben, und stecken Sie es rundherum fest. Mit hohlen Saumstichen wird das Futter eingenäht.

11 Das Einnähen des Futterärmels und die Saumverarbeitung sind bei beiden Verarbeitungsmöglichkeiten gleich.

Kragen

Aus drei Kragengrundformen entstehen alle anderen Variationen der Kragen, ganz der jeweiligen Mode entsprechend. Die drei Grundformen sind: Flachkragen, Umlegekragen und Stehkragen.

Der Bubikragen, als Beispiel für den Flachkragen, liegt flach auf dem Kleidungsstück auf. Dieser Kragen wird mit einem Schrägstreifen oder Formstreifen als Versäuberung angesetzt. Der Flachkragen kann aus einem doppelt gelegten Kragenteil oder aus Ober- und Unterkragen bestehen.

Der Umlegekragen steht am Halsausschnitt hoch und fällt erst durch die Umbruchlinie auf das Kleidungsstück. Zu den Umlegekragen gehören der Hemdblusenkragen, der Reverskragen, der Schulter- und der Schalkragen.

Der Stehkragen kann ein nur sehr schmales Bündchen sein, er kann aber auch sehr breit sein, bis hin zum halsfernen Rollkragen. Einen Stehkragen können Sie auch leicht abgerundet zuschneiden, zum Beispiel für das Bündchen bei Hemdblusenkragen mit Steg. Bei abgerundeten Stehkragen müssen der Ober- und Unterkragen extra geschnitten werden. Alle Kragenformen bestehen aus drei Teilen, dem Ober- und dem Unterkragen und dem Einlagestoff. Für die Verarbeitung ist die Rundung der Kragenansatzlinie wesentlich. Ein Kragen soll fertig genäht sein, ehe Sie ihn an den Halsausschnitt des Kleidungsstückes nähen.

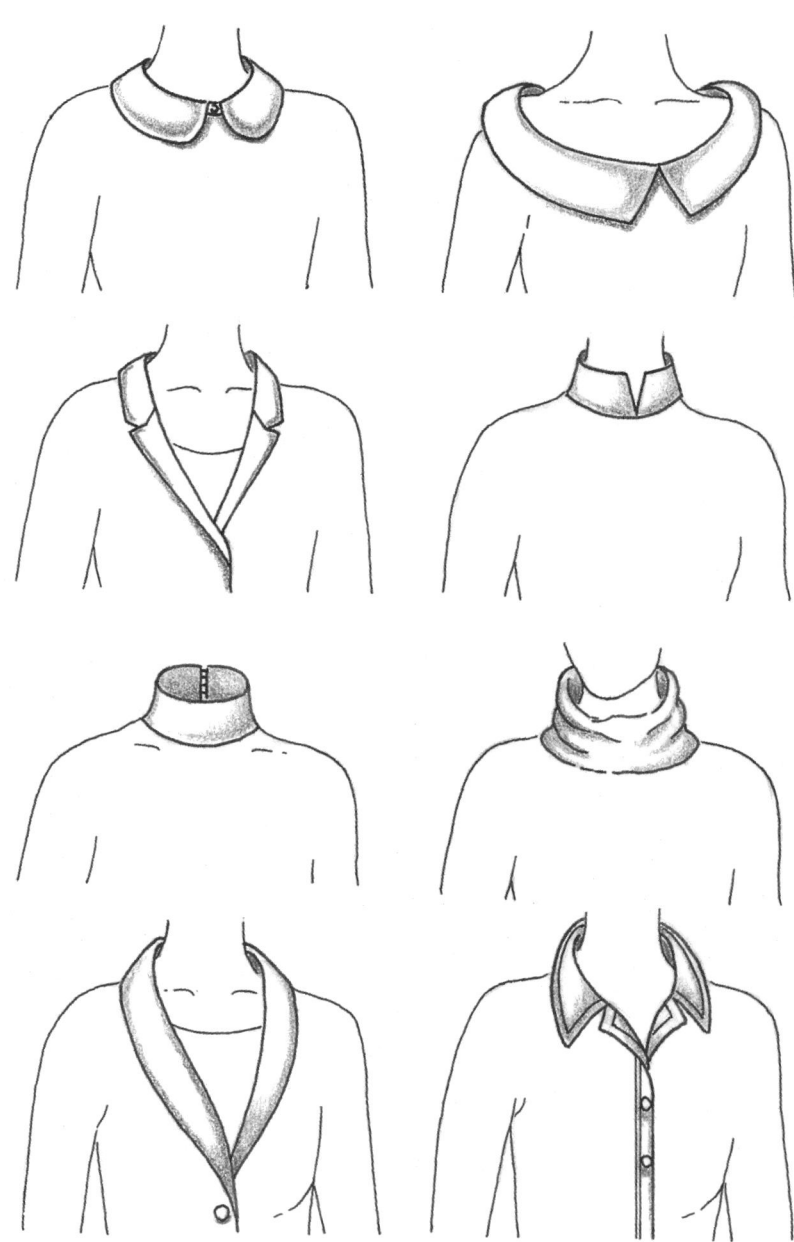

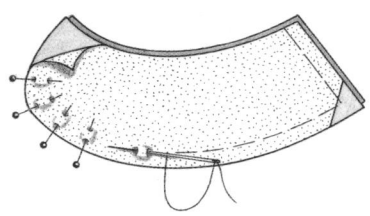

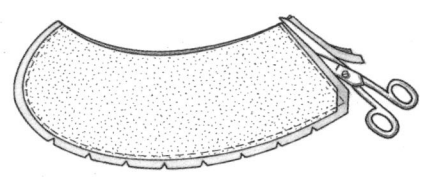

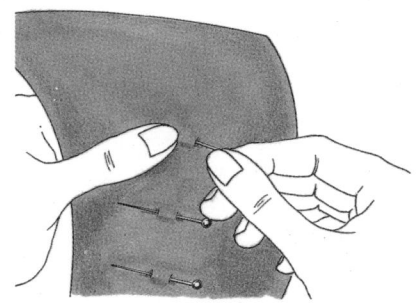

1 Bei **Flachkragen** ist die hintere Mitte der Fadenlauf. Der Oberkragen ist rundherum 2 mm größer als der Unterkragen. Die Einlage wird mit wenigen Ausnahmen auf den Unterkragen gearbeitet. Kragenhälften rechts auf rechts legen, entlang der Nahtlinie den Kragen nähen. Die Ansatzlinie bleibt offen.

2 Schneiden Sie die Nahtzugaben stufenweise zurück, die Ecken werden abgeschrägt, und die Rundungen bis 2 mm vor die Nahtlinie eingeschnitten.

3 Wenden Sie den Kragen, und bügeln Sie die Nahtkanten so, daß der Oberkragen einen Vorstoß von 2 mm hat. Damit der Oberkragen etwas mehr Fülle hat, wölben Sie ihn etwas, und stecken Sie einige Stecknadeln quer zur Ansatzlinie.

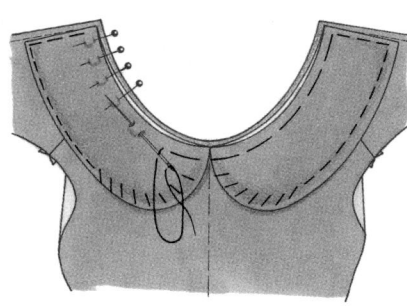

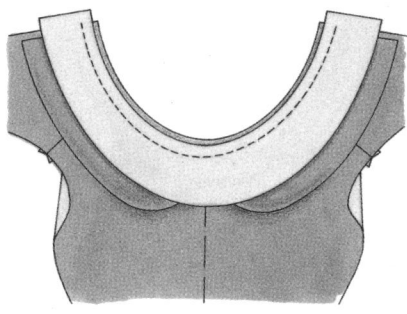

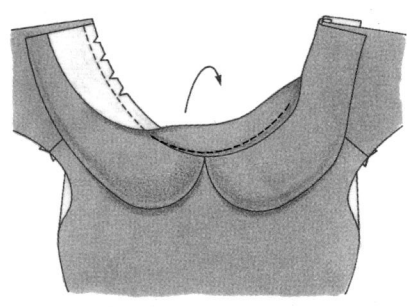

4 Den fertigen Kragen stecken Sie auf der rechten Stoffseite an die Halsausschnittlinie. Stecken Sie immer von der hinteren Mitte zur vorderen Mitte hin. Anschließend den Kragen anheften.

5 Heften Sie einen Formstreifen als Beleg mit an die Halsausschnittlinie, und nähen Sie ihn mit an. Die Nahtzugaben stufenweise zurück- und bis 2 mm vor die Nahtlinie im Abstand von 1,5 cm einschneiden.

6 Bügeln Sie die Nahtzugaben zum Beleg hin. Auf der Belegseite nähen Sie knapp neben der Ansatznaht eine Untersteppnaht. Bügeln Sie den Beleg nach innen, und säumen Sie ihn leicht an das Kleidungsstück an.

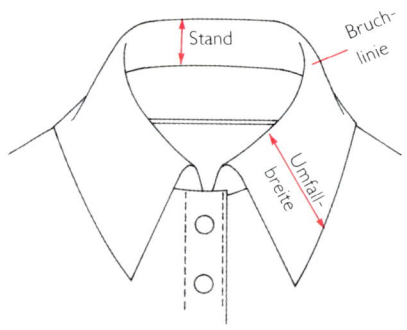

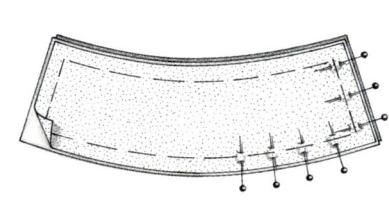

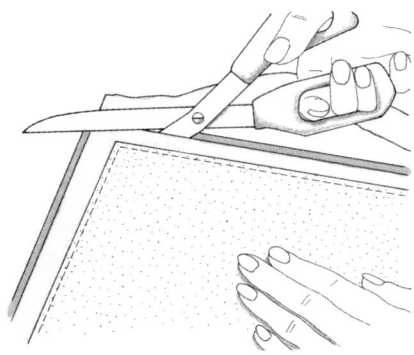

1 Vom Verlauf der Bruchlinie des **Umlegekragens** hängen Stand und Umfallbreite ab. Der Unterkragen kann zum Beispiel bei einem Reverskragen im Schrägfadenlauf zugeschnitten werden. Wichtig ist jedoch, daß der Oberkragen etwas größer zugeschnitten wird als der Unterkragen.

2 Belegen Sie den Unterkragen mit Einlage. Stecken und heften Sie Ober- und Unterkragen rechts auf rechts aufeinander, und nähen Sie sie entlang der Nahtlinie zusammen. Dehnen Sie den Unterkragen dabei leicht.

3 Es empfiehlt sich, die Ecken des Kragens mit kleinen Stichen zu steppen, um ein späteres Ausreißen zu vermeiden. Schneiden Sie die Nahtzugaben stufenweise zurück, und schrägen Sie eventuelle Ecken ab.

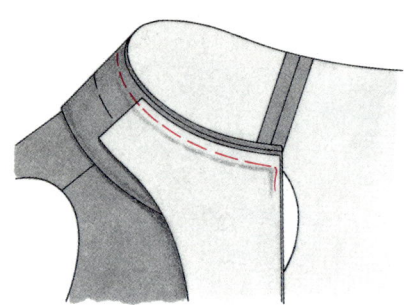

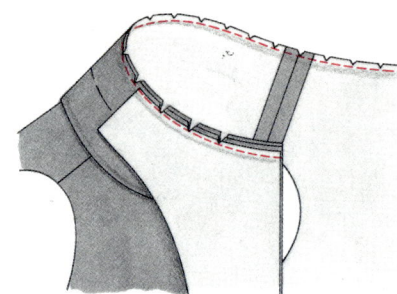

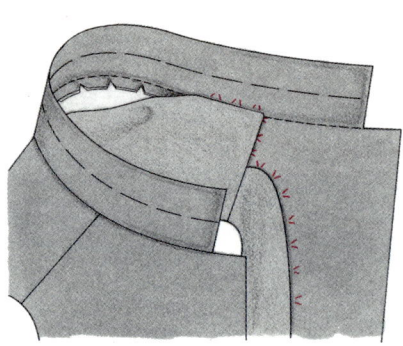

7 Den Beleg des Revers oder der Knopfleiste stecken Sie rechts auf rechts dagegen. Heften Sie von der vorderen Mitte aus durch alle Stofflagen.

8 Knapp neben der Heftlinie den Kragen ansteppen. Schneiden Sie die Nahtzugaben stufenweise zurück. Evtl. Rundungen bis 2 mm vor die Nahtlinie einschneiden, damit die Naht nicht spannt. Bügeln Sie die Nahtzugaben zum Kleidungsstück hin.

9 Mit Staffierstichen befestigen Sie das Futterteil an der Stepplinie der rückwärtigen Halsausschnittkante. Von der Schulternaht aus wird das Futter an den Beleg gesäumt.

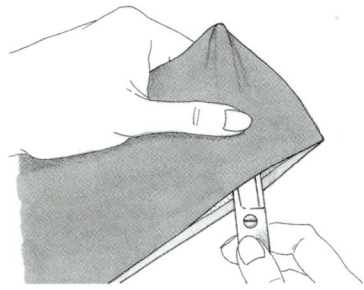

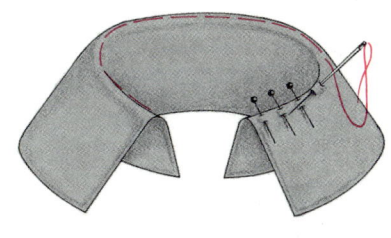

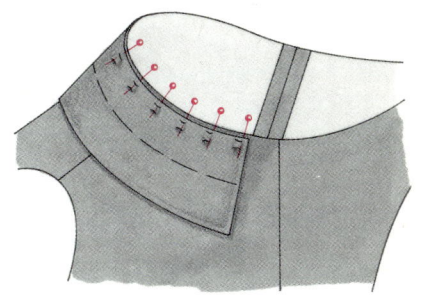

4 Bügeln Sie die Nahtzugaben zum Unterkragen hin, verstürzen Sie Ober- und Unterkragen. Die Naht gut ausstreichen. Rundungen wie auch Ecken herausarbeiten. Heften Sie den Kragen zum Bügeln entlang der Kragenkante. Der Oberkragen sollte einen Vorstoß von 2 mm haben.

5 Kanten des Kragens bügeln, auf einem Bügelkissen den Umlegekragen formen. Entlang der Bruchlinie heften. Ist das Kleidungsstück gefüttert, wird der Kragen offenkantig an die Halsausschnittlinie genäht. Schnittkanten von Ober- und Unterkragen vor dem Anstecken fest aufeinanderheften.

6 Legen Sie den Kragen so an die Halsausschnittlinie, daß der Unterkragen auf der Oberseite des Kleidungsstückes liegt. Stecken Sie den Kragen von der hinteren Mitte jeweils zur vorderen Mitte hin an.

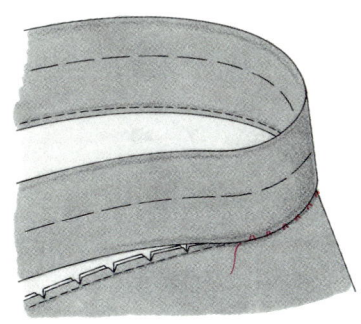

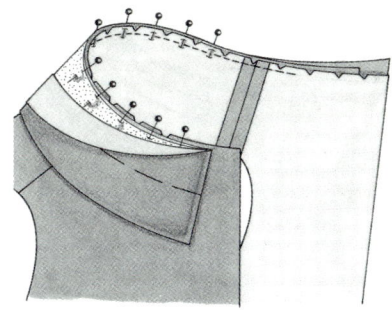

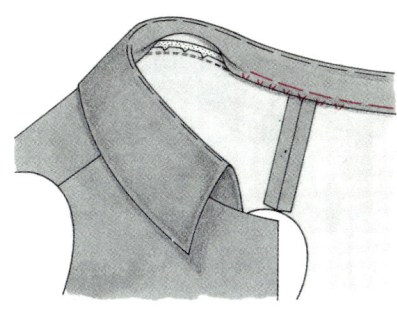

10 Bei einem nicht gefütterten Kleidungsstück wird bei einem offen getragenen Umlegekragen (z.B. Bluse) zuerst der Oberkragen rechts auf links angenäht. Anschließend den Unterkragen hohl an die Nahtlinie säumen. Diese Arbeitsweise ist vor allem für dickere Stoffe zu empfehlen.

11 Soll der Kragen jedoch hin und wieder hochgeschlagen getragen werden, so steppen Sie den Unterkragen rechts auf rechts an die Halsausschnittlinie. Den Beleg an den Oberkragen stekken und ansteppen, anschließend nach innen wenden.

12 Die offene Ansatzkante des Oberkragens 1 cm einschlagen und anheften. Mit kleinen Staffierstichen entlang der Nahtlinie festnähen. Berücksichtigen Sie bereits beim Zuschnitt den Einschlag der Oberkragenansatzkante.

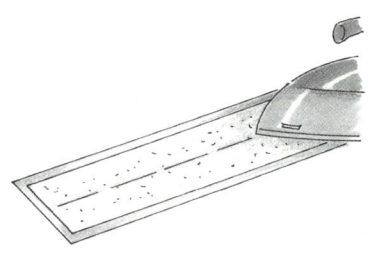 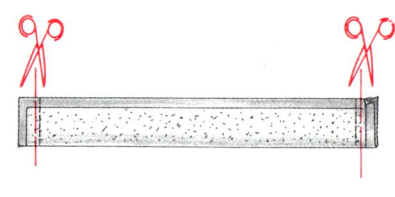 

Einteilige Stehkragen werden aus einem geraden Stück Stoff gearbeitet. Sie können je nach Stoffart auf Ober- und Unterkragen eine Einlage anbringen, damit der Kragen fest steht und nicht zusammenfällt. Für den umgeschlagenen Stehkragen wird die Einlage nur bis zur Bruchlinie aufgebügelt.

1 Falten Sie den Stoffstreifen entlang der Bruchlinie rechts auf rechts, und nähen Sie die Enden zusammen. Die Ecken abschrägen und den Kragen verstürzen.

2 Die Seitennähte exakt in die Kante schieben und den Kragenrand ringsherum heften; die Ansatzkante bleibt offen.

Das beste Material für **Rollkragen** sind gewirkte Stoffe oder Schlauchware. Sie sind dehnbar und passen sich gut der Halsform an.
Der Rollkragen kann eng am Hals anliegend oder sehr weit und locker fallend, meist halsfern gearbeitet werden. Bei einem enganliegenden Rollkragen wird ein Verschluß eingearbeitet. Für den weiten Rollkragen muß auch der Halsausschnitt weit ausgeschnitten sein. Die Kragenhöhe (-breite) bei einem weiten Rollkragen ist größer als die eines anliegenden Kragens; insgesamt ist der Rollkragen breiter als ein Stehkragen.

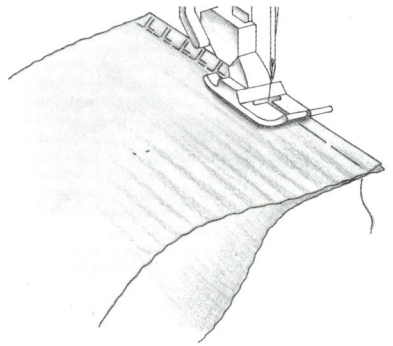 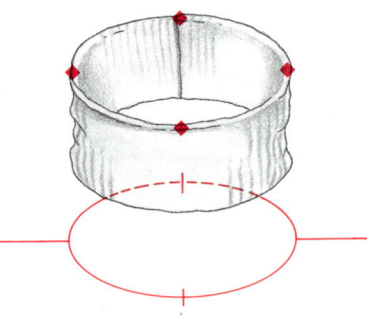

1 Für den Rollkragen aus Wirkstoff ohne Verschluß schneiden Sie einen geraden Streifen zu, der länger als Ihr Kopfumfang ist. Die Breite entspricht der doppelten Kragenhöhe plus Nahtzugabe. Den Kragen mit der Overlocknaht zu einem Kreis zusammennähen, die Naht bügeln.

2 Legen Sie den Kragen längs in den Stoffbruch, und teilen Sie ihn in 4 Teile. Diese Markierungen entsprechen den Ansatzpunkten (rückwärtige und vordere Mitte und Schulternähte) des Oberteils.

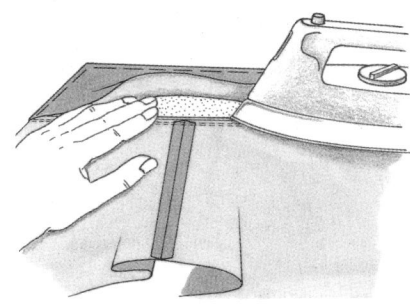 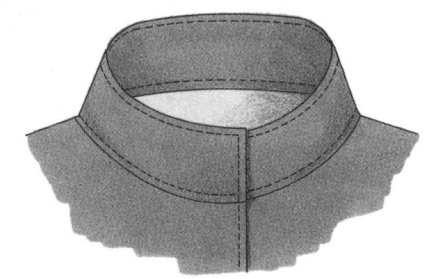 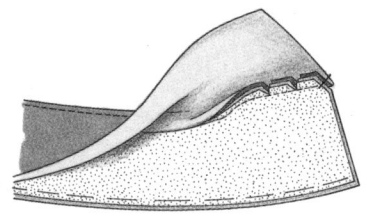

3 Die Ansatzkante des Oberkragens stecken Sie an die Halsausschnittkante, heften und auf der Nahtlinie entlang steppen. Schneiden Sie die Nahtzugaben stufenweise zurück, und bügeln Sie diese zum Kragen hin. Säumen Sie den Unterkragen an die Ausschnittkante.

4 Alle Kragen können je nach Stoffart mit Abstand zur äußeren Kante schmalkantig oder füßchenbreit abgesteppt werden. Mehrfache Absteppungen sind ebenfalls möglich.

Einen **zweiteiligen Stehkragen** mit einer leicht geschwungenen Ansatzlinie arbeiten Sie auf die gleiche Art, nur wird statt des Bruches eine zusätzliche Naht gearbeitet.

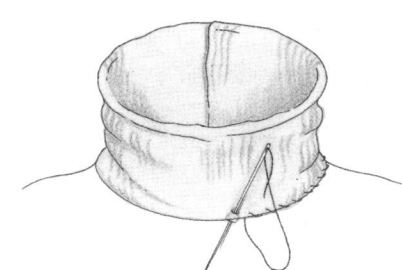 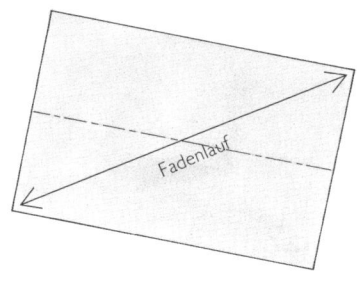 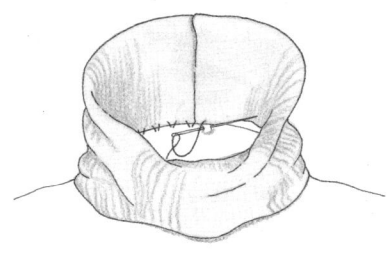

3 Stecken Sie den doppelten Kragen rechts auf rechts an die Halsausschnittkante, so daß die Kanten des Ausschnittes und des Kragens bündig sind. Mit der Overlocknaht nähen Sie den Kragen an. Wird der Kragen von Hand angenäht, so verwenden Sie den Staffierstich. Dabei nur den Kragen leicht dehnen.

4 Wenn Sie den Rollkragen aus gewebtem Stoff arbeiten, muß er unbedingt im schrägen Fadenlauf zugeschnitten werden. Er legt sich dadurch besser um und sitzt gefälliger. Auch auf Einlagestoff sollte verzichtet werden, denn der Kragen soll sehr weich fallen.

5 Bei gewebten Stoffen nähen Sie den einfachen Kragenkreis rechts auf rechts an die Halsausschnittkante. Die Naht bügeln. Schlagen Sie die offene Ansatzkante des Innenkragens 1 cm ein, und staffieren Sie diese an die Halsansatzlinie des Oberteils an.

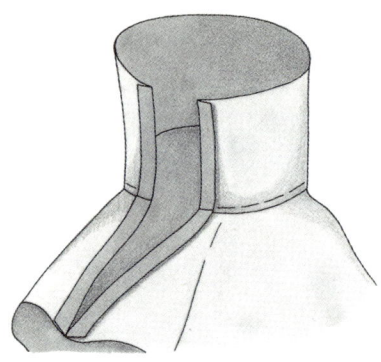

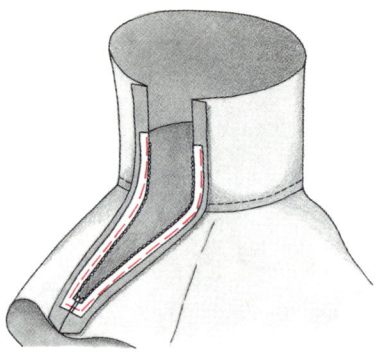

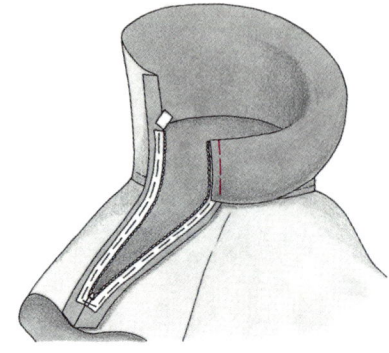

1 Für den **engen Rollkragen** gibt es verschiedene Verschlußmöglichkeiten. Meist wird ein Reißverschluß sichtbar eingenäht. Bevor Sie den Kragen ansetzen, müssen die Nahtzugaben des Reißverschlußschlitzes im Oberteil und die seitlichen Nahtzugaben des Kragens umgebügelt und geheftet werden.

2 Nähen Sie den einfachen Kragen rechts auf rechts an die Halsausschnittkante. Stecken und heften Sie den Reißverschluß so unter den Schlitz, daß er an der Bruchkante des Kragens beginnt.

3 Nun die oberen Ecken des Reißverschlußbandes abschneiden und den Kragen nach links umlegen. Kantenbündig an die Reißverschlußzähne stecken und heften.

Verstürzte Abschlüsse

Ungesäumte Halsausschnitte, Armausschnitte, Verschlußkanten und Schlitze werden mit verstürzten Abschlüssen versäubert. Die Versäuberung erfolgt mit Schrägstreifen, Formbelegen oder angeschnittenen Belegen.

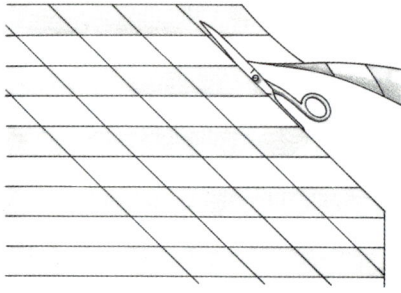

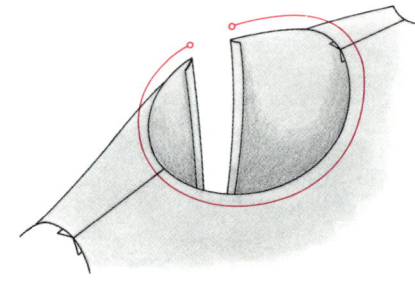

1 **Schrägstreifen** tragen weniger auf als Formstreifen. Sie haben die Möglichkeit, fertige Schrägstreifen oder selbst zugeschnittene in der Breite von 5 cm zu verwenden. Wichtig ist der Schrägfadenlauf, damit sich der Stoff leichter den Rundungen anpaßt.

2 Die Länge des Schrägstreifens ergibt sich für den Halsausschnitt aus der Länge der Halsausschnittlinie plus 5 cm Zugabe zum Versäubern. Bügeln Sie den Schrägstreifen für runde Ausschnitte in Form.

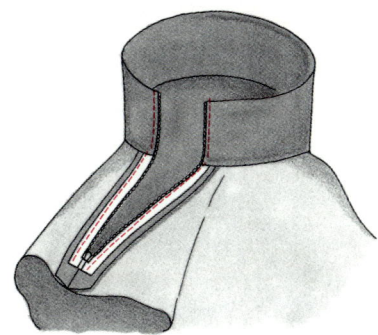 

4 Nähen Sie mit dem Reißverschluß-fuß den Reißverschluß ein. Die Kragen-innenkante an die Halsansatzlinie anstaf-fieren.

5 Eine andere Möglichkeit, einen Roll-kragen zu schließen, ist der Schlingen-verschluß. Dabei werden in die Ober-trittseite des Kragens kleine Schlingen gearbeitet. Auf den Untertritt nähen Sie kleine Knöpfe.

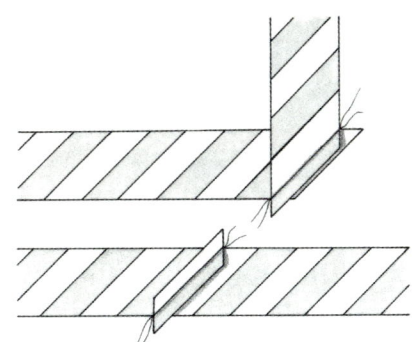 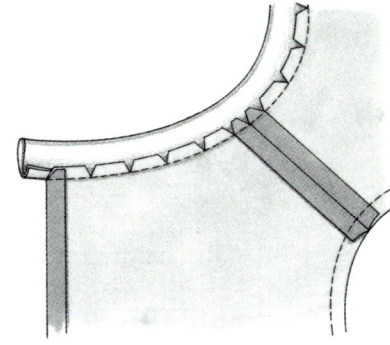 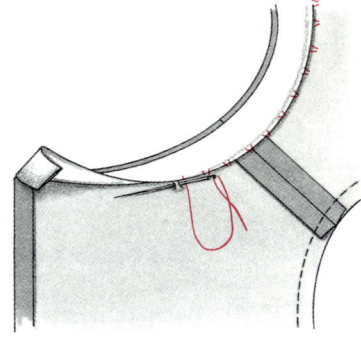

3 Benötigen Sie einen sehr langen Schrägstreifen, so nähen Sie die Schräg-streifen im geraden Fadenlauf zusam-men. Bügeln Sie den Schrägstreifen längs zusammen, so daß er eine Breite von 2,5 cm hat.

4 Stecken Sie die Schnittkanten des doppelt liegenden Schrägstreifens rechts auf rechts an den Halsausschnitt. Nähen Sie ihn entlang der Nahtlinie fest. Die Nahtzugaben stufenweise zurück-schneiden. Hin und wieder die Naht-zugabe bis 2 mm vor die Nahtlinie ein-schneiden.

5 Wenden Sie den Schrägstreifen nach innen, und bügeln Sie die Aus-schnittkante so um, daß ein Vorstoß von 2 mm bleibt.
Nähen Sie den Schrägstreifen mit klei-nen Saumstichen auf der Innenseite des Oberteils fest.

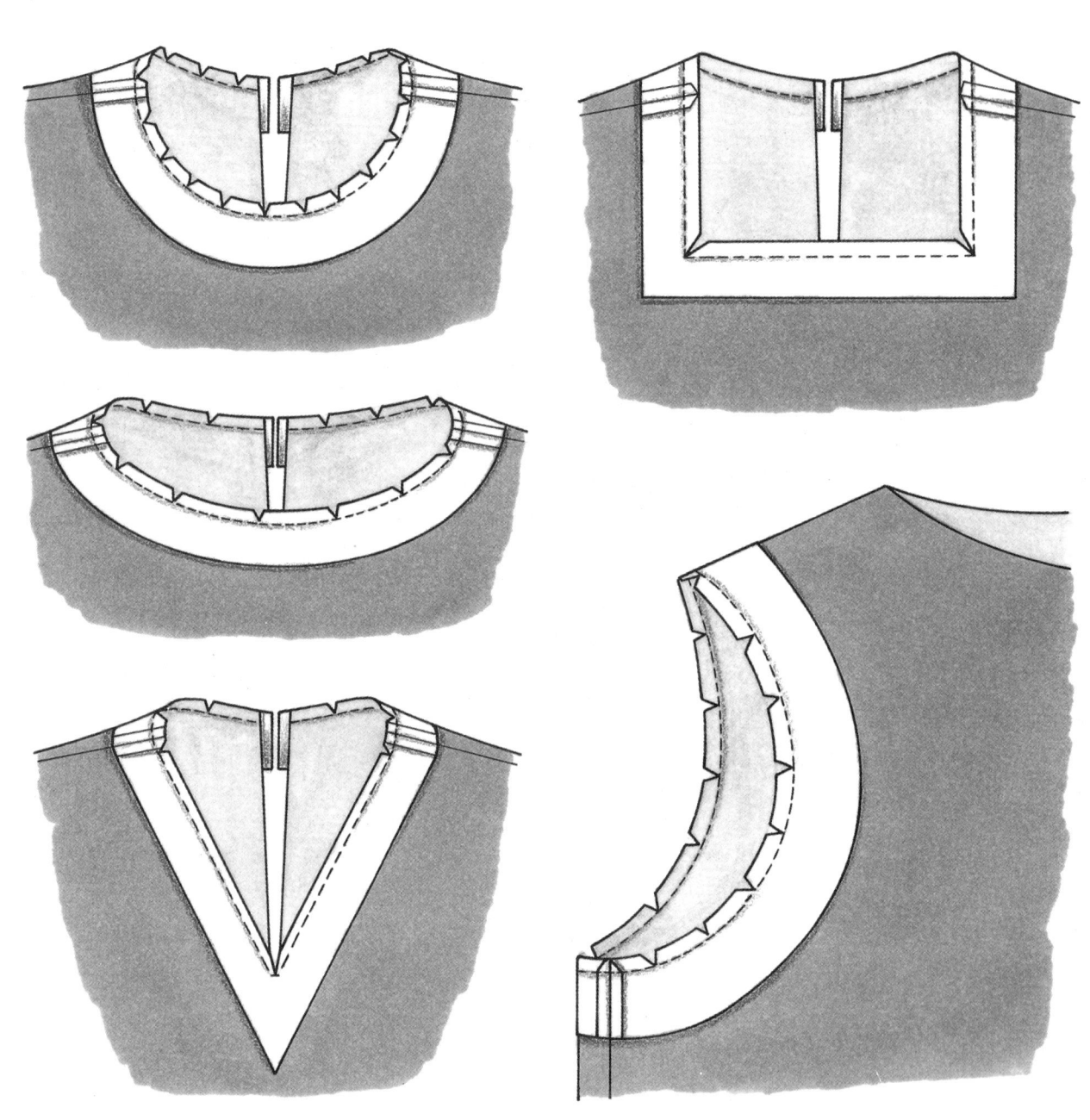

1 Einen runden, eckigen, ovalen oder V-Halsausschnitt versäubern Sie mit einem **Formstreifen** des gleichen Stoffes. Der Formstreifen ist im allgemeinen 3–4 cm breit. Er wird nach dem gleichen Schnitt und im gleichen Fadenlauf wie der zu versäubernde Ausschnitt zugeschnitten. Je nach Stoffart verstärken Sie ihn mit Einlagestoff.

Besteht der Formstreifen aus mehreren Teilen, z. B. 2 Rücken- und 1 Vorderteil, so schließen Sie zuerst die Nähte, die den Schulternähten entsprechen. Die Nähte sorgfältig bügeln.

2 Legen Sie dann den Formstreifen rechts auf rechts auf den Ausschnitt (Schnittkante auf Schnittkante), und nähen Sie entlang der Nahtlinie. Mit einer spitzen Schere die Nahtzugaben an den Rundungen bis 2 mm vor die Nahtlinie zurückschneiden und im Abstand von 1,5 cm vorsichtig einschneiden. Bei eckigen oder V-Ausschnitten schneiden Sie die Ecken oder Spitzen ein (siehe Zeichnung Seite 252).

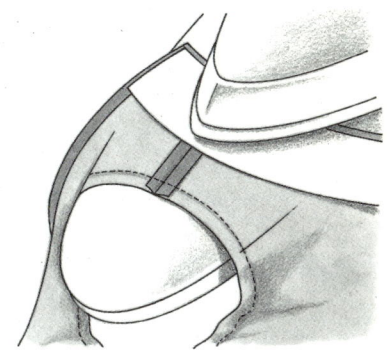

3 Wenden Sie den Formstreifen nach links, und bügeln Sie ihn so um, daß an der Außenkante ein Vorstoß von 2 mm bleibt. Wenn vorhanden, verwenden Sie ein Bügelkissen.

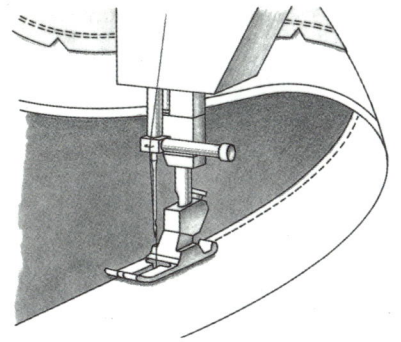

4 Nähen Sie eine Untersteppnaht, damit der Formstreifen nicht nach außen rutscht. Nähen Sie von rechts, knapp neben der Nahtlinie entlang, durch Formstreifen und Nahtzugaben.

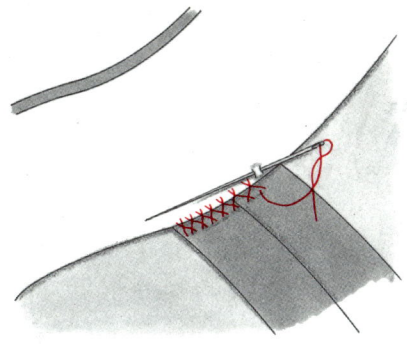

5 Statt der Untersteppnaht können Sie den Halsausschnitt auch schmalkantig mit einer Ziersteppnaht von rechts absteppen. Dies richtet sich nach dem Modell. An den Schulternähten nähen Sie mit Hexenstichen den Formstreifen fest.

Hinweis:
Die Schnittkanten eines ärmellosen Kleidungsstückes werden ebenfalls mit Formstreifen oder Schrägstreifen versäubert. Die Einlage bei dem Formstreifen für den Armausschnitt fällt weg.

Es ist der gleiche Arbeitsvorgang wie beim Halsausschnitt. Mit Hexenstichen befestigen Sie den nach innen gebügelten Formstreifen an Schulter- und Seitennähten (Zeichnung S. 252).

Verschlußkanten

Verschlußkanten können direkt am Schnitteil angeschnitten oder als Beleg extra zugeschnitten werden. Diese Verschlußkanten, meist Knopflochleisten, bestehen aus Über- und Untertritt. Der **angeschnittene Beleg** wird als Verlängerung des Schnitteiles zugeschnitten.

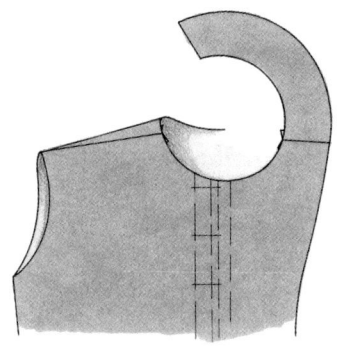

1 Wenn kein Kragen an das Kleidungsstück gearbeitet wird, schneiden Sie einen Formstreifen für den rückwärtigen Halsausschnitt zu. Nähen Sie Beleg und Formstreifen an den Schulternähten zusammen.

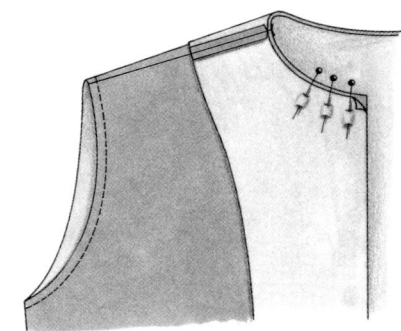

2 Je nach Stoffart kann der Beleg mit Einlagestoff verstärkt werden. Schlagen Sie den Beleg auf die rechte Stoffseite, und stecken Sie ihn am Halsausschnitt fest. Die Markierungspunkte und die Schulternähte liegen aufeinander.

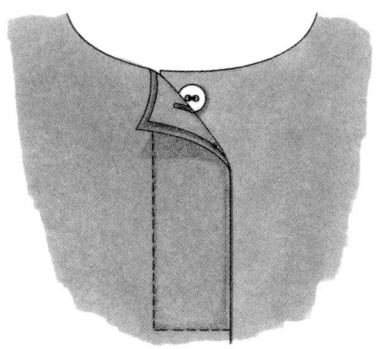

Zu den Verschlußkanten gehört auch die **verdeckte Knopfleiste.** Dabei wird der Untertritt des Beleges wie gewohnt gearbeitet. Die Knopflochleiste wird bei dünnen Stoffen an-, bei dicken Mantelstoffen extra zugeschnitten.

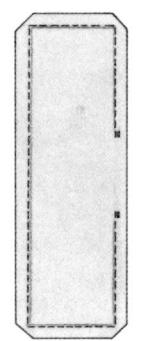

1 Für die **extra geschnittene Knopflochleiste** legen Sie die Schnittteile rechts auf rechts aufeinander, zusammensteppen. Die Leiste verstürzen. Vor dem Annähen der Leiste die Knopflöcher arbeiten.

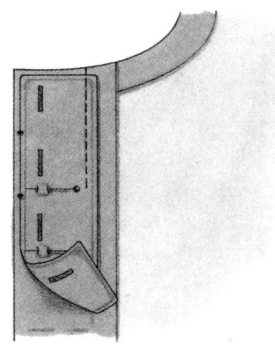

2 Die fertige Leiste wird unter den Untertritt geheftet, 0,3–0,5 cm von der Kante entfernt. Die Knopflöcher müssen exakt unter der vorderen Mitte liegen. Steppen Sie die Leiste von rechts durch die Verschlußkante an, und entfernen Sie den Heftfaden.

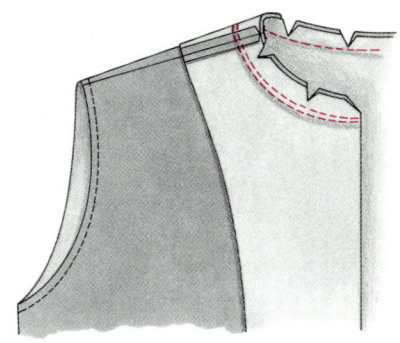 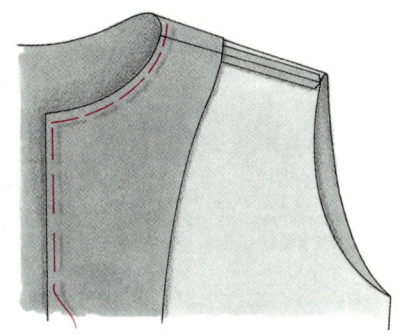 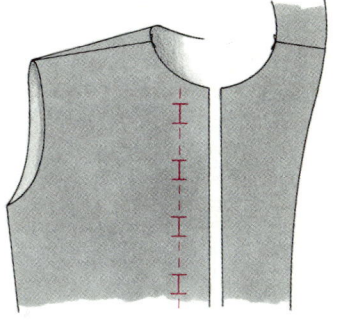

3 Den Beleg am Halsausschnitt festnähen. Die Nahtzugaben werden stufenweise zurückgeschnitten und bis 2 mm vor die Nahtlinie im Abstand von 1,5 cm eingeschnitten. Die vorderen Ecken leicht abschrägen. Bügeln Sie die Naht auf einem Bügelkissen oder einem Ärmelbrett flach.

4 Wenden Sie den Beleg auf die linke Seite, und ziehen Sie die Ecken mit einer Nadel vorsichtig heraus. Die Verschlußkante heften und bügeln. Befestigen Sie den Beleg mit Hexenstichen an den Schulternähten.

5 Ist der Beleg extra geschnitten, hat die vordere Kante eine Naht. Beleg rechts auf rechts auf das Schnitteil legen, feststeppen. Um ein Ausreißen zu verhindern, in den Ecken mit kleinen Stichen nähen. Die weiteren Arbeitsgänge sind gleich denen des angeschnittenen Belegs **2**–**4**.

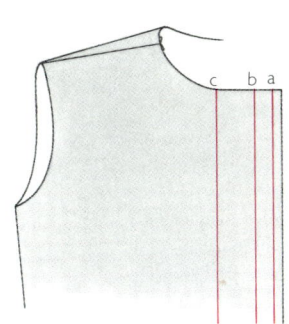 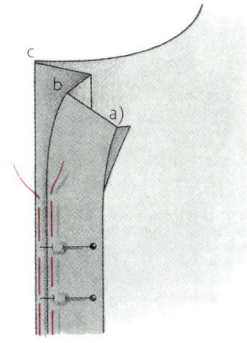 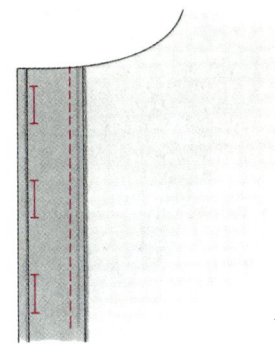

1 Für die **verdeckte Knopflochleiste** an Blusen wird ein Belegstreifen von 8 cm angeschnitten. Markieren Sie sich die Umbruchlinien a (1 cm), b (4 cm) und c (8 cm von der Schnittkante entfernt).

2 Nun legen Sie den Stoff entlang der Linie c links auf links um; die Kante heften und bügeln. Entlang der Linie b wird der Untertritt nochmals gefaltet. Heften Sie die Umbruchlinie b 2 mm von der Umbruchlinie c an; bügeln.

3 Die Schnittkante des Untertritts wird entlang der Linie a eingeschlagen, geheftet und angesteppt. Den Heftfaden von b entfernen und senkrechte Knopflöcher in die Untertrittleiste arbeiten.

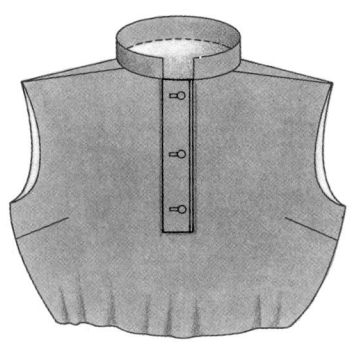

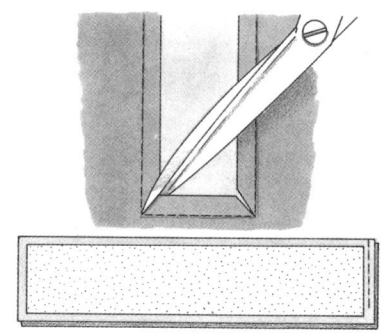

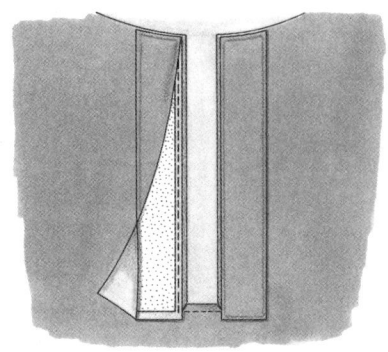

Soll ein Oberteil keine durchgehende Knopfleiste erhalten (z. B. Hemdblusenkleid), so arbeiten Sie eine **Schlitzblende.**

1 Knopfloch- und Knopfleiste werden extra zugeschnitten. Die Breite entspricht der doppelten Schlitzbreite plus 2 cm Nahtzugabe, die Länge der Schlitzlänge plus 2 cm Nahtzugabe.

2 Die unteren Schlitzecken des Oberteils bis zur Nahtzugabe schräg einschneiden. Die Blendenteile rechts auf rechts legen, bügeln. Evtl. mit Vlieseline verstärken. Nun die obere Kante schließen. Schrägen Sie die Ecken ab, und verstürzen Sie die Blenden. Die Blendenkante bügeln.

3 Legen Sie die Blenden offenkantig rechts auf rechts auf die Schlitzkanten, stecken, heften und nähen Sie sie an. Schneiden Sie die Nahtzugabe zurück, und bügeln Sie die Naht aus. Die Blende zum Schlitz umschlagen und die Naht in die Blende bügeln.

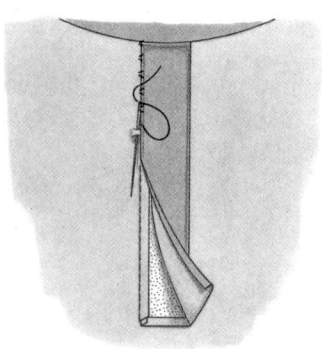

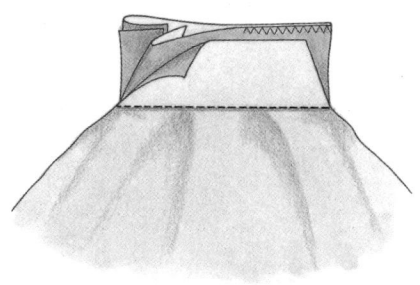

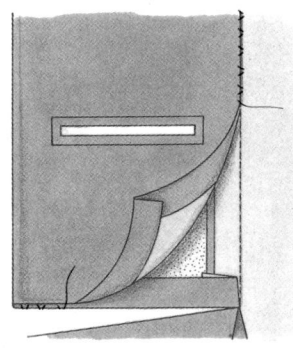

4 Schlagen Sie die Belegkanten ein, und säumen Sie sie an die Nahtlinie.

5 Versäubern Sie die untere Kante der linken Blende, und stecken Sie diese an das Schlitzende; annähen.

6 Legen Sie die rechte Blende über die linke. Schlagen Sie die Nahtzugaben der unteren Kante ein, und nähen Sie sie mit hohlen Saumstichen fest. Bei dünneren Stoffen schneiden Sie die rechte Blende etwas länger zu. Anschließend die Blende aufsteppen.

Knopflöcher

In der Oberbekleidung werden drei Arten von Knopflöchern gearbeitet: das Maschinenknopfloch, das Augenknopfloch und das Paspelknopfloch. Neben diesen grundsätzlichen Knopflocharten gibt es noch den Schlingenverschluß für Kugelknöpfe und das Knopfloch für Leder und Lederimitate.

Bevor Sie beginnen, verstärken Sie die Knopflochleiste mit Einlagestoff. Bei der Damenoberbekleidung werden Knopflöcher in die rechte Seite, bei der Herrenoberbekleidung in die linke Seite des Oberteiles gearbeitet.

Dabei ist es unerheblich, ob senkrechte oder waagerechte Knopflöcher genäht werden.

Markieren Sie sich mit Kreide, Stecknadeln oder mit Heftgarn die Knopflochschlitze.

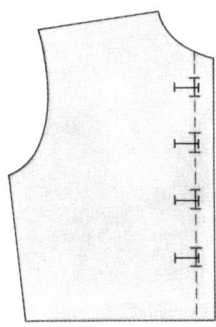

Waagerechte Knopflöcher beginnen 2 mm vor der eingezeichneten Mitte, senkrechte Knopflöcher liegen genau auf der vorderen oder rückwärtigen Mitte. Zu den geschürzten Knopflöchern gehören das handgearbeitete und das Maschinenknopfloch. Bei beiden wird durch alle Stofflagen genäht.

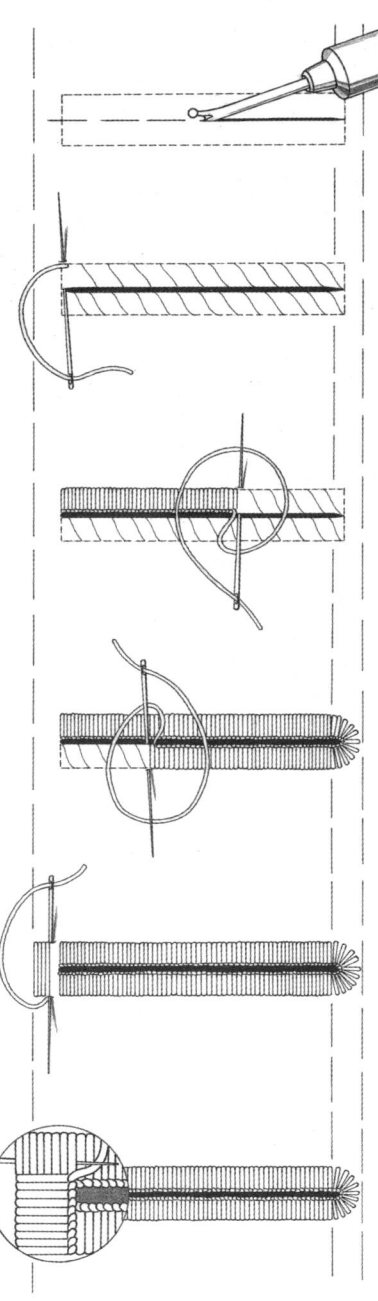

Für das **handgearbeitete Knopfloch** verwenden Sie je nach Material des Oberstoffes Baumwoll- oder Knopflochseide. Für den besseren Halt und um eine gleichmäßige Stichreihe zu erhalten, steppen Sie vor dem Aufschneiden und Ausnähen des Knopfloches ein kleines Rechteck in der benötigten Länge. Nach dem Aufschneiden durch Umstechen die Schnittkanten sichern. Arbeiten Sie das Knopfloch von rechts nach links. Durch den Schlitz stechen und an der Maschinennaht die Nadelspitze von hinten durch den Stoff führen. Den Faden von links unter der Nadelspitze nach rechts legen, den Faden anziehen. Die Fadenverschlingung muß genau an der Schnittkante liegen. Die Stiche sehr dicht arbeiten.

An den Enden arbeiten Sie über die ganze Breite des Knopfloches einen Riegel. Nähen Sie 4–5 lange Stiche, die mit Festonstichen befestigt werden.

In Mänteln oder Jacken aus dickeren Stoffen wird ein Augenknopfloch gearbeitet. Am Ende des Knopfloches, das der vorderen Mitte zugewandt ist, arbeiten Sie einen Halbkreis aus (siehe Zeichnung).

Die handgearbeiteten Knopflöcher werden heutzutage selten genäht, da die modernen Nähmaschinen diese Arbeit übernommen haben.

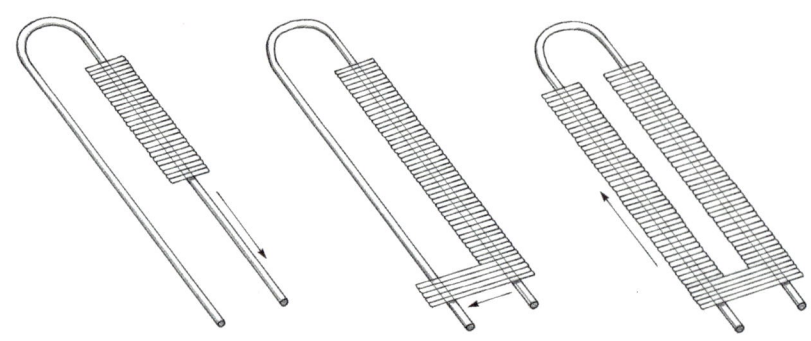

Schon mit einer einfachen Nutzstich-Nähmaschine können Sie Knopflöcher automatisch nähen.

Für die **maschinengearbeiteten Knopflöcher** bekommen Sie in Fachgeschäften spezielles Garn. Außer mit Nähseide, Baumwoll- und Polyestergarn können Sie das Maschinenknopfloch auch mit dünnem Stick- oder Stopfgarn nähen.

Achten Sie darauf, daß Sie beim Knopflochnähen die Oberfadenspannung der Maschine niedriger einstellen.

Maschinenknopflöcher, mit der Nutzstich-Nähmaschine genäht, bestehen aus zwei Reihen Zickzackstichen, die an den Enden mit Riegeln versehen sind. Das Knopfloch kann mit und ohne Einlauffaden genäht werden. Bei Knopflöchern in elastischen Stoffen verwenden Sie einen Einlauffaden, damit die Knopflöcher ihre Form behalten und sich nicht ausdehnen.

Moderne Nähmaschinen mit Knopflochautomatik ermöglichen mit dem Knopflochfuß ein genaueres Arbeiten der Knopflöcher.

Bei Zickzackmaschinen sollten Sie die Stichlänge und -breite vorher an einem Probeknopfloch bestimmen.

Nähen Sie die erste Raupe bis zum Ende, und lassen Sie die Nadel auf der Mittellinie im Stoff stecken. Den Nähfuß heben und den Stoff um die Nadel herum drehen.

Den Nähfuß senken und für den Riegel die gewünschte Stichbreite einstellen. Nähen Sie fünf Riegelstiche. Heben Sie den Fuß kurz an, und drehen Sie den Stoff wieder. Die Stichbreite zurückstellen.

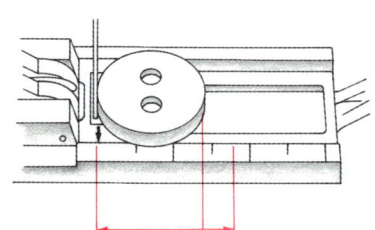

An der linken Seite des Fußes befindet sich eine Zentimetereinteilung, die Ihnen hilft, mehrere Knopflöcher der gleichen Länge zu nähen. Den Knopf auf die Maßtabelle legen, und die Knopflochlänge bestimmen.

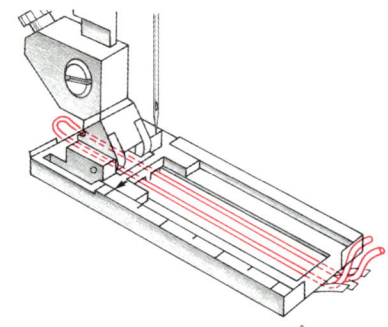

Legen Sie den Einlauffaden ein, und ziehen Sie die Schiene des Knopflochfußes bis zum Anschlag nach vorne. Erste Raupe in der gewünschten Länge nähen, Riegeltaste drücken und fünf Riegelstiche nähen. Nähen Sie die zweite Raupe. Stoff nicht wenden, da die Maschine automatisch rückwärts näht.

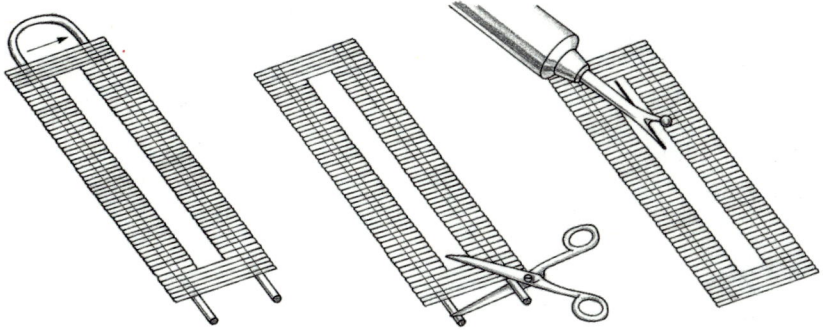

Arbeiten Sie die zweite Raupe. Das Knopfloch wird mit einem zweiten Riegel beendet. Mit Vor- und Rückstichen die Fäden vernähen.
Wurde das Knopfloch mit einem Einlauffaden gearbeitet, so muß dieser gleichmäßig angezogen werden. Die Fadenenden kürzen, evtl. vernähen.

Das Knopfloch wird mit dem Pfeil- oder Nahttrenner vorsichtig aufgeschnitten.

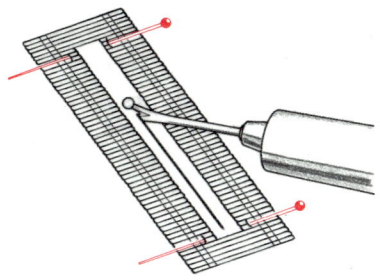

Nachdem der Abschlußriegel genäht wurde, die Fäden vernähen. Das Knopfloch mit dem Naht- oder Pfeiltrenner aufschneiden. Vor die Riegel Stecknadeln stecken, damit die Riegel beim Aufschneiden nicht verletzt werden.

In Jacken und Mäntel werden **Augenknopflöcher** gearbeitet.
Auch diese Knopflöcher können heute auf den modernen Nähmaschinen genäht werden.

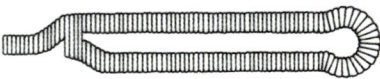

Die Knopflochlänge ergibt sich aus: Durchmesser plus Höhe des Knopfes plus 3 mm. Zeichnen Sie sich die Abstände zwischen den Knopflöchern und deren Abstand zur vorderen Kante ein. Die Knopflochlänge wird von diesem Punkt nach innen markiert. Das Augenknopfloch wird von innen nach außen genäht. Verwenden Sie den normalen Nähfuß. Schneiden Sie das Knopfloch vorsichtig mit dem Pfeiltrenner auf. Die Rundung des Augenknopfloches mit einer spitzen Schere herausschneiden.

1 Für die eingefaßten **Paspelknopflöcher** werden einzelne Rechtecke auf die Knopflochmarkierungen gesetzt, die dann verstürzt werden. Markieren Sie sich auf dem Kleidungsstück die Knopflöcher.
Für ein 3 cm großes Knopfloch schneiden Sie sich einen Schrägstreifen von 6 cm Länge und 4 cm Breite.

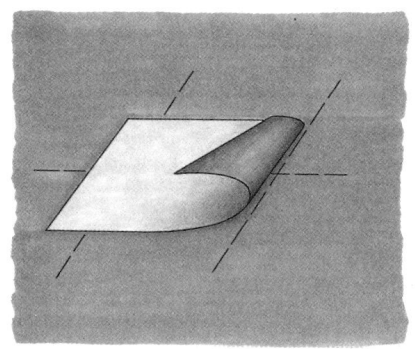

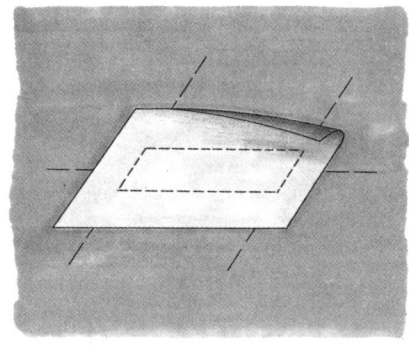

2 Stecken Sie den Schrägstreifen rechts auf rechts auf den Stoff, und markieren Sie nochmals auf dem Schrägstreifen die Größe des Knopfloches.

3 Stellen Sie einen kleinen Geradstich ein, und nähen Sie ein Rechteck. Achten Sie darauf, daß die Stiche zusammen in der Breite nicht breiter als 6 mm sind. Ehe Sie das Knopfloch aufschneiden, prüfen Sie, ob alle Nähte gerade sind und parallel zueinander verlaufen.

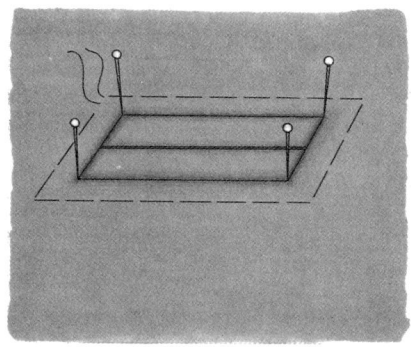

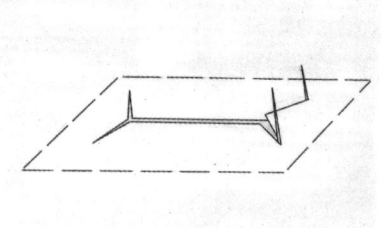

7 Nähen Sie von rechts in der Naht mit Steppstichen die langen Paspelstreifen fest. Mit Hexenstichen befestigen Sie den Rand des innen auf der Einlage liegenden Paspelstreifens.

8 Wird das Knopfloch mit einem Beleg unterlegt, so heften Sie den Beleg um das Knopfloch fest.

9 Stecken Sie von rechts je eine Stecknadel an die Ecken des Knopfloches. Wenden Sie das Kleidungsstück, und schneiden Sie vorsichtig den Knopflochschlitz in den Beleg. Schneiden Sie vor den Enden schräg zu den Nadeln hin.

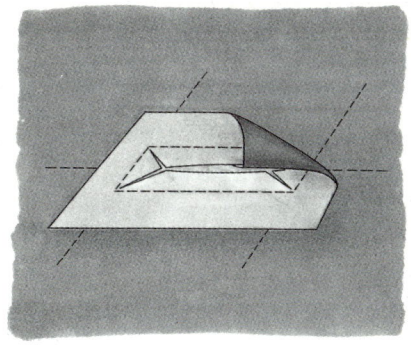

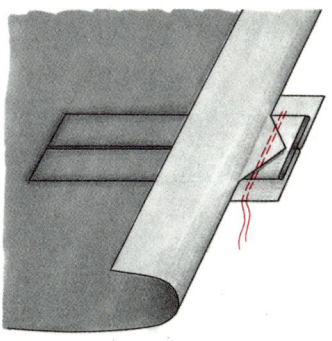

4 Schneiden Sie das Knopfloch vorsichtig und genau in der Mitte auf, jeweils 0,5 cm vor den Stepplinien den Schnitt beenden. Schneiden Sie kleine Dreiecke zu den Ecken hinein. Verstürzen Sie den Schrägstreifen auf die linke Seite. Ziehen Sie die Ecken glatt. Bügeln Sie darüber.

5 Falten Sie die Längsseiten des Schrägstreifens so, daß die Faltenkanten in der Mitte aneinanderstoßen. Heften Sie die Paspelkanten schräg aneinander, damit sie sich nicht verschieben.

6 Befestigen Sie das kleine Dreieck, das durch den Einschnitt entstanden ist, mit ein paar Vor- und Zurückstichen auf der Rückseite.

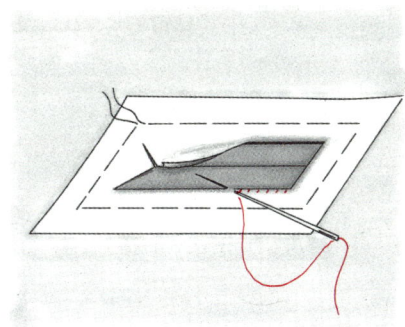

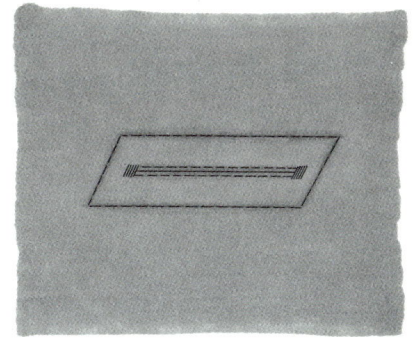

10 Schlagen Sie die offenen Schnittkanten so ein, daß sie mit den Nahtlinien des Knopfloches abschließen. Mit kleinen Staffierstichen nähen Sie den Beleg auf der Rückseite des Knopfloches fest.

Knopflöcher in Leder

Knopflöcher in Leder einzuarbeiten ist sehr einfach, da es sich eigentlich nur um einen umnähten Schlitz handelt. In Form eines Knopfloches wird ein Rechteck gesteppt, das in der Mitte aufgeschnitten wird.

Ist die Verschlußkante mit einem Besatzstreifen unterlegt, umsteppen Sie das markierte Knopfloch in 3—4 mm Abstand von der Mitte nochmals. Arbeiten Sie zusätzlich einen Riegel.
In Lederimitation (z. B. Alcantara) lassen sich sehr gut Paspelknopflöcher arbeiten, oder nähen Sie Augenknopflöcher. Legen Sie dazu Seidenpapier unter das Lederimitat. In Plastik und Kunststoff arbeiten Sie nähfreie Druckknöpfe, Reißverschlüsse oder Knebelverschlüsse. Knopflöcher reißen in diesen Materialien zu schnell aus.

Schlingenverschluß

Der Schlingenverschluß für Kugelknöpfe ist ein hübscher Schmuck an eleganten Kleidungsstücken.

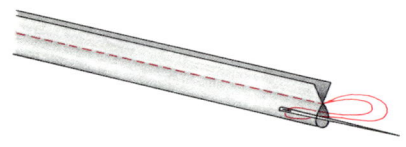

1 Schneiden Sie einen 2–2,5 cm breiten Schrägstreifen zu. Legen Sie ihn zur Hälfte rechts auf rechts, und steppen Sie ihn je nach Stoffart 3–5 mm von der Bruchkante entfernt zusammen. Dehnen Sie den Schrägstreifen dabei leicht. Schneiden Sie die Nahtzugabe nicht ab, denn sie füllt das Röllchen.

2 Befestigen Sie einen doppelt eingefädelten Faden mit ein paar Stichen an der Stoffkante des Röllchens. Die Nadel mit dem Öhr voraus durch den Schrägstreifen schieben, so daß das Röllchen gewendet wird.

3 Die Größe und der Abstand der Schlingen richtet sich nach den Knöpfen. Je kleiner der Knopf, je dichter die Schlingen. Die Knopflinie liegt genau auf der Nahtlinie (Oberteil/Beleg) des Kleidungsstückes.

Knöpfe annähen

Knöpfe können von Hand oder mit der Nähmaschine angenäht werden. Markieren Sie nach dem Zuschnitt die Knopflinie (= vordere/hintere Mitte) auf dem Kleidungsstück. Die Knöpfe werden jedoch erst zum Schluß angenäht. Wählen Sie zum Annähen einen Faden, der in der Farbe dem Stoff des Kleidungsstückes entspricht. Je nach Stärke des Oberstoffes nähen Sie mit einem einfachen oder doppelten Faden.

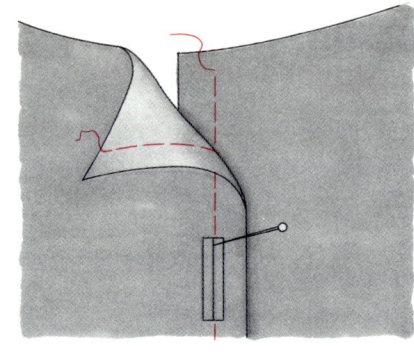

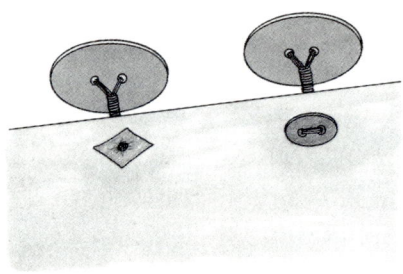

1 Stecken Sie die vorderen bzw. die hinteren Mittellinien übereinander. Der Knopf wird genau auf diese Linie angenäht. Stecken Sie eine Nadel durch das Knopfloch. Der Einstich dieser Nadel ist der Punkt, wo der Knopf sitzen muß.

2 Um ein Ausreißen des Stoffes zu verhindern, sollten Knöpfe auf doppelten Stoff genäht werden. Ist dies nicht möglich, fassen Sie ein unterlegtes Stoffstück oder einen flachen Knopf mit. Den Unterknopf unter den Oberknopf auf die linke Seite legen, beide Knöpfe mit einem Stiel zusammen annähen.

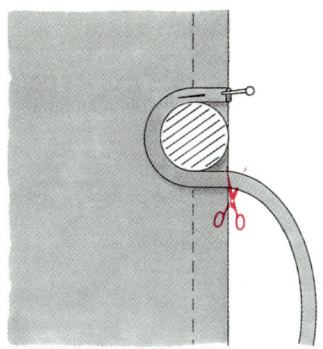

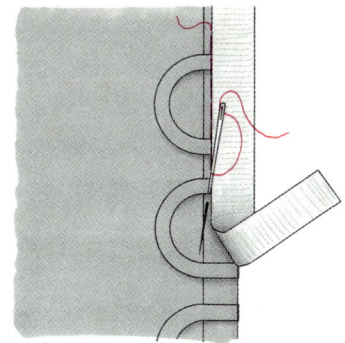

4 Legen Sie einen Knopf auf die Knopflinie, und legen Sie den Schlauch um den Knopf. Geben Sie 1,5 cm in der Länge zu. Entsprechend viele Schlingen schneiden. Die Schlingen von rechts an die Schnittkante des Oberteils stecken.

5 Nehmen Sie Klebeband zu Hilfe, damit die Schlingen sich nicht verschieben. Heften Sie die Schlingen an der Knopflinie fest; das Klebeband entfernen. Stecken Sie den Beleg rechts auf rechts auf die Schlingen. Die Schlingen vom Oberteil und vom Beleg sowie die Schlingen liegen übereinander.

6 Nähen Sie den Beleg entlang der Nahtlinie fest. Schlagen Sie ihn nach innen, die Schlingen kommen so an die Bruchkante der vorderen Mitte. Damit der Beleg nicht hervorrutscht, eine Untersteppnaht arbeiten. Schlingenleiste auf das gegenüberliegende Teil legen, Knopfstellen markieren.

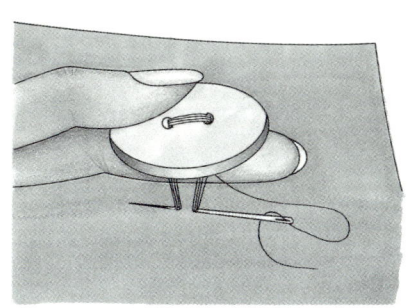

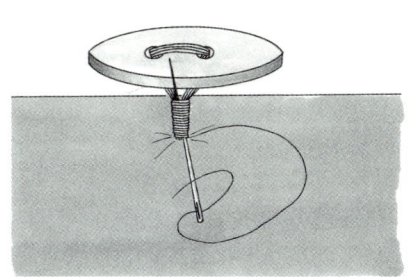

1 Nähen Sie flache Knöpfe und Knöpfe an Jacken oder Mäntel **mit** einem **Stiel** an, damit sie sich besser auf- und zuknöpfen lassen.
Um einen Stiel unter dem Knopf zu bekommen, halten Sie den Knopf während des Annähens etwas hoch. Faden nach den Stichen nicht zu fest anziehen.

2 Nähen Sie 5–6 Stiche durch die Löcher des Knopfes. Die Stiche einfach umwickeln oder durch Umstechen mit Schlingstich festigen. Vernähen Sie, indem Sie das Fadenende durch das Stielchen ziehen.

3 Eine Hilfe für das Annähen eines Knopfes mit Stiel sind Streichhölzer oder Zahnstocher. Legen Sie die Hilfsmittel über den Knopf. Ehe Sie das Stielchen umwickeln, ziehen Sie das Streichholz heraus.

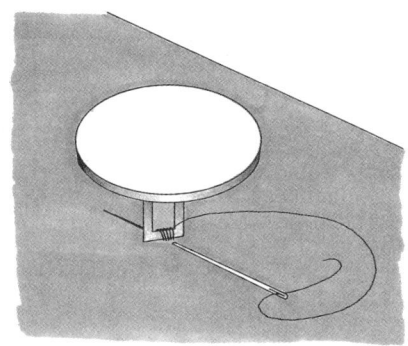

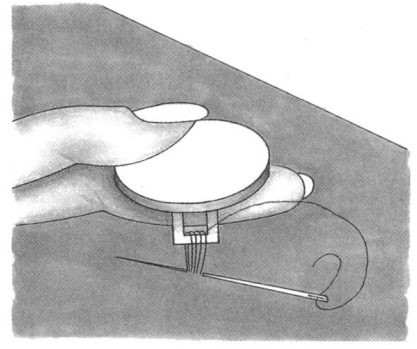

1 **Stegknöpfe** können nur von Hand angenäht werden. Bei dünnerem Material nähen Sie den Stegknopf ohne Stiel an. Durch den Steg an der Unterseite des Knopfes liegt er flach auf dem Kleidungsstück, ohne das Knopfloch auseinanderzuziehen.

2 Nähen Sie mit kleinen Stichen durch den Stoff, und führen Sie den Faden über den Steg hinweg. Vernähen Sie den Faden zwischen dem Kleidungsstück und dem Beleg.

3 Bei sehr dicken Stoffen erhält auch der Stegknopf ein Stielchen. Halten Sie den Knopf etwas hoch, und nähen Sie ca. 6–8 Stiche durch Steg und Stoff. Die genähten Stiche dicht mit dem Faden umwickeln, das Fadenende vernähen.

Mit den modernen **Nähmaschinen** können Sie durchgenähte **Knöpfe annähen.** Die Stichbreite muß auf den Abstand der Löcher im Knopf eingestellt werden. Den normalen Nähfuß abnehmen und je nach Nähmaschine mit oder ohne Knopfannähfuß arbeiten.
Legen Sie den Knopf auf die markierte Stelle, und schieben Sie ihn unter den abgesenkten Nähfußhalter.

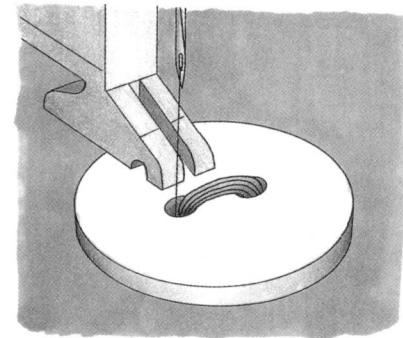

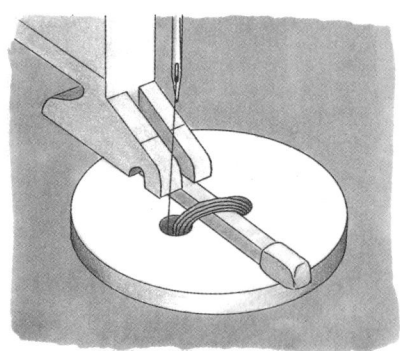

1 Prüfen Sie durch Drehung des Handrades, ob die Nadel in die linke und rechte Knopfbohrung einsticht. Den Transporteur versenken. Nähen Sie ca. 8 Zickzackstiche. Zum Vernähen stellen Sie den Geradstich ein und nähen einige Steppstiche.

2 Wollen Sie den Knopf mit Stiel annähen, legen Sie ein Streichholz oder einen Zahnstocher über den Knopf. Sobald Sie genügend Oberstiche genäht haben, lassen Sie den Faden 15 cm hängen, ziehen den Unterfaden durch, umwickeln den Stiel und vernähen die Fadenenden.

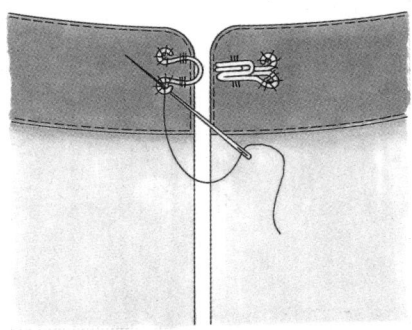

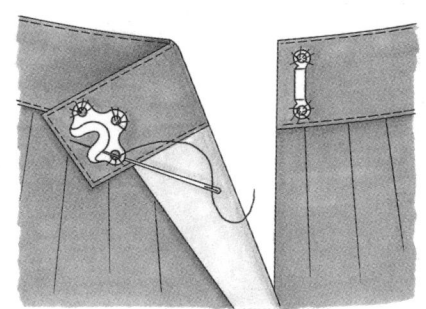

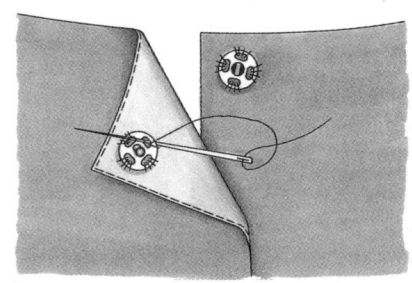

Mit **Haken und Ösen** werden zwei neben- oder übereinanderliegende Verschlußkanten verschlossen. Meist werden einzelne Haken und Ösen als zusätzlicher Verschluß angenäht (z. B. Rock- oder Hosenbund oder am Kragen). Stimmen Sie beim Kauf die Form von Haken und Öse auf den Verwendungszweck ab.

Bei aneinanderstoßenden Kanten werden die Haken ca. 2 mm von der Bruchkante angenäht. Die runde Öse so an die Außenkante anbringen, daß der Bogen knapp sichtbar ist. Bei übereinanderliegenden Verschlußkanten den Haken unter den Übertritt (3 – 5 mm von der Kante) annähen, die Öse auf dem Untertritt befestigen.

Druckknöpfe werden wie Haken und Öse als Zusatzverschluß eingesetzt. Auf den Übertritt der Verschlußkante nähen Sie den oberen Druckknopf mit dem Köpfchen (Dorn), die untere Druckknopfhälfte in entsprechender Höhe auf den Untertritt nähen.

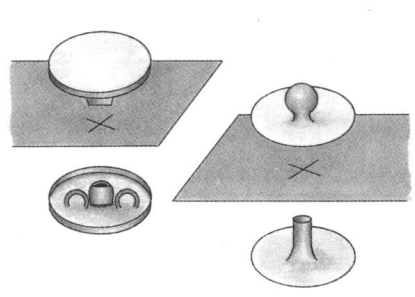

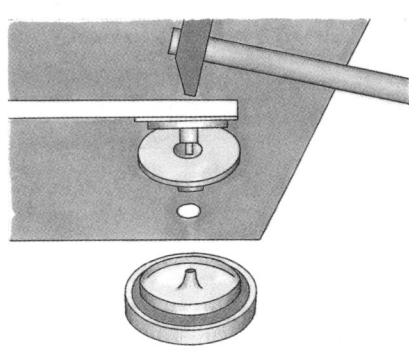

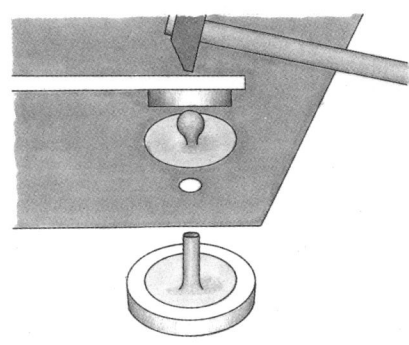

Die **nähfreien Druckknöpfe,** die als Verschluß vor allem für Kinder- und Sportkleidung verwendet werden, bestehen aus 2 mal 2 Verschlußteilen.
1 Diese werden in die Verschlußkanten mit Hilfe des beiliegenden Werkzeugs eingeschlagen.

2 In der verstärkten oder doppelt liegenden Verschlußleiste entsprechend den Markierungen die Einschlagspunkte vorstanzen. Nieten Sie zuerst die Oberteile mit Dorn am Übertritt zusammen.

3 In die untere Stofflage nieten Sie die Unterteile des Druckknopfes. Eine ausführliche Anleitung zur Handhabung des Werkzeugs und zum Nietvorgang liegt jeder Packung bei.

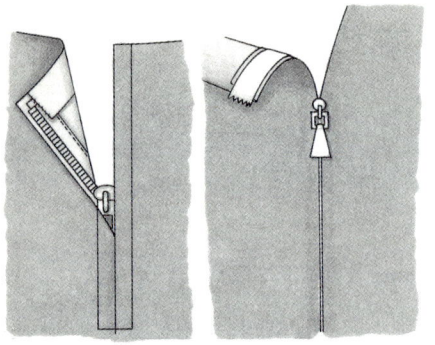
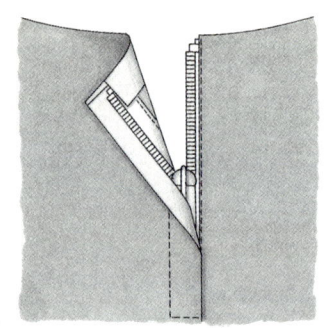
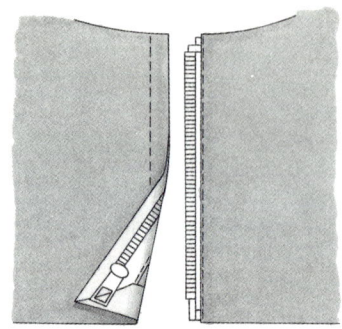

Reißverschlüsse

Drei Reißverschlußarten werden unterschieden:
- *Standardreißverschluß*
- *Hosenreißverschluß*
- *teilbarer Reißverschluß*

Der Standardreißverschluß wird beidseitig (z. B. in Oberteilen) oder nur einseitig verdeckt (z. B. in Damenhosen oder -röcken) eingesetzt.
Hosenreißverschlüsse werden vor allem in Herrenhosen mit separatem Untertritt gearbeitet. In der Damenbekleidung werden sie wie einseitig verdeckte Standardreißverschlüsse eingenäht.

Je nach Material der Jacken oder Westen werden teilbare Reißverschlüsse sichtbar oder verdeckt eingesetzt.
Verwenden Sie zum Einnähen der Reißverschlüsse den Reißverschlußfuß. Die Form des Reißverschlußfußes ist je nach Maschinentyp unterschiedlich. Alle Füßchen laufen knappkantig an den Zähnchen des Reißverschlußbandes vorbei.

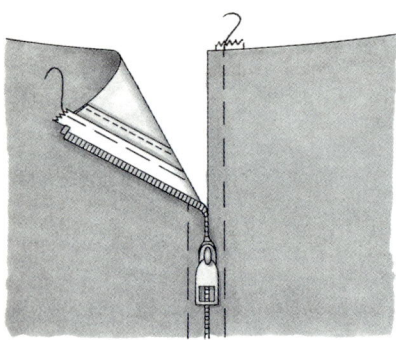
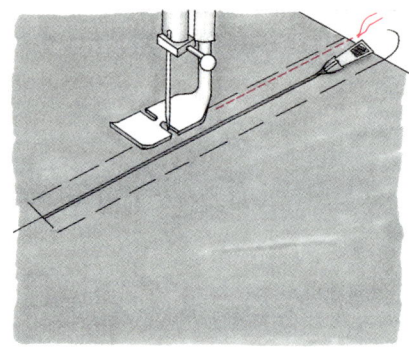
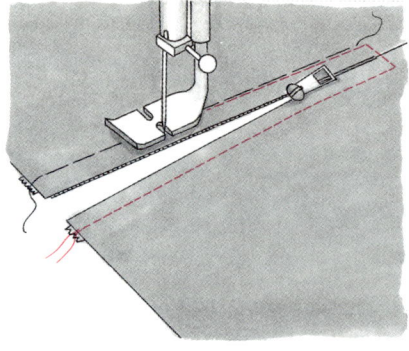

1 Für den **beidseitig verdeckten Reißverschluß** bügeln Sie die Nahtzugabe um. Anschließend wird der Reißverschluß eingeheftet. Dabei sollten die gebügelten Kanten genau in der Mitte der Reißverschlußzähnchen zusammenstoßen.

2 Nähfuß nach links schieben, geöffneten Reißverschluß so unter den Fuß legen, daß die Zähne am rechten Führungssteg entlanglaufen. Das Band zur Hälfte einsteppen, Nadel im Stoff steckenlassen. Nähfuß heben und Reißverschluß schließen. Band fertig einsteppen.

3 Nähen Sie am unteren Ende des Reißverschlusses eine Quernaht. Parallel zur ersten Reißverschlußseite wird die zweite Reißverschlußseite eingenäht. 1/3 vor Nahtende öffnen Sie den Reißverschluß (Nadel im Stoff lassen, Nähfuß heben). Senken Sie den Nähfuß, und nähen Sie die Naht zu Ende.

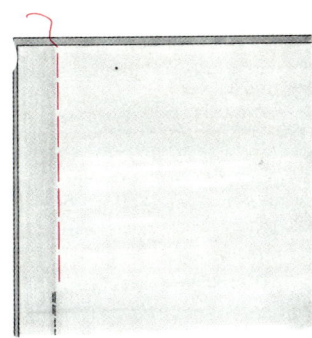

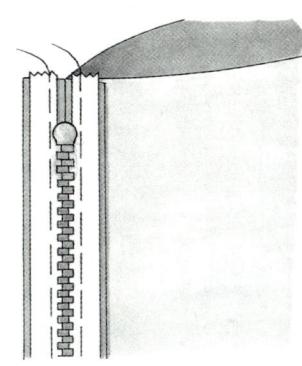

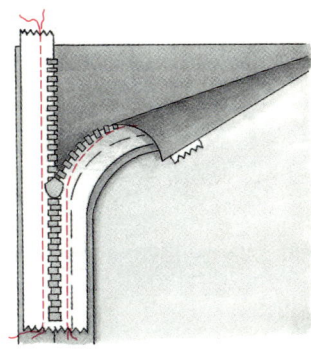

1 Beim **beidseitig verdeckten Industriereißverschluß** ist die Einsteppnaht nicht sichtbar. Die Öffnung für den Reißverschluß mit großen Heftstichen schließen, die Naht bügeln.

2 Den geschlossenen Reißverschluß exakt auf die Naht legen und mit kleinen Stichen dicht neben den Zähnen heften. Achten Sie darauf, daß das Reißverschlußband nur auf die Nahtzugabe geheftet wird (nicht durch den Oberstoff heften).

3 Den Heftfaden aus der Naht entfernen, den Reißverschluß ganz öffnen. Von links das jeweilige Reißverschlußband auf die Nahtzugabe steppen. Nach dem Entfernen der Heftfäden aus der Nahtzugabe die Naht bei geschlossenem Reißverschluß leicht bügeln.

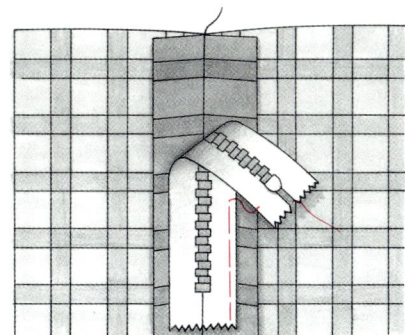

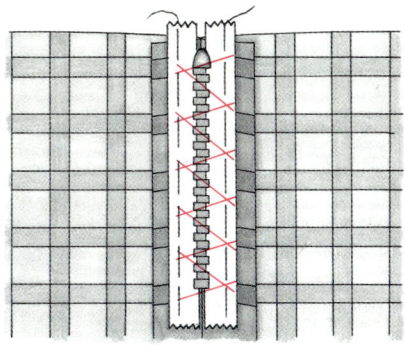

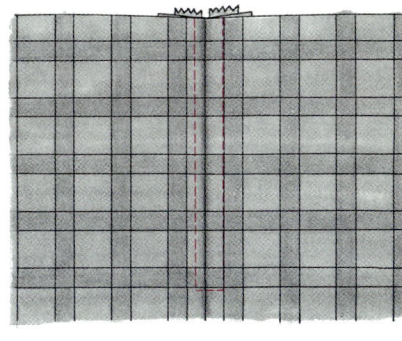

1 Ist der **Stoff gemustert,** so sollte der Musterverlauf durch den Reißverschluß nicht gestört werden. Schließen Sie daher die Öffnung für den Reißverschluß mit Heftstichen. Den Reißverschluß mit der rechten Seite auf die Nahtzugabe heften, die Zähnchen liegen genau auf Nahtmitte.

2 Der Reißverschluß wird geschlossen eingesteppt. Er darf aber unter dem Fuß nicht verrutschen. Daher zusätzlich mit Heftstichen über den Zähnchen den Reißverschluß fixieren.

3 Von der rechten Stoffseite den Musterverlauf kontrollieren. Bei sehr glatten Stoffen kann zusätzlich auch noch einmal von der rechten Seite geheftet werden. Den Reißverschluß einsteppen.

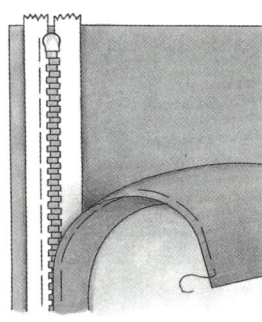

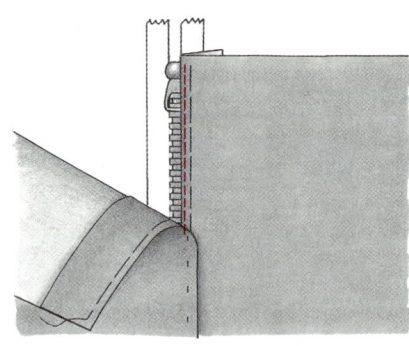

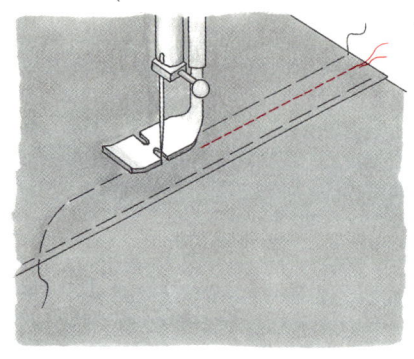

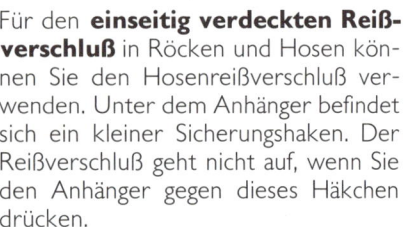

Für den **einseitig verdeckten Reiß-verschluß** in Röcken und Hosen kön-nen Sie den Hosenreißverschluß ver-wenden. Unter dem Anhänger befindet sich ein kleiner Sicherungshaken. Der Reißverschluß geht nicht auf, wenn Sie den Anhänger gegen dieses Häkchen drücken.

1 2 Bügeln Sie die linke Nahtzugabe ein. Heften Sie auf die einfache Stofflage den geöffneten Reißverschluß mit der rechten Seite nach unten so auf, daß die gebügelte Kante direkt hinter den Zähn-chen liegt. Von der rechten Seite knapp neben der Heftlinie ansteppen.

3 Schließen Sie den Reißverschluß, und schieben Sie den Obertritt so weit vor, daß der Untertritt mit dem Reiß-verschluß verdeckt ist. Von rechts den Obertritt des Reißverschlusses einhef-ten und nähen. Am unteren Ende step-pen Sie schräg oder im leichten Bogen zur Naht hin.

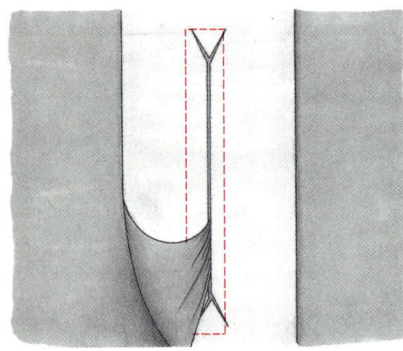

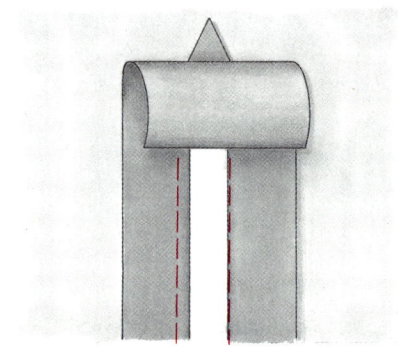

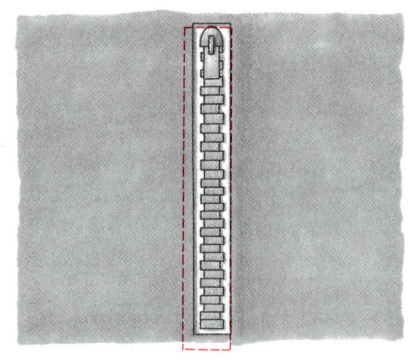

1 Um einen **Reißverschluß sicht-bar** in einen Schlitz einzuarbeiten, muß zuerst der Schlitz genäht werden. Für den Schlitzbeleg einen Stoffstreifen schneiden, der um 8 cm breiter und 10 cm länger als der Reißverschluß ist. Den Beleg rechts auf rechts auf die mar-kierte Linie des Schlitzes heften.

2 Nähen Sie ein Rechteck in der Breite und Länge des Zähnchenbandes. Recht-eck in der Mitte bis jeweils 1 cm vor die Querlinien auf-, zu den Ecken schräg einschneiden. Stoffstreifen verstürzen, so daß auf der rechten Seite nichts zu sehen ist. Die Kante heften und bügeln.

3 Heften Sie den Reißverschluß so in die Öffnung, daß Reißverschlußanfang und -ende genau mit Schlitzanfang und -ende abschließen. Steppen Sie 2 mm von den Bruchkanten entfernt den Reiß-verschluß von rechts ein.

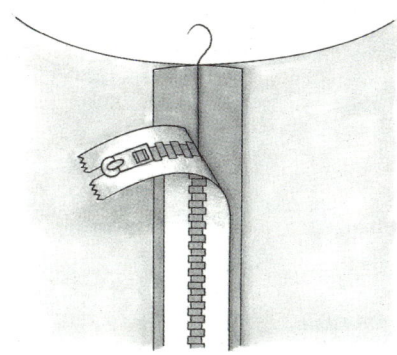

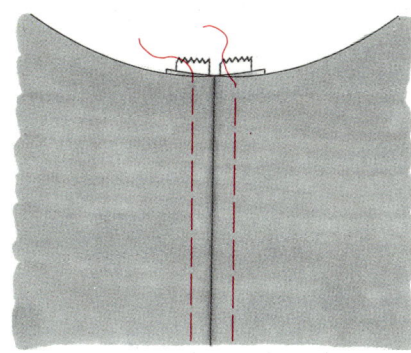

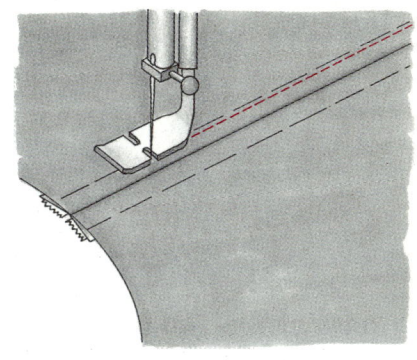

1 Der **teilbare Reißverschluß** wird in Sport- und Freizeitbekleidung einge-näht. Nähen Sie den teilbaren Reißver-schluß immer ein, bevor Sie den Saum und den Beleg arbeiten. Heften Sie die Anschlußkanten zusammen, und bügeln Sie die Kanten.

2 Legen Sie den geschlossenen Reiß-verschluß mit der rechten Seite auf die Nahtzugaben. Die Reißverschlußzähne liegen genau auf der Nahtmitte. 0,6–1 cm von der mittleren Naht entfernt heften.

3 Drehen Sie das Kleidungsstück auf die rechte Seite. Neben der Heftlinie den Reißverschluß einsteppen. Achten Sie darauf, daß Sie auf der ganzen Länge den gleichen Abstand zur Nahtlinie (Verschlußkante) haben. Vernähen Sie Anfang und Ende gut mit einigen Rückwärtsstichen.

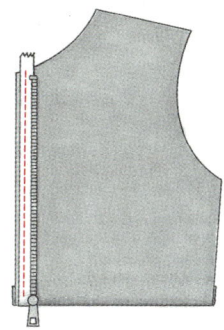

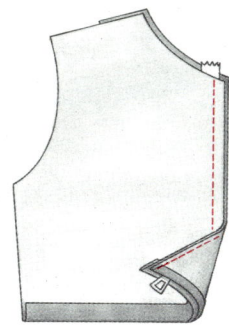

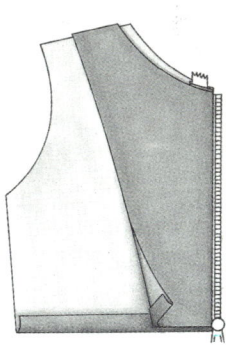

1 Soll der **Reißverschluß zwischen Oberstoff und Beleg** genäht werden, so steppen Sie die geteilten Reißver-schlußbänder rechts auf rechts auf die Nahtzugabe. Die Zähnchen liegen knapp vor der Nahtlinie auf der vorderen Mitte.

2 Anschließend den Beleg wie bereits bekannt aufheften. In der Anstepplinie des Reißverschlusses (von der linken Seite des Oberteils) den Beleg mit einem mittleren Geradstich ansteppen.

3 Den Beleg verstürzen; die Zähn-chen werden sichtbar. Die Kante exakt heften und bügeln. Damit der Beleg sich nicht im Reißverschluß einklemmt, die-sen nochmals von rechts knappkantig gegensteppen.

Ärmel

Die Ärmelformen sind sehr vielfältig und unterliegen in Schnitt und Aussehen der jeweiligen Mode. Unterschieden wird zwischen den Grundformen eingesetzter Ärmel, Raglan- und Kimonoärmel. Diese Formen variieren in Weite, Länge und Armabschluß.

Der *eingesetzte Ärmel* kann ein- oder zweiteilig, die Armkugel glatt, eingekraust oder in Falten gelegt sein. Je nach Modell wird der Ärmel direkt an der Schulter angesetzt. Für gerade eingesetzte Ärmel wird die Schulternaht meist verlängert. Der Ärmel verläuft in diesem Fall in ein tief ausgeschnittenes Armloch.

Auch der *Raglanärmel* kann ein- oder zweiteilig gearbeitet werden. Er verläuft in schrägen Nähten vom vorderen und hinteren Halsloch zum Unterarm.

Der *Kimonoärmel* wird direkt an das Oberteil angeschnitten. Die Schulternaht wird verlängert, die Seitennaht des Oberteils verläuft in einer Unterarmkurve in die Unterarmnaht.

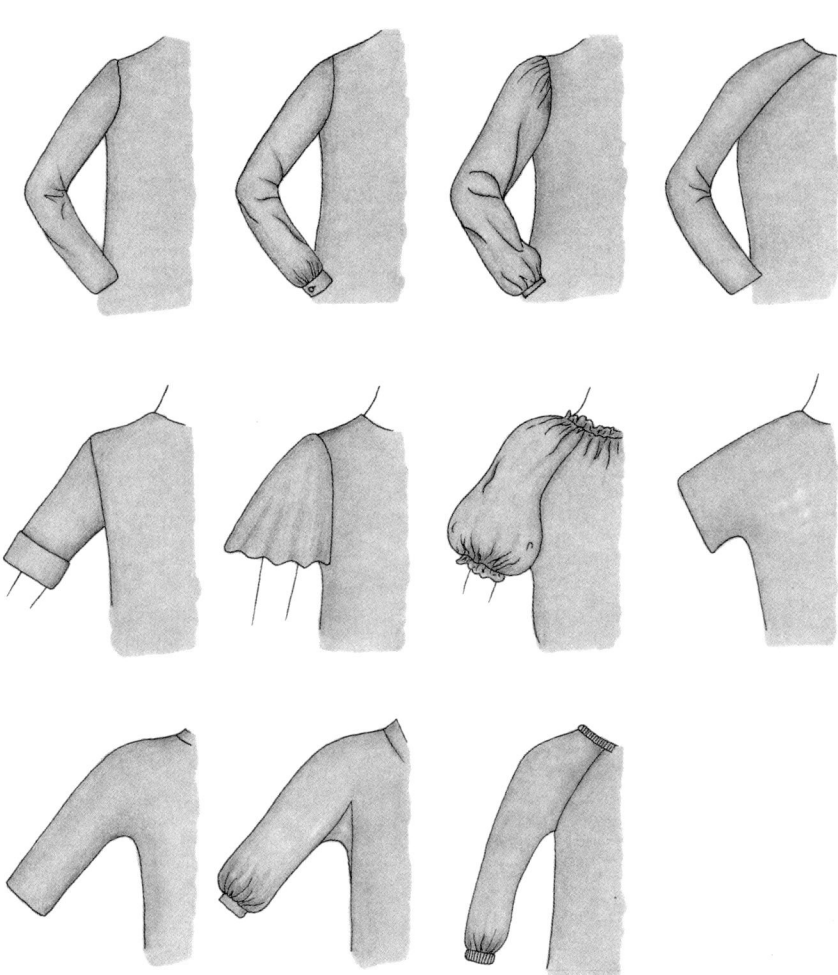

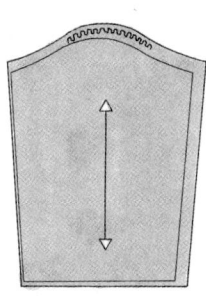 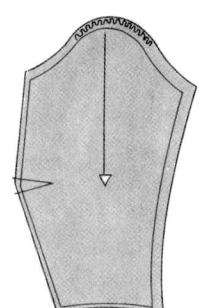 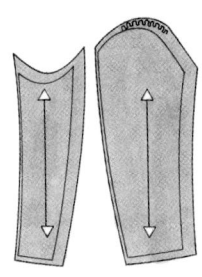 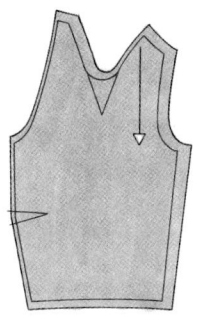 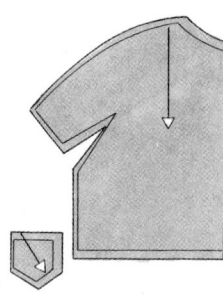

Wenn Sie den Schnitt vom Schnittmusterbogen abnehmen, so übertragen Sie alle Markierungs- und Ansatzpunkte sowohl am Ärmel wie auch am Oberteil des Kleidungsstückes.

In allen Grundschnittformen, die hier noch einmal gezeigt werden, ist besonders auf den Fadenlauf zu achten. Die Fadenlauflinie trifft beim Einsetzen des Ärmels genau auf die Schulternaht.

Eingezeichnet sind ferner der Beginn und das Ende der Kräusellinien und evtl. die Ellbogenabnäher in engen Ärmeln. Die Abnäher werden vor dem Schließen des Ärmels genäht.

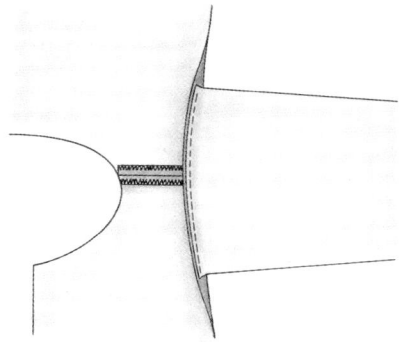
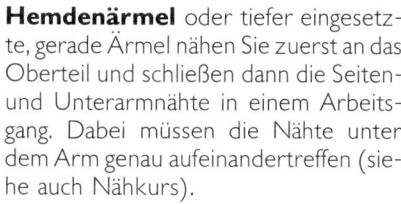

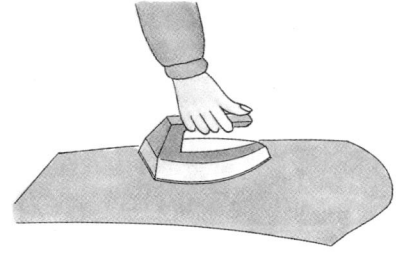

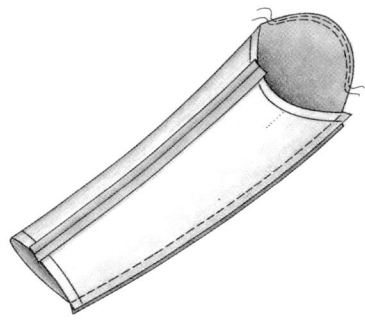

Hemdenärmel oder tiefer eingesetzte, gerade Ärmel nähen Sie zuerst an das Oberteil und schließen dann die Seiten- und Unterarmnähte in einem Arbeitsgang. Dabei müssen die Nähte unter dem Arm genau aufeinandertreffen (siehe auch Nähkurs).

Bei einem **zweiteiligen Ärmel** dehnen Sie vor dem Zusammennähen von Ober- und Unterarm die vordere Ärmelnaht des Oberärmels. Sie sollte nach dem Dehnen mit der Naht am Unterärmel übereinstimmen. Achten Sie darauf, daß beide Oberarmteile gleich viel gedehnt werden.

Ober- und Unterarm rechts auf rechts legen und die Ärmelnähte schließen. Den Arm in Form bügeln und die Nahtzugaben zurückschneiden.

Bei einem Ärmel mit **Armkugel** wird immer der tiefer ausgeschnittene Ärmelrand in den vorderen Armausschnitt eingesetzt. In den meisten Schnitten sind zusätzliche Markierungs- bzw. Einsatzpunkte im Ärmel und Oberteil eingezeichnet.

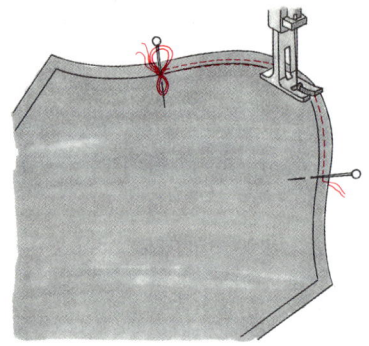

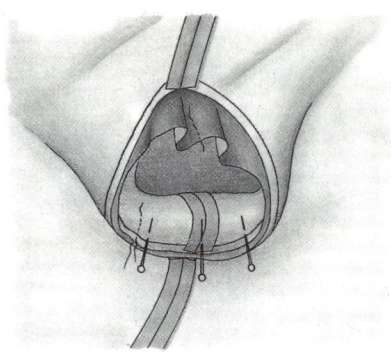

1 Halten Sie die Weite der Armkugel ein, indem Sie 2mal entlang der Ansatzlinie von Markierungspunkt zu Markierungspunkt mit großen Stichen nähen. Ziehen Sie die Unterfäden der Kräuselnähte leicht an, und kräuseln Sie die Weite gleichmäßig auf die Kugel verteilt ein.

2 Rechts auf rechts den Ärmel in das Armloch stecken. Beginnen Sie an den Markierungspunkten, der Schulter- und der Seitennaht. Dann stecken Sie den Ärmel fest in das Armloch. (Stecknadeln quer zur Ärmeleinsatznaht, 1,5–2 cm Abstand von Nadel zu Nadel.)

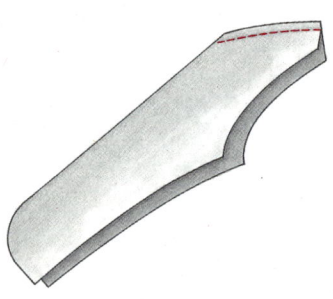

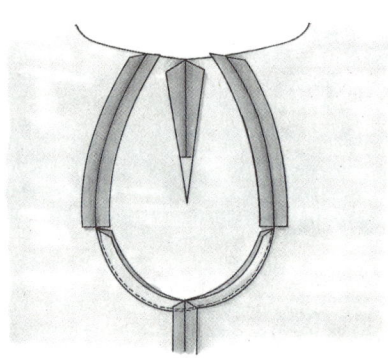

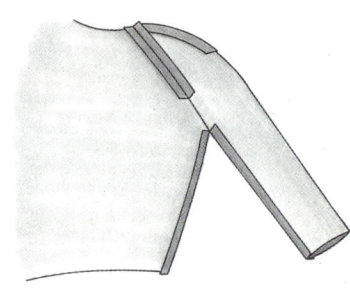

In einem einteiligen **Raglanärmel** wird ein Schulterabnäher gearbeitet.
1 Nähen Sie zuerst diesen Abnäher oder beim zweiteiligen Ärmel die obere Ärmelnaht, beides gut ausbügeln. Bei dickeren Stoffen den Abnäher aufschneiden.

2 Stecken, heften Sie den vorderen und hinteren Ärmelteil auf die jeweilige Ansatzlinie des Kleidungsstückes. Nähen Sie die Raglannähte von der Seitennaht aus zum Halsloch. Nahtzugaben zurückschneiden, an den Markierungspunkten einschneiden; von diesen Punkten aus Naht auseinanderbügeln.

3 Stecken, heften Sie die Unterarmnaht und die jeweilige Seitennaht des Kleidungsstückes. Unter dem Arm müssen diese Nähte genau aufeinanderstoßen. In einem Arbeitsgang nähen Sie die Seiten- und Ärmelnaht.

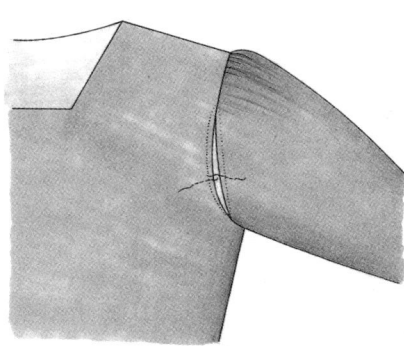

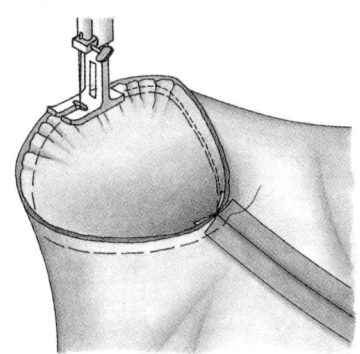

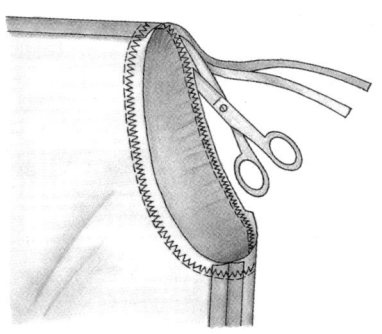

3 Wird der gekrauste Ärmel einge-setzt, ist die Kräuselung nur im Bereich der Schulternaht (10 cm nach vorn und nach hinten). Der untere Ärmelteil sitzt glatt im Armloch.

4 Heften Sie den Ärmel in das Arm-loch mit kleinen Stichen ein. Kontrollie-ren Sie vor dem Einnähen den Fall des Ärmels über dem Handrücken oder durch eine Anprobe. Nähen Sie die Ärmel immer von der Ärmelseite her ein.

5 Die Nahtkanten von Ärmel und Oberteil werden in einem Arbeitsgang mit Zickzack versäubert und anschlie-ßend zurückgeschnitten. Bügeln Sie die Nähte mit der Spitze des Bügeleisens zusammen, und legen Sie sie zum Ärmel hin um.

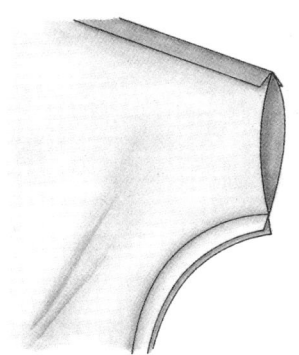

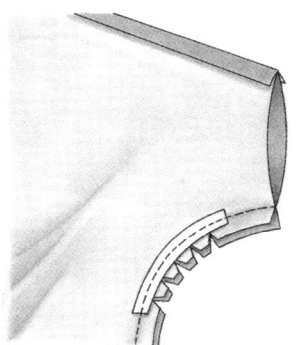

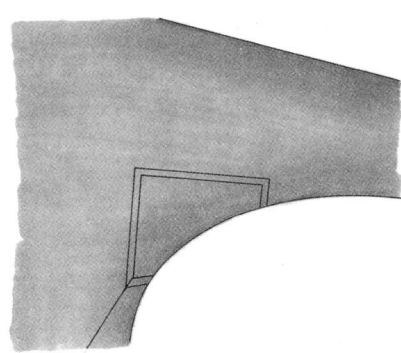

Bei einem sehr weiten **Kimonoärmel** beginnt der Ärmel schon knapp über der Taillenlinie. Legen Sie Vorder- und Rückenteil aufeinander, und schließen Sie die Schulternähte. Danach die Unter-arm-/Seitennaht mit kleinen Stichen schließen.

2 Je nach Stoffart die Kurve in der Un-terarmnaht mit Nahtband verstärken. Schneiden Sie die Nahtzugaben bis knapp vor die Stepplinie ein; versäubern mit Zickzackstich. Bügeln Sie sie ausein-ander.
Die Nahtzugabe bei sehr dünnen Stof-fen beträgt 6 mm.

3 Hat der Kimonoschnitt einen engen Arm, der unter der Achsel beginnt, so schließen Sie erst die Seitennaht und arbeiten dann zwischen vorderem und hinterem Arm einen Zwickel ein. Jetzt erst die Schulternaht schließen.

Ärmelschlitze

Ein Ärmel, der das Handgelenk fest umschließt, hat ein Bündchen oder eine Manschette. Vor dem Annähen des Bündchens oder der Manschette müssen Sie den Ärmelschlitz arbeiten. Es gibt drei Schlitz-Verarbeitungsmethoden:

– *verstürzten Schlitz*
– *eingefaßten Schlitz*
– *Hemdenschlitz*

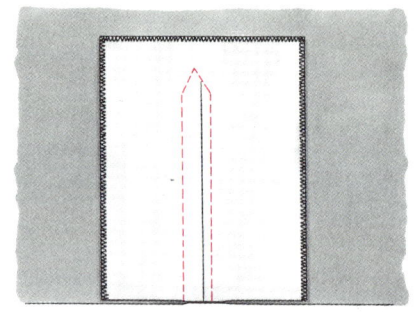 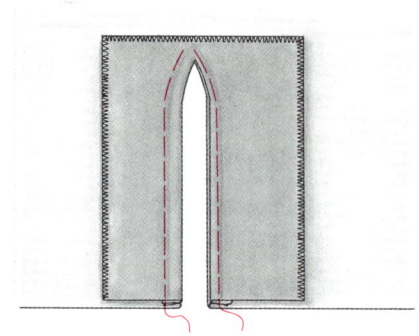

1 **2** Für den **verstürzten Schlitz** schneiden Sie einen Stoffstreifen zu, der um 6 cm breiter und 3 cm länger als der Schlitz ist. Die Kanten versäubern. Schlitzbesatz rechts auf rechts auf den markierten Schlitz legen, feststecken. Mit kleinen Stichen um den bezeichneten Schlitz herumnähen.

3 Schneiden Sie mit einer spitzen Schere den Schlitz bis zur Spitze ein. Verstürzen Sie den Schlitzbesatz auf die linke Seite, und schieben Sie die Naht etwas nach innen. Kanten heften und bügeln. Von rechts die Schlitzkanten knappkantig absteppen.

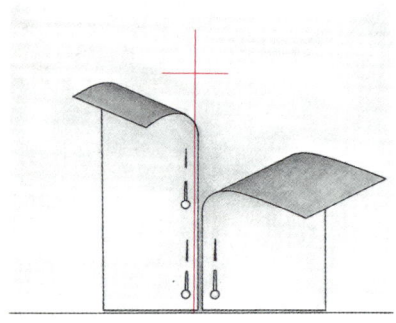 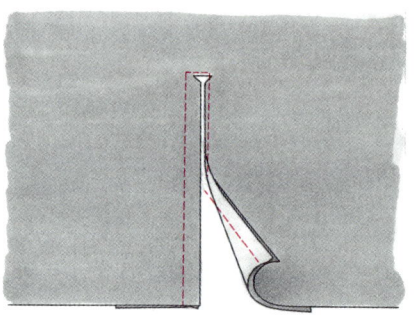 

1 Auch für den **Hemdenschlitz** werden Belegstreifen benötigt. Schneiden Sie zwei Stoffstreifen zu. Für den Untertritt benötigen Sie einen 4 cm breiteren und 1 cm längeren, für den Übertritt einen 6 cm breiteren und 3 cm längeren Stoffstreifen, als der Schlitz lang ist.

2 Stecken Sie die Streifen mit der rechten Stoffseite auf die Innenseite des Oberteils an die Schlitzkanten, und steppen Sie sie füßchenbreit auf. Den Schlitz zwischen den Streifen aufschneiden.

3 Bügeln Sie die Nahtzugaben zum Schlitz hin. Die offene Kante des Untertritts 0,5 cm umbügeln. Verstürzen Sie sie auf die rechte Seite. Stecken Sie sie an der Naht fest; knappkantig aufsteppen.

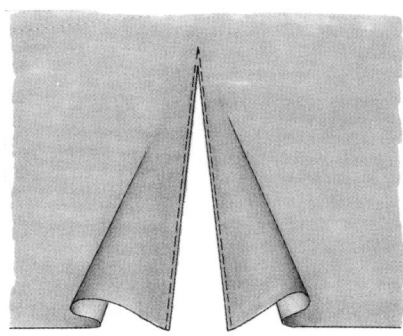

1 Für den **eingefaßten Schlitz** hat der Beleg die doppelte Länge des Schlitzes und eine Breite von 3 cm. An einer Längsseite des Belegstreifens bügeln Sie eine Schnittkante von 0,5 cm nach innen. Den Schlitz mit kleinen Stichen umsteppen und aufschneiden.

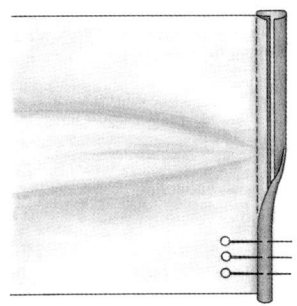

2 Die offene Kante des Beleges stekken Sie rechts auf rechts auf den auseinandergezogenen Schlitz. Mit dem Reißverschlußfuß nähen Sie knappkantig mit kleinen Stichen von der Ärmelseite den Beleg fest. Die umgebügelte Kante des Stoffstreifens nach innen schlagen, so daß sie auf der Stepplinie liegt.

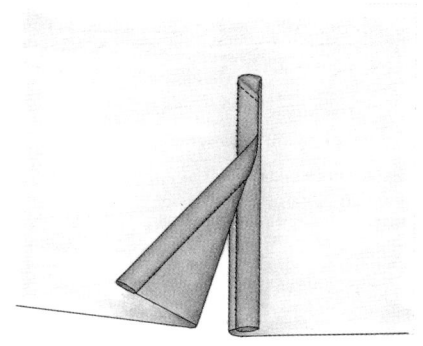

3 Säumen Sie sie mit kleinen Stichen an die Stepplinie. Sichern Sie das Schlitzende, indem Sie die Spitze als kleinen Abnäher arbeiten. Den Schlitz in Form legen und die Kanten bügeln.

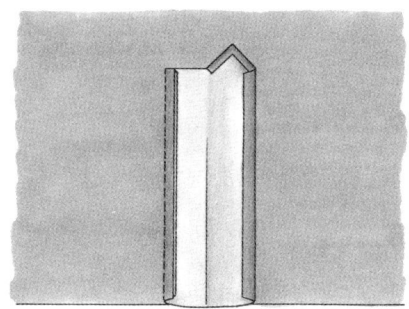

4 Bügeln Sie auch die offene Kante des Übertritts 0,5 cm um. Schlagen Sie den Übertritt nach rechts. Formen Sie den überstehenden Beleg zu einer Spitze.

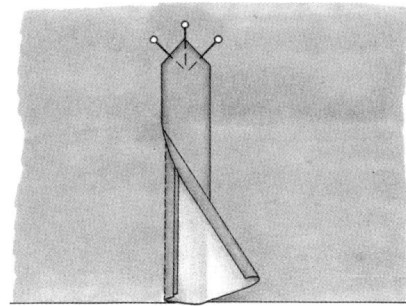

5 Die Spitze des Übertritts so auf den Ärmel stecken, daß das Schlitzende und das Ende des Untertritts ganz verdeckt sind. Heften Sie die gesteckte Kante. Spitze und Kante knappkantig absteppen. Achtung: Nicht den Schlitz zusteppen.

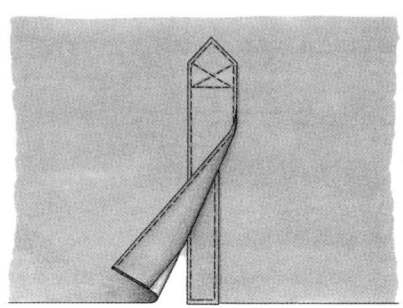

6 Das Schlitzende mit einem Kreuz oder/und einem Dreieck mit Quernaht sichern.

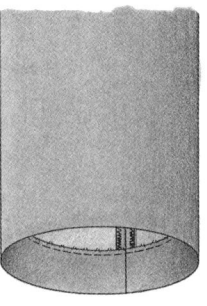 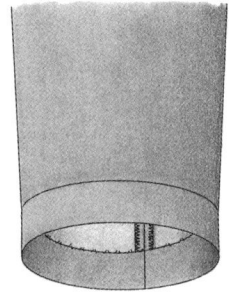 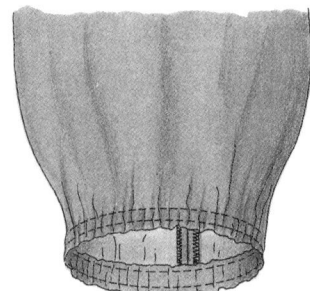 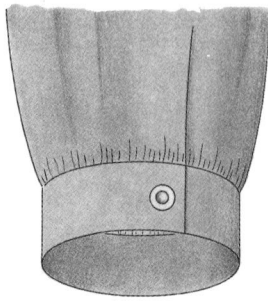

Ärmelabschlüsse

Die Ärmelabschlüsse können sehr vielfältig sein. Sie reichen von einem einfachen Saum über den Zugsaum bis zur doppelten Manschette. In den meisten Fällen ist der Ärmelabschluß von der Gesamtform des Ärmels abhängig. Bei allen Ärmelabschlußverarbeitungen ist die richtige Länge des Ärmels entscheidend für den Gesamteindruck des Kleidungsstückes.

Abschlußvariationen:
- *eingeschlagener Saum*
- *doppelte Blende oder Ärmelbündchen*
- *Zugsaum*
- *Manschette*

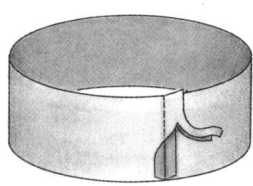 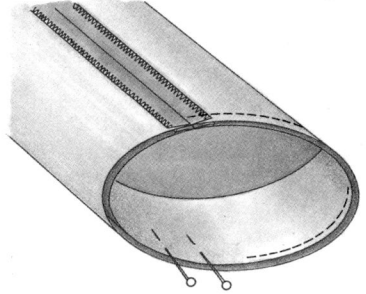 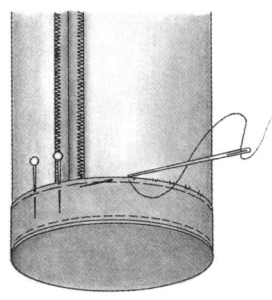

1 Wenn der Ärmelabschluß aus einem anderen Stoff gearbeitet werden soll, so wird eine **Blende** angesetzt. Die Blendenstreifen in der entsprechenden Größe zuschneiden, evtl. verstärken. Die Blendennaht schließen und die Nahtzugabe zurückschneiden. Die Naht bügeln.

2 Rechts auf rechts die Blende an die Ärmelkante stecken und füßchenbreit feststeppen. Die Naht bügeln und die Blende verstürzen.

3 Die Ansatznaht liegt knappkantig auf der Ärmelinnenseite. Die offene Kante der Blende anstecken und heften. Mit kleinen Handstichen annähen. Evtl. die untere Ärmelkante absteppen.

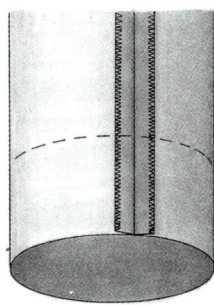

1 Für den **eingeschlagenen Saum** markieren Sie die Saumlinie, evtl. die Saumzugabe verstärken, dann nach innen schlagen und feststecken. Entlang der Bruchkante heften.

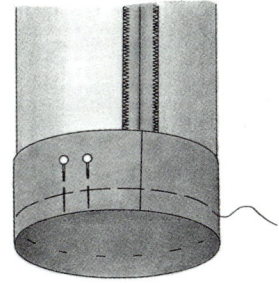

2 Je nach Stoffqualität sollte die Saumzugabe am Ärmel nicht mehr als 3–5 cm betragen. Gegebenenfalls kürzen und anschließend versäubern. 1 cm unterhalb der offenen Schnittkante nochmals heften.

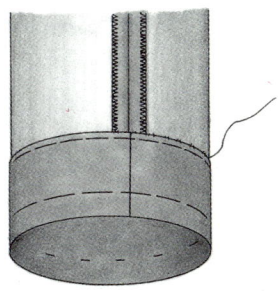

3 Den Saum mit kleinen Stichen festnähen oder mit einem mittleren Geradstich ansteppen. Ansteppen sollten Sie den Saum nur, wenn sich weitere Ziernähte am Kleidungsstück befinden.

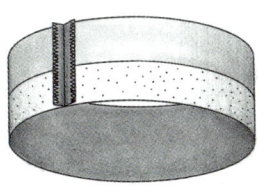

1 Ist der Ärmel weiter als der Ärmelabschluß, so wird ein **Bündchen** angesetzt. Dieses kann aus dem gleichen oder einem andersfarbigen Stoff sein. Das Bündchen zuschneiden und in halber Breite verstärken. Die Bündchennaht schließen.

2 Rechts auf rechts das Bündchen an den zuvor eingekrausten Ärmel stecken, dabei liegt die Bündchennaht auf der Ärmelnaht. Das Bündchen füßchenbreit ansteppen.

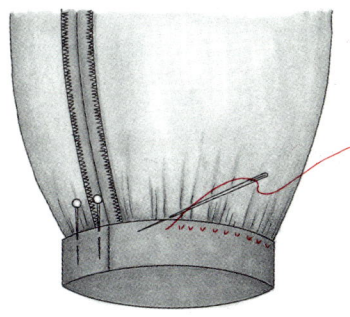

3 Entlang der Bruchkante wird das Bündchen nach innen geschlagen. Die offene Kante 0,5 cm einschlagen und auf der Ansatzlinie anstecken. Mit kleinen Staffierstichen festnähen.

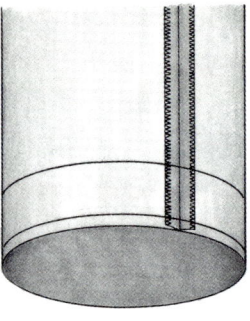 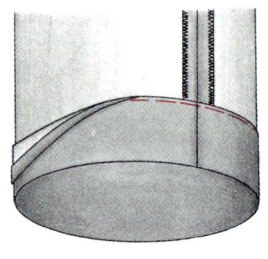 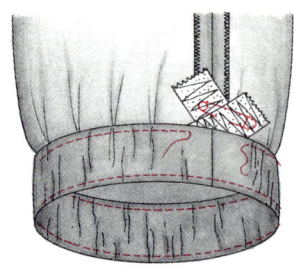

1 Den **Zugsaum** können Sie mit und ohne Volant arbeiten. Berücksichtigen Sie eine entsprechende Saumzugabe. Der Tunnel für den Zugsaum darf nur wenig breiter sein als das einzuziehende Gummiband. Wenn er zu breit ist, verdreht sich das Gummi.

2 Die Schnittkante 0,5 cm einschlagen und heften. Schlagen und bügeln Sie die Breite des Saumes nach innen. Steppen Sie knappkantig die untere Kante. Die obere wird ebenfalls angesteppt, wobei an der Ärmelnaht eine Öffnung bleibt, um das Gummiband durchzuziehen.

3 Mit einer Sicherheitsnadel oder einer Durchziehnadel ziehen Sie das Gummiband ein. Legen Sie dessen Enden übereinander, und steppen Sie sie zusammen. An der Öffnung ziehen Sie den Stoff glatt und schließen diese mit wenigen Stichen.

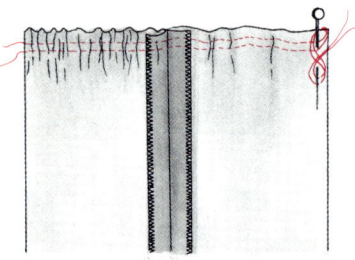 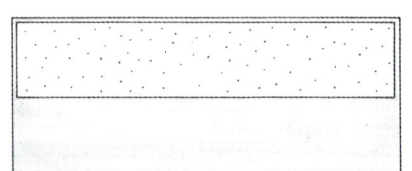 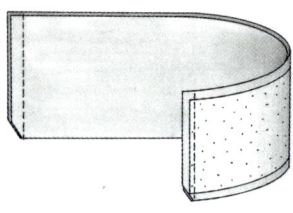

1 Für die **Manschette** oder die Stulpen kräuseln Sie die Weite des Ärmels ein oder legen sie in Fältchen. Zum Kräuseln mit Stichlänge 4 mm zwei parallele Kräuselnähte arbeiten. An einem Ende die Unterfäden mit einer Stecknadel festhalten und die Fäden anziehen, bis die gewünschte Weite erreicht ist.

2 Die Manschette besteht aus Ober- und Unterseite. Sie kann aus einem oder zwei Teilen geschnitten sein. Einlage auf die Unterseite, bei sehr dünnen Stoffen auf die Oberseite der Manschette bügeln. Soll die Manschette sehr steif sein, so verstärken Sie die ganze Manschette.

3 Legen, stecken und heften Sie die Manschette rechts auf rechts zusammen. Die Enden zusammensteppen, bei einer zweiteiligen Manschette auch die untere Kante. Anschließend die Ecken abschrägen und die Manschette verstürzen. Bügeln Sie die Naht zur Unterseite hin.

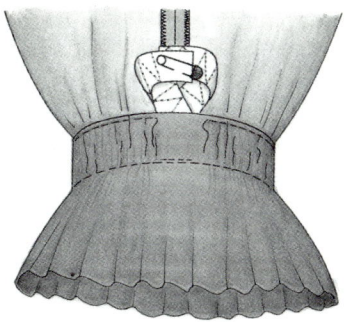

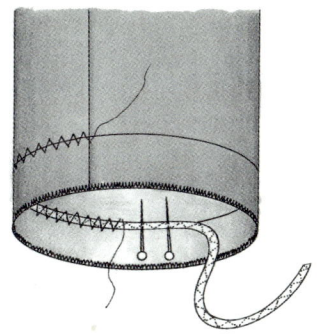

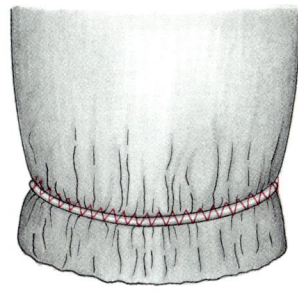

4 Der Zugsaum mit Volant wird ebenso gearbeitet. Der Tunnel liegt über dem Volant, so daß die untere Kante nicht abgesteppt wird.

5 Den aufgesteppten Gummi als vereinfachten Zugsaum finden Sie an Folklorebusen. Versäubern Sie den Volant mit einem Rollsaum oder mit dichten Zickzackstichen.

6 Oberhalb des Volants stecken und heften Sie das Gummiband an. Mit dem Zickzackstich den Gummi aufnähen. Statt des schmalen Gummibandes können Sie auch einen Rundgummi mit Hilfe der Knopflochsohle im Zickzackstich mitfassen.

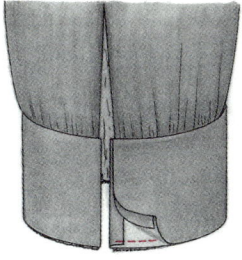

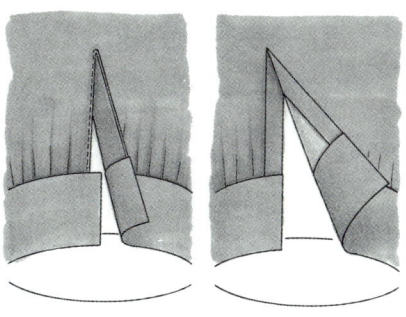

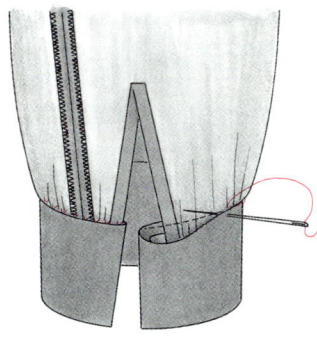

4 Die Manschette offenkantig rechts auf rechts von einem Schlitzende zum anderen an den Ärmel stecken und heften. Nähen Sie die Manschette an, und schneiden Sie die Nahtzugabe stufenweise zurück.

5 Beachten Sie beim Ansatz der Manschette, daß beim verstürzten Schlitz ein Untertritt stehenbleiben muß und beim eingefaßten Schlitz der Untertritt bündig abschließt.

6 Bügeln Sie die offene Manschettenkante einen Zentimeter nach links um, und stecken Sie sie auf der Ansatznaht der linken Ärmelseite. Nähen Sie sie mit kleinen Staffierstichen an. Zuletzt die Knopflöcher arbeiten.

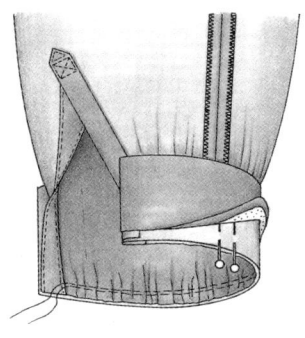 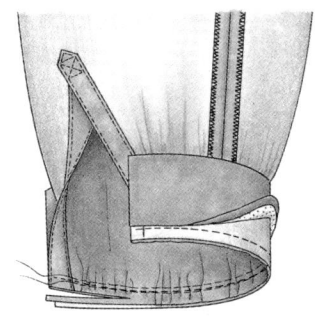 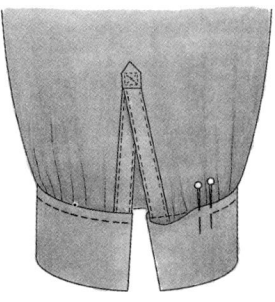

1 Bei der **Oberhemdenmanschette** wird die rechte Seite der unteren Manschette auf die linke Ärmelseite gesteckt und geheftet. Die Enden schließen mit Unter- und Übertritt genau ab.

2 Nähen Sie die Naht, schneiden Sie die Nahtzugaben stufenweise zurück. Verstürzen Sie die Manschette und bügeln Sie die Nahtzugabe zur Manschette hin. Bügeln Sie die offene Kante der oberen Manschette einen knappen Zentimeter um.

3 Stecken und heften Sie sie auf die rechte Ärmelseite, so daß die Ansatznaht bedeckt ist.
Die Manschette knappkantig aufsteppen. Anschließend die Knopflöcher arbeiten.

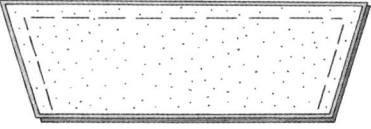 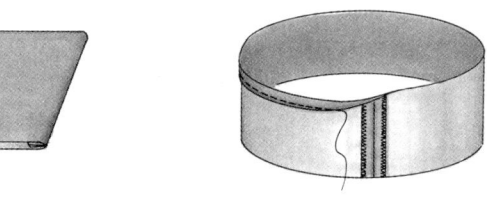

1 Die **aufgeschlagene Manschette** oder **Stulpe** als Ärmelabschluß wird extra mit Beleg gearbeitet. Bügeln Sie die Einlage auf die untere Stulpenseite. Legen Sie die beiden Stulpenteile rechts auf rechts, und nähen Sie sie zusammen, dabei bleibt die untere Kante offen.

2 Schneiden Sie die Nahtzugaben stufenweise zurück, die Ecken abschrägen. Wenden Sie die Stulpe auf die rechte Seite. Beim Bügeln die Naht der unteren Stulpe etwas nach innen schieben.

3 Stecken Sie den Beleg rechts auf rechts, und nähen Sie die Enden zusammen. Bügeln Sie die Naht flach und die obere Kante 1 cm um, mit kleinen Stichen heften.

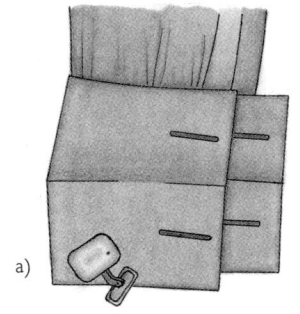
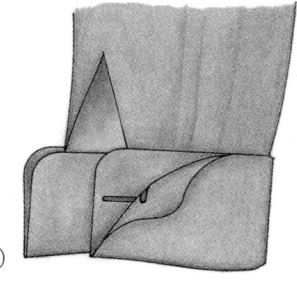
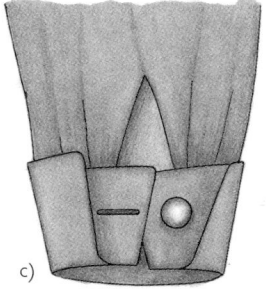
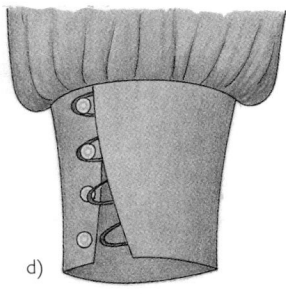

Variationen der länger- oder doppeltge-schnittenen Manschetten

a) doppelte Oberhemdenmanschette
b) doppelte Blusenmanschette

c) aufgeschlagene Manschette (Stulpe)
d) breite Manschette mit Schlingenver-schluß

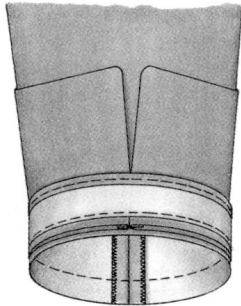
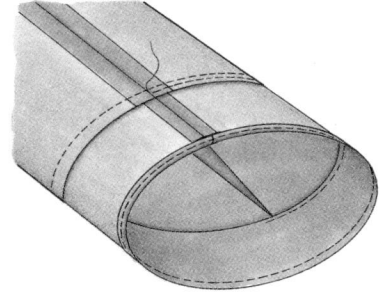
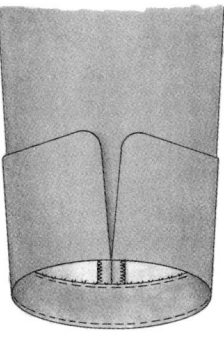

4 Stecken und heften Sie die Stulpe und den Beleg an die Saumkante des Ärmels. Die untere Stulpe liegt auf der rechten Ärmelseite, der Beleg mit der rechten Seite auf der Stulpe. Entlang der Nahtlinie durch alle Stofflagen steppen.

5 Schneiden Sie die Nahtzugaben stufenweise zurück, und bügeln Sie diese zum Beleg hin. Eine Untersteppnaht von der rechten Belegseite aus durch Beleg und Nahtzugaben arbeiten.

6 Die Belegseite wird nach innen geschlagen und von Hand angesäumt.

Rock- und Hosenbund

Die Taillenkante kann mit einem geraden Bund, einem Formbund oder einem elastischen Bund abgeschlossen werden. Der gerade Bund und der Formbund werden mit Einlagenstoff unterlegt und dehnen sich nicht. Beim elastischen Bund wird entweder Gummiband in den Taillentunnel eingezogen (siehe Nähkurs), oder Sie arbeiten einen dekorativen Stretchbund. Diesen können Sie fertig kaufen und an Ihren Rock ansetzen.

1 Die fertige Breite des **gerade angesetzten Rockbundes** sollte nicht mehr als 5 cm betragen. Für diesen Bund einen geraden Stoffstreifen zuschneiden. Die Länge ergibt sich aus: Taillenweite plus 2 cm Bewegungsweite plus Nahtzugabe für Unter- oder Übertritt (3 cm). Den Bund in doppelter Breite plus 2 cm Nahtzugabe zuschneiden. Diesen Stoffstreifen verstärken Sie auf der linken Seite mit Einlage. Verwenden Sie dazu Bundfix, das es in drei verschiedenen Breiten gibt.

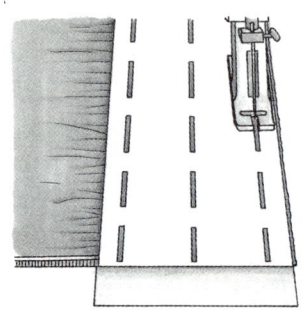

2 Stecken und heften Sie den Bund offenkantig rechts auf rechts an den Rock, verteilen Sie dabei gleichmäßig die eingekrauste Rockweite. Über- oder Untertritt stehen an den Verschlußkanten über.

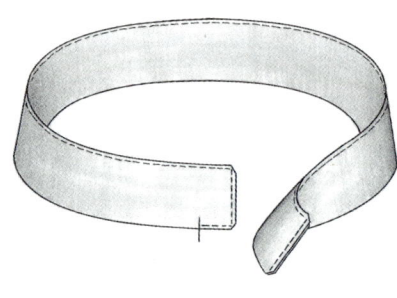

1 Ein **Formbund** wird gearbeitet, wenn der Bund breiter als 5 cm sein soll. Er ist in seiner Form den Körperformen angepaßt und sitzt z. B. bei einem Sattelrock zwischen Taille und Hüfte oder als Hochbund meist bei Folkloreröcken zwischen Taille und Brustkorb.

Der Formbund besteht aus Bund und Beleg. Um dem Bund genügend Festigkeit zu geben, verstärken Sie Bund und Beleg.

2 Stecken, heften und nähen Sie Bund und Beleg rechts auf rechts an der Oberkante, den Seiten und den Untertritt bis zu der Markierung zusammen. Schneiden Sie die Nahtzugaben stufenweise zurück; die Ecken abschrägen.

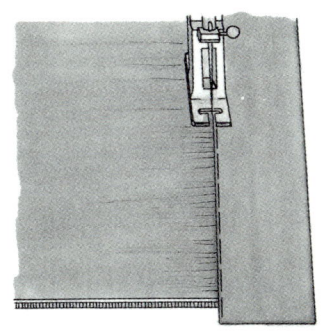

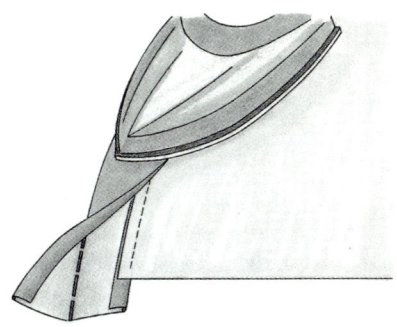

3 Den Bund ansteppen und in der mittleren Stanzlinie rechts falten und die Bundenden und den Über-/Untertritt bis zu der Markierung schließen. Den Bund verstürzen und die Nahtzugaben zum Rockbund hin flachbügeln.

4 Bei einem nicht gefütterten Rock versäubern Sie die offene Schnittkante mit einem mittleren Zickzackstich. Die innere Bundhälfte von links feststecken und von rechts knapp neben der Nahtlinie festheften. Steppen Sie von rechts in der Ansatznaht durch alle Stofflagen.

5 Bei dünnem Material versäubern Sie die offene Bundkante, indem Sie sie in der Stanzlinie einschlagen und umbügeln. Die Kante feststecken und heften. Steppen Sie ebenfalls von rechts (in der Ansatzlinie) den Bund fest.

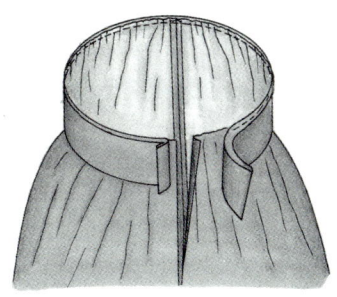

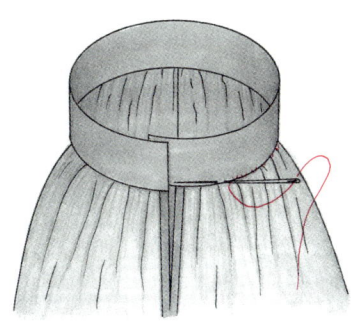

3 Verstürzen Sie den Bund, und bügeln Sie ihn auf Kante. Rechts auf rechts den Formbund an den Rock stecken, dabei den Untertritt überstehen lassen. Halten Sie die überschüssige Weite des Rockes gleichmäßig ein. Nach dem Heften den Bund ansteppen.

4 Schneiden Sie die Nahtzugaben stufenweise zurück, und bügeln Sie sie in den Bund. Die offene Belegkante 1 cm einschlagen und mit kleinen Staffierstichen an der Nahtlinie des Bundes festnähen. Bringen Sie den Knopfverschluß oder Haken und Ösen an.

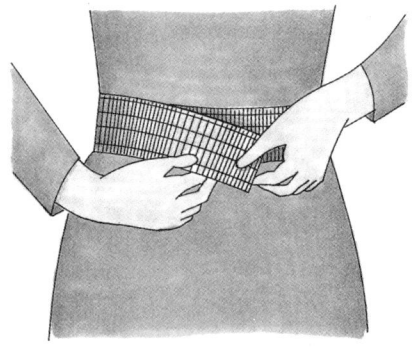 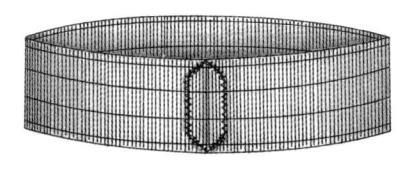 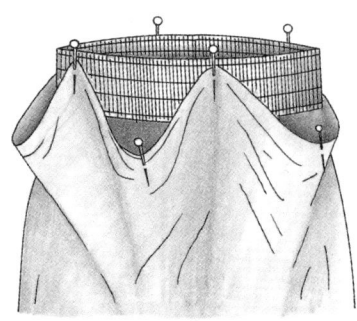

1 Der **Stretchbund** sollte in seiner Stärke zum Oberstoff passen. Kaufen Sie ihn so lang, daß er knapp um die Taille reicht plus 4 cm Nahtzugabe. Sichern Sie die Schnittkanten des Stretchbundes mit Zickzackstichen.

2 Nähen Sie den Bund zusammen; bügeln Sie die Nahtzugaben vorsichtig mit dem Dampfbügeleisen auseinander. Schrägen Sie die Ecken der Nahtzugaben leicht ab. Mit Hexenstichen die neuen Schnittkanten sichern. Versäubern Sie die Taillenkante des Rockes mit Zickzackstichen.

3 Die Taillenkante und den Stretchbund in vier oder acht gleiche Teile einteilen und die Punkte mit Stecknadeln markieren. Stecken Sie den Bund mit der linken Seite auf die rechte Stoffseite, so daß die Nadeln der vier (acht) eingeteilten Teile übereinstimmen.

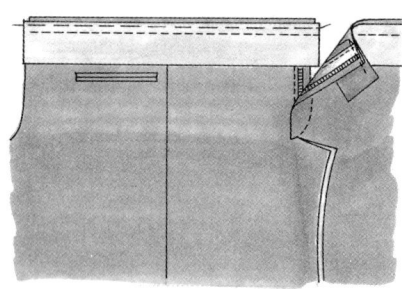 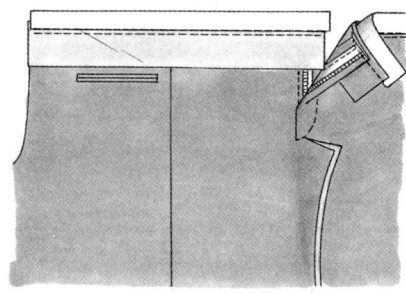

1 Für den **Hosenbund** an einer Herrenhose schneiden Sie einen linken und einen rechten Hosenbund zu. Dabei wird der linke Bund länger geschnitten, um den Schlitzbesatz einzufassen. Die Bundteile rechts auf rechts an die Hosenteile nähen. Die Schnittnaht schließen, wenn der Bund angesetzt ist.

2 Verwenden Sie als Einlage eine fertige, gewebte Bundeinlage, die es in Breiten von 2–5 cm gibt. Diese flexible Bundeinlage hat eine fertige Kante, die nicht abgeschnitten werden darf. Schneiden Sie die Bundeinlage so lang, daß sie an den vorderen Kanten (Schlitzkanten) 1,5 cm übersteht.

Die Bundeinlage wird an die Nahtlinie des Bundes gelegt und an der Kante durch alle Stofflagen durchgenäht.

3 Für den Bundbeleg verwendet man meistens Taschenfutter. Er wird im Schrägfadenlauf, in gleicher Länge wie der Bund, jedoch 2 cm breiter zugeschnitten.

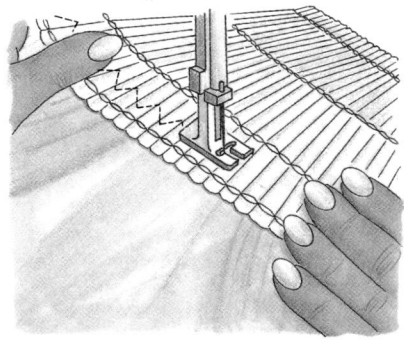

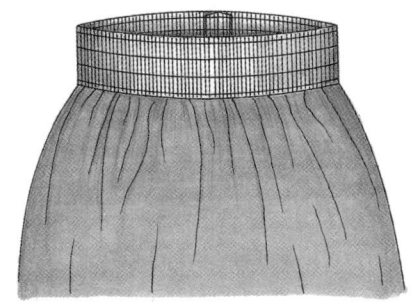

4 Nähen Sie den Stretchbund mit dem Elastikgeradstich oder einem mittleren Zickzackstich an. Dehnen Sie dabei mit den Händen den Bund zwischen den Stecknadeln auf die Weite des Stoffes aus. Achten Sie darauf, daß die Naht mit der Nahtlinie des Rockes übereinstimmt.

5 Schlagen Sie den Bund nach oben. Durch den Bund wird der Rock auf Taillenweite weich zusammengekräuselt.

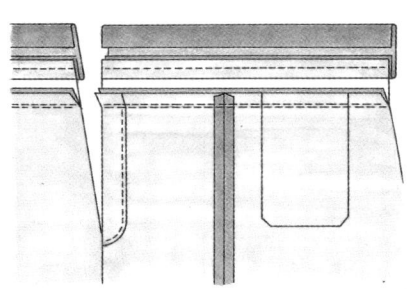

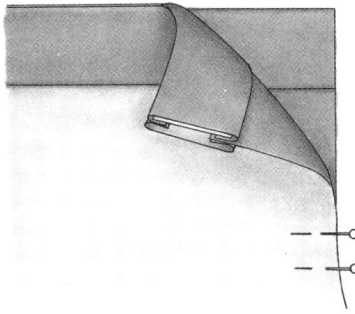

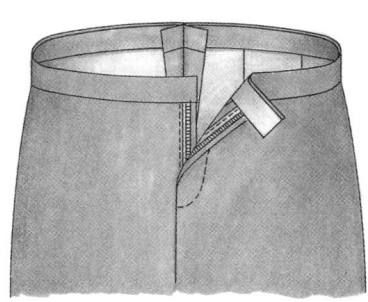

4 Nähen Sie die Belege rechts auf rechts an die offenen Bundteile. Bügeln Sie die Nahtzugaben zum Beleg hin, die offene Belegseite wird 1,5 cm nach innen umgebügelt.

5 Den Beleg auf die linke Hosenseite schlagen. Stecken Sie die beiden Hosenteile zusammen, achten Sie darauf, daß die Bundansatznähte übereinstimmen. Nähen Sie in einem Arbeitsgang den Hosenbund und die hintere Schrittnaht zusammen; die Naht auseinanderbügeln, den Beleg nach innen.

6 Verstürzen Sie die vorderen Kanten des Hosenbundes. Steppen Sie von rechts in der Rille der Ansatznaht durch den Beleg.

Taschen

Die Formen der Taschen bei der Oberbekleidung können aus dekorativen Gründen recht unterschiedlich sein, bezüglich der Verarbeitung gibt es jedoch nur zwei verschiedene Taschentypen:
- *aufgesetzte Tasche*
- *eingeschnittene Tasche.*

Zu den aufgesetzten Taschen gehört z. B. die Brusttasche auf Blusen, die auch als Klappentasche gearbeitet werden kann. Zu den eingeschnittenen Taschen zählen: Leisten- und Paspeltasche, die Tasche in der Naht und die französische Tasche (Hüfttasche) in Hosen und Rökken.

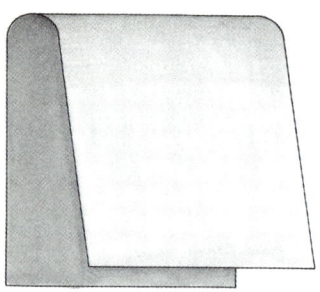

1 Die **aufgesetzte, verstürzte** Tasche besteht aus zwei Stofflagen plus Einlagestoff. Haben Sie genügend Stoff, dann schneiden Sie die Tasche aus einem Stück Stoff zu, so daß die obere Kante (Tascheneingriff) im Bruch liegt.

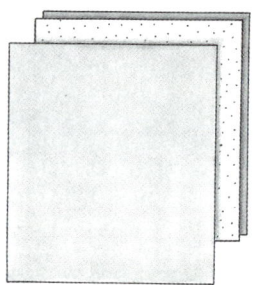

2 Verstürzen Sie die Tasche mit Futterstoff, so schneiden Sie die Futtertasche rundherum 2 mm kleiner zu als das Taschenteil aus dem Oberstoff. Letzteres wird von der linken Seite mit Einlage verstärkt.

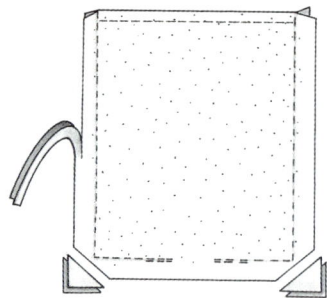

3 Legen und stecken Sie die Taschenteile rechts auf rechts. Dann mit einem mittleren Geradstich die Kanten zusammennähen. An der unteren Kante einen ca. 5 cm langen Schlitz zum Wenden der Tasche lassen. Bügeln Sie die Nähte flach, schneiden Sie die Nahtzugaben stufenweise zurück, abschrägen.

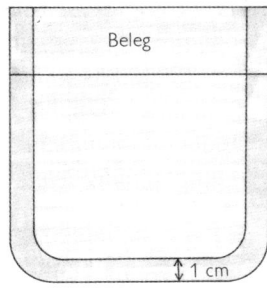

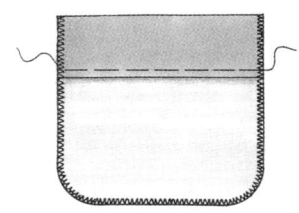

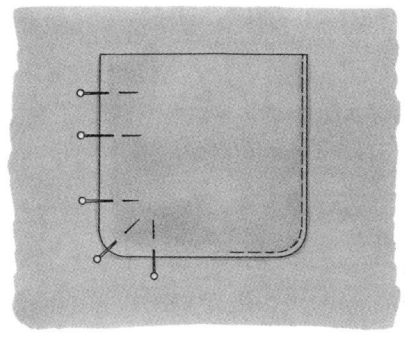

1 Die **aufgesetzte, ungefütterte Tasche** wird auf Blusen, leichten Sommerröcken, Kinderhosen und Schürzen gearbeitet. Schneiden Sie die Tasche in gewünschter Größe zu. Am oberen Rand geben Sie 3 cm für den Beleg zu. An allen übrigen Rändern beträgt die Nahtzugabe 1 cm.

2 Bügeln Sie den Beleg in der Bruchlinie um. Bei sehr dünnen Stoffen legen Sie in die Bruchkante einen Streifen Einlagestoff. Anschließend den Beleg als Saum heften und annähen und die drei übrigen Kanten mit einem mittleren Zickzackstich versäubern.

3 Diese Kanten 1 cm nach links umbügeln und die Nahtzugaben heften. Stekken und heften Sie die Tasche auf die markierte Stelle des Kleidungsstückes. Mit einem mittleren Geradstich knappkantig aufsteppen oder mit kleinen Handstichen hohl annähen.

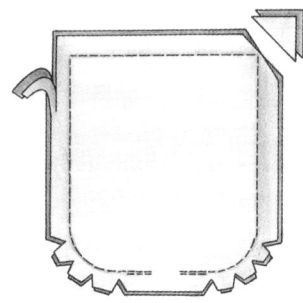

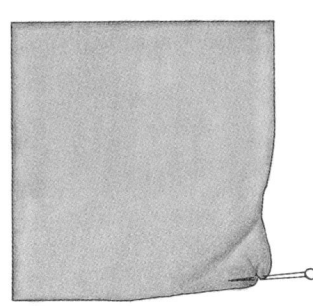

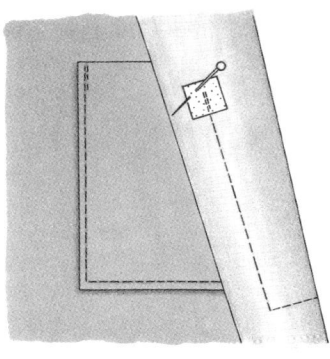

4 Bei abgerundeten Taschen schneiden Sie die Nahtzugaben an den Rundungen bis 2 mm vor die Nahtlinie ein.

5 Tasche wenden und die Ecken vorsichtig herausziehen. Bügeln Sie die Tasche, dabei die Naht an den Kanten etwas nach innen schieben. Nähen Sie die untere Öffnung mit hohlen Stichen gegeneinander.

6 Beim Aufsteppen der Tasche auf das Kleidungsstück sichern Sie die Nahtenden gut mit Vor- und Rückstichen. Um das Einreißen der Nahtenden zu vermeiden, wird der Oberstoff von links in dieser Höhe mit Einlagenstoff verstärkt.

Es gibt zwei Arten von **aufgesetzten Taschen mit Klappen.** Bei der ersten Form ist die Klappe angeschnitten, der Eingriff liegt hinter der Klappe.

Die Klappe kann aber auch separat zugeschnitten werden. Sie wird dann über der Taschenöffnung angenäht und verdeckt den Tascheneingriff.

Die **Tasche mit angeschnittener Klappe** wird wie die aufgesetzte, verstürzte Tasche gearbeitet. An der markierten Faltlinie bügeln Sie die Klappe nach rechts um. Beim Aufsteppen der Tasche schlagen Sie die Klappe nach oben und nähen von der Faltlinie aus die Tasche auf das Kleidungsstück.

Die **Leisten- oder Pattentasche** und die Schlitztasche mit Klappe werden meist in Kostümjacken eingearbeitet. Diese Taschen müssen sehr sorgfältig gearbeitet werden. Der Unterschied zwischen der Leisten- und der Schlitztasche besteht darin, daß die Patte an die untere Kante des Eingriffschlitzes, die Klappe aber an die obere Kante genäht wird.

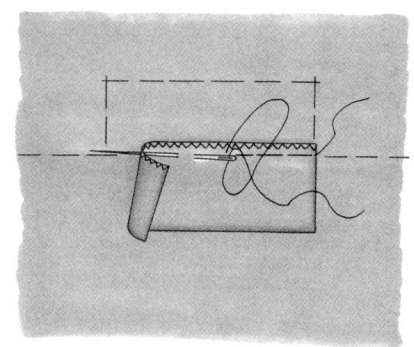

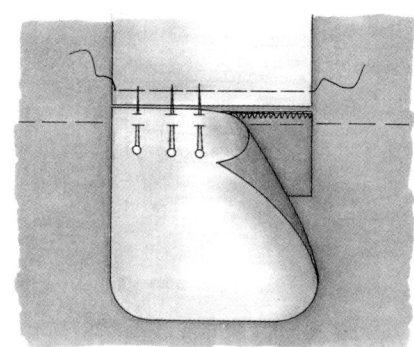

1 Zuerst wird die Patte gefertigt. Stecken und nähen Sie die Pattenteile rechts auf rechts zusammen. Nahtzugaben stufenweise zurückschneiden, die Ecken abschrägen. Verstürzen Sie die Patte, und bügeln Sie die Nahtkanten.
Die Patte rechts auf rechts an den unteren Rand der Markierungslinie heften.

2 Auf die Patte ein Taschenbeutelschnitteil, an die gegenüberliegende Seite das zweite Beutelteil heften, so daß die Schnittkanten genau aufeinanderstoßen. Taschenteile und Patte mit einer Nahtzugabe von 0,5 cm aufsteppen. Die Steppnaht auf der Patte ist 2 Stiche länger als die gegenüberliegende Naht.

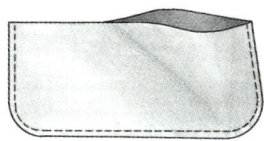

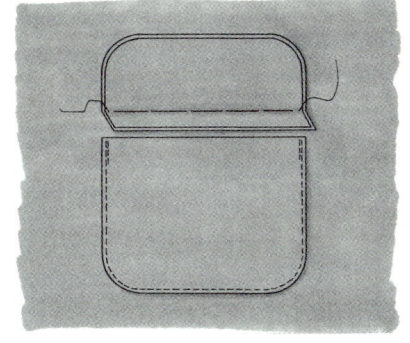

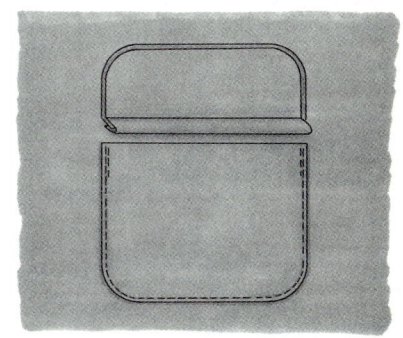

1 Für die **Tasche mit separater Klappe** schneiden Sie Klappenteil, Klappenbeleg und Einlage zu. Die Stoffteile rechts auf rechts legen, die Kanten bis auf die Öffnung zum Verstürzen zusammennähen, Nahtzugaben vor dem Verstürzen stufenweise zurückschneiden, die Ecken abschrägen.

2 Vor dem Annähen der Klappe nähen Sie die Tasche auf das Kleidungsstück. 1,5 cm oberhalb des Tascheneingriffes liegt die Ansatzlinie für die Klappe, parallel zum Tascheneingriff. Markieren Sie diese Linie. Die Klappe wie abgebildet an diese Linie legen, anstecken und heften.

3 Nähen Sie die Klappe entlang der Nahtlinie an. Zum Versäubern die untere Nahtzugabe zurückschneiden, die obere 0,5 cm einschlagen und schmalkantig aufsteppen. Bügeln Sie die Klappe nach unten.

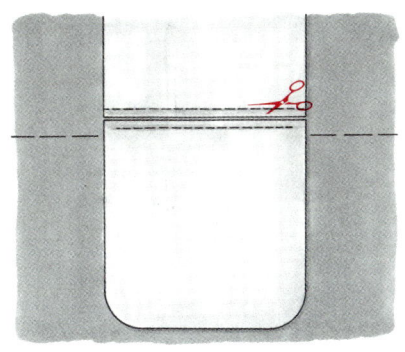

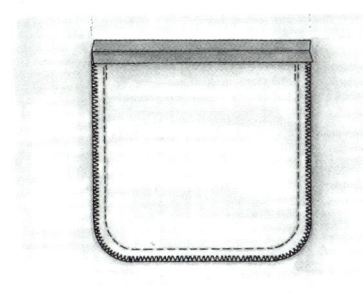

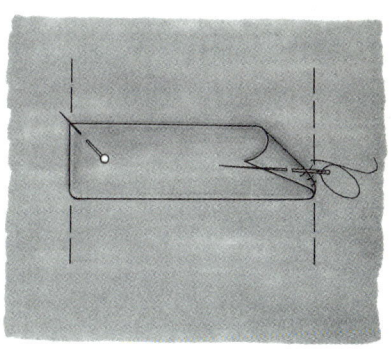

3 Genau zwischen den Steppnähten schneiden Sie den Stoff für den Eingriff bis 1 cm vor die Nahtenden ein. Zu den Nahtenden schräg einschneiden, so daß kleine Dreiecke entstehen.

4 Ziehen Sie die Taschenbeutel auf die linke Seite, und schlagen Sie die Patte nach oben. Stecken Sie die Taschenbeutel aufeinander, und nähen Sie sie zusammen. Dabei die kleinen Stoffdreiecke mitfassen. Versäubern Sie die Schnittkanten mit Zickzackstichen.

5 Nähen Sie mit Hohlstichen die Schmalseiten der Pattentasche von rechts an das Kleidungsstück.

Die fertige **Paspeltasche** sieht auf der rechten Seite wie ein großes paspeliertes Knopfloch aus.

1 Markieren Sie sich die Tascheneingriffslinie auf dem Kleidungsstück. Bügeln Sie auf die linke Stoffseite einen 5 cm breiten Einlagestreifen auf diese markierte Linie.

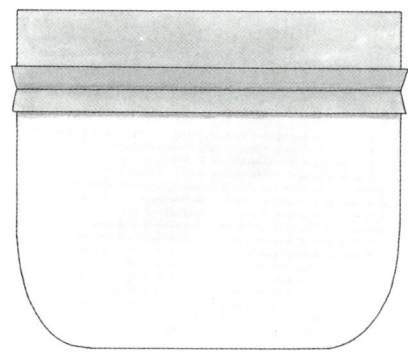

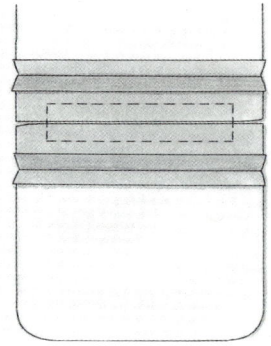

2 Im Schrägfadenlauf werden zwei Paspelstreifen in der Länge des Taschenschlitzes plus 4 cm und in einer Breite von je 5 cm zugeschnitten. Die Taschenbeutel werden aus Oberstoff und Futterstoff geschnitten. Verlängern Sie die Paspelstreifen jeweils mit einem Taschenbeutel (rechts auf rechts).

3 Heften Sie beide Paspelstreifen mit den angesetzten Taschenbeuteln rechts auf rechts an die Taschenmarkierungslinie. Nähen Sie in der gewünschten Paspelbreite die Schrägstreifen mit kleinen Stichen fest; an den Quernähten die Stiche zählen.

Bei einer Paspeltasche müssen die Paspeln nicht unbedingt im schrägen Fadenlauf geschnitten sein (Beispiel: Paspeltasche in einer Popelinejacke).

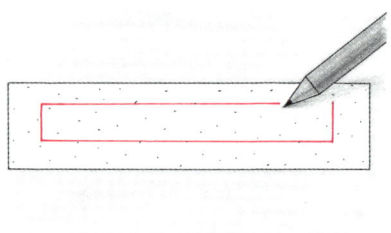

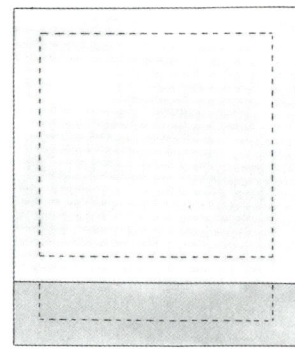

1 Auf die linke Stoffseite bügeln Sie einen ca. 4 cm breiten Vlieselinestreifen über den ganzen Tascheneingriff. Mit einem spitzen Bleistift zeichnen Sie auf dem Vlieselinestreifen den Tascheneingriff auf und markieren zu beiden Seiten die Breite der Paspeln.

2 Beim Zuschnitt der Taschenbeutel geben Sie in der Länge 1,5 cm für die Paspeln zu. Der untere Taschenbeutel ist 2 cm kürzer als der obere. Geben Sie in der Breite jeweils 1,5 cm Nahtzugabe zu. Bügeln Sie die obere Kante 2–3 cm an der Bruchlinie scharf um.

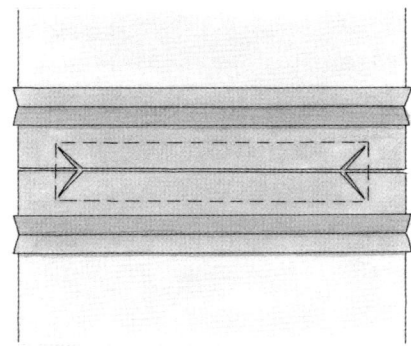

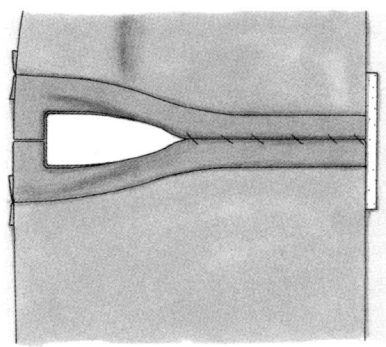

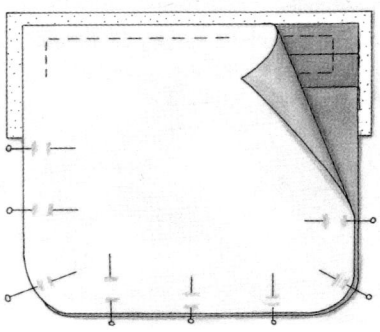

4 Schneiden Sie den Tascheneingriff bis 1 cm vor die Nahtenden und dann schräg zu den Ecken hin ein, daß kleine Stoffdreiecke entstehen. Bügeln Sie die Nähte aus.

5 Paspeln mit den Taschenbeuteln durch den Tascheneinschnitt nach innen ziehen. Schieben Sie beide Paspeln zur Mitte des Eingriffes, so daß sie genau gleich breit sind; mit einem Schrägstich fixieren. In der Ansatznahtrille nähen Sie die Paspeln von der rechten Stoffseite aus fest.

6 Mit kleinen Hohlstichen werden die kleinen Stoffdreiecke in den Querbrüchen festgehalten. Nähen Sie die Taschenbeutel aufeinander, und versäubern Sie sie mit einem mittleren Zickzackstich. Heftstiche am Tascheneingriffsschlitz entfernen.

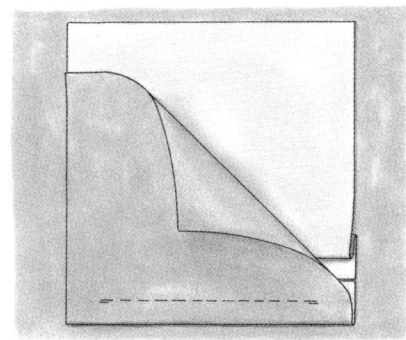

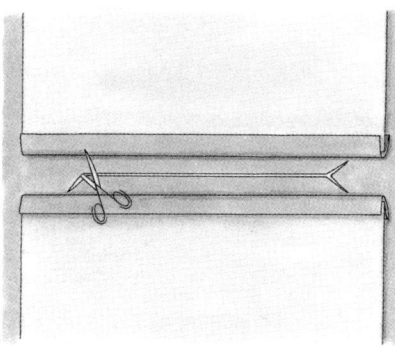

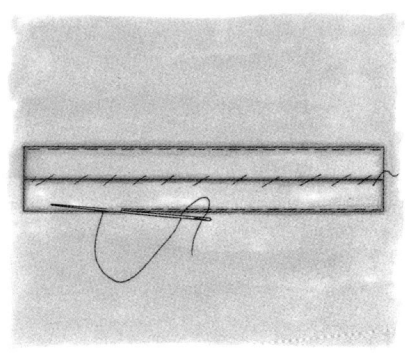

3 Stecken und heften Sie die Paspeln an die markierten Linien, so daß die Taschenbeutel zum Tascheneingriff gerichtet sind. Die Schnittkanten der umgebügelten Paspeln stoßen entlang des markierten Taschenschlitzes aneinander. Nähen Sie die Paspeln.

4 Schneiden Sie den Taschenschlitz bis 1 cm vor die Nahtenden auf und zu den Ecken hin schräg ein, so daß kleine Stoffdreiecke entstehen. Wenden Sie die Taschenhälften auf die linke Seite. Nähte ausbügeln. Die Dreiecke werden mit kleinen Hohlstichen im Querbruch festgenäht.

5 Heften Sie die Paspeln mit Schrägstichen gegeneinander. Vor dem Zusammensteppen der Taschenbeutel nähen Sie in den Nahtlinien der Paspeln von rechts die Beutelteile fest. Stecken Sie die Beutelteile aufeinander, nähen Sie sie und versäubern sie mit Zickzackstich.

Die **Tasche in der Naht** ist von außen auf dem Kleidungsstück nicht zu sehen. Sie kann auf drei Arten gearbeitet werden:
Die Taschenbeutel werden direkt an das Kleidungsstück angeschnitten (a).
Je nach Stoffart verstärken Sie entlang der Taschenöffnung das Vorderteil mit einem Streifen Einlagestoff. Legen Sie Vorder- und Rückenteil rechts auf rechts, und nähen Sie in einem Arbeitsgang die Seitennaht und den Taschenbeutel zusammen. Die Ecken durch ein paar doppelte Stiche verstärken. Schneiden Sie die Nahtzugaben des Rückenteiles am Tascheneingriff bis knapp vor die Nahtlinie ein. Die restliche Seitennaht wird auseinandergebügelt und einzeln mit Zickzackstichen versäubert. Die Schnittkanten der Taschenbeutel werden zusammen versäubert.

Die Taschenbeutel werden extra geschnitten und an der Nahtlinie mit dem Kleidungsstück verbunden. Ehe Sie das Kleidungsstück zusammennähen, arbeiten Sie die separat geschnittenen Taschenbeutel an die Nahtlinie des Vorder- und Rückenteils. Dann gehen Sie genauso vor wie bei der angeschnittenen Tasche (b).
An die Naht werden 3 cm breite Streifen für den Tascheneingriff angeschnitten. Der Taschenbeutel wird auch hier separat zugeschnitten (c).
Diese Art der eingearbeiteten Tasche ist bei dickeren Stoffen zu empfehlen; die Taschenbeutel sollten in diesem Fall aus Futterstoff sein. Damit die Naht nicht aufträgt, stecken Sie die Taschenbeutel unter den angeschnittenen Beleg, so daß der Beleg mit der linken Seite auf der rechten Seite des Taschenbeutels liegt.

Mit Overlock- oder Zickzackstich nähen Sie den Beleg auf dem Taschenbeutel fest. Der weitere Arbeitsablauf ist gleich wie bei der angeschnittenen Tasche.

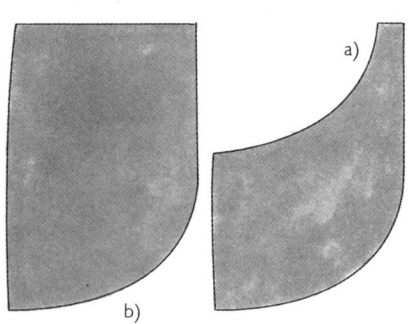

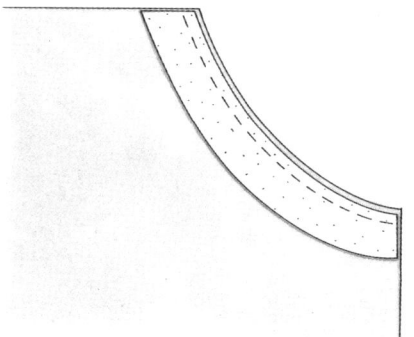

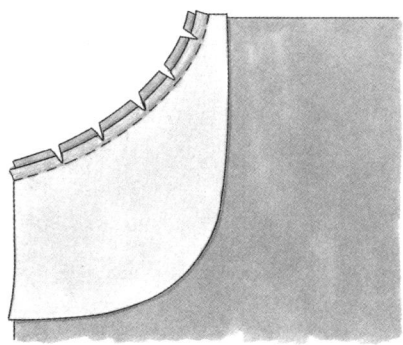

1 Bei der **französischen Tasche** in Hosen und Röcken verläuft der Tascheneingriff schräg oder abgerundet von der Taillennaht zur Seitennaht.
Diese Taschen bestehen aus einem Taschenteil (a), der an das Hüftpassenteil angeschnitten wird, und dem Beleg (b) (zweiter Taschenbeutel).

2 Verstärken Sie die Tascheneingriffskante auf der linken Stoffseite mit einem Streifen Einlagestoff.

3 Stecken Sie den Beleg rechts auf rechts an die Tascheneingriffskante, und nähen Sie auf der Nahtlinie. Die Nahtzugaben stufenweise zurückschneiden. Bei abgerundeten Tascheneingriffen zusätzlich bis 2 mm vor die Nahtlinie einschneiden.

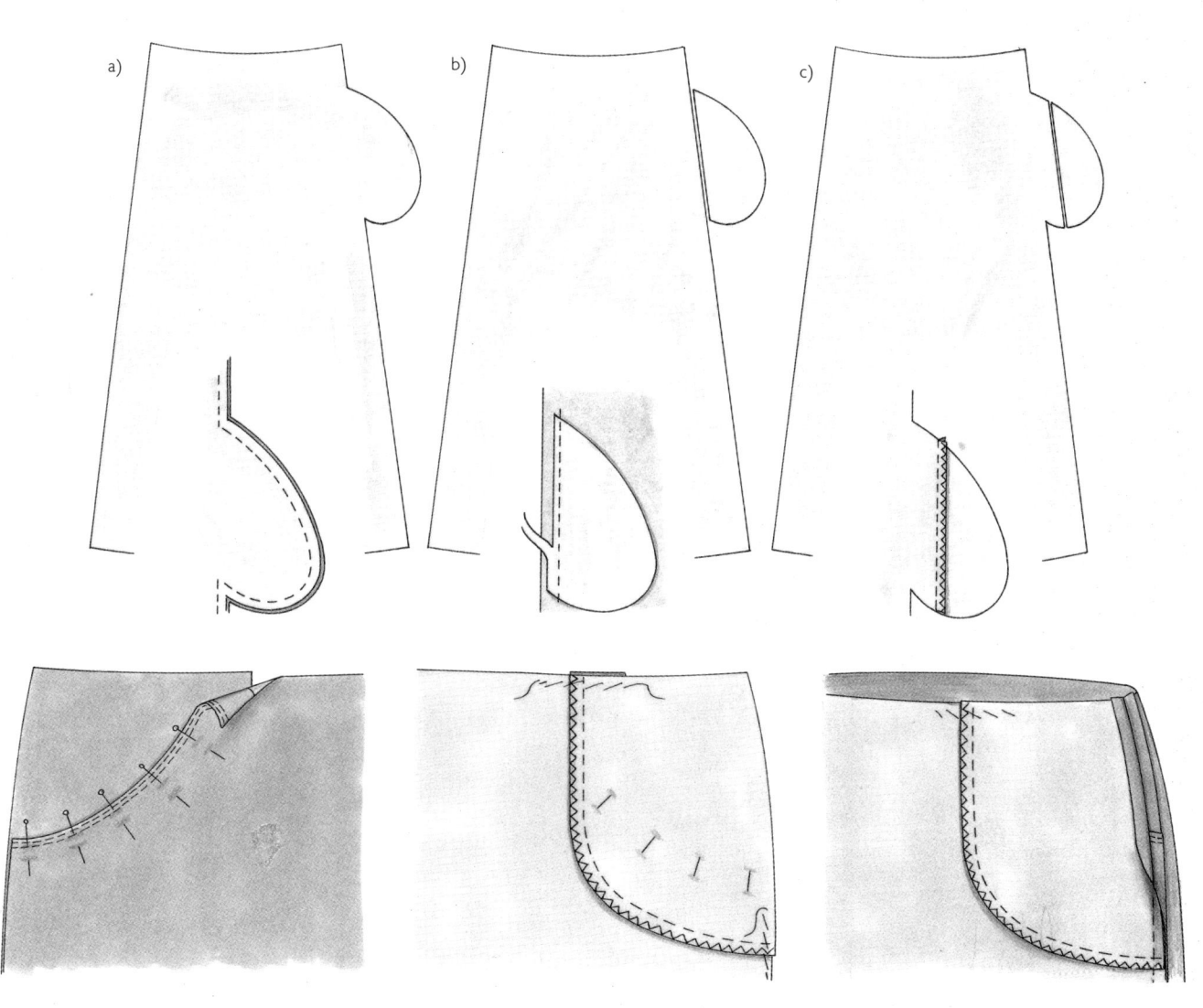

4 Wenden Sie den Beleg, und bügeln Sie die Nahtzugaben auf Kante zum Beleg hin. Eingriffskante 1- bis 2mal absteppen. Stecken Sie das Hüftpassenteil mit dem angeschnittenen Taschenbeutel unter den Eingriff, die Taschenbeutel liegen aufeinander.

5 Nähen und versäubern Sie sie zusammen. Fixieren Sie die obere Kante an die Taillennaht.

6 Schließen Sie die Seitennähte von Vorder- und Rückenteil. Fassen Sie dabei die Nahtzugaben von Tasche und Beleg mit in die Seitennaht. Die obere Taschenkante wird mit in den Bund gefaßt.

Falten

Falten in Oberteilen werden meist als Verzierungen gearbeitet. Zusätzlich geben aufspringende Falten, die nur oben und unten festgehalten werden, mehr Bewegungsfreiheit. Das Einlegen von Falten erfolgt jedoch hauptsächlich bei Röcken. Hier bilden sie den Übergang von engen (Hüfte) zu weiten (Saum) Partien, so daß die Bewegungsfreiheit erhöht wird. Umgekehrt kann durch das Einlegen von Falten überflüssige Weite eingehalten werden.

Zu unterscheiden sind eingelegte Falten, zu denen Keller- und Fächerfalten gehören, eingesetzte und eingebügelte Falten (Plissees, Bügelfalten). Bundfalten sind ungesteppte Abnäher.

Fast jede Stoffart eignet sich zum Faltenlegen. Wenn Sie die Falten scharfkantig einbügeln wollen, wählen Sie einen Stoff, der die Falten gut hält, zum Beispiel Gabardine. Weiche und flauschige Gewebe eignen sich besser für eingelegte, ungebügelte Falten, die nach unten auseinanderfallen. Beachten Sie, daß diese Stoffe auftragen. Wollen Sie einen Plisseerock nähen, lassen Sie sich den Rock in einer Plissieranstalt dauerhaft plissieren.

Damit ein Faltenrock gut sitzt und die Falten exakt fallen, ist ein korrektes Arbeiten sehr wichtig. Übertragen Sie deshalb sorgfältig alle Markierungen, heften Sie die Falten. Das Einlegen der Falten erfolgt vor dem Schließen der rückwärtigen Naht, ebenso das Bügeln der Falten.

Sind die Falten geschlossen, wenn Sie sich nicht bewegen, sitzt der Faltenrock korrekt. Auf eine Anprobe mit gehefteten Falten sollte man daher nicht verzichten.

Falten lose einlegen

Auch ohne Schnittmusterbogen können Sie einen gutsitzenden Faltenrock arbeiten. Je nach Stoffart bestimmen Sie die Faltenbreite und die Faltentiefe. Die Berechnung der Falten erfolgt nach der eigenen Taillenweite.
Beispiel: Bei einer Taillenweite von 72 cm soll die Faltenbreite 3 cm betragen. Daraus ergeben sich:
24 Falten (72 : 3 = 24).
Die untere Weite des Rockes beträgt 2,80 m. Ziehen Sie von 2,80 m die Taillenweite ab, so erhalten Sie 2,08 m.
2,08 m wird durch die Faltenanzahl (24) geteilt => 8,6 cm. Somit beträgt die Faltentiefe 8,6 cm.
Legen Sie die Stoffbahn zum Markieren glatt auf einen Tisch. Messen Sie zuerst 1,5 cm als Nahtzugabe für die Innenfalte ab, dann eine halbe Faltentiefe = 4,3 cm.

Nun im Wechsel Faltenbreite (3 cm) und Faltentiefe (8,6 cm) abmessen, bis Sie 24 haben (a).
Zum Schluß sollte wieder eine halbe Faltentiefe übrigbleiben. Dies ergibt dann eine Faltentiefe mit Naht im Faltenbruch. Nach dem Bezeichnen Falt- und Anstoßlinie mit Heftgarn oder Schneiderkreide markieren (b). Die Falten werden auf der rechten Seite eingelegt. Stecken Sie die Falten an der Faltlinie durch alle Stofflagen fest (c).

Hinweis:
Ziehen Sie den inneren Faltenbruch etwas über die Taillenlinie. Dadurch fallen die Falten gerader und liegen besser.
Zur Anprobe die Falten bis 5 cm unter der Taillenlinie heften. Anschließend die Kante leicht bügeln.
(Siehe auch „Klassische Modelle" – Faltenrock.)

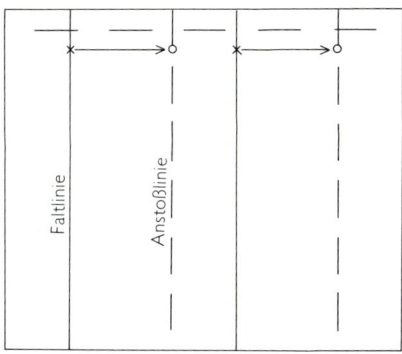
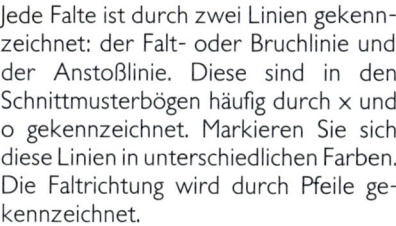

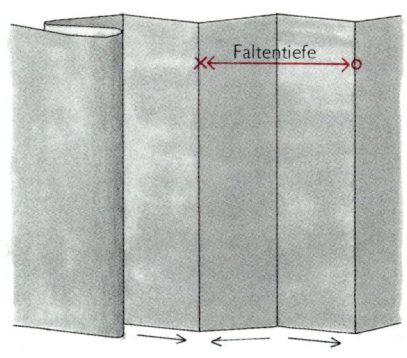

Jede Falte ist durch zwei Linien gekennzeichnet: der Falt- oder Bruchlinie und der Anstoßlinie. Diese sind in den Schnittmusterbögen häufig durch x und o gekennzeichnet. Markieren Sie sich diese Linien in unterschiedlichen Farben. Die Faltrichtung wird durch Pfeile gekennzeichnet.

Das Einlegen der Falten erfolgt in einfacher Stofflage, wobei durchaus mehrere Stoffbahnen aneinandergenäht sein können. Falten Sie den Stoff so, daß die Nähte in der Falte (zwischen x und o) liegen.

Der Stoff zwischen Falt- und Anstoßlinie entspricht der Faltentiefe, die beim Einlegen der Falte verdeckt wird. Die Faltentiefe richtet sich nach dem Stoffmuster, der zur Verfügung stehenden Stoffmenge und der Art der Falte. Für Einzelfalten beträgt die max. Faltentiefe 6–8 cm, für fortlaufende Falten 4 cm.

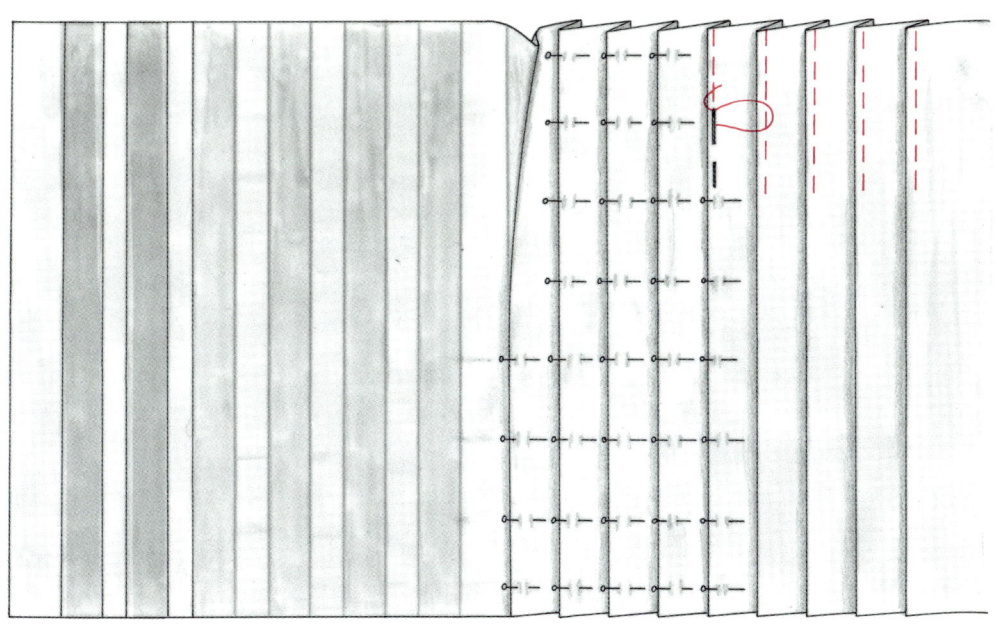

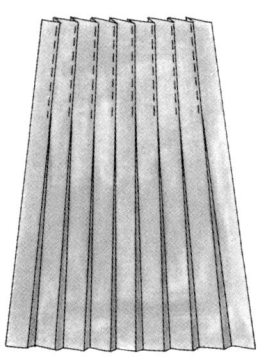

Der „klassische" Faltenrock

Für den klassischen Faltenrock werden die **Falten eingebügelt** oder sogar von der Taille bis zu der Hüfttiefe abgesteppt. Das Absteppen hat den Vorteil, daß die Lage der Falten im Taillen- und Hüftbereich gesichert ist, da durch alle Stofflagen durchgesteppt wird.

Die Berechnung der durchgehend gebügelten Falten geht von der Hüftweite aus. Um die Differenz zwischen Taillen- und Hüftweite auszugleichen, werden in der Taille die Falten tiefer eingelegt. Beispiel: Hüftweite ist 94 cm plus 2 cm Bewegungsspielraum. Daraus ergeben sich bei einer Faltenbreite von 4 cm 24 Falten (96 : 4 = 24).

Die Rockweite beträgt 2,76 m. Rockweite minus Hüftweite ergibt 1,80 m. Für die Faltentiefe teilen Sie 1,80 m durch 24 ⟹ 7,5 cm.

Mit einem Heftfaden die Hüfttiefe markieren. Legen Sie die gesäumte Stoffbahn glatt auf einen Tisch, und markieren Sie sich Falten- und Anstoßlinie. Beginnen Sie mit der halben Faltentiefe (3,75 cm). Im Wechsel Faltenbreite und -tiefe bezeichnen.

Zur Berechnung der Faltenbreite und -tiefe in der Taille benötigen Sie die Taillenweite: hier 72 cm. Ziehen Sie nun von der Hüftweite die Taillenweite ab, so erhalten Sie die „Überschußweite" (96 − 72 = 24). Bei 24 Falten beträgt die „Überschußweite" je Falte 1 cm (24 : 24 = 1), d. h., jede Falte wird nur noch 3 cm breit, dafür beträgt die Faltentiefe 8,7 cm. Beachten Sie diese Veränderung beim Einlegen der Falten.

Am Ende der Stoffbahn bleibt die halbe Faltentiefe übrig, die die Naht im Falteninnenbruch ergibt.

Kellerfalten geben einem schmalen Rock genügend Bewegungsfreiheit. Sie werden oft als einzelne Falte in einem Rock vorne oder hinten oder auch vorne und hinten gearbeitet.

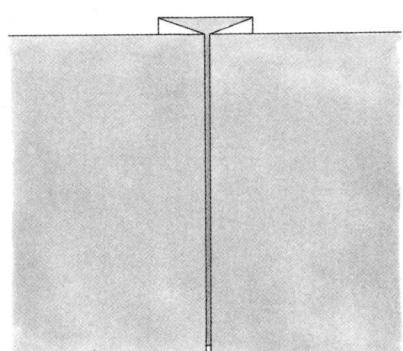

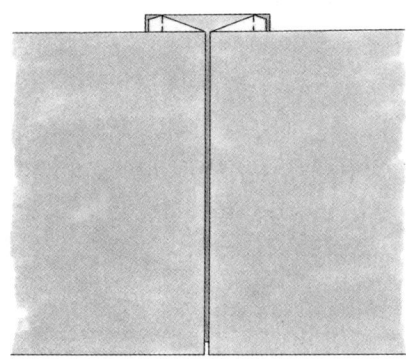

Kellerfalten bestehen aus zwei gegeneinanderlaufenden Falten, die eine gemeinsame Anstoßlinie haben. Diese Anstoßlinie ist meist die vordere oder hintere Mitte.

Kellerfalten werden oft mit einem Faltenboden gearbeitet. Dabei wird der innere Faltenteil durch einen Stoffstreifen ersetzt. Dieser wird an die beiden inneren Bruchkanten der Falte genäht.

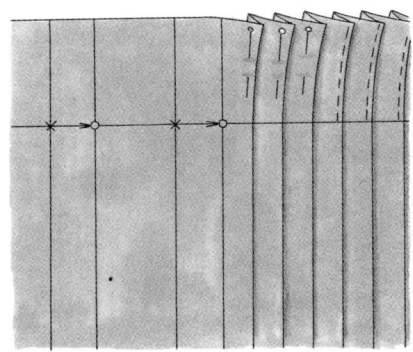

Legen Sie die Falten auf die Anstoßlinie, und fixieren Sie die Falten zuerst mit Stecknadeln, dann mit Heftstichen von der Hüfte bis zum Saum. Die Faltenkanten werden scharf mit dem Dampfbügeleisen oder einem feuchten Tuch eingebügelt.

Dann legen und heften Sie die Falten der Taille. Die Faltlinie so weit zur nächsten Falte schieben, bis eine Faltenbreite von 3 cm erreicht ist. Dabei ziehen Sie den inneren Faltenbruch etwas über die Taillenlinie, damit die Falten besser fallen. Probieren Sie den Rock an.

Drehen Sie den Rock auf die linke Seite, und bügeln Sie die oberen Faltentiefen mit einem feuchten Tuch ein.

Wenn Sie die Faltenpartien bis zur Hüftlinie absteppen wollen, erfolgt dies von rechts durch alle Stofflagen an der Faltenkante entlang.

Ziehen Sie die Fadenenden der Absteppnähte auf die linke Seite, und verknoten Sie sie gut.

Schließen Sie die rückwärtige Naht. Diese liegt in der Mitte einer Faltentiefe. Einen Schlitz für den Reißverschluß lassen. Probieren Sie den Rock noch einmal an, bevor Sie den Bund ansetzen. Evtl. müssen Sie die Taillenlinie in der hinteren und vorderen Mitte etwas nachschneiden.

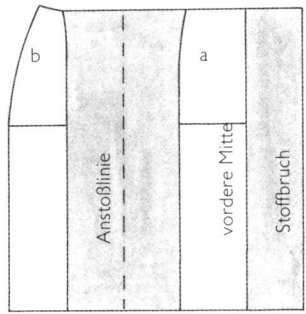

Wenn Sie einen Faltenrock mit mehreren Kellerfalten nähen und die Falten bis zur Hüftlinie zunähen wollen, sieht es am vorteilhaftesten aus, drei Falten vorne und drei Falten hinten einzulegen. Über den Hüften liegt dieser Rock glatt an.

Ist kein fertiger Schnitt vorhanden, können Sie diesen Rock nach einem geraden Rockschnitt arbeiten. Schneiden Sie die beiden Rockteile des Schnittmusters in der Verlängerung des vorderen bzw. hinteren Taillenabnähers durch.

Legen Sie den Stoff rechts auf rechts, Webkante auf Webkante. Von der Bruchkante aus messen Sie je nach Stoffmaterial 10–15 cm nach innen ab. Diese Linie entspricht der vorderen Mitte. Stecken Sie das Rockteil a mit der vorderen Mitte an diese bezeichnete Linie. In Höhe der Hüftlinie messen Sie je nach Rockweite 20–30 cm zur Webkante hin ab, markieren diese Linie und stecken das zweite Rockteil b an dieser Linie auf den Stoff. Mit Durchschlagstichen kennzeichnen Sie sich die Faltlinien und die Anstoßlinie der Falten.

Die Taillenweite ergibt sich durch die Abnäher und das Zusammennähen der Falten bis zur Hüftlinie.

Nach dem Schließen der Abnäher bügeln Sie die Faltenkanten scharf ein und heften sie auf die markierte Anstoßlinie. Bügeln Sie die inneren Faltenbrüche, indem Sie Papierstreifen unter die Kanten legen, damit ein Durchdrücken vermieden wird.

Den Reißverschluß nähen Sie in die Seitennaht oder arbeiten ihn in die hintere Falte ein. Ehe Sie den Bund ansetzen, ziehen Sie die inneren Faltenbrüche etwas über die Taillenlinie. Dadurch fallen die Falten gerade und springen nicht zu sehr auf.

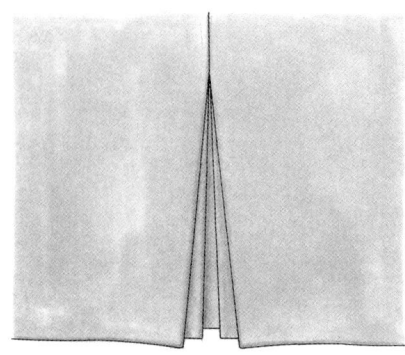 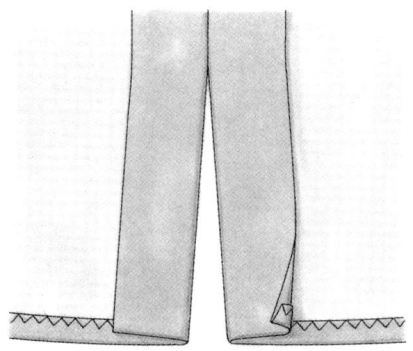 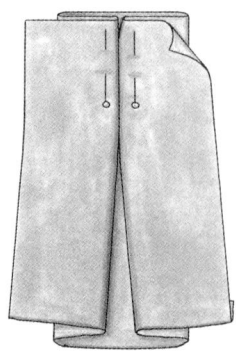

Fächerfalten sind 2- bis 3fach gelegte Kellerfalten, die nur als Einzelfalte in der vorderen oder hinteren Mitte eines engen Rockes gearbeitet werden. Damit die Fächerfalte nicht zu sehr aufträgt, eignet sich kein dicker Stoff dafür.

1 Nähen Sie als erstes den Saum des Rockes, und schließen Sie die Mittelnaht bis an den Falteneinsatz. Bügeln Sie die Naht aus.

2 Der Fächeranteil wird wie eine Falte mit Faltenboden gearbeitet. Die Faltenkanten müssen genau aufeinander und gegeneinander liegen. Um ein Verschieben zu vermeiden, heften Sie sie fest zusammen.

Bundfalten sind Abnäher, die nicht gesteppt, sondern nur im Bund lose zusammengehalten werden. Die Anzahl der in das vordere Hosenteil eingelegten Bundfalten variiert je nach Modetrend und gewünschter Hosenweite. Sie können zur vorderen Mitte hin, zur Seitennaht oder gegeneinander gelegt werden.

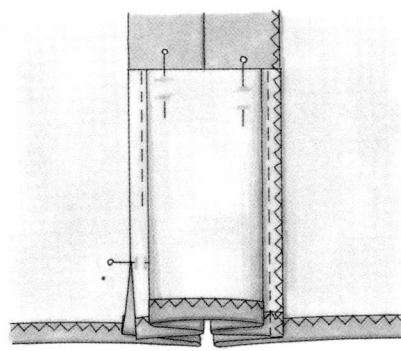

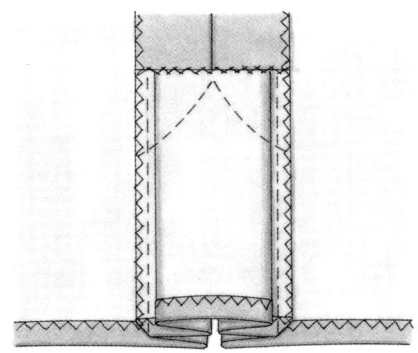

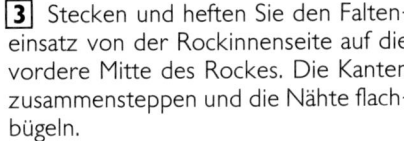

3 Stecken und heften Sie den Falteneinsatz von der Rockinnenseite auf die vordere Mitte des Rockes. Die Kanten zusammensteppen und die Nähte flachbügeln.

4 Die obere Kante des Falteneinsatzes befestigen Sie mit Hexenstichen an der Faltenausschnittkante des Rockes. Entfernen Sie die Heftstiche, schrägen Sie die unteren Ecken der Nahtzugaben bzw. des Saumes ab. Mit Zickzackstich alle Nähte versäubern.

Bügelfalten müssen immer genau in der Mitte der Vorder- und Hinterhose eingebügelt werden. In den meisten Schnitten ist die Lage der vorderen Bügelfalte angegeben. Sie läuft in die vordere Bundfalte. Schon vor dem Nähen der Hose kann sie leicht eingebügelt werden (a).

Für die Bügelfalte im hinteren Hosenbein wenden Sie das Hosenbein nach rechts und stecken die inneren Beinnähte auf die Seitennähte. Mit dem Dampfbügeleisen die Bügelfalte einbügeln; sie läuft kurz vor der Taille auf die Schrittnaht zu (b).

Hinweis:
Bei sehr empfindlichen Stoffen benutzen Sie zusätzlich ein feuchtes Bügeltuch.

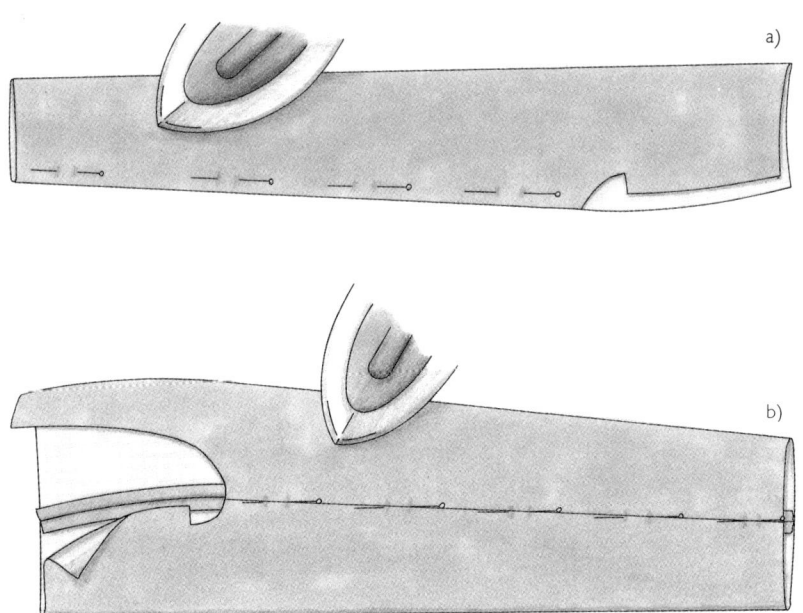

a)

b)

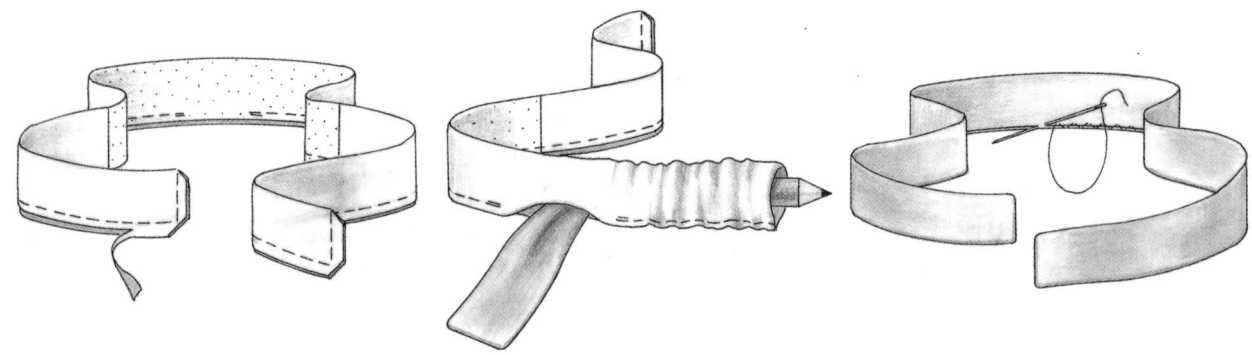

Gürtel

Der **Schlauch- oder Bindegürtel** wird in doppelter Breite und der gewünschten Länge mit Nahtzugabe zugeschnitten. Dies kann im geraden oder schrägen Fadenlauf erfolgen.

Je nach Modell und Material empfiehlt es sich, Einlage in den Gürtel zu arbeiten. Legen Sie den Gürtel rechts auf rechts, und nähen Sie ihn in zwei Arbeitsgängen. Gesteppt wird jeweils von der hinteren Mitte zu den Enden hin. Die Naht ein Stück zum Wenden offenlassen. Nahtzugaben zurück- und Ecken schrägschneiden.

Mit Hilfe eines Bleistiftes oder kleinen Stabes wenden Sie den Gürtel. Stecken Sie den Bleistift in die nach innen gestülpten Gürtelenden und schieben Sie diese durch den Schlitz.
Bügeln Sie den Gürtel auf Kante, und nähen Sie die Öffnung mit Hohlstichen zu.

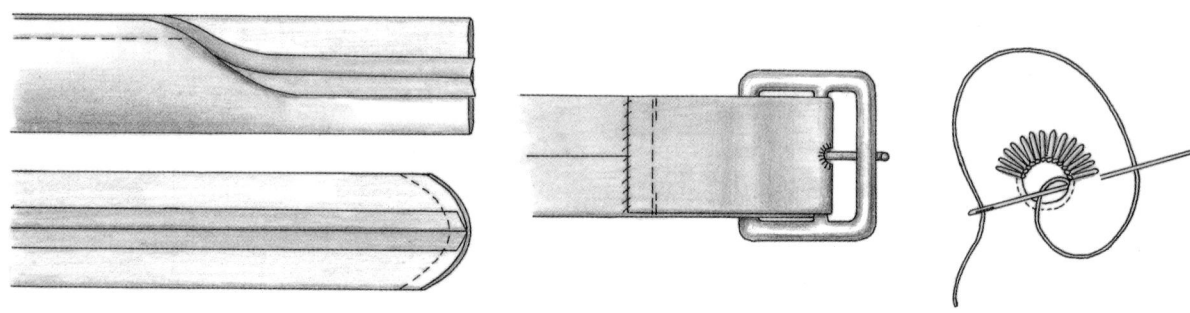

Für den **Schnallengürtel** schneiden Sie einen geraden Streifen in doppelter Breite plus Nahtzugabe. Die Länge entspricht der Taillenweite plus 25 cm. Bügeln Sie auf den gesamten Streifen Einlagestoff. Anschließend den Streifen zusammennähen und die Naht auseinanderbügeln. Die Naht auf Mitte legen.

Nähen Sie am Übertritt des Gürtels eine Spitze oder eine Rundung ein. Wenden Sie den Gürtel.
Am offenen Ende des Gürtels Gürtelschnalle befestigen. Schlagen Sie dazu das offene Ende um den Steg auf die linke Seite, versäubern Sie es mit Zickzackstichen, und befestigen Sie es dann

mit der Maschine oder evtl. von Hand. Hat die Gürtelschnalle einen Dorn, wird in der Mitte der vorderen Mittelmarkierung des Gürtels ein kleines Loch ausgenäht. Dies kann mit der Lochstichvorrichtung der Nähmaschine erfolgen, oder es kann von Hand mit Knopflochstichen ausgenäht werden.

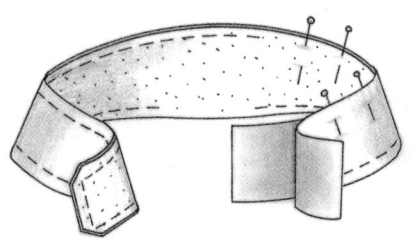
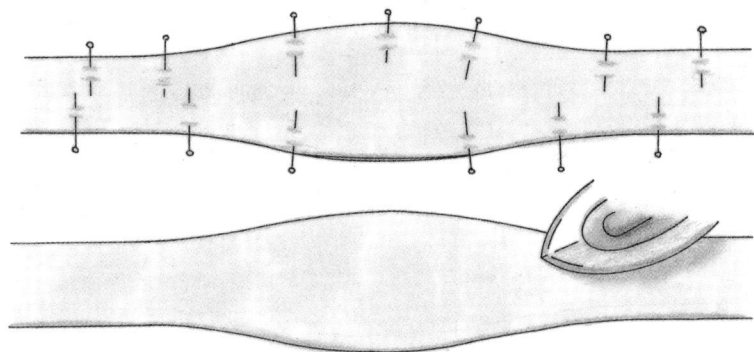

Der **Formgürtel** wird der Körperrundung angepaßt. Er besteht aus drei Teilen, dem oberen Gürtel, dem Beleg aus Oberstoff oder einem dünneren Material und der Einlage. Schneiden Sie den Formgürtel im Längsfadenlauf zu. Auf den Beleg bügeln Sie eine feste Einlage.

Legen Sie den Gürtel und den Beleg rechts auf rechts, steppen Sie beides rundherum zusammen. Dabei lassen Sie in der hinteren Mitte am unteren Rand eine große Öffnung zum Wenden des Gürtels. Schneiden Sie die Nahtzugaben stufenweise zurück, die Ecken abschrä-

gen. Wenden Sie den Gürtel auf die rechte Seite.
Stecken und heften Sie ihn auf Kante (die Naht liegt in der Kante), anschließend bügeln. Schließen Sie die hintere Öffnung mit Hohlstichen. Bringen Sie den Verschluß an.

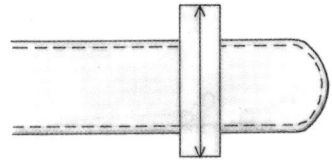
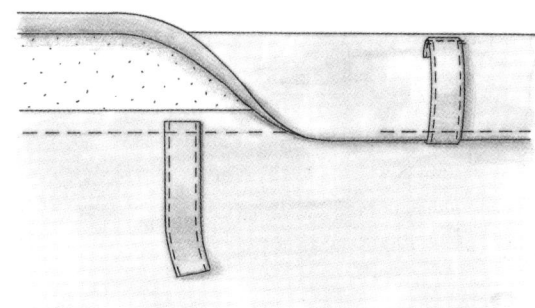
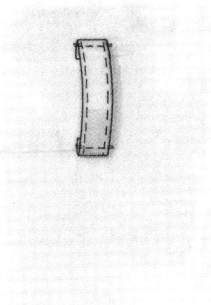

Gürtelschlaufen werden meist an den Seitennähten von Kleidern, Mänteln und Jacken gearbeitet. Bei einem Rock können Sie in den Bund mit eingenäht oder nachträglich aufgesetzt werden.
Stoffschlaufen werden aus dem Oberstoff oder in einem Kontraststoff gearbeitet. Schneiden Sie einen Stoffstreifen

zu, der doppelt so breit wie die fertige Schlaufe ist plus 0,5 cm Nahtzugabe. Die Länge berechnen Sie aus der Anzahl der Schlaufen, multipliziert mit der Gürtelbreite, plus 2–3 cm je Schlaufe.
Arbeiten Sie das Schlaufenband wie den Bindegürtel. Nach dem Wenden die Kanten absteppen und das Schlaufen-

band für die einzelnen Schlaufen zerschneiden. Die Schlaufenenden ca. 1 cm einschlagen und an das Kleidungsstück anstepppen, mit dem Riegelstich aufnähen oder von Hand mit kleinen Hohlstichen annähen.

Abstepparbeiten

Mit Abstepparbeiten können Sie das Kleidungsstück verschönern, Details betonen, besondere Effekte erzielen oder Nahtränder flach halten.

Arbeiten Sie die Zierstepperei immer auf der rechten Seite. Sollen Nähte besonders plastisch wirken, so steppen Sie mit Maschinenstick- und -stopfgarn. Bekommen Sie kein farblich passendes Garn, fädeln Sie den Nähfaden doppelt ein. Beide Fäden liegen zwischen den gleichen Spannungsscheiben und werden durch das gleiche Nadelöhr geführt. Als Unterfaden verwenden Sie normales Nähgarn.

Je nach Effekt, Garn und Stoffmaterial stellen Sie die Stichlänge ein. Bei weichen Stoffen empfiehlt sich die größte Stichlänge. Die Oberfadenspannung wird entsprechend reguliert.

Setzen Sie den Klarsichtnähfuß ein. Bei sehr dicken Stoffen schalten Sie die Nähmaschine auf doppelten Stofftransport. Das Führungslineal und die eingravierten Führungslinien auf der Stichplatte erleichtern das exakte, gleichmäßige Absteppen. Die Ziernaht kann knappkantig oder in füßchenbreitem Abstand zur Kante gearbeitet werden. Das knappkantige Absteppen von Kanten wird durch Änderung der Stichlage bzw. Nadelstellung erleichtert. Stellen Sie die gewünschte rechte oder linke Nadelstellung ein.

Verwenden Sie immer eine einwandfreie Nadel, da sonst Ziehfäden im Gewebe entstehen. Die Nadelstärke muß dem Material angepaßt sein.

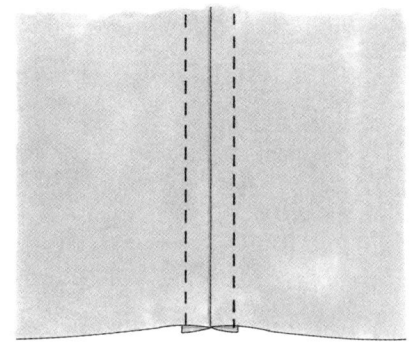

Schon eine einfache Naht kann zur Ziersteppnaht werden. Bügeln Sie sie auseinander, und steppen Sie in gleichen Abständen zu der Nahtlinie durch den Oberstoff und die Nahtzugaben.

Schrägstreifen

Schrägstreifen bilden eine dekorative Abschlußkante, wenn sie aus Kontraststoff gearbeitet werden. Es gibt sie aus Baumwolle oder·Duchesse in verschiedenen Breiten als Meterware fertig zu kaufen.

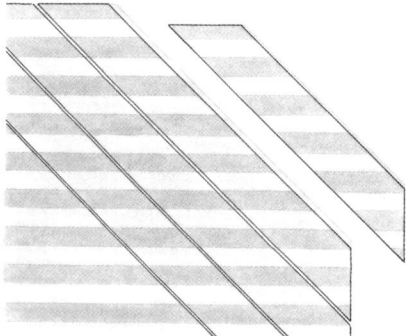

1 Sie können sie zum Einfassen von Säumen auch selber aus dem Oberstoff im Schrägfadenlauf zuschneiden.

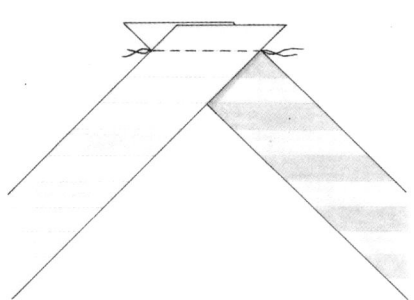

2 Müssen mehrere Streifen mit einer Naht aneinandergesetzt werden, so verläuft die Ansatznaht zwischen den Kreuzungspunkten.

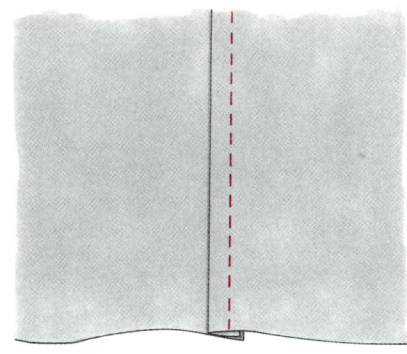

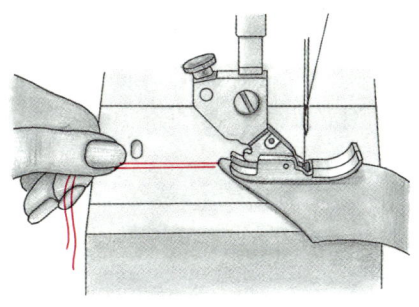

Hinweis:
Ein beliebter Ziersteppstich ist der 3fach-Ziersteppstich, der an den modernen Nähmaschinen vorhanden ist. Dieser Stich wird mit normalem Nähgarn genäht und ist eine effektvolle Absteppnaht, z. B. an Revers- und Taschenkanten.

Den Effekt einer Kappnaht erreichen Sie, wenn Sie beide Nahtzugaben zu einer Seite bügeln und durch Oberstoff und Nahtzugaben füßchenbreit von der Nahtlinie entfernt absteppen.

Für das Absteppen von Kragenecken befestigen Sie in jeder Kragenecke einen Faden. Beim Absteppen der Ecke ziehen Sie für die ersten Stiche in Nährichtung an den Fäden der jeweiligen Ecke. Dadurch unterstützen Sie den Stofftransport, und Sie erhalten eine schöne Ecke.

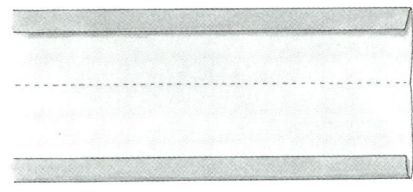

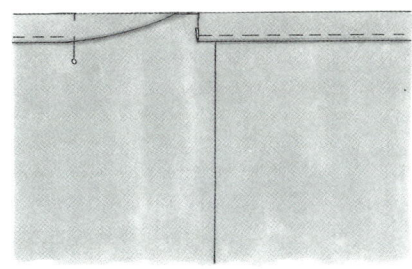

Hinweis:
Als Sonderzubehör zur Nähmaschine gibt es einen Bandeinfasser, der das Annähen erleichtert. Das Schrägband legt sich während des Nähens automatisch um die Stoffkanten. Eine genaue Arbeitsanleitung entnehmen Sie der Bedienungsanleitung Ihrer Nähmaschine.

3 Schrägstreifen können in einem Arbeitsgang mit der Maschine angenäht werden. Die Schnittkanten des Schrägstreifens werden 0,8 cm eingeschlagen und umgebügelt.

4 Nun falten Sie den Schrägstreifen links auf links so zusammen, daß die eine Bruchkante 1 mm über die andere reicht. Die einzufassende Kante wird zwischen den Streifen gelegt, so daß die 1 mm vorstoßende Kante des Schrägstreifens auf der linken Seite liegt, anschließend heften und aufsteppen.

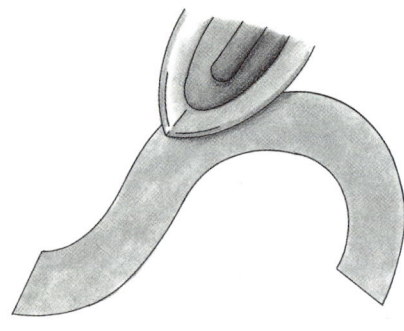

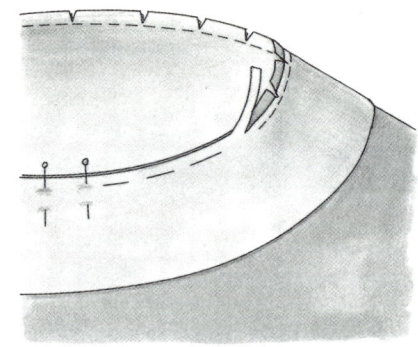

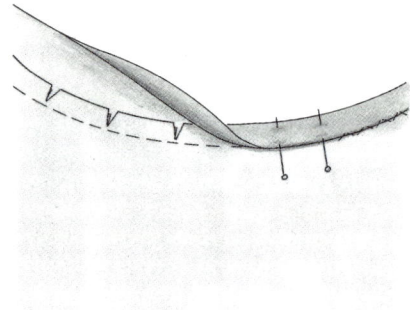

Für einen Halsausschnitt schneiden Sie sich einen Schrägstreifen in doppelter Breite plus Nahtzugaben. Die Länge entspricht der Halsausschnittweite plus Nahtzugaben und etwas Weite zum Einhalten.

1 Bügeln Sie den Schrägstreifen in Form, dabei dehnen, so daß er auf die Rundung des Halsausschnittes paßt.

2 Stecken und heften Sie den Streifen rechts auf rechts an den Ausschnitt. Entlang der Nahtlinie den Streifen annähen. Nahtzugaben auf 0,5 cm zurück- und in der Rundung bis kurz vor die Nahtlinie einschneiden.

3 Bügeln Sie die Naht flach. Schlagen Sie den geformten Schrägstreifen über die Nahtzugaben nach innen, und säumen Sie ihn mit Staffierstichen an die Nahtlinie. Es sollte ein Vorstoß von 6 mm entstehen.

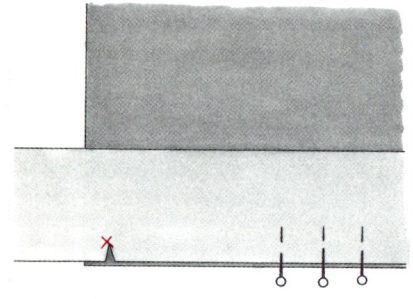

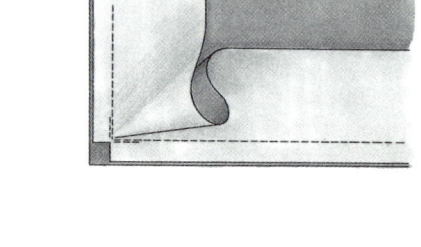

Außenecke mit Schrägstreifen:
1 Stecken Sie die offene Kante des Schrägstreifens rechts auf rechts an die Stoffkante. Markieren Sie sich die Ecke, und verstärken Sie sie mit ein paar Steppstichen. Bis knapp vor die Nahtlinie schneiden Sie den Schrägstreifen in der Ecke ein.

2 Stecken Sie den Schrägstreifenteil um die Ecke herum, und nähen Sie den gesamten Schrägstreifen an. In den Ecken lassen Sie die Nadel im Stoff stecken, drehen das Teil um 90 Grad und steppen weiter.

3 Nahtzugaben an den Ecken zurückschneiden. Falten Sie den Streifen um, so daß die Ecke genau im rechten Winkel liegt.
Bügeln Sie leicht darüber. Steppen Sie die Ecke in den gebügelten Falten zusammen.

Bei der **Eckenverarbeitung von Schrägstreifen**, Blenden oder Borte wird unterschieden zwischen Außen- und Innenecken. Eine Außenecke führt um eine Kante herum (z. B. bei einer Tischdecke), eine Innenecke nähen Sie z. B. bei einem eckigen Halsausschnitt.

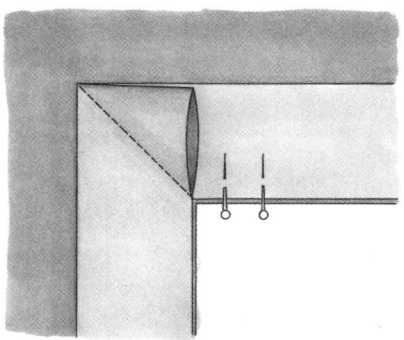

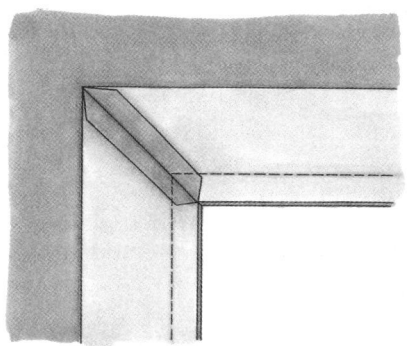

Innenecke mit Schrägstreifen: Die offene Kante des Schrägstreifens stecken Sie rechts auf rechts an das Kleidungsstück. An der Ecke falten Sie den Streifen diagonal weg, den losen Schrägstreifenteil kantenbündig um und bügeln ihn. Schneiden Sie die Ecke des Kleidungsstückes bis knapp zur markierten

Nahtlinie ein. In den Umbruchlinien steppen Sie die Diagonalen. Schneiden Sie die Ecke zurück, schrägen Sie die Spitzen ab, und bügeln Sie die Naht. Wenden Sie den Schrägstreifen nach innen, bügeln Sie die Kante und säumen oder steppen ihn an.

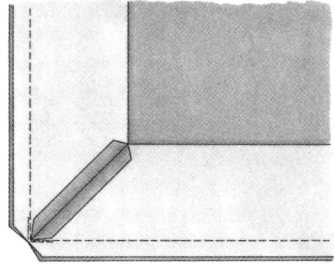

4 Nahtzugabe zurückschneiden, an den Ecken abschrägen. Naht auseinanderbügeln. Schlagen Sie den Schrägstreifen nach innen, säumen oder steppen Sie ihn an.

Der Unterschied zwischen der Eckenverarbeitung von Schrägstreifen und der von Blenden oder Borten besteht darin, daß die Blenden immer im geraden Fadenlauf geschnitten werden. Borten werden immer nach außen geschlagen.
Außenecke mit Blende an die versäuberte Kante stecken und die Blende links auf rechts bis zur Ecke nähen, Fäden vernähen. Lose Blende über die angenähte rechts auf rechts legen, die Bruchkante liegt genau auf der unteren Stoffkante. Mit einer Nadel feststecken. Den losen Blendenteil zur Seite schlagen, so daß eine diagonale Falte entsteht. Diese Falte abschneiden; Ecke bis auf 1 cm zurückschneiden; Nahtzugabe auseinanderbügeln. Stecken und nähen Sie den losen Blendenteil an, (genau in der Ecke beginnen). Innenkanten anstepppen.

Innenecke mit Blendenvorstoß: Mit wenigen Steppstichen um die Ecke herum steppen. Die Ecke schräg einschneiden, Naht nicht verletzen. Ecke auseinanderziehen.
Blende mit der offenen Kante rechts auf rechts an die Schnittkante stecken, so daß Falt- und Nahtlinie bündig sind. Soll die Blende nach außen aufgesteppt werden, müssen Sie die Blende rechts auf links an das Kleidungsstück stecken. Blende mit kleinen Stichen annähen. Blende umschlagen; es entsteht an den Einschnittkanten eine schräge Falte. Blende nach innen schlagen, eine Ecke formen. Mit Saumstichen Falte und Blende ansäumen. Wird die Blende nach rechts geschlagen, schräge Falte an der Ecke feststecken und einbügeln. Blende kantig aufsteppen. Faltkanten der Ecke hohl gegeneinandernähen.

Heute ändern wir unsere Garderobe nicht mehr nur aus Sparsamkeitsgründen, sondern wir stehen oft vor dem Problem, daß eine neue Hose gekürzt, die Ärmel des neuen Mantels verlängert oder der Rockbund in seiner Weite verändert werden muß.

Diese Möglichkeiten sollen Ihnen hier gezeigt werden, da sich kleine Korrekturen schnell durchführen lassen. Größere Längen- und Weitenkorrekturen an Konfektionsware werden seltener vorkommen. Anders bei selbstgeschneiderten Kleidungsstücken. Da in diesem Fall die Arbeitsschritte denen der Schnittveränderung und Anprobe entsprechen, soll hier nicht näher auf diese Änderungen eingegangen werden.

Hose kürzen

Arbeitsablauf
- 1 Länge eines Hosenbeines markieren
- 2 Übertragen auf das zweite Hosenbein
- 3 Kürzen der Hosenbeine
- 4 Versäubern der Schnittkanten
- 5 Saumkante bügeln
- 6 Saum nähen

1 2 Trennen Sie den Saum auf und das Stoßband ab. Bei der Anprobe genügt es, wenn Sie nur ein Hosenbein abstecken. Die neue Saumkante wird mit einem Heftfaden markiert. Dann stecken Sie die Hosenbeine ineinander links auf links, Naht auf Naht. Mit einem doppelten Heftfaden und Durchschlagstichen übertragen Sie die markierte Heftfadenlinie auf das zweite Hosenbein. Lassen Sie dabei ca. 1,5 cm lange Fadenschlingen stehen. Die Fadenschlingen werden auseinander gezogen und in der Mitte aufgeschnitten.

Hosenbein mit Aufschlag

Arbeitsablauf
- 1 Auftrennen des Saumes
- 2 Bügeln
- 3 Zuschneiden des Aufschlages
- 4 Aufschläge zusammennähen
- 5 Bügeln
- 6 Annähen des Aufschlages
- 7 Schnittkanten versäubern
- 8 Bügeln
- 9 Aufschläge befestigen

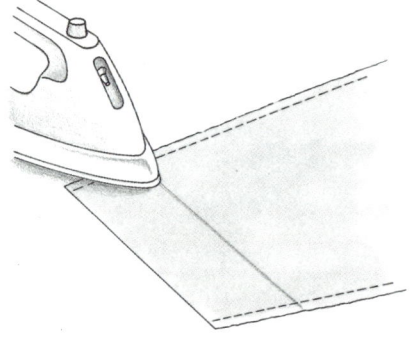

1 2 Trennen Sie den Saum der Hose auf, und bügeln Sie die alte Saumkante gut aus.

3 Der Aufschlag soll eine fertige Breite von 4 cm haben. Messen Sie die Weite des vorderen und hinteren Hosenbeines. Schneiden Sie aus evtl. vorhandenen Stoffresten oder einem passenden Oberstoff zwei Streifen von je 10 cm Breite und der Weite des vorderen Hosenbeines und zwei Streifen von je 10 cm Breite und der Weite des hinteren Hosenbeines. Geben Sie 1,5 cm Nahtzugabe für die Seitennähte.

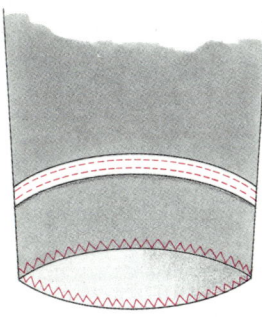

Verlängern mit einem falschen Saum

1 - **5** Trennen Sie den Saum der Hose auf und bügeln Sie die alte Saumkante mit einem feuchten Tuch gut aus. Das Nahtband oder den Stoffstreifen rechts auf rechts an das Hosenbein stecken und füßchenreit annähen. Bügeln Sie den falschen Saum so um, daß Sie einen Vorstoß von 2 mm auf der linken Seite haben. Nähen Sie den Saum.

3 - **6** Schneiden Sie die Hosenbeine bis auf eine Saumzugabe von 4 cm ab. Versäubern Sie die Schnittkanten mit einem mittleren Zickzackstich, und setzen Sie von rechts das Stoßband an die neue Umbruchlinie. Bügeln Sie die Saumzugabe nach innen, und fixieren Sie den Saum mit der Nähmaschine.

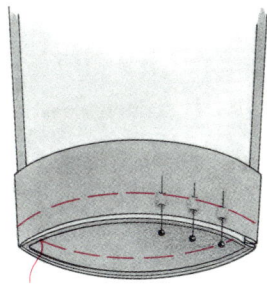

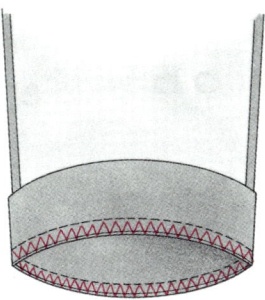

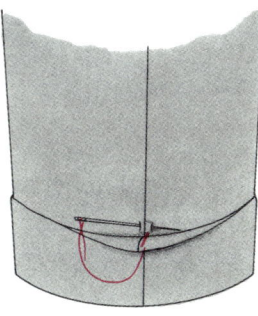

4 - **6** Nähen Sie für jedes Bein jeweils einen Aufschlagstreifen zusammen. Bügeln Sie die Nähte aus. Legen Sie die Aufschläge in den Bruch, und stecken Sie sie (doppelt liegend) Naht auf Naht an die Hosenbeine. Die Aufschläge liegen auf der linken Stoffseite des Hosenbeines. Nähen Sie die Aufschläge an.

7 **8** Versäubern Sie die Schnittkanten mit einem mittleren Zickzackstich. Den Aufschlag auf die rechte Seite bügeln. Achten Sie darauf, daß der Aufschlag auf der Innenseite des Hosenbeines einen Vorstoß von 0,5 cm hat.

9 Befestigen Sie den Aufschlag an den Seitennähten der Hose unter der oberen Aufschlagkante mit kleinen geschürzten Stegen.

Jackenärmel verlängern

Arbeitsablauf
- 1 Saum auftrennen
- 2 Saumkante ausbügeln
- 3 Schrägstreifen zuschneiden
- 4 Schrägstreifen annähen
- 5 Bügeln
- 6 Saum nähen
- 7 Absteppen
- 8 Futter verlängern
- 9 Futter ansäumen

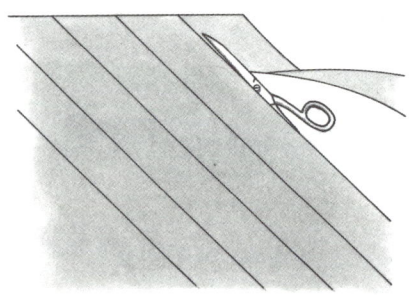

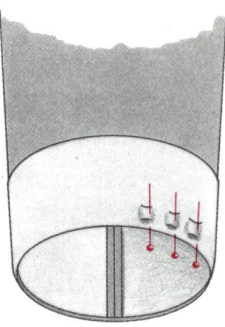

1 - **3** Trennen Sie den alten Saum auf und bügeln Sie die alte Kante mit einem feuchten Tuch gut aus. Schneiden Sie sich 7 cm breite Schrägstreifen aus Futterstoff zu. Haben Sie die Jacke selbst genäht und noch einen Stoffrest, dann schneiden Sie die Schrägstreifen für den falschen Saum aus dem Oberstoff.

4 Stecken Sie die Schrägstreifen rechts auf rechts auf den Jackenärmel, und steppen Sie ihn an.

Kürzen eines Jacken- und Mantelärmels

Arbeitsablauf
- 1 Saum auftrennen
- 2 Saumkante ausbügeln
- 3 Neue Länge markieren
- 4 Ärmelnähte ca. 10 cm auftrennen
- 5 Neue Saumkante umbügeln
- 6 Saum nähen
- 7 Futterärmel

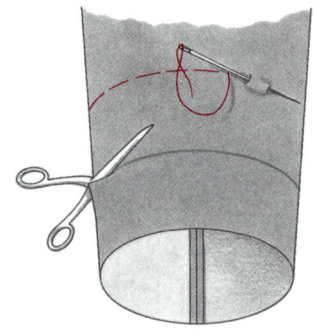

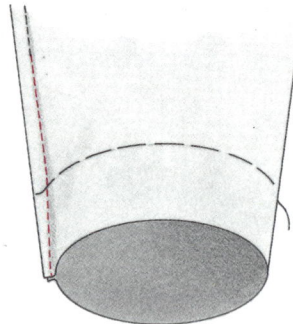

1 - **3** Trennen Sie den alten Saum der Jacke oder des Mantels auf. Bügeln Sie die Saumkante mit einem feuchten Tuch gut aus. Die neue Länge markieren Sie sich mit einem Heftfaden. Schneiden Sie den Rest bis auf eine Saumzugabe von 5 cm ab.

4 Da die Jacken- und Mantelärmelnähte nach unten schmaler werden, müssen die Ärmelnähte von der Saumkante aus schräg heraus genäht werden. Trennen Sie die Ärmelnähte ca. 10 cm auf. Achten Sie darauf, daß die neue Naht glatt in die alte verläuft.

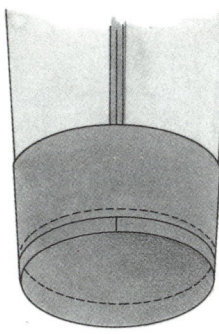

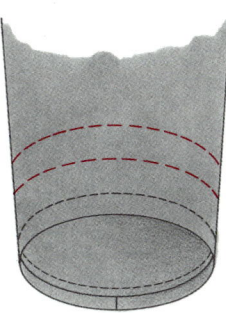

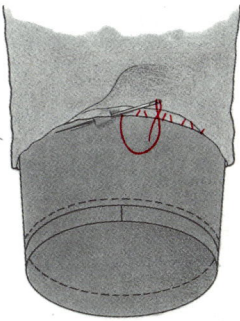

5 6 Bügeln Sie den falschen Saum nach links um, so daß ein kleiner Vorstoß des Oberstoffes auf der linken Seite zu sehen ist. Nähen Sie den Saum möglichst unsichtbar von Hand oder mit der Maschine an.

7 Oft läßt es sich nicht vermeiden, daß die alte Kante noch sichtbar ist. Steppen Sie dann mit dem längsten Stich und Maschinenstickgarn in der alten Kante. Wiederholen Sie dieses Absteppen bis zur Saumkante im Abstand von ca. 1 cm.

8 9 Verlängern Sie das Futter ebenso, und säumen Sie es an.

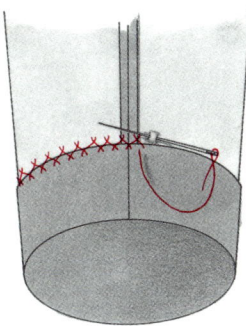

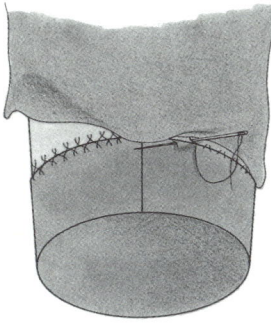

5 6 Bügeln Sie die neue Saumkante, und nähen Sie den Saum mit einem losen Hexenstich an.

7 Der Futterärmel wird auch entsprechend gekürzt und unterhalb des Hexenstiches an den Ärmel gesäumt.

Rock kürzen

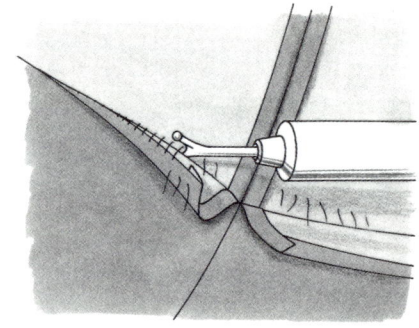

1 2 Trennen Sie die Saumkante vorsichtig mit dem Pfeiltrenner auf. Bügeln Sie die Saumkante mit einem feuchten Tuch glatt. Auch wenn Sie den Saum später abschneiden, muß der Stoff erst einmal glatt fallen.

3 Ziehen Sie den Rock mit den Schuhen an, die Sie später zum Rock tragen wollen. Bestimmen Sie die neue Rocklänge, und markieren Sie sie mit dem Rockabrunder.

Faltenrock kürzen

Hinweis:
Diese Änderung ist auch anwendbar für kurze Größen und karierte Röcke.

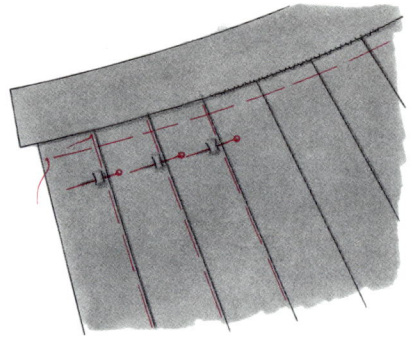

Einen Faltenrock kürzen Sie in der Taille, da die Falten im Saum eingebügelt sind.

1 Heften Sie die Falten von der Bundkante entsprechend der Zentimeter, um die der Rock gekürzt werden soll. Die Falten dürfen dabei nicht verrutschen.

2 Vorsichtig wird der Rockbund ab- und der Reißverschluß herausgetrennt.

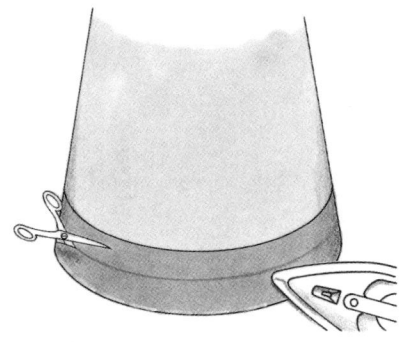

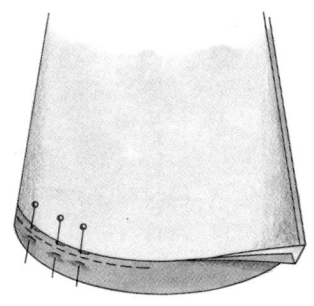

4 Bügeln Sie die neue Saumkante. Schneiden Sie den Saum in gleichmäßigem Abstand zur Saumkante zurück. Die Saumbreite beträgt je nach Stoff 3–5 cm.

5 Schlagen Sie die Schnittkante 1 cm ein. Stecken Sie sie fest, und nähen Sie sie mit Geradstich oder dem Blindstich an.

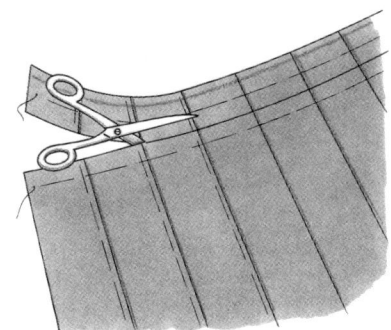

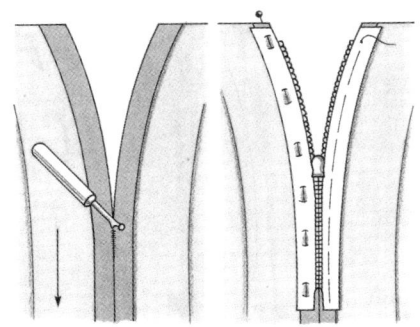

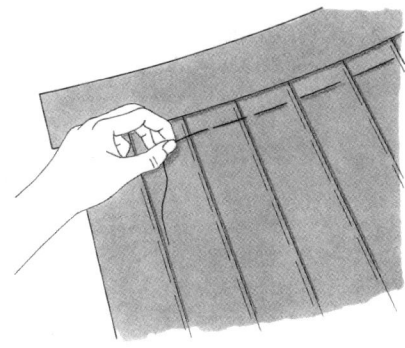

3 Parallel zur alten Bundansatzlinie markieren Sie die neue Linie. Schneiden Sie das Zuviel an Länge ab. Kontrollieren Sie die Taillenweite. Evtl. muß bei einem klassischen Faltenrock die Faltentiefe korrigiert werden (siehe Seite 294ff).

4 Setzen Sie den Reißverschluß wieder ein. Da er tiefer gesetzt wird, muß die Naht entsprechend der Rockkürzung aufgetrennt werden.

5 Nähen Sie den Bund wieder an (siehe Nährkurs), und entfernen Sie die Heftfäden. Rockbund und Falten bügeln.

Rock verlängern

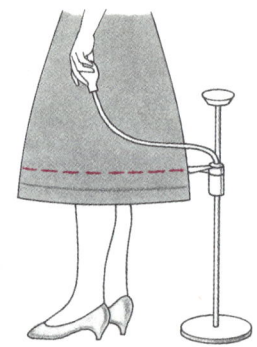

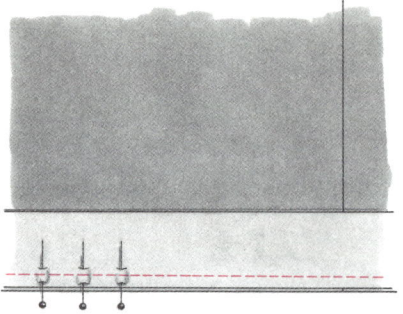

1 - **3** Trennen Sie den Saum des Rockes rundum auf, und bügeln Sie die Saumkante mit einem feuchten Tuch gut aus. Zur Bestimmung der neuen Länge probieren Sie den Rock mit den Schuhen an, die Sie auch später dazu tragen wollen. Markieren Sie die Saumlinie mit dem Rockabrunder.

4 Sollte die Saumzugabe nicht mehr ausreichen für den neuen Saum, so verlängern Sie den Rock mit einem Nahtband oder einem Schrägstreifen.

Der Rock ist zu weit

1 - **7** Trennen Sie den Rockbund ab. Probieren Sie den Rock von der linken Seite an, und lassen Sie sich die Seitennähte abstecken. Bei einem Mehrbahnenrock werden größere Weitenabnahmen auf alle Nähte gleichmäßig verteilt. Schließen Sie die neuen Nähte. Die Nahtzugaben auf 1,5–2 cm zurückschneiden und die Schnittkanten mit einem mittleren Zickzackstich versäubern. Bügeln Sie die Nähte gut aus. Verkürzen Sie den Rockbund · entsprechend, und nähen Sie ihn an den Rock.

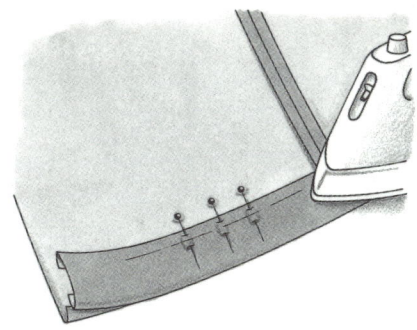

5 Arbeiten Sie dann den Saum wie gewohnt. Dabei wird die Ansatznaht des Schrägstreifens exakt auf Kante oder mit einem kleinen Vorstoß umgebügelt.

Für eine Verlängerung um 10 oder mehr Zentimeter müssen sie einen Stoffstreifen ansetzen. Dieser sollte in Farbe, Muster und Qualität zum Rockstoff passen. Beim Messen der unteren Rockweite zur Bestimmung der Länge des Ansatzstreifens bedenken Sie beim ausgestellten Rock, daß die Rockweite zur neuen Saumkante hin weiter wird.

Trennen Sie den Saum und die Seitennaht (10 cm) auf. Nähen Sie dann rechts auf rechts den neuen Stoffstreifen an den Rock. Die Ansatznaht ausbügeln. Markieren Sie die Verlängerung der Seitennaht, und schließen Sie diese. Abschließend die untere Rockkante von Hand oder mit der Nähmaschine (Blindstich) säumen.

Der Faltenrock ist zu weit

Arbeitsablauf
- 1 Rockbund abtrennen
- 2 Falten tiefer einlegen
- 3 Bügeln
- 4 Rockbund verkürzen
- 5 Rockbund annähen

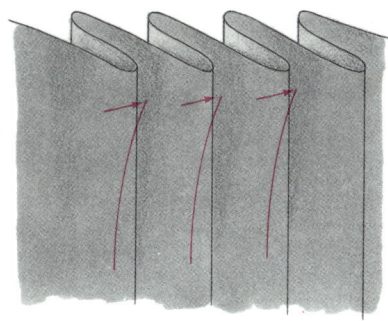

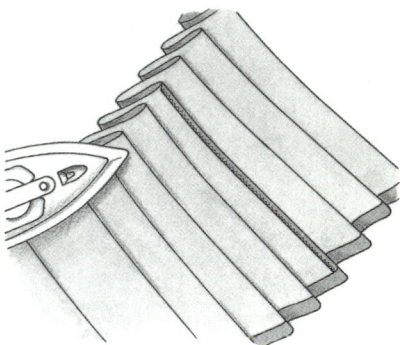

1 **2** Trennen Sie den Rockbund ab. Verteilen Sie die überflüssige Weite des Faltenrockes, indem Sie die Falten tiefer einlegen. Der äußere Faltenbruch wird nicht verändert.

3 – **5** Drehen Sie den Rock auf die linke Seite, und bügeln Sie die neuen inneren Faltenbrüche zur Hüfttiefe in die alten Faltenbrüche verlaufend mit einem feuchten Tuch gut ein. Verkürzen Sie den Rockbund auf die gewünschte Taillenweite und nähen Sie den Rockbund an.

Der Faltenrock ist zu eng

Arbeitsablauf
- 1 Rockbund abtrennen
- 2 Seitennaht aufschneiden
- 3 Neue Nahtlinie markieren
- 4 Seitennähte schließen
- 5 Rockbund verlängern

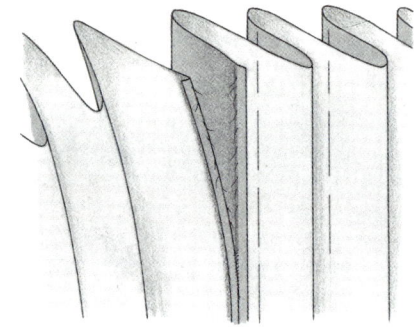

1 Trennen Sie den Rockbund ab. Gegebenenfalls die Seitennähte und die oberen Fixierungen der seitlichen Falten auftrennen. Bügeln Sie mit einem feuchten Tuch jeweils die erste Falte an den Seitennähten aus.

2 Besitzt der Rock keine Seitennähte, so schneiden Sie genau in der Mitte der ausgebügelten seitlichen Falten den Rock auf.

Abnäher leicht korrigieren

Beulen in einem engen Rock oder einem auf Maß geschneiderten Oberteil die Abnäher, dann sind sie meistens zu kurz, oder sie laufen nicht spitz genug aus.

Zeichnen Sie mit Schneiderkreide die Abnäher länger und spitzer ein. Heften Sie sie, und probieren Sie den Rock oder das Oberteil an.

Ist das Problem mit dieser kleinen Korrektur gelöst, so können Sie den Abnäher steppen und bügeln.

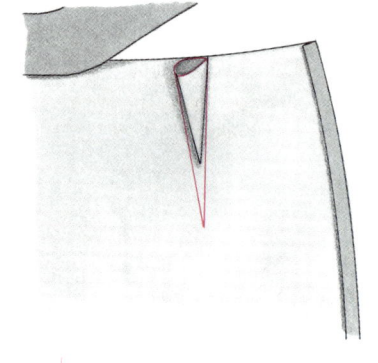

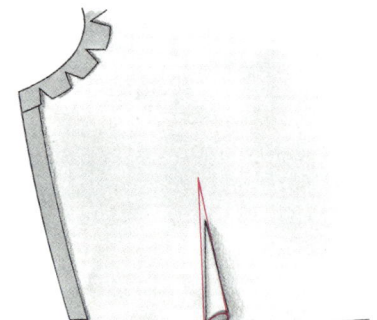

Hinweis:

Zum Abnäher finden Sie weitere Korrekturmöglichkeiten unter dem Stichwort „Korrekturen" (Seite 212).

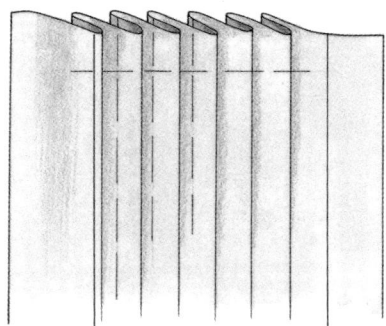

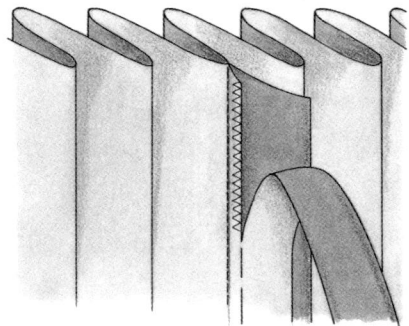

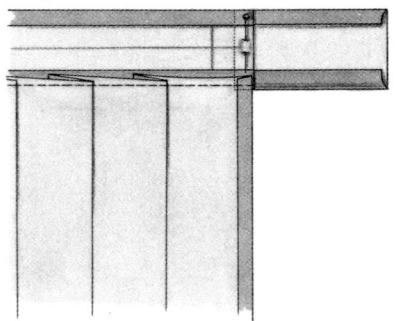

3 Markieren Sie sich die neuen Nahtlinien mit Schneiderkreide. Bis auf eine Nahtzugabe von 1,5 cm den überflüssigen Stoff abschneiden.

4 Schließen Sie die Seitennähte, und versäubern Sie die Nahtzugaben mit einem mittleren Zickzackstich. Bügeln Sie die Nähte gut aus.

5 Verlängern Sie den Rockbund, indem Sie für den Untertritt ein Stück Stoff ansetzen. Dies kann aus dem seitlichen Rest genommen werden. Nähen Sie den Rockbund an. Bügeln und nähen Sie den Saum an den Seitennähten.

Knöpfe versetzen

Ist die Bluse ein wenig zu eng geworden, so können Sie die Knöpfe versetzen. Versetzen Sie Knöpfe aber niemals mehr als 1,5–2 cm, da sich sonst die vordere Mitte zu sehr verschiebt, der Halsausschnitt nicht mehr stimmt und das ganze Kleidungsstück schief wird. Manchmal genügt auch schon die Versetzung von 1 oder 2 Knöpfen, damit die Bluse wieder bequem sitzt.
Ziehen Sie die Bluse an, und stecken Sie Knopflochleiste auf Knopfleiste. Mit Stecknadeln den neuen Sitz der einzelnen Knöpfe markieren.

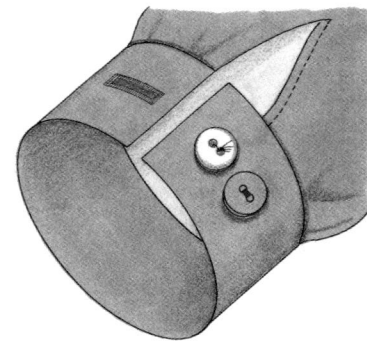

Sind Ärmelmanschetten zu weit oder zu eng, so genügt es meist, nur die Knöpfe zu versetzen. Trennen Sie den jeweiligen Manschettenknopf ab, und bestimmen Sie durch eine Anprobe die neue Position des Knopfes. Den Knopf wie beschrieben (Technikteil) annähen.

Register

Schnitteile auf dem Schnittmusterbogen

Nähkurs – Einfache Modelle

(grün)

Top Seite 40
Zeichen o - o - o
1 Vorder- und Rückenteil

Bluse Seite 42
Zeichen → → →
2 Vorderteil
3 Rückenteil
4 Ärmel
5 Kragen

Jacke Seite 49
Zeichen x - x - x
6 Vorderteil
7 Rückenteil
8 Ärmel
9 Kragen

Hose Seite 57
Zeichen - III - III - III
10 vorderes Hosenteil
11 hinteres Hosenteil
12 Tasche

Jogginghose Seite 53
Zeichen - · - · - ·
13 vorderes Hosenteil
14 hinteres Hosenteil

Nähkurs – Klassische Modelle

(schwarz)

Ausgestellter 4-Bahnenrock Seite 66
Zeichen - , - , - , -
15 Rockbahn

Glockenrock Seite 70
Zeichen x x x x
104 Rockbahn

Enger Rock Seite 72
Zeichen - o - o - o
16 vordere Rockbahn
17 hintere Rockbahn

Hemdbluse Seite 77
Zeichen → → →
18 Vorderteil
19 Rückenteil
20 Ärmel
21 Passe
22 Kragen
23 Kragensteg
24 Tasche
25 Manschette

Blazer Seite 84
Zeichen - III - III - III
40 Vorderteil
41 Rückenteil

42 vorderer Beleg
43 Tasche
44 Oberärmel
45 Unterärmel
46 Oberkragen
47 Unterkragen

Jugendliches Kleid Seite 88
Zeichen x - x - x
26 Vorderteil
27 Rückenteil
28 Ärmel
29 vorderer Beleg
30 rückwärtiger Beleg

Klassische Hose Seite 92
Zeichen . . . .
36 vorderes Hosenteil
37 hinteres Hosenteil
38 Taschenbeutel
39 Bund

Bundfaltenhose Seite 96
Zeichen - · - · - · - ·
31 vorderes Hosenteil
32 hinteres Hosenteil
33 Taschenbeutel mit Hüftpasse
34 Bund
35 Taschenbeutel (innen)